Uni-Taschenbücher 1702

UTB FÜR WISSEN SCHAFT

Eine Arbeitsgemeinschaft der Verlage

Wilhelm Fink Verlag München
Gustav Fischer Verlag Jena und Stuttgart
Francke Verlag Tübingen und Basel
Paul Haupt Verlag Bern · Stuttgart · Wien
Hüthig Verlagsgemeinschaft
Decker & Müller GmbH Heidelberg
Leske Verlag + Budrich GmbH Opladen
J. C. B. Mohr (Paul Siebeck) Tübingen
Quelle & Meyer Heidelberg · Wiesbaden
Ernst Reinhardt Verlag München und Basel
F. K. Schattauer Verlag Stuttgart · New York
Ferdinand Schöningh Verlag Paderborn · München · Wien · Zürich
Eugen Ulmer Verlag Stuttgart
Vandenhoeck & Ruprecht in Göttingen und Zürich

Annemarie Pieper (Hrsg.)

Geschichte der neueren Ethik

Band 2: Gegenwart

Francke Verlag Tübingen und Basel

Annemarie Pieper ist o. Professorin für Philosophie
an der Universität Basel.

Die Deutsche Bibliothek - CIP-Einheitsaufnahme

Geschichte der neueren Ethik / Annemarie Pieper (Hrsg.). –
Tübingen : Francke.
NE: Pieper, Annemarie [Hrsg.]
Bd. 2. Gegenwart. – 1992
(UTB für Wissenschaft : Uni-Taschenbücher ; 1702)
ISBN 3-7720-1689-8 (Francke)
ISBN 3-8252-1702-7 (UTB)

NE: UTB für Wissenschaft / Uni-Taschenbücher

Dischingerweg 5 · D-7400 Tübingen
ISBN 3-7720-1689-8

Einbandgestaltung: Alfred Krugmann, Stuttgart
Satz: Nagel, Reutlingen
Druck und Bindung: Presse-Druck, Augsburg
Printed in Germany

ISBN 3-8252-1702-7 (UTB-Bestellnummer)

Inhalt

Inhaltsübersicht Band 1: Neuzeit

Religiöse Ethik

Walter Lesch

1. Ethik und Religion

Es bedarf der Erläuterung, wenn drei so unterschiedliche Denker wie Henri Bergson (1859–1941), Gabriel Marcel (1889–1973) und Emmanuel Levinas (*1906) unter der Bezeichnung "religiöse Ethik" vereint werden und somit als drei Vertreter eines präzise zu umschreibenden Typs von philosophischer Ethik erscheinen könnten. Dabei ist weder der Bezug zur Religion noch der Bezug zur Ethik selbstverständlich. Denn alle drei Philosophen sind keine Exponenten einer Morallehre in einem konfessionell religiösen Sinn, obwohl sie im Kontext von Religionsgemeinschaften zu situieren sind: der Jude Bergson, der gegen Ende seines Lebens Affinitäten zum Katholizismus zeigte, aus Solidarität mit den Opfern des antisemitischen Wahns im besetzten Paris aber nicht konvertierte; der in einem laizistischen Milieu aufgewachsene Marcel, der 1929 zum Katholizismus übertrat, ohne die damals tonangebende neuscholastische Philosophie zu übernehmen; der Jude Levinas, dessen Bedeutung für das Judentum des 20. Jahrhunderts unübersehbar ist, der sich dennoch primär als Philosoph verstanden wissen möchte. Die Ethik dieser drei Denker erhält ihre religiöse Färbung nicht primär durch die Loyalität gegenüber einer konkreten Moraldoktrin, die dann nur noch zu entfalten wäre. Alle drei sind keine theologischen Ethiker im Dienst einer Konfession, sondern Philosophen, die von recht unterschiedlichen Ausgangspunkten her einen Beitrag zur Ethik formuliert haben, der – mangels eines passenderen Etiketts – im weitesten Sinne als religiös bezeichnet werden könnte. Eine minimale Gemeinsamkeit aus philosophiegeschichtlicher Sicht besteht darin, daß die Werke von Bergson, Marcel und Levinas als religionsphilosophisch bedeutsam eingestuft werden, obwohl Bergson und Marcel heute eher zu den vergessenen Autoren dieses Jahrhunderts gehören und eine breitere Levinas-Rezeption im deutschsprachigen Raum gerade erst beginnt.

Vielleicht hat die Randstellung der drei Philosophen auch damit zu tun, daß die Verbindung von Ethik und Religion nicht zu den Üblichkeiten moderner Ethikdiskurse gehört, die stärker an der Wissenschaftlichkeit der Ethik interessiert sind und religiöse Fragen weitgehend ausklammern. In der Tat sind alle drei Autoren in ihrem jeweiligen intellektuellen Umfeld Außenseiter, die mit einem herrschenden Verständnis von Wissenschaft und Philosophie brechen und für ihre neuen Konzepte auch sprachlich neue Wege wählen. Henri Bergsons Werk lebt vor allem von der Auseinandersetzung mit dem positivistischen Wissenschaftsverständnis seiner Zeit; der Autor wurde 1927 mit dem Nobelpreis für Literatur geehrt. Gabriel Marcel bewegte sich außerhalb der französischen Universitätsphilosophie und ist mit seinen Beiträgen zur Metaphysik und zum dialogischen Denken als philosophischer Schriftsteller und als Dramatiker hervorgetreten. Und Emmanuel Levinas hat für sein Projekt einer Ethik als *prima philosophia* eine Sprache entwickelt, die bisherige Konventionen sprengt und zugleich Begeisterung und Entsetzen hervorruft. Führt die Verbindung von Ethik und Religion dazu, daß die Gattungsunterschiede zwischen Philosophie und Literatur eingeebnet werden und ein Argumentationsstil entsteht, der sich mit den Gepflogenheiten philosophischer Ethik nur schwer vereinbaren läßt? Der vorliegende Artikel möchte unter anderem eine Antwort auf diese Frage zu geben versuchen, wobei der Hinweis gestattet sei, daß sich die Untersuchung auf die zum Teil schon recht alten Texte der drei genannten Autoren bezieht, nicht aber auf den aktuellen Diskussionsstand in der theologischen Ethik bzw. Moraltheologie, die ja ebenfalls an den hier diskutierten Fragen interessiert ist, sich dabei jedoch nicht auf sogenannte religiöse Denker als philosophische Gesprächspartner beschränkt.

In der neueren Geschichtsschreibung ist es üblich, Levinas zu den großen Vermittlern und Protagonisten der Phänomenologie in Frankreich zu rechnen und Bergson, den Zeitgenossen Husserls (1859–1938), sowie Marcel im Vorfeld der phänomenologischen Bewegung zu situieren.[1] Die Philosophie von Levinas ist deshalb nicht ohne die Beziehungen zu Husserl und Heidegger zu verstehen, die Levinas 1928/29 in Freiburg hörte. Wichtige Anregungen aus der französischen Tradition verdankt er aber zweifellos Bergson und Marcel, so daß es sinnvoll erscheint, die Konfiguration "Bergson – Marcel – Levinas" aus der Retrospektive von Levinas' Ethik her zu rechtfertigen. Levinas hat nämlich immer wieder betont, wie wichtig die Anregungen Bergsons für das philosophische Denken seiner Generation waren. Als der 1906 in Litauen geborene Levinas 1923 zum Studium der Philosophie nach Straßburg kam, war Bergson, der seit 1900 am Pariser Collège de France lehrte, trotz mancher Kritik an seinen Theorien ein weltberühmter Autor, der von den Studierenden mit großer Aufmerksamkeit gelesen wurde. Von ihm erhofften sie eine Befreiung von den Zwängen der Wissenschaftsgläubigkeit durch eine neue Sichtweise der Zeitlichkeit und durch ein intuitives Erfassen der Wirklichkeit. Von Bergson beeinflußt war auch Gabriel Marcel, der mit dem "Journal métaphysique" 1927 sein erstes philosophisches Buch veröffentlichte. Marcel wiederum wurde für Levinas bedeutsam durch Parallelen zu einem dialogischen Denken, das in den 20er Jahren in Deutschland vor allem Franz Rosenzweig (1886–1929) und Martin Buber (1878–1965) vertraten und das neben der Phänomenologie einen wichtigen Bezugspunkt im Denken von Levinas darstellt.

Bei aller Problematik eines solchen Vergleichs ließe sich die Gemeinsamkeit unserer drei Autoren darin sehen, daß sie gegen den Strom der dominierenden Universitätsphilosophie an der Profilierung eines Denkens arbeiten, das dem "Andern der Vernunft" Raum gibt, ohne ins Irrationale abzugleiten, und somit Voraussetzungen dafür schaffen, das Verhältnis von Ethik und Religion neu zu bestimmen. Da es nicht möglich ist, alle drei Philosophen mit der ihnen gebührenden Ausführlichkeit zu würdigen, mache ich mir die Perspektive von Levinas zu eigen und skizziere, wie Bergson und Marcel dessen Ansatz einer Ethik beeinflußt haben.

2. Bergson

1981 erklärte Levinas in einem Radiointerview, daß er als Philosophiestudent noch vor der Begegnung mit Husserl und Heidegger besonders von Bergsons Überlegungen zur Theorie der Zeit beeindruckt gewesen sei. Es sei Bergsons Verdienst gewesen, die philosophische Spekulation über die Zeit vom Diktat naturwissenschaftlicher Meßbarkeit befreit zu haben, indem er mit dem Begriff der "Dauer" (*durée*) eine Verflüssigung starrer empirischer und metaphysischer Kategorien angeregt habe. Für Bergson läßt sich das Phänomen der Zeitlichkeit nicht auf die quantifizierbare Abfolge von Meßeinheiten reduzieren; diese gemessene Zeit sei eine analytische Hilfskonstruktion, die analog zur Zergliederung von Räumen funktioniert und für unsere Orientierung unerläßlich ist. Gelebte Zeit ist jedoch nicht mit solchen physikalischen Abstraktionen zu verwechseln. In der *durée* ist jeder Moment einzigartig und unwiederholbar, so daß sich jede Maßeinheit als inadäquat erweisen muß. Wirkliche Zeit ist jenseits fester Wesenheiten – *autrement qu'être*, wie Levinas später sagen wird – und wird intuitiv im lebendigen Vollzug und im Gedächtnis unverwechselbarer Augenblicke erfahren. Im Gedächtnis sind nämlich nicht quantifizierbare Erinnerungsfragmente gespeichert, sondern einmalige Augenblicke in einem Zeitstrom, der durch den kreativen menschlichen Geist auf der Basis eines physiologisch beschreibbaren Substrats in immer neuen Formen gestaltet wird.

Dieser Grundgedanke von Bergsons Philosophie muß für die Zeitgenossen von einer unerhörten Neuheit gewesen sein und hat zu entsprechenden Moden und Polemiken Anlaß gegeben. Es mag dahingestellt bleiben, ob pauschale Bezeichnungen wie Neoromantizismus, Lebensphilosophie oder Irrationalismus in diesem Zusammenhang irgendeinen Erklärungswert haben. Sicher ist, daß eine Philosophie der Kreativität jene verunsichern mußte, die es vorzogen, in festen Begriffssystemen zu denken. So verwundert es nicht, daß Bergsons Kritiker aus ganz verschiedenen Lagern kamen: die Positivisten empfanden es als Skandal, wenn bisherige Plausibilitäten der Naturwissenschaften so radikal hinterfragt wurden; und für die Thomisten war es eine Provokation, daß Bergson mit seinen Ideen von einer schöpferischen Freiheit das Gebäude der katholischen Dogmatik ins Wanken zu bringen drohte. Diese Frontstellungen sind insofern problematisch, als Bergson sehr darum bemüht war, Philosophie auf der Höhe naturwissenschaftlicher Erkenntnisse zu betreiben. Es war ihm ein permanentes Anliegen, die Impulse aus der neuesten Physik, Evolutionstheorie, Psychologie und Neurophysiologie aufzunehmen und produktiv weiterzudenken. Auf der anderen Seite hat er sich trotz vieler Anfeindungen aus dem katholischen Milieu dem Christentum immer stärker angenähert, freilich in einer Weise, die eher als Unterstützung modernistischer Kreise gedeutet wurde, wofür es in einer Zeit der ideologischen Abwehrhaltung der Kirche gegenüber allen aufklärerischen Tendenzen nur wenig Verständnis gab. Schon die frühen Schriften Bergsons sind dazu geeignet, Anstöße für eine Ethik der Freiheit zu geben, die durch keine weltanschaulich definierte Institution domestiziert werden kann. Mit seiner ständigen Betonung der Einzigartigkeit von Erfahrung schuf er Grundlagen für ein Lebensgefühl, das im Gegensatz zum naturwissenschaftlichen Fortschrittsoptimismus die qualitativen Seiten des Neuen stärker betonte.

Erst 1932 publizierte Bergson mit "Les deux sources de la morale et de la religion" ein explizit moral- und religionsphilosophisches Werk, das im Kontext der sich in Frankreich durch die Arbeiten von Durkheim profilierenden Religionswissenschaft große Beachtung fand. Allerdings arbeitete Bergson nicht mit den Methoden der empirischen Sozialwissenschaften, sondern mit einer Typologie von Gesellschafts- und Religionsformen, die sich nur teilweise mit Fakten belegen läßt und zum größten Teil auf einer geschichtsphilosophischen Konstruktion beruht. Die zwei Quellen, von denen im Titel des Buches die Rede ist, sind zum einen die geschlossene Gesellschaft und die ihr entsprechende statische Religion, zum anderen die offene Gesellschaft mit einer dynamischen Religion. Diese beiden Typen können durchaus nebeneinander existieren, wobei es jedoch ein Entwicklungsgefälle zur dynamischeren Form hin gibt. Im Normalfall verlangen weder die moralischen noch die religiösen Standards einer Gesellschaft besonders große Virtuosität. Moralische Verpflichtungen funktionieren gerade dann reibungslos, wie sie mit der Verbindlichkeit eines Naturgesetzes auftreten und durch Druck Sicherheit und Stabilität garantieren. Ebenso ist die statische Religion in vormodernen Gesellschaftsformen in erster Linie ein Ordnungsfaktor, der durch Rituale, Mythen und Magie dazu beiträgt, Unsicherheiten zu reduzieren und den Mitgliedern der Gesellschaft emotionalen Halt zu geben. Hier deckt sich Bergsons Beschreibung übrigens größtenteils mit dem Ansatz der funktionalen Religionssoziologie. Moral und Religion sind in ihren unreflektierten Ausprägungen Ergebnisse der sozialen Evolution, welche die Stabilisierung von Kleingruppen fördert, größere Konflikte jedoch nicht rational zu regeln vermag. Dies geschieht erst in der Entwicklung zu einer offenen Gesellschaft, in der kreative Menschen ihre Potentiale optimal entfalten können. Nach Auffassung von Bergson geschieht diese Transformation von Moral und Religion nicht durch plötzliche Umbrüche, sondern durch das Zeugnis herausragender Individuen, die als Propheten, Heilige oder Mystiker eine Vorstellung von den Möglichkeiten neuer Denk- und Lebensformen vermitteln und langsam zur Dynamisierung verkrusteter Strukturen beitragen.

Einen besonderen Beitrag zu dieser menschheitsgeschichtlichen Entwicklung sieht Bergson in der christlichen Mystik, in der der menschliche Geist zu bisher nicht erreichten spirituellen Dimensionen vorstoße und damit die Partikularität früherer Konventionen von Moral und Religion überwinde. Erst so sei die Idee einer universalen Geschwisterlichkeit möglich, die sich im Ethos einer grenzenlosen Solidarität konkretisiere. Darüber hinaus tendiere das Streben der Mystiker zum Einswerden mit der göttlichen Quelle alles schöpferischen Seins. "Der große Mystiker wäre demnach eine Individualität, die die Grenzen überschreitet, die der Spezies durch ihre Stofflichkeit gezogen sind, und so das göttliche Wirken fortsetzt und verlängert" (frz. 233/ dt. 218). In seiner Hochschätzung des Christentums kommt Bergsons persönliche Entwicklung zum Ausdruck, die ihn in seinen letzten Lebensjahren mit der Idee einer Konversion ringen ließ und zu manchen Vereinnahmungen seines Spätwerks durch katholische Kritiker führte. In der bewußten Entscheidung gegen die Konversion zeigt sich die Vorahnung des Philosophen, der sich kurz vor seinem Tod noch selbst als Jude in Paris registrieren lassen mußte. Aus dieser Perspektive muß sein insgesamt eher von einer optimistischen Stimmung getragenes Werk, das schon in den frühen 30er Jahren weitgehend abgeschlossen war, in einem neuen Licht erscheinen und führt genau an jene traumatische Schwelle, die als Kontinuitätsbruch für das Denken jüngerer jüdischer Philosophen prägend werden sollte.

Nicht erst aus der Sicht heutiger Forschung liegt es nahe, einzelne Thesen in Bergsons Spätwerk einer gründlichen Prüfung zu unterziehen, da sich seine Darstellung nicht immer an historisch-kritische Standards hält. Bedenkenswert ist ferner Max Horkheimers Kritik, wonach Bergson nicht berücksichtige, daß auch die offene Moral und die dynamische Religion ebenso wie ihre jeweiligen Gegentypen auf ihre gesellschaftliche Bedingtheit zu untersuchen seien. Dies mindert jedoch nicht den Rang seines Beitrags zu einer philosophischen Ethik, die sich um eine Synthese moral- und religionsphilosophischer Sichtweisen bemüht und das Modell einer offenen Gesellschaft vorlegt, das nach wie vor aktuell ist. Das modische Interesse an mystischen Religionsformen in den Weltreligionen und in esoterischen Traditionen spricht für die Dringlichkeit einer Ethik, die auf solche Herausforderungen antworten kann und sich nicht damit begnügt, unbequeme Anfragen als irrational abzutun. Bergson hat mit den Mitteln seiner Philosophie ein Forschungsprogramm formuliert, das es mit modernen Methoden fortzusetzen gilt.

3. Marcel

Bei der konstituierenden Sitzung der "Association Gabriel Marcel" im Jahr 1975 hielt Levinas eine kurze Ansprache, in der er das Werk des zwei Jahre zuvor gestorbenen Philosophen würdigte und ein Plädoyer für einen neuen Humanismus vortrug.[2] Sein ausdrücklicher Hinweis, er beziehe sich nicht auf Marcel, um in einer "philosophie de papa" Trost zu finden, ist ein Indiz für das Problem, das sich der Marcel-Rezeption schon relativ früh stellte: Marcel galt als Philosoph eines christlichen Milieus, dessen Weltanschauung er zwar sehr intelligent zu reflektieren verstand, dessen Werte er aber auch niemals ernsthaft in Frage stellte. Gemessen an den französischen Theorie-Debatten der 60er und 70er Jahre mußte ein solches Werk anachronistisch wirken; und es konnte leicht der Eindruck entstehen, hier werde nur nostalgisch die Erinnerung an eine antiquierte Philosophie gepflegt und über den Wertezerfall in einer zerbrochenen Welt gejammert. Marcels Gedankenwelt repräsentiert jedoch einen Teil der französischen und europäischen Kultur, der auch außerhalb eines religiös motivierten Publikums Beachtung verdient.

Marcel wurde 1889 in Paris geboren und wuchs in einer wohlhabenden Familie auf. Im Alter von vier Jahren verlor er seine Mutter. Nach dem Philosophiestudium an der Sorbonne und am Collège de France (bei Bergson) war er nur für kurze Zeit als Philosophielehrer an Gymnasien und als Verlagslektor tätig, um dann als freier Schriftsteller zu leben, der sich als Philosoph, Dramatiker und Theaterkritiker einen Namen machte. Die Theaterstücke, die er seit 1911 verfaßte, werden heute kaum noch gespielt, weil sie mit ihren schwerfälligen und handlungsarmen Stoffen die Zuschauer nur schwer zu begeistern vermögen. Obwohl Marcel es stets abgelehnt hat, als Autor von philosophischen Thesenstücken bezeichnet zu werden, lassen seine Dramen doch eine große Nähe zu den philosophischen Essays erkennen und können als literarische Ausgestaltung von philosophischen Problemen gelesen werden. Zu den bekannteren Dramen gehört der 1933 erschienene Vierakter "Le monde cassé" (Die zerbrochene Welt), in dem es um einen Konflikt in einer langweilig gewordenen Ehe und um einen Weg aus dieser Krise geht. Gemessen an dem eher unsystematischen Charakter von Marcels Prosatexten, erwecken die Dramen einen eher geschlossenen und thetischen Eindruck – zumindest im Vergleich mit dem zeitgenössischen avantgardistischen Theater.

Als Philosoph war Marcel gerade darum bemüht, keine großen Systeme zu bauen, sondern in unermüdlichen Suchbewegungen durch Tagebücher, Essays und Vortragsmanuskripte Aspekte einer Metaphysik zu beleuchten, die ihn seit seiner Studienzeit beschäftigten. Von Bergson übernahm er den Grundgedanken, daß sich Zeitlichkeit und gelebte Erfahrungen nicht in begriffliche Ordnungen zwängen lassen. Gegen die Objektivität der rationalen Erfassung der Welt setzte Marcel in seinen frühen Texten die "*existence*", was ihm das Etikett eines "christlichen Existentialisten" eintrug. Die Bezeichnung ist insofern irreführend, als Marcels Existenzbegriff von dem Sartres völlig verschieden ist. Während Sartre mit "*exister*" in seinem Roman "La nausée" und in späteren Texten das nackte und sinnlose Dasein der Dinge meint, ist Marcels Existenzerfahrung in einen leibhaften Lebensvollzug eingebettet, der als sinnvolles Geheimnis erfahrbar ist. Die Existenz ist hier also keine radikale Antithese zum Wesensgrund des "*être*", sondern eine Bewegung der Teilhabe an der Sinnfülle des Seins. In "Etre et avoir" hat Marcel die Spannung folgendermaßen beschrieben: im Modus des Seins ist das Unveräußerliche des Menschen verborgen, das hoffend und vertrauend annäherungsweise erlebt werden kann; in der entfremdeten Haltung des Habens kommen hingegen jene Tendenzen zum Zuge, die ein authentisches und erfülltes Leben behindern. 1976 hat Erich Fromm in seinem Buch "To Have or to Be?"[3] das skizzierte Thema sozialpsychologisch neu formuliert und damit indirekt die Bedeutung von Marcels Grundanliegen bestätigt.

Der ethische Impetus von Marcels Philosophieren wird nun darin sichtbar, daß er das Geheimnis des Seins in der Begegnung mit dem *Du* konkretisiert, das als direktes Gegenüber niemals vollständig von einem selbstherrlichen Bewußtsein zum Objekt gemacht werden kann, sondern das immer schon jedem Zugriff vorausliegt – eine "Entdekkung", die Marcel unabhängig von Martin Bubers dialogischem Prinzip machte und die er später im Dialog mit Buber vertiefte.[4] Wie Buber stellt auch Marcel einen Zusammenhang her zwischen der interpersonalen Begegnung zweier Subjekte und der Begegnung des Ich mit dem ewigen Du, mit Gott. Gottesbegegnung wird diesseits theologischer Spekulationen im sozialen Vollzug von Begegnungen erfahrbar und verleiht diesen Begegnungen eine religiöse Tiefendimension, durch die die menschliche Freiheit nicht mißachtet wird, sondern erst ihre tiefste Begründung erlangt und von einer Hoffnung erfüllt wird, die eine in Liebe und Treue gelebte Beziehung sogar über den Tod hinaus Bestand haben läßt.

Levinas hat den 1978 an der Universität von Beer Sheva veranstalteten Buber-Kongreß zum Anlaß genommen, den Parallelen zwischen den beiden Denkern des Dialogs nachzugehen.[5] Bei allen Gemeinsamkeiten zwischen Buber und Marcel arbeitet er als zentralen Unterschied heraus, daß Marcel sich gegenüber Bubers Deutung der sprachlichen Verfaßtheit der Ich-Du-Begegnung skeptisch verhält. Sprache ist für Marcel ein objektivierendes, entfremdendes Instrument, durch das gegen den Willen der Beteiligten der Wechsel vom *Du* zum *Er* oder *Es* erfolgen kann. Marcel möchte Bubers sozialphilosophisch ansetzende Begründung einer dialogischen Ethik um die Dimension des "ontologischen Geheimnisses" erweitern, das er theologisch als Gnade deutet. So ereignet sich letztlich nicht im Dialoggeschehen selbst, sondern durch die Partizipation am Urgrund schöpferischer Treue die Identitätsbildung des Subjekts, das dieses Angebot freilich schuldhaft abweisen kann. Marcels Dialogverständnis lebt aus der Gewißheit der schöpferischen Treue Gottes, die eine kommunikationstheoretische Rekonstruktion der Dialogsituation erübrigt. Damit gelangt Marcels religiöse Ethik jedoch an die Grenzen ihrer Mitteilbarkeit, da nicht vorausgesetzt werden kann, daß alle Gesprächsteilnehmer die Prämissen einer christlichen Metaphysik und eines Urvertrauens in die Sinnhaftigkeit des Seins teilen. Vincent Berning hat diesen Ansatz zusammenfassend so charakterisiert: "Generell kann man die Philosophie Marcels als ein Denken kennzeichnen, für das als Grundbedingung des Existierens in der Hoffnung die Treue zum endlichen und zum göttlichen Du zu fordern ist. Schöpferisch ist diese Treue, weil sie sich einläßt auf das Nichtobjektivierbare, auf das, wessen ich nicht habhaft werden kann, d.h., auf das, was sich mir gewährt."[6]

Am Beispiel Marcels zeigt sich das Dilemma einer jeden religiös begründeten Dialogphilosophie, die einen Glauben voraussetzt, der doch eigentlich erst durch die Ethik der Intersubjektivität ermöglicht werden soll. Levinas hat die Aporien von Bubers und Marcels Begründungsversuchen aufgegriffen und radikalisiert.

4. Levinas

Levinas gilt heute weltweit als ein führender Vertreter jüdischer Philosophie und war ein wichtiger Vermittler der deutschsprachigen Phänomenologie in Frankreich. Es ist kaum möglich, sein Werk angemessen zu porträtieren, ohne stets die beiden Pole eines Denkens im Blick zu haben, das zwischen Philosophie und Religion sehr wohl unterscheidet und dennoch Brücken zwischen diesen Bereichen baut. Um Vermischungen vorzubeugen, hat Levinas bei der Publikation seiner Schriften meist darauf geachtet, daß die philosophischen Arbeiten bei anderen Verlagen erscheinen als die gesammelten Auslegungen zur talmudischen Überlieferung. Trotzdem sind die beiden Aspekte seines umfangreichen Werkes nicht voneinander zu trennen: er ist sowohl ein exponiertes Mitglied der jüdischen Gemeinschaft als auch ein anerkannter Universitätslehrer und hat in diesen Eigenschaften maßgeblichen Anteil an der weltweiten Renaissance "jüdischer Philosophie" – nicht im Sinne einer exklusiven Weltanschauung, sondern als Beitrag einer lebendigen Tradition zur Diskussion der großen ethischen Fragen unserer Zeit. Für dieses Anliegen hat er die programmatische Kurzformel geprägt, hebräische Weisheit in griechischer Sprache, d.h. in der Sprache der okzidentalen Rationalität, auszudrücken. Dabei können biblische Texte niemals als Legitimationsinstanz oder Autoritätsbeweis dienen; sie sind aber für den rationalen Diskurs gleichberechtigte Quellen neben den Texten der philosophischen Tradition.

4.1 Zur Biographie

Gerade als ein jüdisch geprägtes Denken trägt die Philosophie von Levinas mehr als viele zeitgenössiche Strömungen die Signatur unseres Jahrhunderts, dessen Katastrophen in die Art des Philosophierens tief eingeschrieben sind. Levinas wurde 1906 (1905 nach dem Julianischen Kalender) in der litauischen Stadt Kaunus geboren und wuchs in einer jüdischen Familie auf, in der die hebräische Bibel und die russische Literatur zum selbstverständlichen Bildungsgut gehörten. Die Familie erlebte die Oktoberrevolution in der Ukraine, von wo aus der junge Levinas zum Studium in Westeuropa aufbrach. Straßburg, Freiburg und Paris waren die Stationen einer Ausbildung, in der der sprachbegabte Emigrant zugleich zum Vermittler zwischen den Wissenskulturen Deutschlands und Frankreichs wurde, indem er durch seine 1930 veröffentlichte Dissertation über Husserl das französische Publikum (u.a. auch den jungen Sartre) mit der phänomenologischen Theorie der Intuition bekannt machte. Durch die persönliche Bekanntschaft mit Husserl und Heidegger und durch die Mitarbeit an der französischen Übersetzung von Husserls "Cartesianischen Meditionen" war er dazu prädestiniert, das Gedankengut der Phänomenologie und die Anregungen Heideggers, dessen "Sein und Zeit" (1927) er stets bewundert hat, in Frankreich weiterzuentwickeln. Es war aber nicht nur die Empörung über Heideggers Verstrickung in den Nationalsozialismus, die ihn auf Distanz gehen ließ. Levinas entdeckte vielmehr philosophische Argumente gegen die Husserlsche Idee des intentionalen und konstituierenden Bewußtseins, das den Anderen in seiner Andersartigkeit nicht wirklich respektiert, und gegen Heideggers Projekt einer Fundamentalontologie, in der die Ethik zweitrangig ist, – zwei zentrale Kritikpunkte, die von nun an sein ganzes Werk durchziehen sollten. In den "Cartesianischen Meditationen", die Husserl 1929 als Gastvorlesungen an der Sorbonne vorgetragen hat, finden sich sehr dichte und aporetische Überlegungen zur Fremderfahrung, die zum Problem wird, weil Husserl sich den Anderen nur als egologisch konstituiert vorstellen kann. Sozialität wäre somit nur als eine Monadengemeinschaft denkbar, was von Levinas – wie übrigens auch von Sartre – als solipsistische Engführung kritisiert wird. Heideggers Ansatz, wonach das "Mitsein" eine Struktur des In-der-Welt-Seins ist, bringt die Gleichursprünglichkeit der Subjekte deutlicher zum Ausdruck.

Da Levinas sich 1930 für die französische Staatsbürgerschaft entschieden hatte, wurde er 1939 als Soldat eingezogen und geriet 1940 in deutsche Gefangenschaft. Während er den Krieg wie durch ein Wunder überlebte, wurden all sein litauischen Angehörigen von den Nationalsozialisten ermordet. Ihre Namen stehen in hebräischer Schrift unter der Widmung des 1974 erschienenen zweiten Hauptwerkes, "Autrement qu'être ou au-delà de l'essence": "Zum Andenken an die Nächsten unter den sechs Millionen von den Nationalsozialisten Ermordeten, neben den Millionen und Millionen von Menschen aller Konfessionen und aller Nationen, Opfer desselben Hasses des anderen Menschen, desselben Antisemitismus." Es liegt nahe, Levinas' Philosophie von dieser traumatischen Erinnerung her zu erschließen, da es nach der Shoah schlechterdings nicht mehr möglich ist, Philosophie (und Theologie!) so betreiben, als habe es diesen Wahnsinn und dieses Verbrechen niemals gegeben. Den Leserinnen und Lesern der jüngeren Generationen fällt es bisweilen schwer, hinter dem für heutiges Empfinden pathetisch oder archaisch wirkenden Stil unseres Autors den Leidensdruck und Realismus zu erkennen, der durch den epochalen Einschnitt von 1945 provoziert wurde. Levinas-Lektüre ist ein anspruchsvolles und unbequemes Unterfangen, das leider sehr häufig zu Frustration oder aber zur Bildung einer esoterischen Jüngergemeinde führt. Die ethische Haltung der Offenheit für den Anderen beginnt mit der Bereitschaft, sich auf seine fremdartige Sprache einzulassen.

Für Levinas bedeutete der Neubeginn nach dem Krieg eine Rückkehr zu den Quellen des Judentums, die ihm in Paris durch einen kautzigen Talmudgelehrten namens Chouchani vermittelt wurden. Levinas verdiente seinen Lebensunterhalt während dieser Zeit als Direktor des Israelitischen Lehrerseminars. Erst relativ spät, nämlich 1961 begann seine Hochschullaufbahn als Philosophieprofessor an der Universität von Poitiers, nachdem das Buch "Totalité et infini" als Habilitationsschrift angenommen worden war. 1967 erfolgte der Wechsel nach Nanterre, 1973 an die Sorbonne, wo er seine Lehrtätigkeit auch nach der Emeritierung 1976 fortsetzte. Im Zuge einer weltweiten Rezeption der ebenso sperrigen wie originellen Texte von Levinas hat sich inzwischen (nicht nur in der Verlagswerbung!) die Erwartung verdichtet, daß mit diesem Werk einer der wichtigsten Beiträge zur Philosophie des 20. Jahrhunderts vorliegt, von dem Impulse für eine neue, keineswegs nur religiöse Ethik ausgehen könnten. Nachdem das Werk lange Zeit als ein erratischer Block in der modernen Philosophie galt, mehren sich heute die Anzeichen für die Berechtigung einer Interpretation, die den offensichtlichen und untergründigen Beziehungen dieses Denkens zu anderen großen Autoren des Jahrhunderts nachspürt.

4.2 Der Appell des Anderen

Es würde den Intentionen von Levinas widersprechen, die zweifellos vorhandene religiöse Komponente seines Denkens, unvermittelt in die Philosophie einzuführen. Trotz mancher Parallelen zu den Sozialontologien der ersten Jahrhunderthälfte und der Auseinandersetzung mit Buber und Marcel ist Levinas' Formulierung der Alteritätserfahrung von größerer Radikalität, die sich nicht nur auf das Ich-Du-Verhältnis bezieht, sondern eine Umgestaltung der gesamten Philosophie zur Folge hat. Nach der Erfahrung der Grausamkeit in Krieg, Terror und Massenvernichtung fragt Levinas nach der Möglichkeit einer humanen Lebensform, die dem anderen Menschen Raum gibt und ihn in seiner extremen Verwundbarkeit schützt. Für Levinas war die gesamte bisherige Philosophie des Abendlandes ein objektivierendes Totalitätsdenken, das die Andersartigkeit des Anderen nicht erträgt und diesen deshalb so lange traktiert, bis für das selbstherrliche und herrschsüchtige Subjekt vom Anderen keine Gefahr mehr ausgeht. Die klassische Ontologie ist in ihren praktischen Konsequenzen eine Theorie der Machterhaltung und ein Herrschaftsinstrument zur begrifflichen Unterdrückung und Vernichtung des Andersartigen, das über den Horizont einer vermeintlichen Rationalität hinausgeht.[7]

Die Chance eines nach dem Krieg so oft postulierten neuen Humanismus kann nur darin bestehen, die Blickrichtung umzukehren und vom Anderen her zu denken, indem wir ihn in seiner Fremdheit und Freiheit gelten lassen. Der Andere begegnet uns in einer Position der "Erhabenheit" und der Exteriorität und fordert uns unausweichlich heraus, die Bitte "Du wirst mich doch nicht töten" zu hören und Verantwortung für sein Leben und Sterben zu übernehmen. Bei aller Gefahr der Verkürzung läßt sich Levinas' Ethik mit wenigen Strichen als eine *Nächstenethik*, eine Ethik der "proximité",[8] zeichnen, die weniger an konkreten Normen interessiert ist als an einer phänomenologischen Beschreibung der Ursprungserfahrung von Subjektivität in einem asymmetrischen Verhältnis von Ich und Du. Durch eine solche anthropologische Fragerichtung unterscheidet sich diese Ethik von den meisten zeitgenössischen Ethikentwürfen, die in zunehmendem Maße an Anwendungsdiskursen interessiert sind.[9] Es dürfte vergeblich sein, Levinas in Ethikkommissionen zu berufen, die über Probleme der Biotechnologie, der Ökologie, der Nutzung von Kernenergie oder der Sicherheitspolitik zu beraten hätten. Aus Levinas' Philosophie lassen sich nicht unmittelbar Handlungsanweisungen deduzieren; in ihr geht es vielmehr um die Beschreibung von Grundhaltungen, die selbstverständlich auch konkrete Auswirkungen haben können, aber kein ausformuliertes sozialphilosophisches oder politisches Programm enthalten. Hier liegt ein grundsätzliches Dilemma gegenwärtiger praktischer Philosophie, die zwischen den Extremen abgehobener Theorien und pragmatischer Stellungnahmen ihren Standort sucht. Wer von Levinas direkte Interventionen eines engagierten Intellektuellen erwartet, wird sehr wahrscheinlich enttäuscht sein, weil sich die ungewöhnliche Theoriesprache einer schnellen Lektüre und erst recht einer hastigen Anwendung auf die Praxis versperrt. Levinas definiert sich in der Tradition einer Universitätsphilosophie, deren vornehmste Aufgabe die Anstrengung des Begriffs ist und die zu keinen populistischen Zugeständnissen bereit ist. Mir scheint es wichtig zu sein, diese Prämissen zu akzeptieren, um an den Philosophen Levinas, dessen Werk heute am erfolgreichsten unter der Bezeichnung "Ethik" vermarktet wird, nicht permanent Erwartungen zu richten, die dieser Autor weder erfüllen kann noch will.

Auf der anderen Seite ist Levinas wie kaum ein Intellektueller seiner Generation bereit, in zahlreichen Interviews und bei Symposien geduldig über seine Grundanliegen Auskunft zu geben und in der Reduktion auf das Wesentliche auch angreifbar zu sein, wenn die philosophische Stringenz seiner Aussagen bei spontanen Stellungnahmen nicht in ganzer Tiefenschärfe sichtbar wird. Ohne Zweifel versteht Levinas sich als Träger einer Botschaft, die er unbeirrt von Polemiken und modischen Strömungen möglichst klar artikulieren möchte: es ist die Botschaft vom "Humanismus des anderen Menschen", eine Philosophie der *an-archischen* Verantwortung des Subjekts, das Stellvertreter und Geisel des Anderen ist, herausgerufen aus Egoismus und Indifferenz, nicht im Sinne eines naiven Altruismus, sondern als eine fundamentale Beschreibung unserer Sozialbeziehungen, die im direkten Kontakt von Angesicht zu Angesicht ihren Ursprung haben und ihre moralische Dignität und Dramatik erhalten. Nicht in der Anonymität der Strukturen, sondern im Nahbereich der intersubjektiven Begegnung, die keineswegs idyllisch ist, lokalisiert Levinas den ethischen Anspruch, für den Anderen verantwortlich zu sein und von dessen Verletzlichkeit und Sterblichkeit in die Pflicht genommen zu werden.

4.3 Verantwortung und Gerechtigkeit

Wer *Verantwortung* zu einem Leitwort seiner Ethik macht, signalisiert damit eine deutliche Distanz zum subjektivitätstheoretischen Ideal der *Autonomie*, die von Levinas mit negativen Konnotationen belegt wird. Da Verantwortung die Pflicht zur Rechenschaft vor einer Person oder einer Instanz impliziert, ist ein Verständnis von Autonomie als Autarkie ausgeschlossen. Die Sittlichkeit des Subjekts ist nicht in dessen selbstherrlicher Verfügungsgewalt begründet, sondern in der Störung meiner Ruhe durch den Anderen, der durch seine Nähe meine geordnete Welt aus den Angeln hebt und meine Reaktion herausfordert. Ist eine solche Vorstellung nicht absurd, da die sittliche Kompetenz des Subjekts in Heteronomie erstickt zu werden droht? Levinas hat seine Aussage sogar noch dadurch verschärft, daß er die *Asymmetrie* der interpersonalen Beziehung unterstreicht. Die Ich-Du-Beziehung ist, wie Levinas in Abgrenzung gegen Buber verdeutlicht, nicht reziprok: sie definiert sich vom Anderen her, dessen Anspruch ich passiv ausgesetzt bin und den ich in kein totalisierendes Deutungsmuster integrieren kann. Die größte Nähe bedeutet zugleich Fremdheit und Trennung, sogar in der erotischen Beziehung, nicht-objektivierbare Andersheit, für die ich Verantwortung trage, auch wenn ich es nicht will.

Die Levinas'sche Beschreibung des Entdeckungszusammenhangs für den moralischen Appell in der interpersonalen Begegnung gehört zu den beunruhigenden und fremdartigen Ideen seiner Philosophie, die vom Rätsel des Anderen angetrieben wird. Kann bei einem solchen Übermaß an Fremderfahrung überhaupt rationale ethische Argumentation ermöglicht werden? Wer die schroffe Beschreibung der ethischen Urszene nicht zu akzeptieren bereit ist, wird auch den weiteren Aussagen von Levinas nur schwer folgen können. Möglicherweise ist aber gerade der Affekt gegen Levinas' Radikalität ein Reflex jener philosophischen Option des Immanenz- und Totalitätsdenkens, das Levinas mit seiner Nächstenethik sprengen möchte. Schließlich geht es ihm nicht darum, die Heteronomie zu verherrlichen, sondern das Subjekt für jenen Mechanismus zu sensibilisieren, der im Extremfall tödlich wirkt, wenn ich auf die Schutzlosigkeit des Anderen mit Gewalt reagiere und – um es paradox zu sagen – den stummen Appell "Du sollst mich nicht töten!" überhöre. Genau das ereignet sich ja z.B. bei der rassistischen Vernichtung des Anderen, dessen fremdes Gesicht irritiert und Haß wachruft. Auch Jürgen Habermas bezeichnet jene Intuitionen als *moralisch*, "die uns darüber informieren, wie wir uns am besten verhalten sollen, um durch Schonung und Rücksichtnahme der *extremen Verletzbarkeit* von Personen entgegenzuwirken."[10] Diese Intuitionen, die ebenfalls in Mitleidsethiken präsent sind, bilden den Kern von Levinas' Ethikverständnis, das aus den leidvollen Erfahrungen der Verbrechen unseres Jahrhunderts erwachsen ist.

Nun weiß aber auch Levinas nur zu gut, daß sich allein auf dem nicht-reziproken Ich-Du-Verhältnis keine Sozialethik aufbauen läßt, und führt zu diesem Zweck die Figur des *Dritten* ein. Durch die Gegenwart des Dritten werde ich gezwungen, *gerechte* Maßstäbe an mein Sozialverhalten anzulegen, um meine unendliche Verantwortung für die Anderen mit meinen endlichen Möglichkeiten zu realisieren. Hier beginnen die Begründungsnöte von ethischen Entscheidungen in Dilemmasituationen, in denen die gute Gesinnung nicht immer ausreicht, um das richtige Urteil zu finden. In rechtsstaatlichen Institutionen werden Rahmenbedingungen geschaffen, die zwar keine absolute

Gerechtigkeit garantieren, aber die Überforderung des verantwortlichen Subjekts mildern helfen.

Levinas ist also nicht ein weltfremder Theoretiker, der gebannt auf die Ich-Du-Beziehung starrt und größere soziale und politische Zusammenhänge aus dem Blick verliert. Die Ordnung des Alltags in ökonomischen und technischen Gebilden ist unumgänglich; sie hat ihren letzten Maßstab jedoch in der Offenheit für die Begegnung mit dem Anderen, der sich in kein Schema pressen läßt. Wie positiv Levinas die Möglichkeiten des sozialen und technologischen Fortschritts einschätzt, ist in seiner im Gegensatz zu Heidegger sehr optimistischen Bewertung moderner Technik abzulesen, deren Verteufelung er als Rückkehr zum Heidentum kritisiert.[11] Die Technik biete die Chance, die Natur zu entzaubern, fremde Menschen zusammenzuführen und eine soziale Welt zu bauen, in der es keine sakralen Orte mehr gibt, dafür aber um so mehr Respekt vor der Würde und Unversehrtheit jedes einzelnen Menschen.

4.4 Ethik als erste Philosophie

Um sich von Heideggers Fundamentalontologie abzugrenzen, bezeichnet Levinas seine eigene Philosophie in "Totalité et infini" als *Metaphysik*, deren Königsweg die Ethik sei. Heidegger hatte gegen die Seinsvergessenheit abendländischer Philosophie eine von den Vorsokratikern inspirierte *Ontologie* rehabilitieren bzw. entwickeln wollen, die jenseits des objektivierenden und klassifizierenden Denkens die Grundlagen des Seins neu reflektiert. Für Levinas ist diese Neuorientierung nicht fundamental genug, weil sie der alten Tradition treu bleibe, das Ethische aus der *prima philosophia* auszuklammern. Heideggers Seinsgeschehen sei ein neutrales "Geschick", das zwar an den Kern von Sinn und Wahrheit führen wolle, aber dabei nur die alte ontologische Ursprungsbesessenheit mit anderen Mitteln weiterentwickle und keinen Zugang zum Problem der moralischen Verantwortung finde. Dagegen argumentiert Levinas mit dem Entwurf einer *Metaphysik*, die mit der Totalität des neutralen Seins bricht und die Transzendenz als Idee des Unendlichen denkt, welches als das oder der Andere ins Denken einfällt.

Mit diesem Neuansatz erbt und verschärft Levinas freilich ein altes Problem der Metaphysik: die Zuordnung von Sein und Sollen, die in der Ethik als *naturalistischer Fehlschluß* bekannt ist. Levinas vertritt die Auffassung, daß eine Metaphysik ohne Ethik im Kategoriensystem der Ontologie stecken bleibt und dem irreduziblen Anspruch des Anderen Gewalt antut. Er vermag jedoch nicht logisch zu erklären, wie sich aus dem Anblick des Antlitzes des Anderen (deskriptive Aussage) ein moralischer Appell (präskriptive Aussage) ergibt. Das als ethisch qualifizierte Urphänomen der Intersubjektivität erscheint als ein unhintergehbares Faktum (wie Kants "Faktum der Vernunft" oder das Faktum der Sprache in der Diskursethik), das sich nicht auf konkrete Begründungsstrategien bezieht, sondern auf den Sinn und Zweck von Ethik überhaupt und auf das, was als sittliche Güte definiert wird. Es geht also nicht um irgendeinen Schluß von einem biologischen Faktum auf eine Norm, was metaethisch tatsächlich kaum zu rechtfertigen wäre, sondern um ein absolutes Sollen, dem sich das Subjekt schlimmstenfalls in mörderischer Absicht entzieht, normalerweise aber mit einer egoistischen oder indifferenten Haltung. Levinas sucht jedenfalls nicht den Anschluß an die wissenschaftstheoretische Fachdiskussion der Metaethik; er entwickelt seine Sprache weiter in Richtung auf einen dem literarischen Schreiben verwandten Stil, der sich von den gängigen philosophischen Diskursen immer mehr entfernt.

4.5 Ethische Sprache

Nach Levinas'eigener Einschätzung war "Totalité et infini" noch stark der ontologischen Fachsprache verhaftet. Spätestens im zweiten Hauptwerk, "Autrement qu'être ou au-delà de l'essence", und in vorbereitenden Essays erfolgt auch sprachlich der Durchbruch zu einer Philosophie, die im Experiment einer fremdartigen *ethischen Sprache* ("langage éthique") die Fesseln der sterilen Begriffsapparate sprengen möchte und unter den Versteinerungen des Gesagten ("Dit") das lebendige Sprechen ("Dire") eines leidenden und leidenschaftlichen Subjekts aufspürt. Die *ethische Sprache* ist nicht Medium einer Normentheorie, sondern existentieller Ausdruck einer "Passion des Sagens",[12] die durch die Betroffenheit von der Nähe und Verwundbarkeit des Anderen charakterisiert ist. Sie bedeutet Auflösung der selbstherrlichen Artikulation und Infragestellung der Inszenierung eines souveränen Subjekts und ist sehr oft ein ohnmächtiges Stammeln an den Grenzen des Sagbaren. In "Autrement qu'être" (AQ) hat Levinas zu einer Sprache gefunden, die man mißverstehen würde, wollte man sie nur unter dem Aspekt der "effets de style" sehen. Wie die Spuren des "*Dire*" in das "*Dit*" des philosophischen Diskurses eingegraben sind, hat Thomas Wiemer in überzeugenden Interpretationen nachgewiesen.[13] Hier seien nur einige Verfahren genannt:

– *Momente des Unvergleichbaren im relationalen Sprechen*. Levinas bemüht sich darum, die Außerordentlichkeit von Beziehungen zu charakterisieren, deren Relate nicht synchronisierbar sind. Er spricht z.B. von einer "relation imcomparable" (AQ 146). Sehr häufig sind Wortsynthesen wie "l'Autre-dans-le-même", "l'un-pour-l'autre", "le par-l'autre" u.ä. Besonders auffällig sind die beiden Satzinfinitive "l'être-arraché-à-soi-pour-un-autre-dans-le-donner-à-l'autre-le-pain-de-sa-bouche, ou le-pouvoir-rendre-son-âme-pour-un-autre" (AQ 99).

– *Unterbrechungen, Verfremdungen, Übergänge*. Die Fremdheit des Textes resultiert oft aus der unvermittelten Einführung von Formulierungen, die erst im weiteren Verlauf der Lektüre (oder nach mehrmaliger Lektüre) verständlich werden. "Das Schreiben im Modus der Verunsicherung entspricht – und entspringt – dem Bedeuten des hier zu Sagenden."[14] In diesem Zusammenhang ist auch die Einbeziehung eines Vokabulars zu erwähnen, das man normalerweise in *philosophischen* Texten nicht erwartet: "gloire", "élection", "création", "prophétisme", "inspiration" usw. Dieser Anachronismus der Sprache bzw. die Übernahme religiöser Termini ist gewollt und dient der Übersetzung der Ontologie in die ethische Sprache einer prophetischen Philosophie, die sich tastend und suchend in der Spur des Anderen bewegt.

– *Hyperbolisches Sprechen*. Z.B. "passivité plus passive que toute passivité", "antériorité antérieure à toute antériorité représentable".

Weitere Beispiele und deren ausführliche Erläuterung wird man mit Gewinn bei Thomas Wiemer nachlesen können. Für unseren kurzen Überblick stellt sich zusammenfassend die Frage, was denn nun eigentlich unter "langage éthique" zu verstehen ist. "Das ethische Sprechen erschöpft sich keineswegs in der Aktualisierung eines sprachlichen Sondergutes. (...) die Umrisse ethischer Sprache zeichnen sich über eine bestimmte charakteristische Terminologie hinaus vor allem durch die verschiedenen Verfahren ab, die Geschlossenheit, das Definitive, Synchronisierende der Aussagesprache zu vermeiden bzw. 'von innen her' zu öffnen."[15]

Was dem einen als existentielles Ringen um die Sagbarkeit von Sinn imponiert, mag dem anderen als manierierte Gespreiztheit erscheinen. Die Erinnerung an den Sprachgestus Martin Heideggers ist bei der meist mühevollen Levinas-Lektüre unvermeidlich und ist auch von Wiemer ausführlich thematisiert worden.[16] Denn obwohl Levinas Heideggers Sprachmagie scharf kritisiert, sind seine eigenen sprachlichen Verfahren nicht ohne Parallelen zu denen Heideggers. Bei beiden sind Paronomasie, figura etymologica und Wortzerlegung beliebte Stilmittel. Während aber Heidegger die Rückbesinnung auf die Sprache als einem *Haus des Seins* anstrebte, gibt es für Levinas keinen ontologischen Rückhalt. Im Gegenteil: "Die sich windenden, die zerbrochenen und unablässig sich wiederaufnehmenden Formulierungen sind Ausdruck jenes Keuchens und jener Atemlosigkeit des Geistes, der als Passion für den Humanismus des anderen Menschen weht. In dieser Passion brennt und schmerzt eine andere – ein Tumor im Gedächtnis, ein schwindelerregender Abgrund –, vor der jedes Wort verblaßt und die in den dennoch, in den wieder gefundenen Worten dessen, der sie durchlebt und überlebt hat, weiterlebt und durch sie fortfährt zu erschüttern."[17] Diese Charakterisierung kommt dem Ethikverständnis von Emmanuel Levinas am nächsten und läßt uns auch ahnen, daß dieses eine tiefgreifende Umgestaltung der gesamten Philosophie zur Folge hat. Eine Ethik der skizzierten Art führt zu einer Grundhaltung, die zum praktischen Diskurs jenseits hegemoniesüchtiger Theorieschlachten befreit und die Anschlußperspektiven für eine *theologische* Ethik als offenes Angebot formuliert. Von großer Bedeutung ist Levinas' ethisches Sprachverständnis ferner für die ästhetische Reflexion, die unter dem Primat der Ethik neue Konturen erhält. Paul Celan und Maurice Blanchot gehören zu den Autoren, die mit ihren Paradoxien und Sprachexperimenten am Rande des Verstummens in den Texten des Philosophen immer wieder zur Sprache kommen.

4.6 Ethik und Zeitlichkeit

Die Kurzpräsentation von Levinas' Ethik wäre nicht vollständig, wenn wir nicht in einem kurzen Ausblick die Dimension der Zeitlichkeit erwähnten, die für die Bestimmung des Verhältnisses von *Philosophie* und *hebräischem Denken* von großer Bedeutung ist. Wenn die Beschreibung der ethischen Urszene – der Fürsorge für den Anderen – kein frommer Wunsch sein soll, der durch die Realität von Korruption und Krieg Lügen gestraft wird, stellt sich die Frage, ob die prophetische Vision des Friedens eine regulative Idee oder eine Utopie ist, deren Verwirklichung auf ein Jenseits zu vertagen wäre. Die Idee eines messianischen Reiches der Gerechtigkeit gehört ja ganz wesentlich zum Erwartungshorizont der jüdisch-christlichen Tradition und könnte folglich auch für die Levinas'sche Auffassung von Exteriorität von Interesse sein. Levinas lehnt es ab, den Widerspruch von Ethik und Wirklichkeit dadurch zu versöhnen, daß man alle Hoffnung auf eine unendliche Güte außerhab der sozialen Beziehungen setzt. Die Erfahrung der Unendlichkeit hat in der endlichen und kontingenten Ich-Du-Beziehung ihren unersetzlichen Ort und kann nicht in die Ortlosigkeit einer friedlichen Utopie verlagert werden. Ein utopischer Messianismus würde also dem Anliegen einer Verantwortungsethik nicht entsprechen.

Ethik im jüdischen Kontext, das läßt sich als Zwischenbilanz sagen, ist für Levinas eine durch und durch humanistische Ethik, in der die göttliche Weisung und die Offenheit des Menschen für den Appell des anderen Menschen *ununterschieden* sind. Der Verweis auf die religiöse Dimension ist kein Bekräftigungsargument für die Richtigkeit oder Falschheit einer Handlung, sondern stimulierender und kritisierender Horizont für eine philosophische Tradition, die oft genug ihre Begriffssysteme als Götzen angebetet hat. Die ethische Theorie, an der Levinas unermüdlich arbeitet, hat aus metaethischer Sicht unbestreitbar methodische Schwächen. Trotzdem gelingt es Levinas, den in den formalistischen und universalistischen Verfahrensethiken vernachlässigten Gedanken einer Verantwortlichkeit zu profilieren, die aus der Erfahrung der extremen Verwundbarkeit des Anderen erwächst, der mich noch vor jedem Kalkül eines gerechten Ausgleichs in die Pflicht nimmt – "pour le peu d'humanité qui orne la terre" (AQ 233). Was der Mensch mit diesem Appell anfängt, ist völlig offen; für das Gelingen eines friedlichen Zusammenlebens gibt es keine religiös abgesicherte geschichtsphilosophische Garantie, auch keine Theodizee, schon gar nicht nach Auschwitz, sondern nur die *conditio humana* der Möglichkeit der Betroffenheit von Transzendenz.

4.7 Wege der Rezeption

Um das Spektrum der internationalen Levinas-Rezeption auch außerhalb religionsphilosophischer Erkenntnisinteressen zu veranschaulichen, sei auf zwei Autoren verwiesen, deren Namen für recht unterschiedliche theoretische Optionen stehen: auf den Pariser Philosophen

Jacques Derrida und auf den lateinamerikanischen Befreiungstheologen und -philosophen Enrique Dussel.

Derrida hat dem Werk seines Kollegen Levinas schon 1964 eine größere Studie gewidmet,[18] und auch bei Levinas gibt es gelegentlich Äußerungen zu Derrida, mit dem er u.a. den zentralen Begriff der *Spur* teilt. Derrida verwendet ihn als Metapher für die Schrift, die sich der lebendigen Gegenwart und damit dem Wunsch des Subjekts nach der Präsenz von Sinn entzieht. Denn die Urschrift ist ein subjektloser Erzeuger von Strukturen und stiftet Differenzen zwischen den Zeichen eines Sprachsystems, durch die aus der anonymen Signifikantenkette erst Bedeutungen hervorgehen. Es ist jene differierende, differenzierende und aufschiebende Bewegung, für die Derrida den Neologismus "différ*a*nce" geprägt hat. In dem erwähnten Aufsatz über Levinas mischen sich Faszination und Skepsis. Derrida ist fasziniert von dem Versuch, griechisches mit jüdischem Denken zu konfrontieren und jene Philosophie zu dekonstruieren, mit der auch noch Husserl und Heidegger auf je ihre Weise zur Konsolidierung des griechischen Logos beigetragen haben. Wenn Levinas zur Befreiung von der griechischen Herrschaft des Selben und des Einen aufruft, so deckt sich dies grundsätzlich mit dem Anliegen des Differenzdenkens von Derrida, der aber letztlich das ehrgeizige Projekt eines rein *heterologen* Denkens für einen schönen Traum hält. Denn auch das *reine* Denken der *reinen* Differenz braucht noch den Logos, um sich zu artikulieren. Gerade in der Gegenüberstellung mit Levinas zeigt sich, wie sehr Derrida die Verbindung zur transzendentalphilosophischen Subjektivitätsphilosophie aufrechterhalten hat, obwohl viele seiner kritischen Einwände auch auf die Paradoxien seiner eigenen Philosophie zu übertragen wären. In dem teils real geführten, teils fiktiven Gespräch zwischen Levinas und Derrida werden die großen Themen der Gegenwartsphilosophie diskutiert, die nicht erst unter dem Etikett "Postmoderne" zu wichtigen Herausforderungen für das Denken geworden sind: Subjekt, Alterität, Feminismus, Sprache an den Grenzen des Sagbaren, Negative Theologie. Für die Philosophie (und die Theologie) eröffnet sich hier ein Forschungsgebiet, das im deutschsprachigen Raum erst zaghaft berührt wird und in das beispielsweise auch die Texte von Adorno und Lyotard einzubeziehen wären.

Ein weiteres für die Praxis folgenreiches Beispiel der Levinas-Lektüre kommt aus Lateinamerika: Dussel hat sich in seinem *analektischen* Denken wesentlich von Levinas inspirieren lassen, um das

Systemdenken geschlossener Theoriegebäude mit der Tatsache zu konfrontieren, daß wir *jenseits* der Totalität dem Anderen begegnen. "'Totalité et Infini' von Emmanuel Lévinas hat dies von der Phänomenologie her aufgezeigt, nicht aber von der politischen Ökonomie her. Ihren Kritikern entgegen ist die Befreiungsethik nicht ein 'Marxismus für das Volk' (...), sondern sie besitzt eine tiefe Verwurzelung in der Metaphysik (...), in einer Ethik als Primärphilosophie (...). Der gegenüber dem System 'andere' ('die Witwe', 'die Waise', 'der Fremde' der Propheten unter der allgemeinen Bezeichnung 'der Arme') ist jenseits des ontologischen Seins des Systems die metaphysische Wirklichkeit. Deswegen ist er ein 'Draußen', etwas dem totalisierten System ganz Fremdes (...); er ist der Ort der Epiphanie Gottes: 'der Arme'. Die Identifikation Jesu mit dem Armen (Mt 25) ist keine Metapher; sie ist eine Logik. Gott, der absolute Andere, offenbart sich im Fleisch (im System) für den, der anders ist als das System: für den Armen."[19]

Dussel nennt die von ihm entwickelte Reflexionsfigur *Analektik*, um sie gegenüber herkömmlichen Formen der Dialektik abzugrenzen, die ihre Negationen aus dem kritisierten System selbst gewinnen oder aber aus einem utopischen Horizont schöpfen. Dagegen bewegt sich der analektische Diskurs jenseits des Systems: beim Armen als dem konkreten Anderen, der mit seinem ethischen Appell das System transzendiert, ohne sich in der leeren Weite der Utopie zu verflüchtigen. Die befreiungstheologische *Option für die Armen* findet also in Levinas' Philosophie eine wichtige Stütze.[20]

Levinas' Bemühen, die biblische Weisheit in der Sprache der Philosophie zu reflektieren, kann als eine einzige Meditation über die Weisheit der Liebe gelesen werden.[21] Für die jüdisch-christliche Praxis wäre sein Werk ein Impuls, dem bürgerlich-liberalen Menschenrechtsgedanken einen Akzent hinzuzufügen, der den Fremden und Marginalisierten zu ihrem Recht verhilft und nicht nur den Status des saturierten bürgerlichen Individuums verfestigt. Dennoch bleibt einzuwenden, daß Levinas vielleicht doch die hohe Wahrscheinlichkeit einer verzerrten Wahrnehmung des Anderen unterschätzt, da wir diesem oft nicht unvoreingenommen begegnen, sondern ihn auf ein bestimmtes Bild fixieren wollen. Es ist fraglich, ob solche Vorurteilsstrukturen allein durch den ethischen Widerstand des nackten Antlitzes aufgebrochen werden können. Bekanntlich gibt es neben der egoistischen Verweigerung von Hilfe und Zuwendung auch die selbstzerstörerische Mentalität des Opferlamms, die im Christentum ausgiebig gepredigt und ideologisch überhöht wurde. Eine gelebte Ethik der vorbehaltlosen Verantwortung für den Anderen dürfte aber kaum ohne die Stütze einer reflektierten Individualhermeneutik gelingen.[22]

5. Ausblick

In der Rückschau bestätigt sich die Problematik einer vergleichenden Betrachtung der Philosophien von Bergson, Marcel und Levinas aus der Perspektive einer religiösen Ethik. Andererseits zeigt der Pluralismus der ethischen Ansätze, die sich um ein Denken der Transzendenz bemühen, daß bei der Zuordnung von Religion und Ethik keine eindeutigen Festlegungen möglich sind und daß folglich auch theologische Ethiken immer Schwierigkeiten haben werden, in dieser Sache verbindliche Aussagen zu machen. Daß der Rekurs auf Religion für eine stringente *Begründung* von Moral nicht ausreicht, ist inzwischen weitgehend anerkannt. Die neuzeitliche Religionskritik hat sogar eher die umgekehrte Frage gestellt, ob die Begründung von Religion moralischen Standards (Gerechtigkeit, Freiheit, Toleranz usw.) standhält. Weniger umstritten ist die Vermutung, daß Religion zu moralischen Handeln *motivieren* kann, indem sie das Vertrauen in den Sinn von Moral auch dann stützt, wenn gerade der Gerechte verschmäht und vernichtet wird. Eine solche innovative und kontrafaktische Praxis haben unsere drei Autoren auf je ihre Art reflektiert. Bei Bergson ist es der Mystiker, der im Erleben des schöpferischen Seinsgrunds die kontingenten Moral- und Religionssysteme seiner Gesellschaft transzendiert. Bei Marcel wird diese Verbindung zu einer göttlichen Quelle des Sinns dialogischer Begegnung – bei aller Einsicht in die permanente Möglichkeit des Scheiterns – aus einer Haltung der Glaubensgewißheit heraus beschworen. Die Ethik von Emmanuel Levinas zwingt zu einer Revision des religiösen Optimismus, da mit großem Realismus nachgewiesen wird, daß die Begegnung mit dem konkreten Anderen der ursprüngliche Modus von Transzendenz ist. Gerade weil dieser Humanismus in unserem Jahrhundert immer wieder mit Füßen getreten wurde, kann eine religiöse Ethik nicht hinter Levinas' nüchterne Sozialphilosophie zurück.

Anmerkungen

1 Vgl. B. Waldenfels: Phänomenologie in Frankreich. Frankfurt a.M. 1983, S. 20–25.
2 Une nouvelle Rationalité. Sur Gabriel Marcel. In: E. Levinas, Entre nous. Paris 1991, S. 77–79.
3 dt.: Haben oder Sein. Die seelischen Grundlagen einer neuen Gesellschaft (übers. von B. Stein). Stuttgart 1976.
4 Vgl. G. Marcel: Ich und Du bei Martin Buber. In: P.A. Schilpp / M. Friedman (Hrsg.), Martin Buber (Philosophen des 20. Jahrhunderts). Stuttgart 1963, S. 35–41.
5 Das auf Französisch in Levinas' Aufsatzsammlung "Hors sujet" enthaltene Referat liegt unter dem Titel "Martin Buber, Gabriel Marcel und die Philosophie" in zwei deutschen Übersetzungen vor: von Y. Amir. In: J. Bloch / H. Grodon (Hrsg.), Martin Buber. Bilanz seines Denkens. Freiburg/Basel/Rom/Wien 1983, S. 319–337; von F. Miething. In: E. Lévinas, Außer sich. München/Wien 1991, S. 11–37.
6 Gabriel Marcel: Die Metaphysik der schöpferischen Treue. In: J. Speck (Hrsg.): Grundprobleme der großen Philosophen. Philosophie der Gegenwart, V. Göttingen 1982, S. 226.
7 Vgl. zu den folgenden Abschnitten die ausführlichere Darstellung in: W. Lesch, Ethische Argumentation im jüdischen Kontext. Zum Verständnis von Ethik bei Emmanuel Lévinas und Hans Jonas. In: Freiburger Zeitschrift für Philosophie und Theologie 38 (1991), Heft 3, S. 443–469.
8 E. Levinas: Langage et proximité. In: ders., En découvrant l'existence avec Husserl et Heidegger, Paris 3. Aufl. 1982, S. 217–236 (dt.: Sprache und Nähe. In: Die Spur des Anderen. Untersuchungen zur Phänomenologie und Sozialphilosophie. Freiburg/Münschen, 2. Aufl. 1987, S. 260–294).
9 In Levinas' Texten sind die Substantive und Adjektive "éthique" und "moral(e)" meist auswechselbar, so daß zwischen dem Phänomen der Moral (Sitte), der Moralität (Sittlichkeit) und der Moralphilosophie (Ethik) als Reflexion moralischer Praxis nicht immer genau unterschieden wird.
10 J. Habermas: Moral und Sittlichkeit. Treffen Hegels Einwände gegen Kant auch auf die Diskursethik zu? In: W. Kuhlmann (Hrsg.): Moralität und Sittlichkeit. Das Problem Hegels und die Diskursethik. Frankfurt a.M. 1986, S. 16–37, hier S. 20.
11 Vgl. den Essay: Heidegger, Gagarine et nous (1961). In: Difficile liberté. Essais sur le judaïsme. Paris (1976) 1984 (Taschenbuchausgabe), S. 323–327. Der äußere Anlaß für den Text war die Erdumkreisung durch den sowjetischen Kosmonauten Gagarin am 12.4.1961. Vgl. A. Peperzak: Einige Thesen zur Heidegger-Kritik von Emmanuel Levinas. In: A. Gethmann-Siefert / O. Pöggeler (Hrsg.): Heidegger und die praktische Philosophie. Frankfurt a.M. 1988, S. 373–389, bes. S. 387ff.
12 Ich beziehe mich im folgenden auf die Arbeit von Th. Wiemer: Die Passion des Sagens. Zur Deutung der Sprache bei Emmanuel Levinas und ihrer Realisierung im philosophischen Diskurs. Freiburg/München 1988.
13 Vgl. bes. Kap. A.V. seiner Arbeit.

14 Wiemer, ebd., S. 189.
15 Ebd., S. 219.
16 Kap. A. VI. 3.
17 Ebd., S. 285.
18 Violence et métaphysique. Essai sur la pensée d'Emmanuel Lévians. In: J. Derrida, L'écriture et la différence. Paris (1967) 1979, S. 117–228 (dt. unter dem Titel: Gewalt und Metaphysik. Essay über das Denken von E. Lévinas. In: Die Schrift und die Differenz. Frankfurt a.M. 1976, S. 121–235.
19 E. Dussel: Befreiungsethik. Grundlegende Hypothesen. In: Concilium 20 (1984), S. 133–141, hier S. 135f.
20 Erinnert sei auch an die Bedeutung, die Levinas für einige Dissidenten in Osteuropa hatte. Vgl. V. Havel: Briefe an Olga. Betrachtungen aus dem Gefängnis. Reinbek 1989, S. 245, 256, 302, 253–311.
21 Vgl. zur essayistischen Entfaltung dieses Themas unter ständiger Bezugnahme auf Levinas: A. Finkielkraut: La sagesse de l'amour. Paris 1984 (dt.: Die Weisheit der Liebe. München/Wien 1987).
22 Vgl. D. Müller: L'accueil de l'autre et le souci de soi. La dialectique de la subjektivité et de l'altérité come thème de l'étique. In: Revue de théologie et de philosophie 123 (1991), S. 195–212.

Bibliographie

Bei allen drei Autoren ist der Verlagsort der Originalausgabe, wenn nicht anders angegeben, Paris.

a) Schriften von Bergson

Œuvres (1959). Enthält in einem Band (Édition du Centenaire) die Hauptwerke mit der Paginierung der Originalausgaben

– Einzelausgaben

Essais sur les données immédiates de la conscience (1889); dt.: Zeit und Freiheit. Eine Abhandlung über die unmittelbaren Bewußtseinstatsachen (übers. von P. Fohr). Jena 1911.

Matière et mémoire (1896); dt.: Materie und Gedächtnis. Eine Abhandlung über die Beziehung zwischen Körper und Geist (übers. von J. Frankenberger). Jena 1919.

Le rire (1900); dt.: Das Lachen (übers. von J. Frankenberger und W. Fränzel). Jena 1914.

L'évolution créatrice (1907); dt.: Schöpferische Entwicklung (übers. von W. Kantorowicz). Jena 1912.

L'énergie spirituelle (1919); dt.: Die seelische Energie. Aufsätze und Vorträge (übers. von E. Lerch). Jena 1928.

Les deux sources de la morale et de la religion (1932); dt. Die beiden Quellen der Moral und der Religion (übers. von E. Lerch). Olten/Freiburg 1980 (Nachdruck der Jenaer Ausgabe von 1933).

La pensée et le mouvement (1934); dt.: Denken und schöpferisches Werden. Aufsätze und Vorträge (übers. von L. Kottje). Meisenheim 1948.

– Sekundärliteratur

Austermann, M.: Die Entwicklung der ethischen und religionsphilosophischen Gedanken bei H. Bergson. Frankfurt a.M. 1981.

Barthélemy-Madaule, M.: Bergson. Paris 1977.

Deleuze, G.: Le bergsonisme. Paris 1966 (dt.: Bergson zur Einführung. Hamburg 1989).

Horkheimer, M.: Rezension von Bergsons "Les deux sources de la morale et de la religion". In: Zeitschrift für Sozialforschung 2 (1933), S. 103–106.

– Zu Bergsons Metaphysik der Zeit. In: Zeitschrift für Sozialforschung 3 (1934), S. 321–342.

Jankélévitch, V.: Henri Bergson. Paris 1959.

Kolakowski, L.: Henri Bergson. Ein Dichterphilosoph. München/Zürich 1985.

Pflug, G.: Die Bergson-Rezeption in Deutschland. In: Zeitschrift für philosophische Forschung 45 (1991), S. 257–266.

Romanos, K.: Heimkehr. Henri Bergsons lebensphilosophische Ansätze zur Heilung von erstarrtem Leben. Meisenheim 1986.

Thiel, M.: Bergson, Rickert. Heidelberg 1984.

b) Schriften von Marcel (Auswahl)

Journal métaphysique (1927); dt.: Metaphysisches Tagebuch (übers. von H. v. Winter). Wien/München 1955.

Etre et avoir (1935); dt.: Sein und Haben (übers. von E. Behler). Paderborn 1954.

Homo viator. Prolégomènes à une métaphysique de l'espérance (1944); dt.: Homo viator. Philosophie der Hoffnung (übers. von W. Rüttenauer). Düsseldorf 1949.

Le mystère de l'être. 2 Bände (1951); dt.: Geheimnis des Seins (übers. von H. v. Winter). Wien 1952.

– Sekundärliteratur

Berning, V.: Das Wagnis der Treue. Gabriel Marcels Weg zu einer konkreten Philosophie. Freiburg 1973.

– Gabriel Marcel: Die Metaphysik der schöpferischen Treue. In: J. Speck: Grundprobleme der großen Philosophen. Philosophie der Gegenwart V. Göttingen 1982, S. 213–252 (Lit.!).

Entretiens autour de Gabriel Marcel (M. Belay / V. Berning / J. Chenu / H. Gouhier / J. Parain-Vial / R. Poirier / P. Ricœur / B. Schwarz / G. Marcel). Neuchâtel 1976.

Foelz, S.: Gewißheit im Suchen. Gabriel Marcels konkretes Philosophieren auf der Schwelle zwischen Philosophie und Theologie. Bonn 1980.

Troisfontaines, R.: De l'existence à l'être. La Philosophie de Gabriel Marcel. 2 Bände. Namur (2. Aufl.) 1968.

c) Schriften von Levinas (Auswahl)

Le temps et l'autre (1947); dt.: Die Zeit und der Andere (übers. von L. Wenzler). Hamburg 1984.

En découvrant l'existence avec Husserl et Heidegger (1949; 4., erw. Aufl. 1982); dt.: Die Spur des Anderen. Untersuchungen zur Phänomenologie und Sozialphilosophie (übers. von W.N. Krewani). Freiburg/München (2. Aufl.) 1987.

Totalité et infini. Essai sur l'extériorité. Den Haag 1961 (Taschenbuchausgabe: Paris 1990); dt.: Totalität und Unendlichkeit. Versuch über die Exteriorität (übers. von W.N. Krewani). Freiburg/München 1987.

Difficile liberté. Essais sur le judaïsme (1963/1976; Taschenbuchausgabe: 1984); dt. Übers. in Vorbereitung.

Humanisme de l'autre homme (1973; Taschenbuchausgabe: 1987); dt.: Humanismus des anderen Menschen (übers. von L. Wenzler). Hamburg 1989.

Autrement qu'être ou au-delà de l'essence. Den Haag 1974 (Taschenbuchausgabe: Paris 1990); dt. Übers. in Vorbereitung.

De Dieu qui vient à l'idée (1981); dt.: Wenn Gott ins Denken einfällt. Diskurse über die Betroffenheit von Transzendenz (übers. von Th. Wiemer). Freiburg/München 1985.

Éthique et Infini (1982; Taschenbuchausgabe: 1984); dt.: Ethik und Unendliches (übers. von D. Schmidt). Graz/Wien 1986.

Hors sujet (1987); dt. Teilübersetzung, zusammen mit Texten aus dem Essayband: Noms propres (1975): Außer sich. Meditationen über Religion und Philosophie (übers. von F. Miething). München/Wien 1991.

A l'heure des nations (1988).

Entre nous. Essais sur le penser-à-l'autre (1991).

– Sekundärliteratur

(Hinweis: Levinas schreibt seinen Namen ohne Akzent. Beim Zitieren von Buchtiteln wird jedoch die jeweilige Schreibweise wiedergegeben.)

Burggraeve, R.: Mens en medemens, verantwoordelijkheid en God. De metafysische ethiek van Emmanuel Levinas. Leuven/Amersfoort 1986.

– Emmanuel Levinas. Une bibliographie primaire et secondaire (1929–1989). Leuven 1990.

Chalier, C. / Abensour M. (Hrsg.): Emmanuel Lévinas (Les Cahiers de l'Herne, n° 60). Paris 1991.

Hauck, D.: Fragen nach dem Anderen. Untersuchungen zum Denken von Emmanuel Levinas mit einem Vergleich zu Jean-Paul Sartre und Franz Rosenzweig. Essen 1990.

Huizing, K.: Das Sein und der Andere. Lévinas' Auseinandersetzung mit Heidegger. Frankfurt a.M. 1988.

Klehr, F.J. (Hrsg.): Den Andern denken. Philosophisches Fachgespräch mit Emmanuel Levinas. Stuttgart 1991.

Mayer, M. / Hentschel, M. (Hrsg.): Lévinas. Zur Möglichkeit einer prophetischen Philosophie. Gießen 1990.

Munono Muyembe, B.: Le regard et le visage. De l'altérité chez Jean-Paul Sartre et Emmanuel Levinas. Bern/Frankfurt a.M./New York/ Paris 1991.

Strasser, St.: Jenseits von Sein und Zeit. Eine Einführung in Emmanuel Lévinas' Philosophie. Den Haag 1978.

– Emmanuel Levinas: Ethik als Erste Philosophie. In: B. Waldenfels: Phänomenologie in Frankreich. Frankfurt a.M. 1983.
Vries, H. de: Theologie im pianissimo & zwischen Rationalität und Dekonstruktion. Die Aktualität der Denkfiguren Adornos und Levinas'. Kampen 1989.
Weber, E.: Verfolgung und Trauma. Zu Emmanuel Lévinas' "Autrement qu'être ou audelà de l'essence". Wien 1990.
Wiemer, Th.: Die Passion des Sagens. Zur Deutung der Sprache bei Emmanuel Levinas und ihrer Realisierung im philosophischen Diskurs. Freiburg/München 1988.

Neukantianische Ethik

Helmut Holzhey

1. Einleitung

Wie "Neukantianismus" Sammelbezeichnung für eine Reihe konzeptuell recht unterschiedlicher Richtungen der akademischen Philosophie zwischen den 1850er und den 1920er Jahren ist,[1] so vielfältig, ja divergent sind auch die Gestalten "neukantianischer" Ethik, die in diesem Kapitel dargestellt werden sollen. Während Hermann Cohen (1842–1918) und Paul Natorp (1854–1924) die "Marburger Schule" des Neukantianismus vertreten, ist Bruno Bauch (1877–1942) der wichtigste Repräsentant neukantianischer Ethik in der "Südwestdeutschen Schule" (begründet durch Wilhelm Windelband und Heinrich Rickert). Leonard Nelson (1882–1927) hat sich demgegenüber von Anfang an zur Fortbildung der Kantischen Philosophie durch Jakob Friedrich Fries bekannt und sich deshalb generell von der "sogenannten Neukantischen Schule" distanziert,[2] er wird philosophiehistorisch dementsprechend weniger als Neukantianer denn als Begründer der Neufriesschen Schule rubriziert.

(1) Ethik besitzt weder bei den Hauptvertretern noch in allen Phasen des Neukantianismus immer das gleiche Gewicht. Nach F. Jodl setzte "zu Beginn der achtziger Jahre ... nun überhaupt in der deutschen Philosophie wieder das Interesse für Ethik ein, das eine Zeitlang stark gesunken war";[3] K.Chr. Köhnke hat diese "Wende zur praktischen Philosophie" in Deutschland mit den politischen Ereignissen des Jahres 1878 (Attentate auf den Kaiser, Sozialistengesetze) in Verbindung gebracht und darin zugleich eine "Abwendung von allem Relativismus, Empirismus und Positivismus" konstatiert.[4] "Rückkehr zu Kant" meint nun nicht mehr bloß "ein Zurückgreifen auf die erkenntnistheoretische, zu Bescheidenheit und Skepsis führende Grundlage seines Systems", sondern eine "Wiederbelebung des Bewußtseins von dem bleibend wahren Gehalte in Kants ethischen Grundgedanken" und dessen Entwicklung zu einer "freilich über Kant weit hinausführenden Ethik und Metaphysik" (J. Volkelt[5]). Auf der Basis einer eigenwilligen

Rekonstruktion von Kants Ideenlehre führt als erster H. Cohen 1877 in einer textnahen Interpretation der ethischen Schriften Kants dieses Programm durch (*Kants Begründung der Ethik*). Die Dissertation seines Schülers Karl Vorländer *Der Formalismus der Kantischen Ethik in seiner Notwendigkeit und Fruchtbarkeit* (Marburg 1893) läßt die formale Ethik Kants im Prinzip der Persönlichkeit gipfeln.

Die praktische Philosophie des *Marburger Neukantianismus* in der Zeit seiner systemphilosophischen Reife ist von vornherein sozialethisch ausgerichtet. Das zugrundeliegende Engagement gibt ihr Farbe und Stoßkraft, es sichert ihr auch transakademisches Interesse. Das gilt sowohl von Cohens Ethik, indem diese auf die Begründung eines ethischen Sozialismus abzielt, wie von Natorps Kultur-und Bildungsphilosophie, die sich zur Grundlegung einer *Sozialpädagogik* (1899) konkretisiert. Cohens *Ethik des reinen Willens* (1904), der zweite Teil seines "Systems der Philosophie", konzipiert nun auch die Ethik nach transzendentaler Methode, d.h. legt dem Auf- und Ausweis der ethischen Grundbegriffe das Faktum einer Wissenschaft zugrunde, das Faktum einer reinen Rechtswissenschaft.[6] Die stark bearbeitete und ergänzte zweite Auflage von *Kants Begründung der Ethik* (1910) nimmt sowohl die neue methodische Grundlegung der Ethik wie die geschichtsphilosophischen Ansätze des zweiten Teils der *Ethik des reinen Willens* auf: Im neu hinzugekommenen vierten Teil werden unter Bezugnahme auf die einschlägigen Kantischen Schriften die "Anwendungen" der ethischen Prinzipien "auf Recht, Religion und Geschichte" vorgeführt. – P. Natorp hat seine Ethik im Kontext des systematischen Gesamtentwurfs seiner *Philosophie* (1911) zusammenhängend, wenn auch relativ knapp, entwickelt.[7]

(2) In seinem Beitrag zur Kuno Fischer-Festschrift (1904/05) zeichnet Bruno Bauch die wichtigsten Positionen und Auseinandersetzungen in der Ethik um die Jahrhundertwende nach. Selbst auf dem Boden der "kritischen Ethik", stellt er diese den äußerlich übermächtigen Richtungen des auf naturwissenschaftlicher Methode fußenden "ethischen Dogmatismus" einerseits, des "'immoralistischen' Individualismus" Nietzsches andererseits gegenüber. Der Kritizist fordert ein Beurteilungsprinzip für das "wertvolle Leben", die Naturnotwendigkeit ist kein solches (1907, S. 244ff.), es kann nur in einer über dem "naturhaften Dasein" stehenden gesetzlichen Norm oder einem Sollensgesetz gefunden werden (1907, S. 249). Einen Wert zusprechen heißt, etwas

Daseiendes unter das ideelle Sollensgesetz zu rücken und damit dem Daseienden einen Zweck zu geben. Der Wert ist "das Schema der Gestaltung des Daseins nach dem Zwecke" (1907, S. 251). – Die hiermit angedeutete *wertphilosophische* Ethikbegründung hat ihre Basis in Heinrich Rickerts Lehre, daß sich der Mensch, der Wahrheit will, ebenso einem Sollen unterordnet wie der Mensch, der seiner Pflicht gehorcht.[8] Gegen eine derartige Überwindung des Gegensatzes von theoretischer und praktischer Vernunft in einem übergeordneten Sollen, das gerade auch den *theoretisch* anzuerkennenden (Wahrheits-)Wert ausmacht, hat Emil Lask auf die Differenz zwischen dem theoretischen und dem ethischen Sollen gedrängt: "was dem sittlichen Wollen als fordernder ethischer Wert entgegentritt, ist ja keineswegs das Fordern im Sinne des objektiven Geltens, sondern stets irgendein wertvolles Tun".[9]

Für die detaillierte Aufklärung der ethischen Wertsphäre hat innerhalb der Südwestdeutschen Schule Bruno Bauch das meiste geleistet. Seine bei Heinrich Rickert entstandene Dissertation geht der Frage nach, ob das praktische Sollen in seiner Allgemeingültigkeit und rein formalen Geltung dem menschlichen *Glücksstreben* schlicht widerstreitet und somit für das Problem der *Persönlichkeit* bedeutungslos ist. Bauch hält den Eudämonismus zwar nicht für ein taugliches ethisches Prinzip, verteidigt aber auch die Kantische Ethik gegen den Vorwurf des Rigorismus. Die durch eine "außerethische Wertung" konstituierte Persönlichkeit und die (kantisch verstandene) Sittlichkeit lassen sich insofern vereinbaren, als das Sittengesetz auf die Gesinnung geht, nicht auf die einzelne Tat, und so der Persönlichkeit ihre volle moralische Selbständigkeit läßt (1902, S. 90); sie kommen auch insofern überein, als die durch "Charakter" bestimmte "große ... Persönlichkeit ... am besten zum sittlichen Handeln befähigt" ist (1902, S. 101). Beide Themen koinzidieren in dem für Bauchs Arbeit an der Ethik prägenden Interesse, die Möglichkeit zur Erfüllung sittlicher Forderungen in der Wirklichkeit sicherzustellen. In den folgenden Publikationen erweitert er – in Übereinstimmung mit einer allgemeinen Tendenz der zwanziger Jahre[10] und unter dem Eindruck einer radikalen Abwendung von Kant in der phänomenologischen Ethik – den Bereich der "ethischen Wertgesetzlichkeit" um Normen geringerer Allgemeinheit, die von Kant so genannten "hypothetischen Imperative", mit denen Wertkriterien für Handlungen und Verhaltensweisen aufgestellt werden, die das Sittengesetz nicht hinreichend qualifiziert. Zu ihrer reifsten Fassung finden diese Bemühungen in Bauchs Werk *Grundzüge der Ethik* (1935).

(3) Leonard Nelsons praktische Philosophie liegt in drei umfangreichen Bänden unter dem Gesamttitel *Vorlesungen über die Grundlagen der Ethik* vor. Der erste Band *Kritik der praktischen Vernunft*, Nelsons systematisches Hauptwerk, erschien 1917. Obwohl zeitunabhängiger Wissenschaftlichkeit verpflichtet, bot sich die "Untersuchung des Vermögens praktischer Urteile überhaupt" als Weg zur Findung von Kriterien einer neuen Gesellschaftsordnung angesichts der "Zertrümmerung" der alten an (I, S. XIII).[11] Auf der hierbei gefundenen Grundlage, dem "von aller positiven Gesetzgebung unabhängigen Rechtsgesetz" (III, S. 7), errichtete Nelson sein *System der philosophischen Rechtslehre und Politik* (1924). Auch dieses Vorhaben ist durch die strenge Unterscheidung zwischen der wissenschaftlich-abstrakten Fixierung der Grundsätze vor aller Anwendung und den Problemen eben dieser Anwendung geprägt, so motivierend auch die letzteren für das systematische Denken sein mögen. "Echter Idealismus und echter Wahrheitssinn" sollten für Nelson zuerst "zur wissenschaftlichen Selbstverständigung durchdringen", damit das in ihnen lebendige "Streben nach Verwirklichung ... nicht in Dogmengezänk oder Orientierungslosigkeit" untergehe. Zur praktischen Realisierung einer einzig auf dem Prinzip der Gerechtigkeit fußenden Gesellschaft gründete Nelson u.a. 1917 den "Internationalen Jugendbund" und 1926 – nach seinem Ausschluß aus der SPD – den "Internationalen Sozialistischen Kampf-Bund". Politisch wirksam wurden seine Ideen, wenigstens partiell, aber erst im "Godesberger Programm" der SPD von 1959, an dessen Formulierung Persönlichkeiten wesentlichen Anteil hatten, die sich der Nelsonschen Philosophie verbunden wußten, vor allem Willi Eichler und Grete Henry-Hermann.

Während die *Kritik der praktischen Vernunft* analytisch die Voraussetzungen auf- und ausweist, die bei den im alltäglichen Leben gefällten ethischen Urteilen gemacht werden, und so die Prinzipien der Ethik begründet, geht Nelson in dem postum publizierten *System der philosophischen Ethik und Pädagogik* (1932) synthetisch-systematisch vor. Ethik im strengen Sinne hat das Handeln einzelner Menschen zum Thema, sie heißt dergestalt "Tugendlehre" im Unterschied zu der mit dem "Wert eines Gesellschaftszustandes" befaßten "Rechtslehre". Ihre Anwendung findet die erstere in der Pädagogik, die letztere in der

Politik (II, S. 29ff.). Zur weiteren systematischen Umgrenzung der philosophischen Ethik gehört die Festlegung, daß sich die Tugendlehre (d.h. die Ethik i.e.S.) nicht wie bei Kant "auf das Gebiet der Moral, d.h. der bloßen Pflichtenlehre" einengen läßt, weil das mit "Pflicht" bezeichnete Sollen nicht alle Anforderungen des an sich Guten erschöpft (II, S. 40f.). Handlungen können auch vorzugswürdig sein, wenn sie statt an der Pflicht an einer *Idealnorm*, z.B. der Schönheit, gemessen werden. Nelson gliedert also die Tugendlehre in eine Pflichten- und eine Ideallehre; die Erfüllung der Pflicht nennt er "Sittlichkeit", die Erfüllung der Forderungen des Ideals "Bildung" – die Domäne der Ethik reicht damit weit über den von Kant abgesteckten Horiont der Moralphilosophie hinaus, ohne an philosophischer Verbindlichkeit zu verlieren.

2. Hermann Cohen: Ethik des reinen Willens

"Was ist das aber für eine Ethik, die den Menschen von der Straße aufrafft. Von allen Geschäften der Vernunft ist die Ethik am allermeisten wesentlich architektonisch." In dieser frühen, gegen Schopenhauers Mitleidsethik gerichteten brieflichen Bemerkung[12] kommen andeutungsweise bereits zwei wesentliche Momente der Cohenschen Ethik zur Sprache: daß sie "Lehre vom Menschen" und als solche Lehre systemphilosophisch geprägt ist.

2.1 Der Mensch als Gegenstand der Ethik

Der Festlegung, der *Mensch* sei Gegenstand der Ethik (1907, S. 2), fehlt allerdings Eindeutigkeit. a) Menschen sind Individuen, Menschen leben in Gemeinschaften, die Menschen insgesamt bilden die Menschheit. In welcher Perspektive wird der Mensch für die Ethik thematisch? Jedenfalls nicht als Individuum. Das ist eine entscheidende Weichenstellung. Auf das Individuum als "Kernbegriff des Menschen" zu setzen, bedeutete für Cohen, das methodische Fundament der Ethik in der Psychologie zu suchen und sich damit dem Naturalismus auszuliefern. "Die Ethik geht, wie wir es uns vorsetzen, auf die Durchdringung des Individuums mit der Besonderheit und mit der Allheit." (1907, S. 11) Aber auch auf die Besonderheit (als Verknüpfung von Einzelheit und Mehrheit) kann der ethische Begriff des Menschen nicht abstellen. Es ist vielmehr das Prinzip der Allheit, unter dessen Leitung Cohen seine Ethik entfaltet. "Allheit" bedeutet "eine unendliche Zusammenfassung, die selbst wieder verschiedene Grade zuläßt" (1907, S. 5), zuletzt aber in der Einheit der Menschheit gipfelt. Da diese Ideal bleibt, in der allheitlichen Einheit des Staates aber ihren Vorschein hat, ist Cohens Ethik in ihrem ersten Teil Staatsphilosophie. Der Staat – natürlich nicht in seiner aktuellen Wirklichkeit, sondern als "Prinzip des ethischen Selbstbewußtseins" (1907, S. 255) – wird zum eigentlichen ethischen Willenssubjekt.

b) Eine weitere Zweideutigkeit in der Bestimmung des Gegenstandes der Ethik wird offenbar, wenn man die Frage stellt, ob es um einen deskriptiven oder normativen Begriff des Menschen gehe. Mit der Abweisung aller (biologischen, physiologischen und psychologischen) Anthropologie stellt sich Cohen hier ganz klar auf den Boden der Kantischen Ethik, grenzt sich aber auch mit Schärfe gegen die Schopenhauersche Metaphysik des Willens ab. Das menschliche Wollen wird in der Ethik weder als eine empirisch-psychologische noch als eine metaphysische Gegebenheit betrachtet. Es ist vielmehr durch ein Sollen bestimmt, ja besteht für die Ethik nur im Sollen (1907, S. 27). Auf diese Sollensbestimmtheit verweist auch der Ausdruck "reiner Wille". Aber handelt es sich dann noch um einen *menschlichen* Willen? Cohen bleibt ausdrücklich nicht beim Willen als "bloßer Gesinnung" stehen, sondern bestimmt die *Handlung* (mit einem besonderen Blick auf die Rechtshandlung) – "das Leben des sittlichen Menschen" – zum eigentlichen Problem der Ethik (1907, S. 72). Die Frage nach der menschlichen Realität des reinen Willens stellt sich dennoch; sie berührt einerseits das allgemeine methodische Problem von Sollen und Sein, sie nährt andererseits den Zweifel, ob diese Ethik es doch bloß mit einer "transzendenten Schäferwelt" zu tun habe (1907, S. 28). Mit beiden Problemen hat sich Cohen wiederholt und intensiv befaßt.

2.2 Seinserkenntnis und Sollenserkenntnis

Mit der Formel vom gesetzmäßigen Wollen als dem spezifischen "Sein des Sollens" wird nur erst eine theoretische Aufgabe umschrieben. Cohen legt fest, daß die Unterscheidung des Sollens vom Sein auf das Sein der *Natur* zu beziehen ist, dem Sollen also nicht schlechthin ein Sein abgesprochen werden kann. Die Ethik hat einen spezifischen "Seinswert". Damit wird zugleich gegen die Auffassung Stellung genommen, daß nur vom "Sein", nicht aber vom "Sollen" eine methodische Erkenntnis möglich sei (1907, S. 12f.,21ff.). Die Unterscheidung von Sein und Sollen bekommt nun den neuen Sinn: daß mit der Fixierung eines spezifischen, vom Sein der Natur unterschiedenen Seins des Sollens "das Problem der Ethik selbständig gemacht, von dem der theoretischen Vernunft unterschieden werde, und doch nichtsdestoweniger als ein Problem der Vernunft anerkannt bleibe" (1907, S. 21).

Seinserkenntnis ist für Cohen Sache der Wissenschaften: das Sein der Natur Erkenntnisobjekt der "mathematischen Naturwissenschaft", das Sein des Sollens Erkenntnisobjekt der Geisteswissenschaften, unter denen Geschichte und Jurisprudenz in dieser Beziehung eine besondere Rolle spielen. Wie die transzendentale "Logik" (d.h. die auf das Prinzip des Denkens reduzierte Erkenntnislehre) die philosophische Theorie der Naturerkenntnis bildet, so konzipiert Cohen auch Begründung und Aufbau seiner Ethik als transzendentale Theorie der geisteswissenschaftlichen, insbesondere rechtswissenschaftlichen Erkenntnis. Die Ethik baut methodisch auf der "logischen" Prinzipienlehre auf, ihr Problem ist also als Problem der einen Vernunft anerkannt, besitzt aber inhaltliche Eigenständigkeit.

Die Grundlegung von Logik und Ethik vollzieht sich nach "transzendentaler Methode". Unter einer "*Grundlegung*" ist die Entwicklung einer offenen und revisionsfähigen Struktur zu verstehen, in der zuerst der wissenschaftliche Erkenntnisfindungs- und Erkenntnisbegründungsprozeß nach seinen Grundbegriffen und Grundoperationen dargestellt wird. Cohen bezeichnet das Denkverfahren der Grundlegung mit dem platonischen Ausdruck "Hypothesis". Sein "Idealismus" besteht nicht in einer subjektivistischen Reduktion, sondern in der gedanklichen Arbeit, alle Bewußtseinsinhalte – die ethischen und ästhetischen ebenso wie die kognitiven – als Grundlegungen oder Hypothesen und in diesem Sinne als "Erzeugungen" auszuweisen.

Wenn dieser Idealismus aber immer als *kritischer* auftritt – woran findet die Spontaneität der "Erzeugungen" – sei es eines kategorialen Netzes für die Erkenntnis, sei es der Sollensbestimmungen für das Handeln – ihre Begrenzung? Die Untersuchung der Geltungsbedingungen von Erkenntnis muß an vorliegender wissenschaftlicher Erkenntnis, prototypisch an Mathematik und Naturwissenschaften, ansetzen. Damit grenzt sich die Philosophie der Erkenntnis von aller Erkenntnispsychologie ab, damit hebt die Philosophie der Erkenntnis aber zugleich ontologische Ansprüche in sich auf. Philosophie weiß als Philosophie nichts von der in Lebenswelt und Wissenschaft vorausgesetzten Realität, sie thematisiert nur die *Erkenntnis* dieser Realität und lehrt sie als erzeugende Grundlegung verstehen. Die radikale Wiederholung der Kantischen Kritik an einer ontologischen Fundierung der Philosophie dient in erster Linie zur Sicherstellung einer rational begründeten Ethik.

Die Ausarbeitung des Prinzips und der Gesetze des praktischen Vernunftgebrauchs muß auf ein *Faktum* Bezug nehmen, ein Faktum, in dem die Wirklichkeit moralischen Sollens verbürgt und expliziert ist. Gemeint ist also ein intelligibles Faktum. Indem Cohen auch in seiner Ethik die "Anweisung auf das Faktum der Wissenschaften" für "das Ewige in Kants System" erklärt (1907, S. 65) und sich damit auf das in der Einleitung zur 2. Auflage der *Kritik der reinen Vernunft* statuierte wirkliche Gegebensein von reiner Mathematik und reiner Naturwissenschaft bezieht, wird sofort klar, daß er nicht das "Faktum der reinen praktischen Vernunft" vor Augen hat. Nach Kant kann man das *Bewußtsein* des kategorischen Imperativs "ein Faktum der Vernunft nennen, weil man es nicht aus vorhergehenden Datis der Vernunft, z.B. dem Bewußtsein der Freiheit (denn dieses ist uns nicht vorher gegeben) herausvernünfteln kann, sondern weil es sich für sich selbst uns aufdringt ... Doch muß man, um dieses Gesetz ohne Mißdeutung als *gegeben* anzusehen, wohl bemerken, daß es kein empirisches, sondern das einzige Faktum der reinen Vernunft sei, die sich dadurch als ursprünglich gesetzgebend ... ankündigt".[13] Für Cohen handelt es sich hier bloß um ein "psychologisches 'Factum'" (1877, S. 229), um eine "auf ein Princip zurückzuführende Beobachtungs-Annahme", im Status mit dem Rekurs auf den "gemeinen Verstandesgebrauch" in der *Kritik der reinen Vernunft* verwandt, seinem Sinne nach jedenfalls nicht mit dem "Factum der Mathematik und der Naturwissenschaft" gleichzusetzen (1877, S. 224).

Das Faktum, auf das die nach transzendentaler Methode verfahrende Ethik Bezug zu nehmen hat, sind die Geisteswissenschaften (sciences morales) (1907, S. 65, 228). Diese schließen die "sittliche Kultur" für die Erkenntnis auf; sie tun das, analog zu den Naturwissenschaften im Blick auf das *Gesetz*, nun aber das *normative* Gesetz. Warum gewinnt unter den Geisteswissenschaften gerade die Rechtswissenschaft paradigmatische Bedeutung? Die Geschichte bzw. Geschichtswissenschaft zeigt wohl die Verhältnisse, die die sittliche Idee und die Macht eingegangen sind; allein die Rechtslehre gibt mit dem Recht, soweit es an den Begriff der Handlung geknüpft ist (1907, S. 64f.), eine reine Form der Wirklichkeit des Sittlichen vor. Bestehen aber nicht zwischen dem Faktum der Sittlichkeit und dem Faktum der Geisteswissenschaften, ebenso zwischen Recht und Rechtswissenschaft, gewichtige Differenzen? M. E. ist der Unterschied transzendental-methodisch nicht bedeutend, wie am Verhältnis von positivem Recht und seiner Theorie (etwa Kelsens "reiner Rechtslehre") leicht eingesehen werden kann.[14] Daß nun Ethik selbst für Cohen streckenweise den Charakter einer philosophischen *Rechts*theorie annimmt, hat mit der prekären Präsenz der "Allheit" in der sittlichen Kultur zu tun. Nur der Staat läßt sich als eine Institution verstehen, in der Allheit verwirklicht ist. Die Staatswissenschaft fixiert, als Staatsrechtswissenschaft, die sittliche Struktur des Staates in den Normen des öffentlichen Rechts. Allerdings stellt die bestehende Staats- und Rechtsordnung wiederum nur mangelhaft dar, was Cohen den Idealbegriff des Staates nennt. Die Bezugnahme auf die Rechtswissenschaft muß deshalb Bezugnahme auf eine *reine*, und das heißt sowohl rationale wie ideal-vorbildliche, Rechtslehre sein.[15]

2.3 Ethik und Logik

Die systematische Begründung der Ethik aus ihrem Verhältnis zur Erkenntnislehre bzw. zur Logik hat bei Cohen eine Wandlung durchgemacht. In *Kants Begründung der Ethik* (1877) ging er davon aus, daß die Erfahrungstheorie an ihr selbst auf gehaltvolle ethische Begriffe, wie Freiheit oder Zweck, führe. Die Vermittlung sollte der als noumenale Idee bestimmte Begriff des Dinges an sich leisten.[16] Es gelang Cohen allerdings nicht, die regulative Freiheitsidee aus der Erfahrungslehre als ethischen Freiheitsbegriff (Freiheit der Selbstgesetzgebung) auszuweisen. Anders als Natorp (s.u.) schwächt er in der Folge das Begründungsverhältnis zwischen Erkenntnislehre bzw. Logik und Ethik zur Feststellung eines *methodischen* Zusammenhangs bzw. "Einklangs" ab.[17] Die Erkenntnislogik, der erste Teil des philosophischen Systems, fungiert wohl als Grundlage des ganzen Systems, präjudiziert dessen andere Teile so aber nur methodisch, nicht inhaltlich. Am Gesetzesbegriff wird deutlich, wie sich der methodische Vorrang der Logik in die genuin ethische Begrifflichkeit hinein auswirkt. In der Begründung der Gesetzlichkeit des Denkens als solcher hat "Gesetz" die Bedeutung von "Prinzip" oder "reiner Erkenntnis".[18] Aber auch die Ausdifferenzierung spezieller Gesetzesbegriffe (Natur- und Sittengesetz) ist noch Sache der Logik, insofern diese sich transzendentalmethodisch auf alle Formen kulturell realisierter Gesetzlichkeit erstreckt. Das Sittengesetz bildet zwar den selbständigen Inhalt der Ethik, ist aber über seinen allgemeinen vernunftgesetzlichen Charakter hinaus an die *erkenntnis*logische Explikation der Gesetzesfunktion zurückgebunden.[19] – Wie sich schon am Begriff des Gesetzes zeigt, beinhaltet die Voranstellung der Logik des weiteren, daß der Ethik Rationalität gesichert wird: "als Lehre und auf Reinheit bezogen" ist sie "eine *Art von Erkenntnis*" (1907, S. 29).

Das Programm einer solchen methodischen Fundierung in der Erkenntnislogik definiert ein bestimmtes Ethikkonzept. Cohen wehrt einerseits der Vermengung von Ethik und persönlicher Sittlichkeit, er richtet sich andererseits gegen den ethischen Agnostizismus und Irrationalismus. Die Rückbindung der Ethik an die Logik setzt der weltanschaulich-religiösen Depravation der Ethik die ethische Kompetenz der systematischen Philosophie entgegen. Diese hat ihren Kulminationspunkt in der Auszeichnung eines "Grundgesetzes der Wahrheit".[20] Bei der hier angesprochenen Wahrheit geht es um die Frage, was von dem, was zu tun ist, gewußt werden kann. Dieses Wissen steht uns nur in beschränkter Weise zur Verfügung. Die "Forderung der Wahrheit ... stellt immer neue Probleme; daher bleibt der Besitz immer Streben" (1907, S. 498). Um seiner Stetigkeit willen ist dieses Streben auf eine "Stütze" angewiesen, auf eine "Vermittlung zwischen der Aufgabe der Handlung und dem einzelnen Schritte derselben" (1907, S. 473), eine Vermittlung, zu der ein *affektives* Moment gehört. Diese Stütze ist die *Tugend*, im Blick auf das Streben nach Wahrheit die Tugend der Wahrhaftigkeit. Eine durch Selbstprüfung und Selbstkontrolle bestimmte Selbsterkenntnis kennzeichnet sie. Diese Verwurzelung in der Selbst*erkenntnis* macht Wahrhaftigkeit zur "Tugend der Philosophie", zum "Wegweiser" im "stetigen Gange sittlicher Arbeit" (1907, S. 510).

2.4 Staat und Gesellschaft

Inhaltlich läßt Cohen seine Ethik im Begriff des *Staates* kulminieren. Kants "Gemeinschaft autonomer Wesen" wird als Staat identifiziert. Dieser bildet das eigentliche ethische Willenssubjekt, den unter die

Kategorie der *Allheit* gerückten Begriff des Menschen. “Unter der Leitung des Staatsbegriffs der juristischen Person lerne ich es verstehen und ausüben, daß ich nicht in meiner natürlichen Individualität das Selbstbewußtsein des Willens produzieren kann; und auch nicht darin, daß ich mich in Liebe und Enthusiasmus zu den Stufen relativer Gemeinschaft zu erweitern trachte; sondern dadurch allein, daß ich in derjenigen Bestimmtheit und Exaktheit, welche das Recht allein ermöglicht, und gemäß derjenigen Allheit, welche der Staat allein als Einheit vollzieht, alles Selbstischen mich begebe, und mein Ich nur in der Korrelation von Ich und Du denken und wollen lerne” (1907, S. 256). Daß gerade der (ideale) Staat die ethische Verfassung des sittlichen Subjekts vorgibt, ist Ausdruck der durchgängig juridischen Orientierung von Cohens Ethik, die ihren Ausgang bei der transzendentalen Analyse der juristischen Person nimmt. Alle Absicherung ethischer Gesetzlichkeit in der Natur des Menschen, in der ‘natürlichen Person’, wird so von vornherein verweigert. Der reine Wille hat nicht irgendein ‘natürliches’ Substrat, er ist vielmehr selbst das Recht bzw. die Rechtsordnung, konkretisiert in der Rechtsperson der Genossenschaft bzw. im genossenschaftlich verfaßten Staat. Cohen erblickt in der Genossenschaft eine Gestalt von Gesellschaft, in der sich deren “ethische Reformidee” praktisch realisiert. Im Begriff der Genossenschaft gewinnt die Unterscheidung von Gesellschaft und Gemeinschaft Konturen. Genossenschaften zeichnet ein rechtlich handlungsfähiger Allgemeinwille aus, in Gemeinschaften ist immer nur ein Partikularwille repräsentiert. Die Ausarbeitung dieser Differenz im Horizont der *Ethik* ist ein wesentlicher Bestandteil der ethischen Grundlegung des Sozialismus.

Es kann nicht darum gehen, ob Cohen die eine oder andere Vergesellschaftungsform richtig rubriziert hat. Von Interesse ist nur die Kernthese, daß sich der ethische Sozialismus im genossenschaftlich verfaßten Staat mit der in der gesellschaftlich-genossenschaftlichen “Besonderheit” geleisteten Vermittlung von allgemeinem und individuellem Willen verwirklicht.

Cohens kritische Beziehung zum *Sozialismus* ist durch den Widerstand des ethischen Idealisten gegen den historischen und dialektischen Materialismus bestimmt. Sozialismus hat für Cohen seine geistige Basis in kantianischer Ethik. Die anstößige Behauptung, Kant sei “der wahre und wirkliche Urheber des deutschen Sozialismus” (1914, S. 112), ist nur der – allerdings historisch fragwürdige – Ausdruck dieses Konzepts. Sachlich beruft sich Cohen in erster Linie auf die Affinität der sozialistischen Gesellschaftskritik zu jener teleologischen Fassung des kategorischen Imperativs, in der dazu aufgefordert wird, "die Menschheit sowohl in deiner Person, als in der Person eines jeden andern jederzeit zugleich als Zweck, niemals bloß als Mittel" zu brauchen.[21]

Seine Verhältnisbestimmung von *Staat und Gesellschaft* fundiert Cohen in Kants Begriff der "systematischen Verbindung verschiedener vernünftiger Wesen durch gemeinschaftliche Gesetze" zu einem "Reich der Zwecke".[22] Als "Gemeinschaft autonomer Wesen" verstanden (1877, S. 198), bildet das *Reich der Zwecke* die "Regulativ-Realität" des Sittengesetzes (1877, S. 246) und zeichnet so den idealen Staat wie die "ethische Reformidee" der Gesellschaft (1914, S. 116) vor. Cohen versteht unter "Gesellschaft" einerseits die "konkrete Wirklichkeit" oder "gleichsam die lebendige materiale Bedingung" für das Abstraktum Staat mitsamt seiner "logischen Voraussetzung", dem Recht; exemplarischer Repräsentant der Gesellschaft in diesem Sinne ist die Wirtschaft (1914, S. 116f.). Andererseits nimmt er "Gesellschaft" als "ethische Reformidee für Recht und Staat" in Anspruch. Das bedeutet: "Gesellschaft" fungiert als "Regulativ-Realität" des Sittengesetzes kritisch-korrektiv gegenüber einer korrupten Rechtsordnung, in der das Recht zur "Magd der Wirtschaft" (1914, S. 118f.) herabgesetzt ist, und gegenüber dem "Machtstaat", dem "Staat der Stände und der herrschenden Klassen" (1914, S. 615).

Cohen verwendet aber nicht nur den Begriff der "Gesellschaft" in zweifacher Bedeutung, er unterscheidet auch im *Staats*begriff den faktischen Macht- und Klassenstaat vom Staat als Repräsentanten des "ethischen Selbstbewußtseins" (1907, S. 256). Im letzteren Sinne, als Idee, fungiert der Staat, wie eben von der ethischen Idee "Gesellschaft" gezeigt, als kritischer Maßstab der bestehenden staatlichen und gesellschaftlichen Ordnung. Bleibt dann angesichts des gemeinsamen Fundus im Sittengesetz überhaupt noch Raum für eine Bedeutungsdifferenz zwischen Staats- und Gesellschaftsidee? Wenn Cohen es der sittlichen Idee der *Gesellschaft* zuerkennt, "die jeweilige Wirklichkeit von Recht und Staat ... zu verwandeln" (1914, S. 118), wird man wohl zuerst an die Einforderung materialer Gerechtigkeit denken. Damit deutet sich an, daß Gesellschaft eine Art Mittel- und Vermittlungsstellung zwischen Staat und Individuum besitzt. Sie fungiert in dieser Weise sowohl ihrem empirisch-realen Begriffe nach, wo sie als Bereich des Wirtschaftsverkehrs vom staatlichen Herrschaftsbereich abgehoben wird, wie als "ethische Reformidee". Es geht mit der Thematik Gesellschaft – Individuum um den wahren, den ethischen Begriff des Sozialismus. Am Ende erweist sich, daß die angeblich zwei Bedeutungen von "Gesellschaft" nur Ausdruck des Widerspruchs zwischen der materialistischen und der idealistischen Geschichtsauffassung sind. "Nach der einen Bedeutung der Gesellschaft wird das Individuum nicht sowohl als ein soziales, als vielmehr als ein ökonomisches Wesen beurteilt und gewertet. Nach der andern Bedeutung hingegen wird der Mensch im sittlichen Sinne als soziales Wesen zum Problem gemacht. *Aus der einen Bedeutung entsteht soziale Physik; aus der andern soziale Ethik.*" (1914, S. 313)

2.5 Gott

Auch für eine ihrer Grundbegriffe methodisch überzeugend versicherte und zu einer normativen Theorie des gesellschaftlichen Lebens erweiterte Ethik bleibt die Kluft zwischen Sollen und geschichtlichem Sein ein ständiger Anstoß. Cohen führt an diesem Punkt die Gottesidee in die Ethik ein. Sie sichert den Gedanken "an die einstige Wirklichkeit der moralischen Welt" (1914, S. 109). "Gott" ist für Cohen sowohl Postulat der praktischen Vernunft (im Sinne Kants) wie Gehalt der (alttestamentlichen) messianischen Hoffnung auf das Werden der einen Menschheit. Cohen denkt "Weltgeschichte" als den Prozeß der stetigen Verwirklichung der sittlichen Idee.

3. Paul Natorp: Logik des Sollens

Mit der systemphilosophischen Einbindung der Ethik knüpft Paul Natorp an den Versuch des jungen Cohen an, eine Brücke zwischen theoretischer und praktischer Vernunft zu schlagen. Er tut das aber nicht über den Begriff der Freiheit, sondern mit dem Begriff des *Sollens*. Die regulative Idee des unendlichen Erfahrungsfortgangs impliziert schon für die theoretische Reflexion ein Sollen. Das Ganze der Welt ist, wie Kant gezeigt hat, der Erkenntnis nie gegeben, sondern – so die regulative Wendung – nur aufgegeben; die unerfüllbare Absicht auf Erkenntnis dieses Ganzen wird "kritisch" als ein regulatives Prinzip begriffen, als eine "Regel des Fortschritts der Erfahrung",[23] die besagt, daß nie bei einem bestimmten Erkenntnisstand wie vor einer absoluten Grenze Halt gemacht werden soll. Natorp wendet diesen Gedanken bereits auf die Erfassung des individuellen Gegenstandes, der einzelnen Tatsache, an: in der "Aufgabe", die der individuelle Gegenstand der Erkenntnis bietet, "liegt schon das Sollen" (1918, S. 78). Allerdings noch nicht das ethische Sollen, denn reflektiert wird auf die fortgehende Arbeit der Erkenntnis von Seiendem. Das Erkennen untersteht einem ihm immanenten Sollen, über das es nie – im Sinne einer Erfüllung der Aufgabe – hinausgelangt. "Der Stufengang der Erfahrung erreicht vielmehr seine letzte Begründung erst in seiner schließlichen Zurückbeziehung auf das Unbedingte der Aufgabe, also auf das Sollen." (1918, S. 81f.) Die Einsicht in diese Sollensbestimmtheit der Erkenntnis artikuliert sich in einer Ideenlehre, die als "Logik des Sollens" nun das Sollen überhaupt thematisiert.

Natorp stellt sich dem Einwand ihrer Inhaltslosigkeit. Er begegnet ihm mit dem Vorhaben, "den ganzen Inhalt der Erfahrung unter den Gesichtspunkt des Sollens", unter das "Gesetz des Sollens" zu rücken (1918, S. 84f.). Die progredierende Erkenntnis wird damit nicht nur generell vom Sollen beherrscht gedacht, sondern das Sollen an den einzelnen Schritten ihres Fortgangs festgemacht, wo es diesen konkret bestimmt. Mit anderen Worten: es kommt zu einer *Deontisierung*, einer Inpflichtnahme der Erfahrungserkenntnis. Die Rede von der "Arbeit" der Erfahrung, vom Erfahren als "Tun" ist in diesem Zusammenhang ganz wörtlich zu nehmen. Das heißt aber auch, das Sollen (als die Richtungsbeziehung) als ein *bewußtes* zu verstehen. Das in der Erfahrung eigens ergriffene Sollen ist nichts anderes als *Wollen*. Bezieht man das Sollen nämlich nicht mehr nur abstrakt auf den Denkinhalt, sondern auf das Tun des Denkens, wird es notwendig zu einem Wollen. Mit dem Wollen aber ist die Verfolgung von Zwecken gegeben.

Die Logik eines sich verwirklichenden Sollens[24] nimmt ihren Ausgang beim *Streben*, verstanden als Einschlagen einer Richtung an einem bestimmten Punkte der Erfahrung. Auf seiner untersten Stufe ist das Streben *Trieb*, der im Kampf mit dem sinnlichen Stoff die Form der *Arbeit* annimmt. Darauf baut sich die *Wahl*, mit der die Konzentration der Triebkräfte auf eine "Sache" erreicht wird. Die höchste Form der Aktivität stellt der *Vernunftwille* dar. Natorps hieran angeschlossene Tugendlehre bleibt traditionell-platonisch; bedeutsam hingegen wird die innere Verschränkung von Individual- und Sozialethik. In Anknüpfung an die Stufung des Strebens definiert er auch das soziale Leben (in der funktionalen Differenzierung wirtschaftlicher, regierender und bildender Tätigkeiten) als “Arbeitsgemeinschaft kraft gemeinschaftlicher Willensregelung der Arbeitstriebe der vergemeinschafteten Individuen; hinsichtlich dieser Regelung unterstehend gemeinschaftlicher vernünftiger Kritik” (1918, S. 103). Gegenüber dem statischen platonischen Vorbild dieser Differenzierung macht Natorp die geschichtliche, durch ein “Gesetz des Sollens” und nicht durch ein Naturgesetz bestimmte soziale Entwicklung geltend. Vernunft wird auf sozialer Ebene durch die *bildenden* Tätigkeiten repräsentiert; Natorp hat hier sein eigenes sozialpädagogisches Engagement philosophisch fundiert. Ganz generell wird die so bis in die Logik der sozialen Entwicklung entfaltete Ethik als Grundlage der *Kulturwissenschaften* ausgewiesen.

4. Bruno Bauch: Ethik der Wertgestaltung

(1) Das Verhältnis von Forderung und Wirklichkeit treibt Bauch, nicht zuletzt mit seiner Teilnahme an dem “aufwühlenden Erleben unserer Zeit” (1935, S. IV), auch in seiner Ethik um. Ohne den systematischen Zusammenhang aus den Augen zu verlieren, arbeitet er die *Grundzüge der Ethik* nicht in einer systemphilosophischen Reflexion aus. Ethik, als “Lehre vom Sinn des Lebens” definiert (S. 2ff.), bezieht sich auf den Gesamtbereich menschlichen Handelns, umfaßt also mehr als Moral. Mit dem Begriff des Lebens ist das Wirkliche repräsentiert; es wird im Gedanken des Sinnes auf Werte bezogen gedacht. Das Verhältnis von Leben und Werten ist dabei ein doppeltes: die Werte gelten unabhängig vom konkreten Leben, zugleich aber nur für dieses. Anders formuliert: Die Allgemeingültigkeit der Werte wird von Bauch mit dem individuell-konkreten Vollzug der Wertgestaltung verknüpft. Ethik erfährt so kein bloße formale, sondern eine “inhaltliche Darstellung”, die bei aller Präsenz des kantischen Ansatzes auch aristotelische Züge aufweist sowie geschichts-, gesellschafts- und kulturphilosophische Konsequenzen zieht. Die für Bauchs Konzept zentrale Beziehung zwischen dem Allgemeinen und dem Besonderen wird überdies mit der Vorschaltung einer Phänomenologie des sittlichen Bewußtseins anschaulich gemacht.

(2) Die Ethik handelt von den ethischen Prinzipien, die zunächst ausschließlich als Wertprinzipien aufzufassen sind, insofern sie das

"sittliche Handeln und Leben" in seiner Sinn- und Wertbestimmtheit, nicht aber in seiner Seinsbestimmtheit betreffen. Als sittliche Vollzüge stehen Handeln und Leben unter Wertprinzipien, als Bestandteil der Wirklichkeit unter Seinsprinzipien. Wo allerdings Sinnverwirklichung thematisch wird, müssen auch in der Ethik beide "Prinzipienformen" bedacht werden (S. 61). "Wert" nun ist nach Bauch "ein vom Subjekte unabhängiger, darum objektiver Geltungsgehalt, der, auf das Subjekt bezogen, sich als Inhalt einer Aufgabe oder Ziel ... darstellt" (S. 64). Kants imperativische Fassung dieser Aufgabe erscheint als zu eng, sie bedeutet bereits eine Spezifikation innerhalb des Sollens. Das ethische Prinzip umfaßt nebst den Geboten noch objektive Wertforderungen, die nicht gebietenden Charakter haben; im Blick aufs Subjekt formuliert, gibt es ein Sollen in Gestalt von imperativischen Willens- und Wirkensforderungen sowie ein Sollen, das in "Wesensforderungen" besteht. Anvisiert ist dabei das "Werden zur Persönlichkeit". Die *Wesens*forderungen beziehen sich auf das sinnlich-vernünftige Sein, das charakterlich bedingte Verhalten des Subjekts; die *Willens*forderung besteht im "ethischen Zentralgesetz": "das Gesetz zu wollen, weil es Gesetz ist" (S. 122). Mit dieser Forderung "der Selbstbindung an das Gesetz" nimmt Bauch ausdrücklich das Autonomieprinzip und den kategorischen Imperativ Kants auf. Die dritte Kategorie der Forderungen, die *Wirkens*forderungen, sind hingegen nur oberflächlich mit den "hypothetischen Imperativen" aus Kants Ethik verknüpft. Ihre Analyse macht den originellsten Teil von Bauchs Ethik aus.[25] Gemeint sind Forderungen, deren Verwirklichung von individuellen Gegebenheiten abhängig ist, Gesetzesinhalte zweiter Ordnung, die jedoch mit dem kategorischen Imperativ eine Einheit derart bilden, daß sie dessen Verwirklichung im konkreten Handeln normieren. Hypothetisch ist die Forderung nicht in ihrer Geltung, sondern hinsichtlich ihrer Ausführung, bei der individuelle Kräfte und Fähigkeiten ins Spiel kommen. Die Wirkensforderung richtet sich an das individuelle Subjekt, indem sie es "auf ein allgemeines Kulturgebiet und durch dieses hindurch auf einen allgemeinen Wert" bezieht, der diesem Kulturgebiet selbst sein Ziel gibt (S. 130); sie ist "Kulturimperativ". Ihre letzte Begründung hat die Synthese von kategorischem und hypothetischem Imperativ in Bauchs Ideenlehre.[26] Als Einheit von Geltung und Wirklichkeit gedacht, begründet die "Idee" (im Hegelschen Sinne) auch die *Wert*darstellung im Wirklichen. Ihren Träger hat diese im Menschen als sinnlich-vernünftiger Ganzheit.

(3) Bauch widmet sich in seiner Ethik nicht nur den Beziehungen von Persönlichkeit und Gemeinschaft, sondern geht auch auf die "sozialen Verbände" Staat und Nation, Familie und Schule ein; in Abhebung von einer soziologischen Betrachtungsweise werden sie als "Werteverbände des Gemeinschaftslebens" thematisch. Sinn des Staates ist es für ihn, "das Leben der Gesellschaft so zu regeln, daß es Gemeinschaft werde" (S. 212). Spätestens in diesem Programm macht sich, das muß hier kritisch festgestellt werden, die Überspannung des Ethik-Bogens bemerkbar, die mit der Formulierung positiver sittlicher Forderungen und Werte anstelle der Ausarbeitung negativer, beschränkender Imperative und Wertkriterien unausweichlich wird. Es hat nichts mehr mit der sittlichen Willensforderung von Kants kategorischem Imperativ zu tun, wenn Bauch – unter Berufung auf Julius Binder – einen staatlichen "Zwang zur Gemeinschaft" begrüßt (S. 217) oder – ganz im Sinne der nationalsozialistischen Weltanschauung – Fichtes Begriff der Nation in den Begriff des *Volks* münden läßt, von dem der Staat erst seine Bedeutung empfängt (S. 222), oder die Wirtschaft ausschließlich als "Instrument im Dienste der Bestimmung von Volk und Staat" sieht (S. 230). Ebenso fatal ist es, daß *Freiheit* der Kausalität im Sinne der Spontaneität eingeschrieben und nur positiv als "ein *Freisein zu Aufgaben, Zielen, Werten*" charakterisiert wird (S. 271).

5. Leonard Nelson: Wissenschaftliche Ethik

5.1 Ethik als System von Imperativen

Unübersehbar ist Nelsons praktische Philosophie durch ihren wissenschaftlichen Anspruch charakterisiert: Ethik soll eine *Wissenschaft* auf der Basis einer wissenschaftlichen Methode sein. Wissenschaft unterscheidet sich vom bloßen Wissen durch die Form, nämlich die systematische Verfassung der in ihr vereinigten Erkenntnisse. Ein System bildet Wissenschaft damit, daß die ihr zugehörigen Erkenntnisse "logisch aus bestimmten Prinzipien abgeleitet werden" (I, S. 5).[27] Kann aber Ethik überhaupt Wissenschaft in diesem Sinne sein? Die Frage stellt sich, wenn Wissenschaft als ein "System von Indikativen" aufgefaßt wird, in der Ethik aber mit "Imperativen" zu rechnen ist. Eindeutig lehnt Nelson den "naturalistischen Fehlschluß" ab: Aus dem, was ist, läßt sich nicht auf das, was sein soll bzw. zu tun wertvoll ist, schließen. Aber er hält die Möglichkeit offen, daß auch einem "System von Imperativen", in dem selbst die ersten Prämissen imperativische Form hätten, der Status einer Wissenschaft zuerkannt wird. Wie läßt sich jedoch dem Einwand begegnen, daß ein oberster Imperativ nur dogmatisch aufgestellt und nicht wissenschaftlich begründet werden könnte? Darin unterscheidet sich, argumentiert Nelson, eine normative Wissenschaft gar nicht von der exakten Naturwissenschaft, weil auch deren erste, indikativisch formulierte Prämissen unbeweisbar sind (II, S. 5f.).

Das Gesagte läßt sich im Blick auf die Stellung der Ethik im *philosophischen* System vertiefen. Nelson nimmt die Kantische Unterscheidung von Logik, verstanden als das "System der analytischen Urteile", und Metaphysik, verstanden als das "System der synthetischen philosophischen Urteile", auf, macht sich aber zugleich Fries' Position[28] zu eigen, der gemäß metaphysische Urteile weder bloßen Begriffen noch der Anschauung, sondern "einer unmittelbaren, wenn auch ursprünglich dunklen Erkenntnis" entstammen. Die darin implizierte Auffassung von philosophischer Begründung bildet die methodische Basis für Nelsons Kritik der praktischen Vernunft; sie klärt im zunächst interessierenden Zusammenhang seines Wissenschaftsverständnisses, inwiefern das Problem der Begründung erster Prämissen in der theoretischen und praktischen Philosophie dasselbe ist. Die weitere Einteilung der "Metaphysik" bleibt traditionell: Während spekulative Metaphysik "die Erkenntnis der Gesetze für das Dasein der Dinge" enthält, befaßt sich praktische Metaphysik, und damit Ethik, mit der "Erkenntnis der Gesetze für den Wert der Dinge". Von systematischer Relevanz ist einzig die Feststellung, daß sich Sätze der Ethik nicht auf Sätze der spekulativen Metaphysik zurückführen lassen (II, S. 16f.). Nelson kennt also keine systemtheoretische Begründung der Ethik.

5.2 Unmittelbare ethische Erkenntnis

Für das *methodische Vorgehen* beim Aufbau der Ethik mittels einer Kritik der praktischen Vernunft ist der von Nelson selbst geübte Vergleich mit der Geometrie aufschlußreich. Trotz bedeutsamer Divergenzen (in der Begriffsbildung und in der Auffassung der Axiome) liefert sie mit der "axiomatischen Methode der Zergliederung" (I, S. 28) das formale Vorbild für eine streng systematisch verfahrende Ethik.

Nelson geht von der Strittigkeit des Moralprinzips aus. Er folgt auch der von ihm konstatierten üblichen philosophischen Praxis, im Respekt vor dieser Strittigkeit der Grundsätze weniger allgemeinen ethischen Sätzen, über die Verständigung erzielt werden kann, den Vorrang zu geben, macht aber aus dieser Einstellung eine Methode, nach der vom "tatsächlichen Urteil" auszugehen ist, um die allgemeinen Voraussetzungen aufzusuchen, die es impliziert. Mit dieser kritischen oder regressiven Methode werden die von uns immer schon gefällten ethischen Urteile auf Begriffe und Grundsätze hin zergliedert, die in ihnen meist unbewußt in Anspruch genommen sind. Nelson bezeichnet dieses Verfahren als "Abstraktion". Es führt nicht induktiv auf Erfahrungssätze; deshalb kann man es mit einem einzigen Beispiel praktizieren.

Lassen sich die dergestalt aufgewiesenen Prinzipien auch rechtfertigen? In Anknüpfung an Fries schlägt Nelson einen dritten Weg zwischen der "erkenntnistheoretischen" und der "demonstrativen" Begründung der ethischen Prinzipien ein. Es ist der Weg der *unmittelbaren* rationalen ethischen Erkenntnis (I, S. 52). Ethische Prinzipien sind weder eines Beweises noch einer "Demonstration" (durch Rückführung auf Anschauung) fähig. Die "erkenntnistheoretische" Begründung der "Verbindlichkeit sittlicher Pflicht" in logisch höheren Prinzipien versagt, weil sich ein Kriterium dieser Verbindlichkeit nicht angeben läßt. Denn suchte man dieses Kriterium in Gestalt einer Erkenntnis von der Verbindlichkeit sittlicher Pflicht, so bedürfte man eines neuen Kriteriums für diese nach wie vor problematische Erkenntnis; das Kriterium aber nicht als Erkenntnis anzusetzen, wäre ebenso undurchführbar, da die Anwendung des Kriteriums nach seiner Erkenntnis verlangte, die Gültigkeit dieser Erkenntnis aber wieder nur durch Anwendung des Kriteriums gesichert werden könnte (I, S. 45f.). Die Forderung solcher Begründung für alle Erkenntnisse negiert die Möglichkeit unmittelbarer, d.h. an und für sich gewisser Erkenntnis, und verwickelt sich damit selbst in einen Widerspruch. Wird hingegen neben den mittelbaren Erkenntnissen (Urteilen) eine unmittelbare Erkenntnis zugelassen, läßt sich widerspruchsfrei von der Begründung der obersten ethischen Prämissen durch den Aufweis einer ihnen zugrundeliegenden unmittelbaren Erkenntnis sprechen. Es handelt sich dabei nicht nur nicht um einen Beweis (als die Zurückführung von Urteilen auf andere Urteile), sondern auch nicht um einen Rückgang auf die Unmittelbarkeit der Anschauung. Zu dieser gehört eo ipso ein unmittelbares Bewußtsein, zur unmittelbaren ethischen Erkenntnis nicht. Weil wir "sicher keine *unmittelbar evidente* ethische Erkenntnis" besitzen, diese vielmehr, "wenn sie überhaupt existiert, eine *ursprünglich dunkle* Erkenntnis" ist, bedarf es zu ihrer Vergewisserung des *Nachdenkens* (I, S. 55). Gefragt ist nach der "Existenz einer reinen praktischen Vernunfterkenntnis" (I, S. 58). Nelson macht damit Kants "Faktum" der reinen praktischen Vernunft zum methodischen Angelpunkt seiner Ethik, läßt es aber gerade so nicht bei der Feststellung der Faktizität (Unableitbarkeit) des moralischen Gesetzes bewenden, sondern erklärt dessen Existenz zu einer Tatsachenfrage, die sich empirisch bzw. mit einer erfahrungsgestützten Theorie beantworten lassen muß. Der Aufweis des "Faktums" wird zur Sache einer *psychologischen Deduktion*. Mit Kant bleibt Nelson dabei der Auffassung, daß dieser letzte Grund unserer ethischen Urteile selbst nicht empirischer Natur ist. Dementsprechend gehört die ihn aufweisende Kritik, die nicht schon rationale ethische Wissenschaft ist, nicht zum System der Ethik.

5.3 Das Prinzip der Pflicht

Welches sind die *Prinzipien*, die Nelson mittels seiner kritischen Methode als Voraussetzungen der von uns faktisch gefällten ethischen Urteile aufweist? Die Zergliederung des Begriffs des sittlich Guten führt auf den Begriff der Pflicht, der in sich einen kategorischen Imperativ birgt: ein unbedingtes Gebot, das nicht von einem Imperator ausgeht. Das Prinzip der Pflicht ist somit das Prinzip der Autonomie. Deutlich verwahrt sich Nelson gegen den Schein, den Begriff der Pflicht aus dem Begriff des Guten qua Wertvollen ableiten und so eine Güterethik begründen zu können. Radikaler noch als Kant schließt er hypothetische Imperative aus der praktischen Philosophie überhaupt aus, indem er sie als technische Regeln und damit als theoretische Sätze dechiffriert. Mit dem Prinzip der Pflicht ist aber das Sittengesetz keineswegs schon hinreichend bestimmt. Aus der Einsicht, daß die Frage, was ich tun soll, nicht schon mit der Auskunft "was die Pflicht gebietet!" philosophisch befriedigend beantwortet wird, weil dem Begriff der Pflicht kein Kriterium der Pflicht zu entnehmen ist, ergibt sich vielmehr die Notwendigkeit, einen vom Begriff der Pflicht unabhängigen *Inhalt* des Sittengesetzes zu fixieren. Nelson grenzt seine ethische Position nicht nur wie Kant von einer "Erfolgsethik" ab, "die die Handlung nicht nach der Gesinnung des Handelnden, sondern nach ihren Wirkungen beurteilt", sondern auch von einer "formalistischen Ethik", die sich "auf das Gebot des Handelns aus Pflicht" beschränkt "und jeden weiteren Inhalt des Sittengesetzes für unmöglich erklärt" (I, S. 115). Das gesuchte inhaltliche Kriterium muß jedoch nicht dem *formalen* Charakter der Ethik widerstreiten, wenn es als ein allgemeines, für den einzelnen Fall jedoch nicht ausreichendes Kriterium unserer Pflicht verstanden wird. Und das ist in der Tat Nelsons Auffassung, daß die Anwendung des (im Unterschied zu den bloßen Sittenregeln streng allgemeingültigen) Sittengesetzes trotz seiner inhaltlichen Füllung nur unter Berücksichtigung der besonderen Umstände des individuellen Falles zu einer gültigen Antwort auf die Frage, was meine Pflicht ist, führt. Der Inhalt des Sittengesetzes kann nun nicht im Gebot der Verfolgung irgendwelcher Zwecke liegen, er kann nur in einer *Beschränkung* positiver Zwecke in Berücksichtigung der entgegenstehenden Interessen anderer Menschen bestehen. Nelson definiert sogar die Würde der Person als "den Anspruch auf Berücksichtigung ihrer", d.h. der "Interessen" anderer Menschen. Das Sittengesetz schreibt demnach vor, die Gleichheit der persönlichen Würde zu wahren. Nelson formuliert es zum einen als "Abwägungsprinzip":

> Handle nie so, daß du nicht auch in deine Handlungsweise einwilligen könntest, wenn die Interessen der von ihr Betroffenen auch deine eigenen wären. (I, S. 133; II, S. 143)

Sollte aber dieses Prinzip schon verletzt sein, ich also bereits rücksichtslos gehandelt haben, kommt in Umkehrung des Gebots, "die eigenen Interessen nicht vor den fremden zu bevorzugen", der Imperativ, "die eigenen Interessen jetzt im selben Maße zurücksetzen zu lassen", oder das "Vergeltungsprinzip" zum Tragen:

> Du sollst in eine gleiche Nichtachtung deiner Interessen einwilligen, wie du sie anderen gegenüber bewiesen hast. (I, S. 136; II, S. 147 "ausgeübt hast")

Das oberste, diese beiden Gesetze umfassende Prinzip und zugleich die kürzeste Formulierung des Sittengesetzes lautet:

> Handle gerecht. (I, S. 136)

Nelson statuiert damit die Gerechtigkeit als das eigentliche und einzige Kriterium aller Pflichten, auch der sog. Pflichten gegen sich selbst (wie Selbsterhaltung, Ehre, Wahrhaftigkeit usw.). Er spricht auch von einem *Rechtsgesetz,* insofern es die Willkür anderer auf die Achtung der Interessen des Berechtigten verpflichtet. “Der Inhalt der Pflicht ist die Achtung der Interessen anderer; es wird also der Pflicht ihr Inhalt durch die *Rechte* dieser anderen gegeben.” (I, S. 148)[29]

Der damit nach ihren Prinzipien umrissenen Pflichtenlehre entspricht eine *Ideallehre*, dem System des kategorischen Imperativs ein System der “kategorischen Optative” (II, S. 194f.). Unter einem Ideal versteht Nelson einen objektiven, und zwar positiven Wert, der vernünftigen Wesen aufgegeben ist, ohne sie auf seine Erreichung im strengen Sinne zu verpflichten. Das Ideal ist das Prinzip einer *ästhetischen* Wertung, die “durch die Anforderung der *Schönheit* des Lebens bestimmt” wird (I, S. 411). Daß auch die auf ästhetischen Wertungen aufbauende Ideallehre ein Bestandteil der Ethik ist, ergibt sich aus Nelsons umfassender Bestimmung der Ethik als “Lehre von den Aufgaben für das Handeln überhaupt”, die erstens als Moral oder Pflichtenlehre die negativen Bedingungen des Wertes von Handlungen und zweitens als Ideallehre die positiven Aufgaben für das Handeln aufweist (I, S. 272). Was beinhalten aber nun ethische Urteile über den idealen Wert von Handlungen? Was macht das Ideal seinem Inhalt nach aus? Nelson führt hierfür den Begriff der *Bildung* ein, verstanden als “vernünftige Selbstbestimmung oder Herrschaft des vernünftig bestimmten Willens über das Leben” (II, S. 216; vgl. I, S. 453). Dieses Prinzip der materialen Ideallehre bildet neben dem inhaltlich bestimmten Sittengesetz den zweiten Hauptgrundsatz der Nelsonschen Ethik. Beide Prinzipien sind damit verbunden, daß das Abwägungsprinzip bzw. Rechtsgesetz die einschränkende Bedingung für die ästhetische Wertung der vernünftigen Persönlichkeit ist, und umgekehrt das Ideal der vernünftigen Selbstbestimmung zur Lehre von den wahren Interessen des Menschen führt.[30]

5.4 Deduktion der Pflicht

Um die Geltung der aufgewiesenen Prinzipien zu begründen, müssen sie nach Nelsons methodischer Grundüberzeugung auf eine unmittelbare ethische Erkenntnis zurückgeführt werden. Daß es eine solche gibt, ist Gegenstand der “psychologischen Deduktion”. Für die Deduktion der Pflicht geht Nelson von einer “deskriptiven Analyse” des sittlichen Gefühls aus, bei der ersichtlich wird, daß das sittliche Gefühl erst ein mittelbares Interesse ist, dem ein unmittelbares, ursprünglich zwar dunkles, aber durch Nachdenken deutlich zu machendes sittliches

Interesse zugrundeliegt. Damit ist für Nelson der Nachweis der "Existenz einer reinen praktischen Vernunft als des Grundes unserer sittlichen Urteile" erbracht (I, S. 499). Es bleibt noch die Aufgabe der Deduktion des Kriteriums der Pflicht; sie soll zeigen, "daß wir, vermöge unserer reinen praktischen Vernunft, ein bestimmtes Sittengesetz anerkennen" (I, S. 506). So inevident dieses ursprüngliche "Wissen" um den Inhalt des Sittengesetzes auch ist – sein Aufweis soll in einer Erkenntnis geschehen, die dank ihrer Anknüpfung an innere Beobachtung zu vollkommener Evidenz fähig ist. Wie bei der Deduktion der Pflicht (Form des Sittengesetzes) bildet die Analyse des sittlichen Gefühls die Basis, die dabei entwickelte Theorie des sittlichen Interesses wird nun zur Inhaltsbestimmung des Sittengesetzes ausgebaut. Das geschieht so, daß alle diejenigen denkbaren Inhaltsbestimmungen der sittlichen Erkenntnis ausgeschlossen werden, "die den aus der deskriptiven Analyse geschöpften Tatsachen widersprechen" (I, S. 508).[31]

Anmerkungen

1 Belege finden sich in meinem Artikel "Neukantianismus". In: Historisches Wörterbuch der Philosophie. Bd. 6 (1984), Sp. 747–750.

2 Nelson, L.: "Die sogenannte neukantische Schule in der gegenwärtigen Philosophie" (1914). In: Ges. Schriften. Bd. 1. Hamburg 1970, S. 207–217.

3 Jodl, Friedrich: Geschichte der Ethik als philosophischer Wissenschaft. Bd. 2: Von Kant bis zur Gegenwart. Darmstadt 1965 (= Neudruck der 3. Aufl. Stuttgart 1923), S. 526.

4 Köhnke, Klaus Christian: Entstehung und Aufstieg des Neukantianismus. Die deutsche Universitätsphilosophie zwischen Idealismus und Positivismus. Frankfurt a.M. 1986, S. 404ff., zit. S. 427f.

5 Volkelt, Johannes: "Wiedererweckung der Kantischen Ethik". In: Zeitschrift für Philosophie und philosophische Kritik 81 (1882), S. 37–48, S. 40, zit. bei Köhnke, S. 429f.

6 In kritischer Weiterführung dieses Ansatzes hat der Cohen-Schüler Albert Görland die Ethik "aus ihrem Verhältnis zu den besonderen Gemeinschaftswissenschaften" zu begründen unternommen und dabei über Gesellschaft und Staat hinaus den alle Erziehungsgemeinschaften umfassenden Begriff der "Gemeinde" eingeführt: "Ethik als Kritik der Weltgeschichte". Leipzig/Berlin 1914.

7 Erwähnenswert ist sein Vermittlungsversuch in der zwischen Cohen und Rudolf Stammler angesichts von dessen Buch "Die Lehre von dem Richtigen Rechte" (Berlin 1902) entstandenen Kontroverse; er erschien unter dem Titel "Recht und Sittlichkeit. Ein Beitrag zur kategorialen Begründung der praktischen Philosophie". In: Kant-Studien 18 (1913), S. 1–79.

8 Rickert, Heinrich: Der Gegenstand der Erkenntnis. Einführung in die Transzendentalphilosophie. 2., verb. und erw. Aufl. Tübingen/Leipzig 1904, S. 230ff. Vgl. auch B. Bauch, 1902, S. 12ff.

9 Lask, Emil: Gibt es einen "Primat der praktischen Vernunft" in der Logik? (1908). In: Ges. Schriften. Bd. 1. Tübingen 1923, S. 347–356.

10 Auf der Basis der Unterscheidung unbedingter und bedingter Normen beschäftigt sich Georg Mehlis in "Probleme der Ethik" (Tübingen 1918) mit ethischen Konflikten, wie sie sich in konkreten Lebenssituationen stellen. – Rickert führt in die "Deutung des persönlichen und aktiven Daseins" neben den "Zukunftsgütern", nach denen die autonome Persönlichkeit immerwährend strebt, "Gegenwartsgüter ... als voll-endliche Partikularitäten" ein, um beispielsweise "erotische Werte" in ihrer spezifischen Werthaftigkeit von den im engeren Sinne ethischen, die ihr Kriterium im Sittengesetz haben, systematisch unterscheiden zu können ("System der Philosophie, 1. Teil. Allgemeine Grundlegung der Philosophie". Tübingen 1921, S. 380, 394, 398). – Über Nelsons Erweiterung der Moral zu Ethik s.u.

11 Belegangaben aus den "Vorlesungen über die Grundlagen der Ethik" (s. Bibliographie) erfolgen unter Anführung der Bandzahlen I, II, III.

12 Brief an Hermann Lewandowsky vom 28.9.1870. In: Cohen, H.: Briefe, ausgewählt und herausgegeben von Bertha und Bruno Strauss. Berlin 1939, S. 25f.

13 Kant, I.: Kritik der praktischen Vernunft. Akad.-Ausg. Bd. V, S. 31.

14 Vgl. dazu H. Holzhey: "Rechtserfahrung oder Rechtswissenschaft – eine fragwürdige Alternative. Zu Sanders Streit mit Kelsen". In: Reine Rechtslehre im Spiegel ihrer Fortsetzer und Kritiker. Hrsg. von O. Weinberger und W. Krawietz. Wien/New York 1988, S. 47–75.

15 Angesichts des Mangels einer solchen reinen Rechtslehre hat die Voraussetzung des Bezugsfaktums in Cohens "Ethik des reinen Willens" weitgehend den Charakter eines Postulats. Gefordert ist eine philosophische Bearbeitung der Rechtswissenschaft in Analogie zur naturphilosophischen Konstituierung der Newtonschen Mechanik im 17. Jahrhundert; gefordert ist damit die Bestimmung der rationalen Prinzipien des positiven Rechts.

16 Vgl. wieder 1907, S. 24ff.

17 Für eine genauere Erörterung dieses Zusammenhangs vgl. H. Holzhey: Cohen und Natorp. Bd. 1. Ursprung und Einheit. Basel/Stuttgart 1986, S. 318ff.

18 Cohen, H.: Logik der reinen Erkenntnis. Nachdruck der 2., verb. Aufl., Berlin 1914, als Band 6 der "Werke". Hrsg. von H. Holzhey. Hildesheim/New York 1977, S. 517.

19 ebd., S. 300.

20 Paul Natorp hat mit dieser Verknüpfung von Denken und Wollen den eigentlichen "Urpunkt des Systems" zu erkennen vermeint, ein übergreifendes "Urdenken"; vgl. "Hermann Cohens philosophische Leistung unter dem Gesichtspunkte des Systems". Berlin 1918, S. 28ff.

21 Kant, I.: Grundlegung zur Metaphysik der Sitten. Akad.-Ausg. Bd. 4, S. 429.

22 ebd., S. 433.
23 Kant, I.: Kritik der reinen Vernunft, B 524.
24 Vgl. die ausführlichen Darlegungen Natorps in seiner "Sozialpädagogik" (1899).
25 Vgl. J. Strasser: Die Bedeutung des hypothetischen Imperativs in der Ethik Bruno Bauchs. Bonn 1967.
26 Vgl. B. Bauch: Die Idee. Leipzig 1926.
27 Belegangaben aus den "Vorlesungen über die Grundlagen der Ethik" (s. Bibliographie) erfolgen unter Anführung der Bandzahlen I, II, III.
28 Wieweit Nelsons eigene Ethik von Kant und Fries bestimmt ist, wieweit sie von deren Konzepten Abstand nimmt, wird in Nelsons Schrift "Die kritische Ethik bei Kant, Schiller und Fries" (s. Bibliographie) mit der Darstellung der Fortschritte und Mängel der Ethik dieser Autoren sehr klar exponiert.
29 Vgl. die zusammenfassende Darstellung des Verhältnisses von Rechten und Pflichten I, S. 166ff. Auch wenn Nelson die rein moralische Wertung einer Handlung von der Wertung hinsichtlich ihrer Übereinstimmung mit dem Inhalt des Sittengesetzes, also hinsichtlich der Frage, ob jemandem sein Recht wird, zu unterscheiden Anlaß findet (I, S. 169f.), sieht er sich nicht genötigt, zwei Imperative, einen der Tugend oder Gesinnung und einen des Rechts, aufzustellen, weil das Sittengesetz in der Differenzierung nach Form und Inhalt das einheitliche Prinzip der zwei Wertungen abgibt; ähnlich argumentiert er gegen die Trennung zwischen Tugend- und Rechtspflichten (I, S. 217ff.).
30 Henry-Hermann, Grete: (Art.) Nelson. In: The Encyclopedia of Philosophy. Ed. by Paul Edwards. Vol. V, p. 465.
31 Nelson gibt zunächst eine heuristische, dann eine systematische Darstellung der Deduktion des Inhalts des Sittengesetzes. Für die detaillierte Durchführung vgl. I, S. 510ff.

Bibliographie

a) Primärliteratur

Cohen, H.: Kants Begründung der Ethik. Berlin 1877; 2. verb. u. erw. Aufl.: Kants Begründung der Ethik nebst ihren Anwendungen auf Recht, Religion und Geschichte. Berlin 1910.

– Ethik des reinen Willens. Nachdruck der 2. rev. Aufl. Berlin 1907. Werke, Bd. 7. Hildesheim/New York 1981.

– Einleitung mit kritischem Nachtrag zur "Geschichte des Materialismus" von F.A. Lange. Nachdruck der 3., erw. Aufl. Leipzig 1914. Werke, Bd. 5/II. Hildesheim/Zürich/New York 1984.

Natorp, P.: Sozialpädagogik. Theorie der Willensbildung auf der Grundlage der Gemeinschaft. Stuttgart 1899. 7. Aufl., besorgt von R. Pippert. Paderborn 1974.

– Philosophie. Ihr Problem und ihre Probleme. Einführung in den kritischen Idealismus. 2. verb. Aufl. Göttingen 1918.

Görland, A.: Ethik als Kritik der Weltgeschichte. Leipzig/Berlin 1914.
Bauch, B.: Glückseligkeit und Persönlichkeit in der kritischen Ethik. Stuttgart 1902.
– Ethik. In: Die Philosophie im Beginn des zwanzigsten Jahrhunderts. Festschrift für Kuno Fischer. Hrsg. von Wilhelm Windelband. 2. verb. und um das Kap. Naturphilosophie erw. Aufl. Heidelberg 1907, S. 208–268.
– Grundzüge der Ethik. Stuttgart 1935. Unv. Nachdruck. Darmstadt 1968.
Nelson, L.: Die kritische Ethik bei Kant, Schiller und Fries. Eine Revision ihrer Prinzipien. In: Abhandlungen der Friesschen Schule, Neue Folge. Hrsg. von Gerhard Hessenberg und Leonard Nelson. 4. Band, 3. Heft. Göttingen 1914, S. 483–691. Gesammelte Schriften in neun Bänden. 8. Band. Hamburg 1971, S. 27–192.
– Vorlesungen über die Grundlagen der Ethik. I. Band: Kritik der praktischen Vernunft. Göttingen 1917. Ges. Schr., 4. Band. Hamburg 1972.
– Vorlesungen über die Grundlagen der Ethik. II. Band: System der philosophischen Ethik und Pädagogik. Aus dem Nachlaß hrsg. von Grete Hermann und Minna Specht. Göttingen 1932. Ges. Schr., 5. Band. Hamburg 1970.
– Vorlesungen über die Grundlagen der Ethik. III. Band: System der philosophischen Rechtslehre und Politik. Göttingen 1924. Ges. Schr., 6. Band. Hamburg 1970.

b) Sekundärliteratur
– zu Cohen
Gigliotti, G.: H. Cohen e la fondazione kantiana dell'etica. Firenze 1977.
Winter, E.: Ethik und Rechtswissenschaft. Eine historisch-systematische Untersuchung zur Ethik-Konzeption des Marburger Neukantianismus im Werke Hermann Cohens. Berlin 1980.
Van der Linden, H.: Kantian Ethics and Socialism. Indianapolis 1988.
– zu Natorp
Jegelka, N.: Paul Natorp: Philosophie – Pädagogik – Politik. Würzburg 1992.
– zu Nelson
Westermann, Ch.: Argumentationen und Begründungen in der Ethik und Rechtslehre. Berlin 1977 (Schriften zur Rechtstheorie, H. 61).
Vernunft Erkenntnis Sittlichkeit. Intern. philos. Symposium Göttingen, vom 27.–29. Oktober 1977, aus Anlaß des 50. Todestages von Leonard Nelson. Im Auftrag der Philosophisch-Politischen Akademie hrsg. von Peter Schröder. Hamburg 1979.
Henry-Hermann, G.: Die Überwindung des Zufalls. Kritische Betrachtungen zu Leonard Nelsons Begründung der Ethik als Wissenschaft. Hamburg 1985.

Metaethik

Monika Hofmann-Riedinger

1. Einleitung

1.1 Der zweifelhafte Ruf der Metaethik

Mit der Metaethik wie sie seit Beginn dieses Jahrhunderts in den angelsächsischen Ländern entwickelt wurde, tritt eine Form philosophischer Analyse in den ethischen Diskurs der Gegenwart, die zu den derzeit unbeliebtesten Theorieansätzen zählen dürfte. Fremd ist ihre Erscheinung den einen, als überaus langweilige bekannt den anderen. Den Eindruck der Fremdheit vermittelt dabei ihre außergewöhnliche systematische Stellung, insofern die *Metaethik* der *normativen Ethik* logisch vorgeordnet ist und deren moralisch gehaltvolle Urteile auf einer *metatheoretischen* Ebene untersucht und analysiert. Diese systematische Stellung evoziert darüber hinaus die weitverbreitete Schlußfolgerung, daß die Metaethik für die Lösung genuin ethischer Fragen von relativ geringem Interesse sei. Die Höflichkeit, mit der die metaethischen Konzeptionen vor allem auch im deutschsprachigen Raum rezipiert werden, entspringt somit eher der Idee kulturellen Austausches denn der Erwartung substantieller ethischer Einsichten. Der philosophische Ruf, in dem die angelsächsische Metaethik hierzulande steht, ist ausgesprochen schlecht.

Die Gründe hierfür liegen auf beiden Seiten. Erstens begibt sich die Metaethik durch ihren eigenen Anspruch, "die logische Untersuchung der Moralsprache"[1] zu sein, und als solche selbst keine normativen Aussagen zu formulieren,[2] in den Verdacht, lediglich eine analytisch subtile, grundsätzlich jedoch verzichtbare sprachliche Vorklärung ethischer Problemstellungen zu leisten. Zweitens wird dieser Verdacht von den Normenbegründungstheorien der deutschsprachigen Tradition zu der Gewißheit erhoben, daß sich die Metaethik in semantischen Untersuchungen erschöpfe und deshalb die Fundamentalfrage der Ethik, ob moralische Urteile *begründet* werden können, nicht zu beantworten vermöge.[3]

Aus diesem Grund beschränkt sich die kulturelle Annäherung im wesentlichen auf die Rezeption zweier berühmter metaethischer Thesen:

Mit der Übernahme der Erkenntnisse, daß der naturalistische Fehlschluß zu vermeiden und die Präskriptivität der Sprache der Moral zu beachten sind, findet der philosophische Austausch sein frühzeitiges Ende. Der fremde Gast wird mit diesen Zugeständnissen gerne verabschiedet.

1.2 Der Versuch einer Klarstellung – Zum Aufbau und Ziel der Untersuchung

Das Ziel der vorliegenden Ausführungen besteht nun darin, die Annahmen beider Seiten als falsch zu erweisen.

Gegen die zitierte Definition der Metaethik als einer logischen Untersuchung der Moralsprache soll dabei als erstes eingewendet werden, daß sie viel zu eng ist, um zu erfassen, daß nicht die semantische Sprachanalyse, *sondern der Aufbau einer Wissenschaftstheorie für die Ethik* das Zentrum metaethischer Forschung bildet.[4] Die Schlußfolgerung der deutschsprachigen Theorien, daß das fundamentale *skeptische Problem* der Begründbarkeit moralischer Urteile in der Metaethik keine angemessene Erörterung fände, ist sodann eingehend zu widerlegen.

Es wird somit im folgenden ersten Abschnitt des Hauptteils die These entwickelt, daß es in der Grundkontroverse der angelsächsischen Metaethik um *dieselbe Frage* wie in unserer deutschsprachigen Normenbegründungsdiskussion geht, nämlich um die "entscheidende Frage, ob es sich bei moralischen Sätzen um Urteile handelt, d.h. ob mit ihnen ein Wahrheits- oder Begründbarkeitsanspruch erhoben wird".[5]

Der zweite Abschnitt soll im Anschluß daran eingehend erörtern, wie die Metaethik in drei historisch und systematisch aufeinanderfolgenden Versuchen zu einer gültigen Form der Wissenschaftstheorie zu gelangen und damit das skeptische Problem zu lösen sucht.

Welchen Beitrag die deutschsprachigen Ansätze hierzu leisten können, soll ein kurzer Ausblick andeuten, der zugleich als Einblick in die Brisanz einer künftigen wissenschaftstheoretischen Diskussion in der Ethik verstanden werden möchte.

2. Die Grundkontroverse der Metaethik

2.1 Das "Ja" des assertorischen Kognitivismus

Der sog. "*assertorische Kognitivismus*" ist diejenige metaethische Grundposition, die die Fundamentalfrage der Ethik eindeutig bejaht, indem sie erweist, *daß* moralische Sätze begründbar sind und die normative Ethik als Wissenschaft auftreten kann. Der *Nonkognitivismus* hingegen verneint die Frage, indem er zu erweisen sucht, daß moralische Urteile *nicht* streng begründbar sind, und die normative Ethik alles andere denn eine Wissenschaft darstellt.[6]

Der geheime Mittelpunkt dieser Kontroverse liegt dabei in einer Annahme, die von den metaethischen Kontrahenten paradoxerweise geteilt, von unseren deutschsprachigen Konzeptionen jedoch – wie wir sehen werden – bestritten wird. Es handelt sich um die These, *daß moralische Sätze entweder als wahrheitsfähig erwiesen werden können, oder eine kognitivistische Lösung des skeptischen Problems nicht möglich ist*. Einen Satz zu begründen nämlich – so der unmißverständliche Anspruch metaethischer Forschung – "heißt nachweisen, daß er wahr ist".[7] Dementsprechend beruht die Lösung des assertorischen Kognitivismus auf einer logisch-semantischen Aussage größter Bedeutung, die da lautet:

I Moralische Sätze weisen die semantische Struktur von Behauptungssätzen auf und können deshalb strikt begründet werden.

Allein aufgrund dieser Struktur nämlich sind sie wahrheitsfähig nicht in irgendeinem Sinn von wahrheitsanaloger Begründung, sondern in dem präzisen Sinn, demzufolge ihre Bedeutung festlegt, unter welchen Bedingungen sie wahr oder falsch sind. Die Bedingung, unter der der prädikative moralische Satz "⊢Fa", exemplarisch "Die Handlung x ist moralisch gut/richtig", wahr ist, besteht dabei genau darin, daß der generelle Terminus "F" ("gut"/"richtig") auf den Gegenstand (die Handlung x) zutrifft und damit die Behauptung (⊢) wahr ist.[8]

Den Schlüssel zu einer Wissenschaftstheorie für die Ethik hält somit die *Semantik assertorischer Sätze*. Indem der Kognitivismus mit ihrer Hilfe die Ethik vor einem nonkognitivistischen Wissenschaftsausschluß wie vor einem kognitivistischen Sonderstatus bewahrt, legt er den Grund für eine Lösung des skeptischen Problems.

So klar und einfach diese Skizze einer Antwort erscheinen mag, so fundamental wird sie jedoch sogleich in Zweifel gezogen. Denn die kognitivistische Analyse – so der naheliegende Einwand – mag zwar die semantische Form der moralischen *Werturteile* erfassen, da die normalsprachliche Form von Sätzen wie "x ist gut/richtig" den assertorischen Kognitivismus klar indiziert, doch wird dessen Lösung an der Struktur der moralischen *Normurteile* mit Sicherheit scheitern müssen.

Diese Sätze nämlich scheinen sich durch normative Funktion, imperativische Form und präskriptiven Gehalt auszuzeichnen, wobei genau diese Auszeichnung ihre semantische Charakterisierung durch den assertorischen Kognitivismus als klaren Fehlschluß zu markieren scheint.

So einleuchtend nun wiederum dieser Standardeinwand klingen mag, so wenig kann er als letztes Wort in der Diskussion gelten, da es dem assertorischen Kognitivismus gelingt, eine Entgegnung vorzulegen, die das Höchstmaß an bisher ausgearbeitetem logisch-semantischen Potential der Metaethik aufweist. In der Form der *deontischen Logik* nämlich präsentiert der assertorische Kognitivismus das Fundament seiner Lösung, das für Normurteile festlegt:

II Sätze der Form 'Es ist geboten, daß A' oder 'Es ist nicht geboten, daß A' sind Behauptungssätze, mit denen man behauptet, daß Gebote, Obligationen oder Verpflichtungen bestehen bzw. nicht bestehen.[9]

"Solche Sätze sind also wahr oder falsch je nachdem, ob der behauptete Sachverhalt tatsächlich besteht oder nicht."[10] In den Standardkalkülen der deontischen Logik operieren somit die deontischen Operatoren des Geboten-, Verboten- und Erlaubtseins (O, V, E) so über dem propositionalen Gehalt "p" des moralischen Satzes, daß normative Urteile Aussagen und damit assertorische Sätze über das Bestehen des deontischen Sachverhalts darstellen.[11] Indem es dem assertorischen Kognitivismus darüber hinaus gelingt, deontische Begriffe durch Wertbegriffe zu definieren[12] und durch diesen Schritt Normaussagen in valuative Aussagen der Form "x ist gut/richtig" rückzuübersetzen, wird der assertorische Charakter *aller* moralischen Urteile eindeutig und unmißverständlich grundgelegt.[13] Die bislang aussichtsreichste logisch-semantische Fundierung einer Lösung des skeptischen Problems liegt vor. Und doch gibt es wohl kaum eine Konzeption, die so umstritten ist wie diese.

2.2 Das "Nein" des Nonkognitivismus

Umstritten ist die dargelegte Position, weil der metaethische *Nonkognitivismus* Berühmtheit und Anerkennung durch die Behauptung erwarb, daß nahezu alle der vom assertorischen Kognitivismus vorgelegten Thesen entweder falsch oder unhaltbar sind.

Daß sie falsch sind, besagt sein bekanntes "Argument vom deskriptivistischen Fehlschluß".[14] Daß sie unhaltbar sind, behauptet die semantische Lösung des Nonkognitivismus, die der kognitivistischen

Lösung diametral entgegensteht. Beide Argumentationsgänge gilt es nun zu entwickeln.

In der zentralsten These des assertorischen Kognitivismus (I) liegt – so die Kritik – bereits sein größter Fehlschluß. Es ist nämlich, dem nonkognitivistischen Einspruch nach, nicht nur fragwürdig, sondern schlechthin irrig, moralische Urteile als assertorische Sätze mit einer deskriptiven Bedeutung zu analysieren, da diese nicht *beschreiben*, daß ein Sachverhalt "p" vorliegt, sondern einen solchen *vorschreiben*.[15] Diese fundamentale und spätestens seit R.M. Hare als semantische Grundeinsicht etablierte Erkenntnis zu mißachten, bedeutet demzufolge gerade wegen des Stellenwertes, den der assertorische Kognitivismus seiner These zumißt, nicht lediglich einen geringfügigen Irrtum dieser Theorie, sondern ihr frühzeitiges, selbstverschuldetes Ende. Sie verkennt nämlich – so die nonkognitivistische Argumentation des sog. *Emotivismus*[16] und des *Präskriptivismus*[17] – daß eine fundamentale Differenz zwischen deskriptiven Aussagen und moralischen Urteilen besteht, insofern letztere als definitiv nicht assertorische Sätze eine grundsätzlich andere sprachpragmatische Funktion erfüllen. Diese Funktion liegt C.L. Stevenson zufolge darin, daß moralische Urteile die emotive Einstellung des Sprechers ausdrücken und den Hörer zu deren Affirmation überreden sollen,[18] während die Urteile nach R.M. Hare dazu dienen, einen propositionalen Gehalt zu empfehlen, anzuraten oder vorzuschreiben.[19]

Die kognitivistische Lösung ist somit – dies des Argumentes Ziel – durch die nonkognitivistische Lösung zu substituieren, die eine ganz andere semantische Tiefenstruktur moralischer Wert- und Normurteile entdeckt. An die Stelle der *deontischen Logik* ist die *Imperativlogik* zu setzen, die den Anspruch erhebt, eine "systematische Analyse und Rekonstruktion präskriptiver Äußerungen"[20] darzustellen. Zu diesem Zweck erweitert sie die logische Syntax durch ein Aufforderungszeichen "!",[21] das den präskriptiven Modus sowohl der Wert- wie der Normurteile indiziert und die nonkognitivistische Lösung ermöglicht. Diese besagt:

III Moralische Sätze weisen nicht die semantische Struktur "⊢p*" assertorischer Sätze, sondern die Form "!*p*" präskriptiver Äußerungen auf.

Nur mit dieser Lösung – so lautet das Fazit der nonkognitivistischen Argumentation – gelingt es, der Skylla des deskriptivistischen Fehlschlusses zu entkommen.

Entgegen dieser positiven Evaluation möchte ich nun jedoch im folgenden zeigen, daß ein solches Entkommen direkten Weges in die Charybdis der *Unbegründbarkeit* moralischer Urteile führt und diese Konsequenz dem Präskriptivismus alles andere als angenehm sein kann.

Sätze der Form "!*p*" stellen nämlich nicht nur keine wahrheitsfähigen Urteile dar, sondern die Konsequenz der Lösung ist noch radikaler: Es kann mit ihnen generell kein Begründbarkeitsanspruch erhoben werden, weil kein Weg von der vorgeschlagenen semantischen Formel zu einer Begründung führt, die den Dezisionismus vermeiden könnte. Dies wird vom Emotivismus sowohl erkannt wie konzediert, indem dieser von vornherein vertritt, daß moralische Urteile überhaupt nicht begründbar sind, da sie lediglich eigene Einstellungen zum Ausdruck bringen und den anderen dazu bewegen sollen, diese zu teilen.[22] Der Präskriptivismus hingegen wendet sich scharf gegen solch subjektive Argumentation und versteht sich gar als "Kognitivismus",[23] indem er behauptet, daß nicht die faktischen jeweiligen Vorlieben, sondern die letzten psychologischen Präferenzen eine Art *rationaler Begründung* der moralischen Präskriptionen bilden.[24] Dies aber bedeutet nichts anderes, als daß diese "Begründung" in der Präferenzentscheidung des Einzelnen liegt, ohne daß ein Kriterium bestünde, welches die Gültigkeit der Präskriptionen willkürfrei zu etablieren ermöglichte. Damit aber läuft auch der Präskriptivismus – wie J. Habermas hervorhebt –

> auf einen ethischen Dezisionismus hinaus: die Basis für die Begründung von normativ gehaltvollen Sätzen bilden Absichtssätze, nämlich jene Sätze, mit denen der Sprecher die Wahl einer Lebensform zum Ausdruck bringt. Diese wiederum ist einer Rechtfertigung nicht fähig.[25]

Mit dieser Konsequenz, die die nonkognitivistische Natur des Präskriptivismus enthüllt, verliert nun zugleich das "Argument vom deskriptivistischen Fehlschluß" seine Pointe. Denn es übersieht, daß der assertorische Kognitivismus genau dasselbe erklären kann wie der Präskriptivismus, nur in wesentlich besserer Form. So vermag er genau wie der Präskriptivismus zu zeigen, daß mit moralischen Äußerungen Aufforderungen und Empfehlungen erteilt werden können, indem er auf Hares eigene These zurückgreift, daß Aussagesätze in verschiedensten Sprechakten unterschiedlichste sprachpragmatische Funktionen erfüllen können.[26] Weil er aber überdies gerade angesichts der Fülle von

Sprechakten, die mit moralischen Äußerungen vollzogen werden können,[27] deren Wahrheitsanspruch, kognitiven Gehalt und assertorische Form zu verteidigen vermag, begeht der assertorische Kognitivismus nicht nur den deskriptivistischen Fehlschluß *nicht*, sondern vermeidet darüber hinaus die negativen Folgen des Nonkognitivismus. Indem er zudem noch die deontische Logik aufbauen und die Ethik als wissenschaftliche Disziplin verteidigen kann, bleibt seine Lösung in dieser Kontroverse unangefochten stark.

2.3 Statt einer Lösung die Flucht nach vorn: Zur Einordnung des deutschsprachigen Kognitivismus

Sucht in der metaethischen Kontroverse die jeweils entgegengesetzte Position die andere als falsch zu erweisen, so liegt – dem deutschsprachigen Kognitivismus von J. Habermas und K.-O. Apel zufolge – der grundlegende Fehlschluß nicht auf seiten der einen oder der anderen Konzeption, sondern in der logisch vorausliegenden Alternative, die ihrer *beider* Aufbau präformiert. Die Annahme, daß moralische Urteile entweder genuin wahrheitsfähige Urteile sind *oder* ein ethischer Kognitivismus nicht möglich sei,[28] ist nach universalpragmatischer Sicht schlicht unhaltbar.[29] Denn sie übersieht, daß ein *kognitivistisches Tertium*, das sowohl der Skylla des deskriptivistischen Fehlschlusses wie der Charybdis der Unbegründbarkeit moralischer Urteile entkommt, nicht nur möglich ist, sondern in Gestalt nachkantischer Konzeptionen[30] längst vorliegt. Diese Normenbegründungstheorien nämlich entwickeln einen Kognitivismus, der sich keineswegs in die obige Alternative fügt, indem er sowohl die semantische Forderung, moralische Urteile als assertorische Aussagen zu erweisen, *ablehnt* wie zugleich den Titel "Kognitivismus" *beansprucht*. Er beansprucht diesen Titel, weil er zeigt, daß und auf welche Weise moralische Urteile begründbar, ja sogar "letztbegründbar" sind, ohne semantisch als assertorische Sätze verbogen werden zu müssen. Diesem Kognitivismus zufolge läßt sich die Ethik als eine Wissenschaft[31] konzipieren, obwohl ihre Sätze keinesfalls als deskriptive zu verstehen sind.

Wie aber sind sie dann zu verstehen? – so lautet nun die entscheidende Frage an unsere deutschsprachigen Theorien. Deren fundamentales Defizit besteht dabei genau darin, daß sie diese Frage nicht beantworten können. Während manche Konzeptionen fraglos von der "Präskriptivität" moralischer Urteile ausgehen, ohne zu gewärtigen, daß sie dadurch ihren kognitivistischen Anspruch preisgeben, provoziert die Einsicht in diese Gefahr die Theorien von J. Habermas und K.-O. Apel zum Vollzug eines methodisch höchst interessanten Schrittes: Insofern sie den Nexus von präskriptiver Semantik und Dezisionismus einerseits erkennen, aber andererseits ihren kognitivistischen Anspruch bei gleichzeitiger Ablehnung des assertorischen Kognitivismus zu wahren suchen, bleibt nur *ein* Weg zwischen Skylla und Charybdis. Dies ist der *Austritt aus der semantischen Diskussion überhaupt* und der Eintritt in die Logik der Argumentation. Es wird die semantische Frage nach der Form moralischer Sätze in die argumentationstheoretische Frage nach der "Form der Argumente, die wir für oder gegen Normen und Gebote anführen"[32] gewendet mit dem Anspruch, durch diese Transformation das skeptische Problem lösen zu können.

Es läßt sich nun jedoch bestreiten, daß ihnen dies gelingt. Denn ein Wechsel von der semantischen auf die argumentationstheoretische Ebene läßt sich zwar in allen anderen Wissenschaften ohne den Verlust substantieller Fragestellungen durchführen, weil dort die semantische Grundstruktur der Sätze bereits klar ist. Das Problem der Ethik aber liegt ja genau darin, daß keineswegs unumstritten ist, welche semantische Form *ihre* Sätze aufweisen und somit noch weniger feststehen kann, wie deren Begründung aussehen muß. Statt nun die grundlegende Frage nach der logisch semantischen Form moralischer Urteile zu beantworten, verdrängt der Wechsel auf die argumentationstheoretische Ebene dieses Problem einfachhin aus der Diskussion und baut somit seine Lösung auf ein völlig ungeklärtes semantisches Fundament. Ohne dessen Klärung aber stehen auch differenzierteste "Letztbegründungsgänge" in der Gefahr, semantisch einzustürzen. Was als legitime Transformation der Problemstellung methodisch intendiert war, gerät somit zu einer Flucht nach vorn.

Aus diesem Grund liegen die metaethischen Hoffnungen einer Lösung des skeptischen Problems auf jenen Konzeptionen, die die Frage nach der logisch-semantischen Struktur moralischer Urteile kognitivistisch *beantworten* und auf dem Fundament des assertorischen Kognitivismus eine umfassende Wissenschaftstheorie für die Ethik zu entwickeln suchen. Es sind dies die drei – sowohl historisch wie systematisch aufeinanderfolgenden – Theorien des *Intuitionismus*, des *Naturalismus* und des *moralischen Realismus*. Deren gemeinsamer Ausgangspunkt liegt in der Annahme, daß die Ethik den anderen

Wissenschaften, die z.B. biologische Eigenschaften untersuchen und physikalische oder psychologische Sachverhalte systematisieren, vergleichbar und ebenbürtig ist, indem sie moralische Eigenschaften von Menschen, Handlungsweisen und Normen untersucht und moralische Sachverhalte zu einem systematischen Korpus wissenschaftlicher Aussagen zusammenzufassen vermag. Dementsprechend richtet sich der Fokus der wissenschaftstheoretischen Anstrengung im folgenden auf die Klärung der *semantischen Frage* nach der Bedeutung moralischer Terme, auf die *ontologische Frage* nach der Natürlichkeit moralischer Eigenschaften und die *epistemologische* Frage nach der Erkennbarkeit moralischer Sachverhalte.

3. Drei Entwürfe einer Wissenschaftstheorie für die Ethik

3.1 Der Intuitionismus

Als erste metaethische Theorie dieses Jahrhunderts tritt der sog. "*Intuitionismus*" von G.E. Moore, W.D. Ross und C.D. Broad[33] mit dem Anspruch auf, das skeptische Problem der Ethik lösen zu können. Obwohl seine Antworten heute als antiquiert gelten, möchte ich zeigen, daß gerade seine "verrufenste" These, die Annahme der Undefinierbarkeit moralischer Terme, wissenschaftstheoretisch revolutionäres Potential in sich birgt.[34]

3.1.1 Die Undefinierbarkeit moralischer Terme

Die semantische Frage, wie die moralischen Begriffe – exemplarisch die Terme "gut" und "richtig"[35] – definiert werden können, erweist sich nach G.E. Moore als die "fundamentalste Frage der ganzen Ethik".[36] Von ihrer Lösung nämlich hängt ab, ob die Bedeutung der einzelnen moralischen Aussagen bestimmt werden kann und dadurch die Frage, ob sie wahr oder falsch sind, allererst Sinn erhält. Läßt sich die semantische Frage nicht beantworten, so scheitert der Intuitionismus als Wissenschaftstheorie und mit ihm die normative Ethik als Wissenschaft. Umso erstaunlicher mutet die Absage G.E. Moores an alle kognitivistischen Definitionsversuche an, die lautet: "Wenn man mich fragt, 'Wie ist gut zu definieren?' so ist meine Antwort, daß es nicht definiert werden kann, und mehr ist nicht darüber zu sagen."[37] – Weshalb aber – so ist nun zu klären – gefährdet der Intuitionismus sein wissenschaftstheoretisches Unternehmen von Beginn an derart offenkundig?

Der Grund hierfür ist ein zweifacher: Erstens geht der Intuitionismus davon aus, daß sich das durch seine Absage entstehende kognitivistische Vakuum durch andere denn semantische Überlegungen auffüllen läßt. Zweitens nimmt der Intuitionismus an, daß die Beantwortung der semantischen Frage durch eine Definitionsangabe keineswegs zum Ziel führen kann, sondern im Gegenteil durch einen fatalen Irrtum erkauft würde: Sie würde geradewegs dem *naturalistischen Fehlschluß* zum Opfer fallen.

Denn moralische Terme zu definieren und insbesondere durch nichtmoralische Begriffe zu definieren, bedeutete, den naturalistischen Fehlschluß in seiner *semantischen Form* zu begehen. Dies jedenfalls besagt Moores sog. "Argument der offenen Frage",[38] das auf folgender Überlegung beruht: Wenn zwei Terme ("G" und "F") synonym sind, so muß jeder kompetente Sprecher wissen, daß ihre Bedeutung dieselbe ist, und das heißt, er muß dieselben definitorischen Merkmale mit "G" und "F" verbinden. Während es aber niemals möglich ist zu zweifeln, ob das, was gut ist, gut ist (FF), bleibt es immer eine offene Frage, ob das, was gut ist, auch z.B. angenehm oder nutzenmaximierend ist (FG). Somit können "gut" und "angenehm" niemals dieselbe Bedeutung aufweisen.[39]

3.1.2 Die Nichtnatürlichkeit moralischer Eigenschaften

Wenn nun aber die Definition moralischer Terme verboten ist, so bleibt völlig unklar, worin das moralisch Gute und Richtige eigentlich besteht. Folglich muß ein anderer Weg gefunden werden, die spezifisch moralischen Eigenschaften und Sachverhalte zu erfassen. Einen solchen Weg böten dabei die standardisierten Verfahren der Natur- oder empirischen Sozialwissenschaften dann, wenn es sich bei den moralischen Eigenschaften um Entitäten handelte, die ontologisch einen vergleichbaren Status wie z.B. psychologische Eigenschaften aufwiesen. Genau dies jedoch verneint nun der Intuitionismus mit dem Argument, es sei unmittelbar evident, daß der epistemische Zugang zu den moralischen Eigenschaften weder in den Sinneswahrnehmungen noch in der Introspektion von Erfahrungen bestehen könne. Moralische Eigenschaften seien in diesem Sinn radikal *nicht-natürlich*.[40]

Diese Auskunft jedoch gefährdet den Intuitionismus noch stärker als die Undefinierbarkeitsthese, insofern die Ethik durch diese ontologische Qualifikation ihres Gegenstandsbereichs wissenschaftstheoretisch ins Abseits gerät. Worin die moralischen Sachverhalte bestehen und welche Verbindung sie zu "natürlichen" Eigenschaften und Sachverhalten aufweisen, bleibt so unklar wie am Anfang.

Diesem Dilemma ein Ende zu setzen, ist Aufgabe einer zweiten ontologischen These des Intuitionismus, die von einem bekannten Merkmal moralischer Eigenschaften ausgeht, einem Merkmal, das als *Supervenienz moralischer Eigenschaften* gekennzeichnet worden ist.[41] Die These besagt, daß zwei Handlungen, die genau dieselben "natürlichen" Eigenschaften aufweisen, auch dieselbe moralische Qualität besitzen müssen. Ihre Begründung liegt nach G.E. Moore darin, daß die moralischen Eigenschaften aus dem Vorliegen bestimmter natürlicher Eigenschaften *notwendig folgen* und das heißt: auf diesen supervenieren.[42] So ist – ihm zufolge – eine Handlung moralisch richtig, *weil* sie Notleidenden Hilfe bringt, und dieses "weil" indiziert die notwendige Folgebeziehung. Dementsprechend artikulieren dem Intuitionismus zufolge die *Prinzipienurteile* der normativen Ethik *synthetisch notwendige Brückenprinzipien starker Supervenienz*,[43] indem – z.B. utilitaristisch – die moralische Richtigkeit von Handlungen auf deren Maximierung des Allgemeinnutzens stark superveniert. Sofern eine Handlungsweise oder Regel den Nutzen optimal maximiert, kann mit Notwendigkeit gefolgert werden, daß sie moralisch richtig ist.

Es hat somit den Anschein, als sei der Ausweg nun schließlich gefunden und die wissenschaftstheoretische Hoffnung erfüllt. Daß sich aus natürlichen Eigenschaften moralische Qualitäten mit Notwendigkeit schließen lassen, scheint endlich jenen Punkt zu markieren, von dem der Intuitionismus seinen kognitivistischen Ausgang nehmen kann.

Doch dieser Anschein trügt, denn es bleibt völlig unklar, wie die Folgebeziehung der Supervenienz selbst zu verstehen ist. Nach intuitionistischer Darstellung soll die Beziehung zwischen den natürlichen und den moralischen Eigenschaften *notwendig* sein. Doch die beiden einzigen Deutungen von Notwendigkeit[44] scheiden aus, weil die erste Deutung in den naturalistischen Fehlschluß führt und die zweite Fassung der Nichtnatürlichkeitsthese des Intuitionismus zuwiderläuft. Interpretierte man nämlich die notwendige Beziehung der Supervenienz als *logische Folgebeziehung* zwischen dem moralischen Urteil, daß x gut/richtig ist, und der nichtmoralischen Aussage über das Vorliegen bestimmter natürlicher Eigenschaften, so beginge man den *naturalistischen Fehlschluß in seiner logischen Form.*[45] Man unternähme den von Moore selbst geahndeten Versuch, ein moralisches Urteil aus einem nichtmoralischen abzuleiten.

Wenn aber damit logische Notwendigkeit ausscheidet und analytische Notwendigkeit schon durch die Undefinierbarkeitsthese ausgeschlossen wurde, bleibt nur mehr die Möglichkeit, Supervenienz als *kausal* notwendige Beziehung zu interpretieren. Diese Interpretation aber wird durch den ontologischen Status der moralischen Eigenschaften verunmöglicht, insofern die radikal nichtnatürlichen Entitäten der Ethik nicht in Kausalrelationen zu natürlichen Eigenschaften stehen können.[46]

Läßt sich somit aber die Notwendigkeit der Supervenienz weder logisch noch analytisch noch empirisch erklären, so gerät der Intuitionismus in eine wissenschaftstheoretisch unhaltbare Lage. Bot sich die Supervenienz als Ausweg aus dem Dilemma, so wandelt sie sich nun selbst zum Rätsel. Statt das Dilemma zu lösen, schürzt sie den Knoten, den die Annahmen der Undefinierbarkeit moralischer Terme und der Nichtnatürlichkeit moralischer Eigenschaften knüpfen. Die Supervenienzrelation wird selber opak.

3.1.3 Moralprinzipien als synthetische Urteile a priori

Nur eine einzige These bietet der Intuitionismus zur Auflösung des Rätsels an. Sie besagt, daß die Notwendigkeit der Supervenienz, so wie sie vor allem in Moralprinzipien zum Ausdruck gebracht wird, im *Wesen des an sich Guten* selber liegt.[47] – Diese These wurde nun lange Zeit als äußerst dürftige Erklärung der begrifflichen Verwirrung gewertet, die die Supervenienzdiskussion des Intuitionismus ausgelöst hat, und dementsprechend als Lösung des Rätsels zurückgewiesen. Erstaunlicherweise aber – so werden wir sehen[48] – erfährt diese scheinbar veraltete und untaugliche Annahme einer Notwendigkeit, die im Wesen des moralisch Guten und Richtigen selbst verankert sei, eine tiefgreifende Rehabilitation durch die moderne Wissenschaftstheorie des moralischen Realismus, die mit dem Begriff der "metaphysischen Notwendigkeit" zu erklären vermag, was im Intuitionismus nur verworren und unklar angedeutet wird. Eine alte metaethische Frage findet somit – wie zu zeigen sein wird – ihre späte Antwort.

Im Rahmen der intuitionistischen Wissenschaftstheorie aber bleibt bislang lediglich festzuhalten, daß die Moralprinzipien *nicht analytisch*, aber gleichwohl *notwendig* sind, und überdies als *a priori* gekennzeichnet werden müssen, insofern die Nichtnatürlichkeitsannahme den aposteriorischen Zugang zu den moralischen Eigenschaften ausschließt.[49]

Wie aber gelangen wir zur Erkenntnis solch synthetischer Moralprinzipien und wie begründen wir sie? – so lauten die noch immer ungeklärten Fragen. In ihrer Beantwortung begeht der Intuitionismus nun den Fehler, den gordischen Knoten zu zerhauen, statt ihn zu lösen. Was weder durch semantische Kennzeichnungen noch durch logisches Schließen, weder über Sinneswahrnehmungen noch durch Introspektion erkannt werden kann, wird – so die These – in *unmittelbarer Apprehension* erfaßt.[50] Was induktiv nicht gewonnen und deduktiv nicht begründet werden kann, ist *selbstevident*.[51] Dementsprechend werden die Moralprinzipien intuitiv erfaßt und zugleich als selbstbegründend apprehendiert. – So lautet die intuitionistische Lösung des skeptischen Problems.

Daß sie den Skeptiker nicht zu überzeugen vermag, kann nicht verwundern. Denn auf unsere Frage, wie die auf semantischem, logischem oder ontologischem Weg nicht erkennbaren Sachverhalte erkannt werden, erfahren wir, *daß* sie erkannt werden. Fragen wir, worauf sich unser Wissen gründet, so erfahren wir, daß es auf nichts gegründet ist, außer auf sich selbst. Kann aber bereits die Annahme einer Erkenntnis sui generis von Entitäten sui generis ganz und gar nicht überzeugen, so scheitert der Rekurs auf Intuition als Garant sicheren Wissens endgültig am Erfolg seiner eigenen Intention. Besteht sein Ziel nämlich darin, die Intuition moralischer Prinzipien als infallibel zu erweisen, so führt genau diese Infallibilität zur Aufhebung dessen, was zu sichern sie konzipiert ist. Objektive Wahrheit und subjektives Fürwahrhalten lassen sich nicht mehr unterscheiden. Das skeptische Problem der Ethik ist so aktuell wie zuvor.

3.2 Der Naturalismus

Aus dem Scheitern der intuitionistischen Wissenschaftstheorie zieht der Naturalismus eine gründliche Lehre. Indem er bereits auf der semantischen Ebene von der entgegengesetzten Annahme ausgeht, gelingt ihm eine Lösung, deren Attraktivität unvermindert anhält, auch wenn sie weiterhin unsachgemäß diskreditiert zu werden pflegt. So gilt insbesondere hierzulande das Diktum, daß der Naturalismus von vornherein irregeleitet sei, weil er den "naturalistischen Fehlschluß" begehe. Nun sahen wir aber, daß der sog. "Fehlschluß" eine logische und eine semantische Form aufweisen kann, indem entweder moralische Urteile aus nichtmoralischen logisch deduziert oder moralische Terme durch nichtmoralische semantisch definiert werden. Während der Naturalismus in seiner heute vertretenen Form[52] den logischen Fehlschluß nun sicher *nicht* begeht, indem er selber explizit vertritt, daß moralische Urteile nicht aus nichtmoralischen abgeleitet werden können,[53] unternimmt er allerdings den Versuch, moralische Terme durch nichtmoralische zu definieren, und setzt sich somit dem Vorwurf aus, den naturalistischen Fehlschluß in seiner semantischen Form zu begehen. Diesen Vorwurf jedoch weist der Naturalismus mit dem Anspruch zurück, eindeutig zeigen zu können, daß das "Argument der offenen Frage" unhaltbar ist und deshalb nicht dazu taugt, die These der Definierbarkeit moralischer Terme als "Fehlschluß" zu erweisen.

3.2.1 Die Definierbarkeit moralischer Terme

Das "Argument der offenen Frage" soll – wie wir sahen – unmißverständlich zeigen, daß weder Definitions- noch Implikationsbeziehungen zwischen moralischen und nichtmoralischen Termen bestehen können, weil jeder kompetente Sprecher die Frage, ob z.B. eine als "gut" qualifizierte Handlung eo ipso "lustbringend" zu nennen ist, gegenüber der geschlossenen Frage, ob sie "gut" zu heißen ist, als offen beurteilen wird. Nun bestreitet der Naturalismus dieses Argument mit dem Hinweis, daß Sprachkompetenz die Fähigkeit, Synonymie zu erkennen, keineswegs zu implizieren braucht. Selbst einem mit beiden Termen wohl vertrauten Sprecher mag deren Synonymie entgehen. Mit eben dieser Möglichkeit jedoch schließt das "Argument der offenen Frage" unberechtigterweise zugleich die Möglichkeit aus, daß wir durch semantische Analyse neue Fakten über uns bekannte Begriffe lernen können.[54]

Noch schwerer jedoch wiegt eine zweite Konsequenz des Arguments. Es bewirkt nämlich nicht nur, daß moralische Terme nicht synonym mit natürlichen Termen sein können, sondern daß die Bedingungen für *Synonymie überhaupt* unerfüllbar werden. Denn – wie Moore selbst einzugestehen gezwungen ist – muß nach seiner Überlegung auch die Frage, ob ein Bruder ein männliches Geschwister ist, gegenüber der Frage, ob ein Bruder ein Bruder ist, als offen beurteilt werden.[55] Das Argument diskreditiert somit nicht den Naturalismus, sondern den Begriff der Synonymie[56] und führt sich selber ad absurdum, indem es nicht nur die Ethik, sondern jeden umgangssprachlichen wie wissenschaftlichen Versuch, die Bedeutung eines Begriffs durch die Angabe eines Synonyms zu erklären, des "naturalistischen Fehlschlusses" überführt.

Der Naturalismus darf somit von der Definierbarkeit moralischer Terme ausgehen.

3.2.2 Die Natürlichkeit moralischer Eigenschaften

Die Definierbarkeitsthese entläßt nun eine Reihe wissenschaftstheoretischer Optionen. So kann die Ethik ihre grundlegenden Begriffe durch psychologische, soziologische oder biologische Terme definieren[57] und damit Aussagen über Eigenschaften formulieren, die dem Gegenstandsbereich dieser unterschiedlichen Wissenschaften angehören. Je nachdem, ob sie ihre Moralprinzipien in die psychologische Aussage "Gut ist der Zustand größter Lustempfindung" oder in die soziologische Aussage "Gut ist der Erhaltung der menschlichen Gesellschaft dienlich" transformiert, bezeichnen ihre Terme unterschiedliche natürliche Eigenschaften und ihre Urteile wissenschaftlich objektiv erfaßbare Sachverhalte. Dadurch wird die Ethik aus der Isolation, in die sie durch die Nichtnatürlichkeitsannahme des Intuitionismus verbannt wurde, befreit und der wissenschaftstheoretisch unhaltbaren Pflicht entbunden, für ihren Gegenstandsbereich einen ontologisch seltsamen Sonderstatus reklamieren zu müssen.

Auch das Rätsel der Supervenienz moralischer Eigenschaften löst sich von selbst: Die Notwendigkeit, mit der die moralischen Eigenschaften aus den natürlichen "folgen", impliziert nichts anderes als die analytische Notwendigkeit, die durch die Definitionen der Terme festgelegt ist, wobei diese Definitionen mithilfe der Analyse des Wortgebrauchs kompetenter Sprecher ermittelt werden können. Die Definitionen ermöglichen somit genau das, woran der Intuitionismus scheitern mußte: Durch die naturalistischen Kennzeichnungen auf der semantischen Ebene können die moralischen Eigenschaften ontologisch herausgegriffen, identifiziert und damit erkannt werden. Weil die moralischen Eigenschaften natürliche Eigenschaften *sind*, muß der epistemische Zugang zu ihnen somit nicht mehr in einem Erkenntnisakt sui generis verankert werden.

Bis hierher scheint der Naturalismus höchst erfolgreich zu sein.

Dieser Einschätzung steht jedoch entgegen, daß bislang noch keine Definition moralischer Terme vorgelegt wurde, die die Akzeptanz der Sprachgemeinschaft gefunden hätte.[58] Nahezu alle naturalistischen Kennzeichnungen lassen sich mit dem Argument zurückweisen, daß nicht nur keine "materiale Äquivalenz zwischen Definiendum und Definiens"[59] besteht, sondern a fortiori die vorgeschlagene Übersetzung keine bloße Bedeutungswahrheit ist.

Obschon dies keine zwingende Widerlegung des Naturalismus impliziert, führt es uns zu der entscheidenden wissenschaftstheoretischen Defizienz dieser Position. Diese besteht im logischen Status der Moralprinzipien.

3.2.3 Moralprinzipien als analytische Urteile

Es wurde bereits angedeutet, daß die semantische These der Definierbarkeit moralischer Terme den logischen Status der Prinzipienurteile determiniert. Unter der Voraussetzung nämlich, daß ein Term wie "moralisch Richtig" "nutzenmaximierend zu sein" *bedeutet*, artikuliert das Moralprinzip "Moralisch richtig ist allein die Maximierung des Nutzens" ein *analytisches* Urteil, dessen Wahrheit auf nichts anderem denn der Bedeutung der Terme beruht, die es enthält. Indem nun aber die Festsetzung der ersten ethischen Prinzipien über die Definition der involvierten Terme erfolgt, werden die substantiellsten ethischen Fragen in aufsehenerregender Weise axiomatisiert. Der Naturalismus porträtiert dann die grundlegendsten inhaltlichen Prinzipien nicht nur als fixiert durch sprachliche Konvention, sondern überdies als immun gegen Widerlegung. Zwar vermag er die obersten Urteile als notwendig wahr zu erweisen, ohne eines aufwendigen Begründungsprozedere zu bedürfen, doch beruht ihre Notwendigkeit auf nichts anderem als einem konsistenten Sprachgebrauch. Diese Notwendigkeit *de dicto* verhindert aber die Möglichkeit einer Entdeckung, daß unsere Moralprinzipien falsch sein könnten. Wir sind – dem Naturalismus zufolge – zwar durchaus in der Lage, die Prinzipien zu ändern, indem wir die *Bedeutung der moralischen Terme* ändern, und es kann sogar höchst rational sein, dies zu tun. Die involvierte Rationalität jedoch geböte nicht, eine falsche Überzeugung im Licht neuer Einsichten zu korrigieren, sondern lediglich, eine neue Sprachregelung zu adoptieren.[60] Indem der Naturalismus unsere grundlegendsten Moralprinzipien einfriert, immunisiert er sie somit gegen Widerlegung. Und genau hierin mag der tiefere Sinn von Moores "Argument der offenen Frage" liegen. Substantielle moralische Probleme so zu behandeln, als wären sie Gegenstand freier linguistischer Wahl, ist auch heute wissenschaftstheoretisch als unakzeptabel zurückzuweisen.

3.3 Der moralische Realismus

Die wissenschaftstheoretische Kontroverse zwischen Intuitionismus und Naturalismus scheint somit in ein Dilemma zu führen. Wenn die semantische These der Definierbarkeit moralischer Terme bewirkt, daß die Moralprinzipien axiomatisiert werden, ist sie zurückzuweisen. Wenn sie jedoch zurückgewiesen wird und moralische Terme wieder als undefinierbar qualifiziert werden, droht auch die zweifelhafte ontologische These des Intuitionismus ihre Geltung zurückzuerlangen. Den moralischen Eigenschaften scheint dann erneut der merkwürdige Status semantisch nicht beschreibbarer Entitäten sui generis zuzukommen.

Somit stellt die Metaethik die normative Ethik vor die unattraktive Wahl, entweder die linguistische Entsubstantialisierung ihrer Prinzipien in Kauf zu nehmen oder als Wissenschaft im ontologischen Abseits zu verbleiben. Es ist daher nicht verwunderlich, daß die philosophische Ethik stattdessen kurzerhand auf die Metaethik verzichtet hat.[61] Wenn es eine wissenschaftstheoretische Lösung geben soll, so bleibt nurmehr ein Ausweg. Es müßte eine Konzeption vorgelegt werden, die einerseits den "naturalistischen Fehlschluß" auch in seiner semantischen Form vermeidet und andererseits das ontologische Abseits überwindet, indem sie den moralischen Eigenschaften den Status natürlicher und das heißt z.B. psychologischer und soziologischer Eigenschaften zuerkennt. Ein Naturalismus ganz ohne Fehlschluß ist gefordert. Und genau dieser liegt nun in Gestalt des sog. moralischen Realismus vor.

3.3.1 Die neuerliche Undefinierbarkeit moralischer Terme

Der moralische Realismus, wie er derzeit von D. Brink, N. Sturgeon und R. Boyd vertreten wird,[62] rehabilitiert die intuitionistische These von der Undefinierbarkeit moralischer Terme als eine der tiefsten metaethischen Einsichten und wendet sich damit scharf gegen den herkömmlichen Naturalismus. Zugleich jedoch distanziert er sich auch vom Intuitionismus, indem er bestreitet, daß diese These weit genug reicht, um als Einwand gegen einen fundierteren Naturalismus zählen zu können. Wie ist dies denkbar? Die Antwort setzt bei folgender Überlegung ein:

Wie G.E. Moore erkannt hat, muß jeder Versuch, "Gut" zu definieren, fehlschlagen. Während nun jedoch bislang ungeklärt blieb, weshalb eine Bedeutungsangabe nicht gelingt, kann das Geheimnis der moralischen Terme mithilfe neuerer Untersuchungen nunmehr gelüftet werden:[63] Die moralischen Begriffe unterscheiden sich von vielen anderen abstrakten Termini dadurch, daß sie *keine abgekürzten Beschreibungen* sind.[64] Dies bedeutet, daß keine Kennzeichnungen – seien sie naturalistischer oder metaphysischer Art – zur Bestimmung des moralisch Guten und Richtigen herangezogen werden können und damit in der Tat semantisch *offen* bleibt, wofür die moralischen Termini stehen. Ihre Definition ist deshalb nicht möglich, weil sie – und dies ist nun entscheidend – *genuine Namen* sind, die – wie Moore vermutete – keine eigentliche Bedeutung im Sinn einer definiten Beschreibung des Referenten besitzen. Genau so wie Eigennamen keine Intension aufweisen, sondern lediglich die Funktion haben, ein Individuum zu benennen, so *benennt* auch der moralische Term "Gut" die Eigenschaft des moralisch Guten einfachhin, ohne sie als "Lustvoll" oder "der Erhaltung der menschlichen Gesellschaft dienlich" zu kennzeichnen.[65] Die absurd anmutende Auskunft Moores, daß gut gut ist, findet hiermit ihre späte Erklärung und Legitimation.

Durch diese Analyse werden die moralischen Terme jedoch keineswegs aus dem Kreis der Wissenschaftsprachen ausgeschlossen, sondern umgekehrt allererst in ihn aufgenommen. Ihr Merkmal, genuine Namen zu sein, teilen die moralischen Terme nämlich nicht nur mit Eigennamen, sondern auch mit Begriffen, die in den Naturwissenschaften eine große Rolle spielen, den sog. "Begriffen für natürliche Arten".[66] Für Terme wie "Gold" oder "Wasser" gilt nämlich ebenso wie für moralische Begriffe, *daß ihre Bedeutung nicht festlegt, wofür diese Terme stehen*. Daß der Begriff "Wasser" für die Flüssigkeit mit der molekularen Struktur H_2O steht, vermag keine linguistische Analyse der Bedeutung des Terminus zu entdecken, sondern nur *wissenschaftliche Forschung*.[67] Genausowenig wie nun sprachliche Konvention erweist, daß Wasser H_2O oder Gold das Metall mit der Atomzahl 79 ist, kann eine naturalistische Definition enthüllen, daß moralische Richtigkeit in der Maximierung des Allgemeinwohls bestehen mag. Eine solche Erkenntnis ist allein substantieller ethischer Reflexion vorbehalten. Moralische Terme zu definieren, heißt damit auch dem moralischen Realismus zufolge, den naturalistischen Fehlschluß in seiner semantischen Form zu begehen.

3.3.2 Die Natürlichkeit moralischer Eigenschaften

Während somit das "Argument der offenen Frage" erfolgreich zeigt, daß keine *Synonymie* zwischen moralischen und nichtmoralischen *Termen* bestehen kann, reicht es dem Realismus zufolge jedoch keineswegs aus, um zu erweisen, daß keine *Identität* zwischen moralischen und natürlichen *Eigenschaften* bestehen kann. Es liegt ein Fehler im intuitionistischen Argumentationsgang, der sich folgendermaßen rekonstruieren läßt:

1) Es gibt weder Definitions- noch Implikationsbeziehungen zwischen moralischen und nichtmoralischen Termen, so daß kein moralischer Begriff synonym ist mit einem nichtmoralischen.
2) Zwei Terme bezeichnen dann und nur dann dieselbe Eigenschaft, wenn sie synonym sind.
3) Folglich sind moralische Eigenschaften nicht identisch mit natürlichen Eigenschaften.[68]

Falsch ist dem moralischen Realismus zufolge die zweite Prämisse, insofern Synonymie weder eine notwendige noch eine hinreichende Bedingung für Eigenschaftsidentität ist.[69] Wäre sie es, so bildete *linguistische* Kompetenz das Kriterium für den *ontologischen* Status von Entitäten und wissenschaftliche Forschung wäre blockiert. Wasser und H_2O könnten ebensowenig als identisch erkannt werden wie Licht und elektromagnetische Wellen, insofern zwischen den jeweiligen Termen weder Synonymie- noch Bedeutungsimplikation besteht. Es wäre nicht nur die Identität von moralischen mit natürlichen Eigenschaften, sondern Eigenschaftsidentität überhaupt ausgeschlossen, so daß keineswegs nur die Ethik, sondern alle Wissenschaften von Entitäten sui generis handelten.

Soll dieser wissenschaftstheoretische Unsinn vermieden werden, so ist die zweite Prämisse durch die Erkenntnis zu ersetzen, daß z.B. die

Terme "moralisch Richtig" und "Nutzenmaximierend" *ein und dieselbe Eigenschaft* bezeichnen können, ohne synonym sein zu müssen. Die Möglichkeit für einen Naturalismus ganz ohne Fehlschluß ist damit gegeben. Der moralische Realismus kann die These der Natürlichkeit moralischer Eigenschaften vertreten und damit die Ethik aus ihrem ontologischen Abseits befreien, ohne auch nur in die Nähe des logischen oder semantischen Fehlschlusses zu geraten. Als metaethische Theorie delegiert er dabei die Beantwortung der Frage, *welche* natürlichen Eigenschaften durch die moralischen Terme benannt werden, an die normative Ethik. Den diskussionstheoretischen Erfolg bestimmter normativer Theorien, wie z.B. den des Utilitarismus, wertet die Metaethik dabei als Indiz für die Wahrheit der entsprechenden Moralprinzipien.

3.3.3 Moralprinzipien als notwendige synthetische Urteile a posteriori

Mit seiner These, daß moralische Terme und bestimmte natur- oder sozialwissenschaftliche Terme *auf dieselben Eigenschaften* referieren, ohne synonym zu sein, löst der moralische Realismus das Rätsel der Supervenienz auf wissenschaftstheoretisch hochinteressante Weise. Er analysiert Moralprinzipien wie "Die Maximierung des Allgemeinwohls ist moralisch richtig" als *Identitätsaussagen* der Form a=b. Damit qualifiziert er mit dem klassischen Naturalismus das "ist" nicht als Kopula, sondern als "ist" der Identität. Gegen den Naturalismus jedoch hält er daran fest, daß es sich nicht um eine Definition handelt, und die Notwendigkeit der Prinzipienurteile nicht auf der Widerspruchsfreiheit konsistenter Sprachverwendung beruht. Vielmehr artikulieren die Prinzipien moralische Tatsachen als substantielle Wahrheiten und bringen demzufolge zum Ausdruck, daß eine notwendige Identität der Eigenschaften vorliegt, die nicht semantisch präformiert ist und deshalb *nicht* auf der Analytizität des Urteils beruht. Daß moralische Richtigkeit in der Nutzenmaximierung besteht, stellt für den moralischen Realismus vielmehr ebenso wie für den Intuitionismus eine genuine *Erkenntnis* dar, die sich in *synthetischen* Urteilen ausdrücken muß. Nicht auf die Frage, wie "Gut" definiert werden kann, sondern auf die Einsicht, worin das uneingeschränkt moralisch Gute besteht, richtet sich demzufolge ethische Reflexion und wendet sich damit von der apriorischen Kenntnis der Synonymie zweier Terme auf die aposteriorische Erkenntnis der Identität zweier Eigenschaften. Ein Moralprinzip wie etwa "Intrinsisch Gut ist die Bewahrung des Lebendigen" bildet somit *keine analytische Definition,* sondern eine *theoretische Identifikation.*

Gleich anderen theoretischen Identifikationen wie "Gold = Metall mit der Atomzahl 79" und "Licht = elektromagnetische Wellen", die die Essenz der jeweiligen Entität betreffen, suchen auch die Moralprinzipien die Essenz von Moralität zu erfassen. Und genau wie diese anderen wissenschaftlichen Identifikationen können sie sich dabei epistemologisch als *falsch* erweisen und durch andere Moralprinzipien abgelöst werden. Zeigen sich jedoch starke Indizien für die Wahrheit eines Moralprinzips, so beruht dessen Notwendigkeit nicht auf der linguistischen Begrifflichkeit von Moralität, sondern auf der Erkenntnis dessen, was das moralisch Gute *ist*. Diese Notwendigkeit erweist sich somit – und hierin liegt die Lösung der frühen Supervenienzannahme G.E. Moores – nicht als die Notwendigkeit *de dicto* des klassischen Naturalismus, sondern als die Notwendigkeit *de re* einer substantiellen ethischen Einsicht.

Wenn und insofern die Eigenschaft, mit der Gut theoretisch identifiziert wird, eine natürliche – psychologische oder soziologische – Eigenschaft darstellt, wird der epistemische Zugang zu den Moralprinzipien als *a posteriori* gekennzeichnet werden können. Dies führt zu folgendem Fazit der bisherigen Analyse ihrer logisch-semantischen Form: In Übereinstimmung mit dem Naturalismus und gegen den Intuitionismus handelt es sich bei den Moralprinzipien um Identitätsaussagen. In Übereinstimmung mit dem Intuitionismus und gegen den Naturalismus jedoch sind die Urteile synthetisch. Im Unterschied zu beiden Konzeptionen werden die Prinzipien a posteriori erkannt, können aber – im Einklang mit beiden Theorien – Notwendigkeit beanspruchen. Somit lassen sich die fundamentalen Urteile der normativen Ethik als *notwendige synthetische Urteile a posteriori* kennzeichnen.

An diesem Punkt stellt sich jedoch nun sofort das Problem, ob nicht bereits in der Verbindung von Notwendigkeit und Aposteriorizität ein Widerspruch liegt. – Die Verneinung dieser Frage setzt nun einen Bruch mit den klassischen Grundvoraussetzungen der analytischen Philosophie voraus, den Annahmen nämlich, daß es ausschließlich logisch-analytische Notwendigkeit gibt und Kontingenz dementsprechend nur in semantischen Wahrheiten ausgeschlossen werden kann.[70] Sollen demgegenüber nun die theoretischen Identifikationen der Natur- und Sozialwissenschaften sowie der Ethik als notwendig qualifiziert werden können, so bedarf dies der klaren Unterscheidung des *erkenntnistheoretischen* Begriffs der Apriorität, des *semantischen* Begriffs der Analytizität und des *metaphysischen* Begriffs der Notwendigkeit.[71] Während bereits Kant die Bindung von Apriorität an Analytizität und Notwendigkeit aufhebt, indem er synthetische Urteile a priori annimmt,[72] so ist nun in einem zweiten Schritt die erkenntnistheoretische Kennzeichnung von Notwendigkeit in Frage zu stellen. Die Moralprinzipien erheben – wie wir bereits bei G.E. Moore sahen – den Anspruch, als substantielle Erkenntnisse über die Qualität des unbedingt Guten gelten zu können. Ihre Notwendigkeit gründet von daher in dem, was Moralität ihrer Struktur nach ist, und nicht in unserer moralischen Begrifflichkeit, die historisch und systematisch veränderbar ist. Somit bestätigt sich die obige Auskunft, daß sich zwar unser jeweiliger erkenntnistheoretischer *Zugang* zu den Prinzipien als fallibel erweisen kann und die Ablösung von inhaltlichen Fassungen des Moralprinzips erzwingen mag, der *Grund* ihrer Notwendigkeit aber nicht in unserem jeweiligen Zugang, sondern in dem liegt, was das uneingeschränkt Gute ist.[73] Somit mögen sich die fundamentalen Urteile der normativen Ethik zwar epistemisch als fallibel erweisen, doch können sie – sofern wir von ihrer Wahrheit ausgehen dürfen – eine Notwendigkeit de re beanspruchen, die, wie wir sahen, nicht primär unsere begrifflichen Voraussetzungen von Moralität, sondern diese selbst zum Ausdruck bringt.

Der moralische Realismus bewahrt damit die Substantialität unserer moralischen Urteile und integriert sie in den Kreis der fundamentalen Aussagen aller anderen Wissenschaften. Indem er den Nachweis führt, daß sie weder semantisch eigenartig noch ontologisch merkwürdig oder epistemologisch sui generis sind, darf der moralische Realismus derzeit als die vielversprechendste Wissenschaftstheorie der Ethik gelten. Trotz bestehender Unklarheiten und Einwände erlangt diese metaethische Theorie das bislang höchste Niveau wissenschaftstheoretischer Reflexion. Sie nur schon kritisch zu hinterfragen bedeutet von daher, analytische Grundlagenforschung betreiben zu müssen.

4. Ausblick

Die vorliegenden Ausführungen haben gezeigt, daß das skeptische Problem der Ethik nur dann gelöst werden kann, wenn es sowohl auf der semantischen wie der ontologischen und der epistemologischen Ebene behandelt wird. Die Ausblendung einer oder mehrerer Argumentationsebenen hätte zur Folge, daß die Wissenschaftstheorie der Ethik auf ungesichertem Fundament beruht. Somit müssen die Fragen nach der Bedeutung moralischer Terme und der logisch-semantischen Form moralischer Sätze allererst beantwortet sein, bevor sich die Frage nach der Begründbarkeit moralischer Urteile überhaupt sinnvoll stellen läßt.

Sollte sich nun, am Ende unserer Ausführungen, der ursprüngliche Eindruck der Fremdheit metaethischer Forschung nicht nur nicht aufgelöst, sondern möglicherweise sogar noch verdichtet haben, so mag ein Grund hierfür in der Argumentationsstrategie unserer deutschsprachigen Normenbegründungskonzeptionen liegen. Diese richten ihren Fokus von vornherein auf das Problem, *wie* moralische Urteile begründet werden können, ohne zuvor geklärt zu haben, *was* überhaupt der Begründung bedarf.[74] Solange aber gar nicht feststeht, welche logisch-semantische Form die Urteile aufweisen, ist und bleibt begrifflich unklar, worin ihre Begründung bestehen kann. Die Konzentration auf die Begründungs- ja sogar "Letztbegründungsfrage" entbehrt somit genau jener Untersuchungen, in denen die Metaethik zu grundlegenden Erkenntnissen gelangt.

Wenn das Gespräch über eine künftige Wissenschaftstheorie der Ethik fruchtbar weitergeführt werden soll, bedarf es somit der kritischen Aneignung und Diskussion dessen, was uns nach wie vor als fremd gegenüberstehen mag.

Anmerkungen

1 Hare, R.M.: Die Sprache der Moral, S. 13.
2 Nielsen, Kai: Problems of Ethics, S. 118–121.
3 Vgl. Apel, K.O.: Diskurs und Verantwortung, S. 24–29; Habermas, J.: Diskursethik, S. 66–67; Höffe, O.: Ethik als praktische Philosophie, S. 38; Pieper, A.: Einführung in die Ethik, S. 198.
4 Auch R. Brandt schlägt eine solche Definition der Metaethik vor. In: Ders.: Ethical Theory, S. 7.
5 Ricken, F.: Allgemeine Ethik, S. 30.
6 Ebd.
7 Kutschera, F. v.: Grundlagen der Ethik, S. 48.
8 Zur Struktur assertorischer Sätze allgemein vgl. Tugendhat, E.: Vorlesungen, S. 53–75.
9 Kutschera, F. v.: Grundlagen der Ethik, S. 3.

10 Ebd., S. 22.
11 Dies zeigt neben Kutschera u.a.: Gethmann, C.F.: Protologik, S. 141f. Gethmann selbst arbeitet einen für eine künftige wissenschaftstheoretische Diskussion interessanten nicht standardisierten Kalkül aus. Vgl. ebd., S. 153–177.
12 Kutschera, F. v.: Grundlagen der Ethik, S. 22.
13 Ebd., S. 13.
14 Hare, R.M.: Deskriptivismus, S. 260–261.
15 Ebd., S. 261–270.
16 Vgl. Stevenson, C.L.: Ethics and Language; Ayer, A.J.: Language, Truth and Logic.
17 Vgl. die Werke von R.M. Hare in der Bibliographie.
18 Stevenson, C.L.: Ethics and Language, S. 21, 207–208.
19 Hare, R.M.: Die Sprache der Moral, S. 162–188; ders.: Freiheit und Vernunft, S. 209–222.
20 Gethmann, C.F.: Art. Imperativlogik, S. 208.
21 Ebd.
22 Stevenson, C.L.: Ethics and Language, S. 227–242.
23 Hare, R.M.: Ontology in Ethics, S. 96.
24 Ebd., S. 91–98.
25 Habermas, J.: Diskursethik, S. 65.
26 Hare, R.M.: Meaning and Speech Acts, S. 74–93.
27 Vgl. Riedinger, M.: Das Wort "gut", S. 173–208.
28 Siehe Kap. 2.1 dieses Artikels.
29 Habermas, J.: Diskursethik, S. 60–67.
30 Unter diesem Titel vereinige ich die kognitivistischen Ansätze einer transzendentalen Normenbegründungskonzeption von O. Höffe, A. Pieper und H. Krings sowie die transzendental- und universalpragmatischen Theorien von K.O. Apel und J. Habermas.
31 Pieper, A.: Sprachanalytische Ethik, S. 235–237.
32 Habermas, J.: Diskursethik, S. 67.
33 Vgl. Moore, G.E.: Principia Ethica; ders.: Ethics; Ross, W.D.: The Right and the Good; ders.: Foundations of Ethics; Broad, C.D.: Ethics.
34 Siehe Kap. 3.3.1 dieses Artikels.
35 Korrekterweise müßte die Definitionsfrage in bezug auf die nominalisierten Prädikate und damit auf die abstrakten singulären Terme "Gut" und "Richtig" gestellt werden, weil die Begriffe nur in dieser Form für die moralischen Eigenschaften stehen können, die sie als generelle Terme "gut" und "richtig" von Menschen, Handlungen und Normen prädizieren. Die Intuitionisten jedoch treffen diese Unterscheidung noch nicht, weshalb auch ich erst ab 3.2 die Terme groß schreiben werde.
36 Moore, G.E.: Principia Ethica, S. 34.
37 Ebd., S. 36.
38 Moore, G.E.: Principia Ethica, S. 47–49.
39 Ebd.
40 Broad, C.D.: Ethics, S. 274.

41 Vgl. Hare, R.M.: Die Sprache der Moral, S. 182. Zur aktuellen Diskussion siehe: Horgan, T. (Hrsg.): Spindel Conference: The Concept of Supervenience. Es wird heute zwischen starker und schwacher Supervenienz unterschieden. Ohne auf diese Unterscheidung näher eingehen zu können, möchte ich lediglich festhalten, daß im folgenden immer von "starker Supervenienz" die Rede ist.
42 Moore, G.E.: A Reply to my Critics, S. 588.
43 Broad, C.D.: Ethics, S. 276.
44 Vgl. Tugendhat, E. / Wolf, U.: Logisch-semantische Propädeutik, S. 248–254.
45 Vgl. Moore, G.E.: A Reply to my Critics, S. 566–592.
46 Vgl. Broad, C.D.: Ethics, S. 268–277.
47 Moore, G.E.: Principia Ethica, S. 34–37.
48 Siehe Kap. 3.3.3 dieses Artikels.
49 Broad, C.D.: Ethics, S. 273–277.
50 Moore, G.E.: Principia Ethica, S. 40; Ross, W.D.: The Right and The Good, S. 29.
51 Moore, G.E.: Principia Ethica, S. 205; Ross, W.D.: The Right and The Good, S. 29.
52 Zu der Aktualität naturalistischer Theorien vgl. Kutschera, F. v.: Grundlagen der Ethik, S. 49–63, 106–225; Brink, D.: Moral Realism, S. 149–154.
53 Kutschera, F. v.: Grundlagen der Ethik, S. 29–31; Brink, D.: Moral Realism, S. 144–151.
54 Vgl. Brandt, R.B.: Ethical Theory, S. 163–166.
55 Künne, W.: Abstrakte Gegenstände, S. 212–220.
56 Brink, D.: Moral Realism, S. 154.
57 Ebd., S. 51.
58 Nielsen, K.: Problems of Ethics, S. 128.
59 Kutschera, F. v.: Grundlagen der Ethik, S. 185.
60 Boyd, R.: How to Be a Moral Realist, S. 194–199.
61 Brink, D.: Moral Realism, S. 1–5.
62 Vgl. Bibliographie.
63 Vor allem S. Kripkes Buch "Name und Notwendigkeit" hat den moralischen Realismus stark beeinflußt.
64 Sturgeon N.L.: Moral Explanations, S. 58–63.
65 Boyd, R.: How to Be a Moral Realist, S. 199–200.
66 Kripke, S.: Name und Notwendigkeit, S. 153.
67 Ebd., S. 152–159.
68 Vgl. Brink, D.: Moral Realism, S. 163.
69 Ebd., S. 166.
70 Tugendhat, E. / Wolf, U.: Logisch-semantische Propädeutik, S. 44.
71 Kripke, S.: Name und Notwendigkeit, S. 44–49.
72 Kant, I.: Kritik der reinen Vernunft, B 14–B 25.
73 Dies evoziert den Begriff der "metaphysischen Notwendigkeit".
74 Eine der wichtigen Ausnahmen bilden die Arbeiten von C.F. Gethmann. Siehe Bibliographie.

Bibliographie

a) Primärliteratur

Ayer, A.J.: Language, Truth and Logic. London 1936 (dt. Sprache, Wahrheit und Logik. Stuttgart 1970).

Boyd, R.: Materialism Without Reductionism: What Physicalism Does not Entail. In: Block, N. (Hrsg.): Readings in Philosophy of Psychology. Vol. 1. Cambridge 1980, S. 67–106.

– How to Be a Moral Realist. In: G. Sayre-McCord(Hrsg.): Essays on Moral Realism. Ithaca, N.Y. 1988, S. 181–228.

Brandt, R.B.: Ethical Theory. Englewood Cliffs, N.J. 1959.

Brink, D.: Moral Realism and the Foundations of Ethics. Cambridge 1989.

Broad, C.D.: Ethics (ed. by C. Lewy). Dordrecht/Boston/Lancaster 1985.

Gethmann, C.F.: Protologik. Untersuchungen zur formalen Pragmatik von Begründungsdiskursen. Frankfurt a.M. 1979.

– Proto-Ethik. Zur formalen Pragmatik von Begründungsdiskursen. In: H. Stachowiak (Hrsg.): Bedürfnisse, Werte und Normen im Wandel, I (Grundlagen, Modelle und Prospektiven). Paderborn/München 1982, S. 113–142.

– Artikel: "Imperativlogik". In: Enzyklopädie, Philosophie und Wissenschaftstheorie. Hrsg. von J. Mittelstrass, Bd. 2. Mannheim/Wien/Zürich 1984, S. 208–212.

Hare, R.M.: The Language of Morals. Oxford 1952 (dt. Die Sprache der Moral. Frankfurt a.M. 1972).

– Freedom and Reason. Oxford 1963 (dt. Freiheit und Vernunft. Düsseldorf 1973).

– Meaning and Speech Acts (1970). In: Ders.: Practical Inferences, S. 74–93.

– Practical Inferences. London-Basingstoke 1971.

– Descriptivism (1963), (dt. Deskriptivismus. In: G. Grewendorf und G. Meggle (Hrsg.): Seminar: Sprache und Ethik. Frankfurt a.M. 1974, S. 260–284).

– Ontology in Ethics. In: Ders. Essays in Ethical Theory, S. 82–98.

– Essays in Ethical Theory. Oxford 1989.

Kutschera, F. v.: Grundlagen der Ethik. Berlin/New York 1982.

Moore, G.E.: Principia Ethica. Cambridge 1903 (dt. Stuttgart 1970).

– A Reply to my Critics. In: P.A. Schilpp (Hrsg.:) The Philosophy of G.E. Moore, La Salle, Ill. 3. Aufl. 1968 (1. Aufl. 1942), S. 535–677.

Nielsen, K.: Artikel: "Ethics, Problems of". In: The Encyclopedia of Philosophy. Vol. 3. New York/London 1967, S. 117–134.

Prichard, H.A.: Moral Obligation. Oxford 1949.

Ross, W.D.: The Right and The Good. Oxford 1930.

– Foundations of Ethics. Oxford 1939.

Stevenson, C.L.: Ethics and Language. New Haven 1945.

Sturgeon, N.: Moral Explanations. In: Copp, D. u. Zimmermann, D. (Hrsg.): Morality, Reason and Truth. Totowa, N.J. 1984, S. 49–78.

– What Difference Does It Make Whether Moral Realism Is True? In: Gillespie, N. (Hrsg.): Moral Realism: Proceedings of the 1985 Spindel

Conference. The Southern Journal of Philosophy (1986), Supplement 24, S. 115–141.

b) Sekundärliteratur

Apel, K.-O.: Diskurs und Verantwortung. Frankfurt a.M. 1988.

Habermas, J.: Diskursethik – Notizen zu einem Begründungsprogramm. In: Ders.: Moralbewußtsein und kommunikatives Handeln. Frankfurt a.M. 1983, S. 53–125.

Höffe, O.: Ethik als praktische Philosophie. In: Ders.: Ethik und Politik. Grundmodelle und -probleme der praktischen Philosophie. Frankfurt a.M. 1979, S. 38–83.

Horgan, T. (Hrsg.): Spindel Conference: The Concept of Supervenience in Contemporary Philosophy. In: The Southern Journal of Philosophy. Vol. XXII (1984), Supplement.

Kripke, S.: Naming and Necessity. Dordrecht/Boston 1972 (dt. Name und Notwendigkeit. Frankfurt a.M. 1981).

Künne, W.: Abstrakte Gegenstände. Frankfurt a.M. 1983.

Pieper, A.: Sprachanalytische Ethik und praktische Freiheit. Das Problem der Ethik als autonomer Wissenschaft. Stuttgart 1973.

– Einführung in die Ethik. Tübingen 1991.

Ricken, F.: Allgemeine Ethik. Stuttgart/Berlin/Köln/Mainz 1983.

Riedinger, M.: Das Wort “gut” in der angelsächsischen Metaethik. Freiburg/ München 1984.

Tugendhat, E. / Wolf, U.: Logisch-semantische Propädeutik. Stuttgart 1983.

Materiale Wertethik

Wolfhart Henckmann

1. Einführung

Die materiale Wertethik läßt sich in methodologischer Hinsicht am ehesten der Phänomenologie zuordnen, doch sind nicht alle ihre Vertreter Phänomenologen noch ist die phänomenologische die einzige Methode zur Gewinnung, Rechtfertigung und intersubjektiven Vermittlung ihrer Erkenntnisse gewesen. Methodologischer Pluralismus, je nach den Forderungen der Sache, also das aristotelische Methodenprogramm, ist ein wesentliches Merkmal der materialen Wertethik. Innerhalb des methodologischen Pluralismus spielt allerdings die Phänomenologie eine grundlegende Rolle.

Von Anfang an gehörte es zum Selbstverständnis der Phänomenologen, daß sie sich nicht einem bestimmten, für alle verbindlichen Schulsystem verpflichtet fühlten. "Was sie vereint," schreibt Husserl im Vorwort zum ersten Band des *Jahrbuchs für Philosophie und phänomenologische Forschung* (1913), "ist vielmehr die gemeinsame Überzeugung, daß nur durch Rückgang auf die originären Quellen der Anschauung und auf die aus ihr zu schöpfenden Wesenseinsichten die großen Traditionen der Philosophie nach Begriffen und Problemen auszuwerten sind, daß nur auf diesem Wege die Begriffe intuitiv geklärt, die Probleme auf intuitivem Grund neu gestellt und dann auch prinzipiell gelöst werden können". Die recht bescheidene Gemeinsamkeit eines Rückgangs auf die originären Quellen der Anschauung zur Gewinnung kritisch gereinigter, intuitiver und damit unhintergehbarer Wesenseinsichten mußte Husserl jedoch im Vorwort zum zweiten Band des *Jahrbuchs* (1916) noch weiter einschränken: "Die neuen Jahrbuchsarbeiten unterscheiden sich ganz so wie die des ersten Bandes nicht nur durch ihre Themen, sondern auch durch die merklich nuancierten Auffassungen, die sich ihre Verfasser über Ziele, Methoden und mancherlei Einzelfragen der phänomenologischen Forschung gebildet haben. Es brauchte eigentlich nicht gesagt zu werden und muß es doch angesichts vorgekommener Mißverständnisse, daß der Herausgeber nur für seine eigenen Arbeiten die Verantwortung übernimmt, so wie jeder Mitarbeiter für die seinen." Mit den "nuancierten Auffassungen ... über Ziele und Methoden ... der phänomenologischen Forschung" spielt Husserl nicht zuletzt auf das Schisma der phänomenologischen Bewegung an, das durch die transzendental-philosophische Präzisierung seines eigenen Standpunkts im ersten Band des *Jahrbuchs* provoziert worden ist. Seine ersten Schüler, die sog. "München-Göttinger Schule", sprachen sich fast einhellig gegen die Auffassung aus, wonach der Rückgang auf die originären Quellen der Anschauung den Rückgang auf die konstitutiven Leistungen eines transzendentalen Bewußtseins bedeuten sollte. Die München-Göttinger Phänomenologen stützten sich demgegenüber auf die – ohne "transzendentale Reduktion" – analytisch aus dem alltäglichen Erfahrungskontext der "natürlichen Einstellung" herauszuschälenden "intuitiven Wesenseinsichten", in denen sich der apriorische Gehalt bzw. das Wesen einer jeden Erfahrung zu erkennen gibt. Unklar blieb hierbei jedoch dreierlei. Erstens der Zusammenhang zwischen psychologischer, hermeneutischer oder auch sprach-semantischer Analyse von empirisch gegebenen sittlichen Erfahrungen einerseits und einer Intuition andererseits, die eine evidente Anschauung der apriorischen Gehalte der sittlichen Erfahrungen gewährleisten sollte; zweitens die "nuancierte Auffassung", die sich so gut wie jeder Phänomenologe von der methodischen Bestimmung der ebenfalls recht nuanciert aufgefaßten Aprioris gemacht hatte, drittens die Konzentration der phänomenologischen Untersuchung auf einzelne "Phänomene", wodurch deren systematischer Zusammenhang so sehr aus dem Blickfeld geriet, daß die philosophischen Disziplinen in eine zusammenhanglose Summe von Einzelproblemen zu zerfallen drohten; andererseits distanzierten sich maßgebliche Phänomenologen wie M. Scheler bereits frühzeitig von einer solchen "Bilderbuchphänomenologie". Für die Erschließung des in den Wesenheiten fundierten, jedoch durch keine Forschung je vollständig freizulegenden "Systems" der Wesenheiten sowie für die kritische Rechtfertigung der für jede dieser Wesenheiten in Anspruch genommenen Apriorität mußten andere Methoden verwendet werden, so daß sich die in "phänomenologischer Einstellung" gewonnenen Intuitionen, also das phänomenologische Verfahren im engeren Sinne, bei einigen Wertethikern auf die Deskription der einzelnen materialen Wertgehalte beschränkte, die in der Regel mit einer kritischen Destruktion der herrschenden Lehrmeinungen einherging. Diese auf Wesenheiten, auf unhintergehbare, letzte "Urphänomene" zurückgehende Klärung von Gegebenheiten macht den Sinn der phänomenologischen Grundlegungsarbeit aus. Da jedoch auch eine solche ("eidetische") Deskription nur am Leitfaden eines leitenden Vorentwurfs des Wesentlichen erfolgen konnte, enthielt das phänomenologische Verfahren von vornherein ein konstruktives Element, das sich erst im Nachhinein vom Boden der intuitiv-gewissen Anschauung der Wesenheiten rechtfertigen ließ – jedoch allenfalls in den Augen derjenigen, die die (selten vollständig angegebenen) Erkenntnisschritte der phänomenologischen Deskription nachvollzogen hatten. Insofern aber alle Verfahrensweisen dem Ziel dienten, die materialen Wertgehalte und ihre Relationen untereinander von ihrer je eigenen Wesenheit her aufzudecken, die sich durch alle empirischen, geschichtlichen und gesellschaftlichen Abwandlungen hindurch konstant erhält, können sie einer in einem erweiterten Sinn verstandenen Phänomenologie zugeordnet werden, wenn auch nur aufgrund der scheinbar geringfügigen, in ihrer Orientierungsfunktion jedoch höchst wirkungsvollen Gemeinsamkeit der durch Husserls *Logische Untersuchungen* (1900/01) zum Erkennungszeichen der phänomenologischen Bewegung gewordenen Maxime "zu den Sachen selbst" oder, wie es immer wieder, wenn auch mißverständlich hieß, "zur Fülle der Gegebenheiten".

Im Falle der Ethik als der Wissenschaft von den sittlichen Gegebenheiten ist die "Sache" vorweg durch zwei Bestimmungen ausgelegt: 1) daß den sittlichen Phänomenen "Werte" zugrundeliegen und zwar 2) "materiale" Werte. Durch das methodologische Primat der Sache, deren Wesen darüber zu bestimmen habe, welches Erkenntnisverfahren zu ihrer Erforschung auszuwählen oder zu entwickeln sei, sollte jeder prinzipientheoretische Konstruktivismus, insbesondere der des Neukantianismus, und jede unkritische Ausrichtung der Forschung durch den suggestiven Gehalt von überlieferten Theorien oder Weltanschauungen vermieden werden. So befreiend sich auch die phänomenologische Kritik an den Vorurteilen der Tradition und an den abstrakt-begrifflichen Verfälschungen der Sachverhalte auswirkte – der Glaube der Phänomenologen an eine vor- und unmethodische Erfassung von unverfälschten "Phänomenen" rief nur allzu leicht den Vorwurf der Naivität, der Blindheit gegenüber den eigenen Voraussetzungen und der methodologischen Zirkelhaftigkeit ihres objektivistischen Standpunkts hervor. Dem begegnete die materiale Wertethik einerseits mit dem überwältigenden Material der von ihr geduldig und akribisch freigelegten sittlichen Phänomene, andererseits mit der entwaffnenden These, daß Methodenfragen insgesamt den eigentlichen Sachfragen nachgeordnet und überhaupt nur von sekundärer Bedeutung seien (vgl. Reiner 1974, 89ff.).

"Material" ist als Gegenbegriff zu "formal" zu verstehen – als inhaltliche Bestimmtheit im Unterschied zur vernunftgesetzlichen Bestimmtheit. Als das größte Paradigma einer "formalen Ethik" galt den Phänomenologen die Ethik Kants. Die Abgrenzung von der Kantischen Ethik, die durch Schelers Schrift *Der Formalismus in der Ethik und die materiale Wertethik* (1913/16) inauguriert worden ist, dient jedoch nur der Kritik von Kants Beschränkung des Apriori auf die gesetzliche Form der Willensbestimmung, während in der Anerkennung der Forderung, die Ethik auf apriorische Grundlagen zu stellen, geradezu ein Bekenntnis zu Kant liegt, was insbesondere N. Hartmann betont hat. Mit der nicht-Kantischen Zuwendung zu den materialen Aprioris, die in der Fülle der sittlichen Gegebenheiten nachzuweisen seien, war eine fruchtbare Öffnung sowohl auf die vor-Kantischen Traditionen der Ethik sowie auf die geschichtliche und gesellschaftliche Vielfalt des sittlichen Lebens erreicht.

Überblickt man die verschiedenen Ansätze zu einer materialen Wertethik, die seit der zweiten Hälfte des 19. Jh.s entwickelt worden sind, so stellt sie sich auch heute noch als eine ferne Idee dar, die noch keineswegs widerspruchsfrei und vollständig Realität geworden ist.

Die Initiative zu einer materialen Wertethik geht auf Franz Brentanos kleine Schrift *Vom Ursprung sittlicher Erkenntnis* (1889) zurück. Brentano ging mit Hilfe einer psychologischen Analyse des in allen Menschen lebendigen sittlichen Bewußtseins auf die letzten Erfahrungen zurück, aus denen die Begriffe der in sich selbst gerechtfertigten Wertungen und Bevorzugungen und die apriorischen Wertungs- und Bevorzugungsaxiome entspringen. Die Eigenständigkeit (Autonomie) der sittlichen Werte beruhe auf Akten des Fühlens und Vorziehens, durch die auch die Rangordnung der sittlichen Werte bestimmt werde.

Brentanos Initiative wirkte sich vor allem in zwei Schulen aus. Die "Grazer Schule" (A. Meinong, Chr. v. Ehrenfels) faßte den Wert als die Fähigkeit oder Disposition eines Gegenstands auf, in einem Subjekt bestimmte Gefühle oder Begehrungen hervorzurufen. Die Wertung beruht demgemäß auf einer bestimmten Relation zwischen Subjekt und Objekt. Diesem Relationalismus und Relativismus setzte die andere, die "phänomenologische Schule" einen Objektivismus und Absolutismus der Werte entgegen. E. Husserl, der mit den *Logischen Unter-*

suchungen die phänomenologische Bewegung ins Leben gerufen hatte, ist in seinen Schriften nur sporadisch auf wertphilosophische und ethische Fragen eingegangen, hat aber in Vorlesungen schon seit 1891, zunächst überwiegend im Anschluß an die Vorlesungen, die er bei Brentano gehört hatte, ethische Fragen behandelt. Die Ethik stellt einen Teilaspekt einer systematischen "Kritik der Vernunft" dar. In Analogie zur formalen Logik sollte eine formale Axiologie und Praktik entstehen, die die apriorische Vernunft im Wertfühlen und in den Willensbestimmungen herausarbeitet. Über den Bereich der Ethik hinaus in die Grundlegung der Philosophie überhaupt reichen seine Reflexionen über den Akt der Philosophie als eines Aktes der Freiheit. In seiner Spätphilosophie, insbesondere in *Die Krisis der europäischen Wissenschaften und die transzendentale Phänomenologie* (1936) erweitern und konkretisieren sich diese Überlegungen zu einer Herleitung der transzendentalen Phänomenologie aus der Pragmatik der Lebenswelt. M. Scheler hat in seinem einflußreichen Hauptwerk *Der Formalismus in der Ethik und die materiale Wertethik* (1913/16) im Anschluß an Brentano und an die Husserlsche Phänomenologie die Probleme der Ethik erstmals in umfassender Weise auf den Wertbegriff und die Werte auf die apriorische Gesetzmäßigkeit des "intentionalen Fühlens und Vorziehens" zurückgeführt. Die Fülle der objektiv gegebenen Wertqualitäten gliedere sich in vier Modalitätenkreise, die in sich ebenfalls wieder hierarchisch aufgebaut sind. Die Überprüfung, Ergänzung und Differenzierung der inneren Ordnung des "Reichs der sittlichen Werte" gehört seither zum zentralen Aufgabenkreis der materialen Wertethik; dieser Aufgabenstellung verdankt sie ihren Namen. Scheler hat seine Wertlehre und Ethik in der mittleren, phänomenologischen Phase seines Lebens entwickelt (ca. 1907–1922), die zugleich die Phase seiner größten Übereinstimmung mit der katholischen Kirche gewesen ist. Deshalb hat sich seine Ethik besonders auf katholische Denker wie D. v. Hildebrand und J. Hessen ausgewirkt. Sie provozierte aber auch heftige Kritiken besonders seitens des Neothomismus (M. Wittmann 1940). Andererseits fand sie durch N. Hartmann, der jeder religiösen Bindung ablehnend gegenüberstand, zehn Jahre nach ihrem Erscheinen eine konstruktive systematische Fortbildung, so daß die Hauptwerke Schelers und Hartmanns lange Zeit als der Inbegriff der materialen Wertethik angesehen wurden. Schelers Jugendfreund D. v. Hildebrand, der wie anfangs H. Reiner methodologisch eher von Husserl beeinflußt war, entwickelte stärker die Aktseite des sittlichen Verhaltens (1916, 1925) und richtete die Lehre von den sittlichen Werten durchgehend am höchsten Wert aus, am Heiligen, so daß er sein zusammenfassendes ethisches Hauptwerk als "christliche Ethik" bezeichnen konnte (1956). J. Hessen knüpfte zwar an Schelers ideal-personalistischen Grundlegungsansatz an, versuchte aber, eine realitätsnähere Vermittlung zwischen der materialen Wertethik und der (thomistischen) Seinsethik zu erreichen, indem er die sittlichen Handlungen auf das reale Sein der Person und auf ihr Streben nach Seinsvollendung zurückführte (1954). Auch A. Pfänder kritisierte Schelers und Hartmanns platonisch-ontologischen Wertbegriff und richtete die Ethik auf eine Philosophie der Lebensziele aus. H. Reiner, der letzte Vertreter einer systematisch angelegten materialen Wertethik, suchte wie N. Hartmann eine Vermittlung mit der Kantischen Sollensethik zu erreichen und diese zugleich in eine Philosophie des menschlichen Daseins einzugliedern. Später beschränkte er seinen Ansatz auf eine Untersuchung der lebensweltlichen Wertphänomene.

Hartmann hat die materiale Wertethik als eine "Wende der Ethik" empfunden (1962, VII). Er sah in ihr die Synthese von Kant und Nietzsche, ja sogar von antiker und neuzeitlicher Ethik. J. Hessen, der jüngere H. Reiner und andere sahen in ihr die höchste Form der neuzeitlichen Ethik, die ihren Rang auch dadurch erweise, daß sie die echten Erkenntnisse der Ethik früherer Zeiten in sich aufzunehmen vermöge. Die kritisch-affirmative Einstellung zur Tradition verdankt sich teils der methodologischen Maxime, auf "die Sachen selbst" zurückzugehen, teils den Bemühungen um die kontinuierliche Vervollkommnung der Ethik als eines objektiv fundierten, "offenen Systems".

2. Grundprobleme der materialen Wertethik

Spricht man von "Grundproblemen" der materialen Wertethik, dann sind erstens solche Probleme gemeint, die bisher im Mittelpunkt ihrer Erörterungen gestanden haben (historisches Argument), zweitens diejenigen, die für das allmählich sich entwickelnde "offene System" eine grundlegende Bedeutung besitzen (systematisches Argument). Der Ausdruck "grundlegende Bedeutung" gewinnt allerdings erst innerhalb einer ausgeführten Systematik einen genaueren Sinn. Da aber bei den materialen Wertethikern das Problemdenken (im Sinne des Rückgangs auf die Sachen selbst) stets über das Systemdenken dominiert hat, sind unter den Grundproblemen schließlich diejenigen zu verstehen, die als solche von den einzelnen Wertethikern im Rahmen ihrer Forschung verstanden wurden, ohne daß darin eine gemeinsame Problemauffassung zum Ausdruck kommen müßte – "Grundproblem" läßt sich dann sowohl aus dem Kontext einer "Bilderbuchphänomenologie" als auch aus der Systematik einer (zukünftigen) Ethik verstehen, die als strenge Wissenschaft wird auftreten können – beide Auffassungen brauchen sich nicht einmal zu widersprechen. In beiden Fällen wird jedoch "Grundproblem" nicht aus der Ordnung der Erkenntnis, sondern aus der Ordnung der objektiv gegebenen Sachen gedacht. Auch die (offene) Systemkonzeption verdankt sich letztlich der Maxime, auf die Sachen selbst zurückzugehen.

Die Ordnung der sittlichen Grundprobleme war für Scheler, Hartmann und andere einerseits durch die allgemeine Werttheorie, andererseits durch den materialen Wesenszusammenhang der sittlichen Phänomene bestimmt. Eine "Wert"ethik fordert in der Tat ihre Fundierung in einer allgemeinen Axiologie. Deshalb muß die Frage nach dem Wesen und dem Zusammenhang von Wert und Werterkenntnis das erste Grundproblem ausmachen. Werte stehen in einem Über- und Unterordnungsverhältnis zueinander – die Frage nach der Rangordnung der Werte, speziell der sittlichen, macht das zweite Grundproblem der materialen Wertethik aus. Ein drittes Grundproblem betrifft die Frage der Wirklichkeit der Werte, die in der materialen Wertethik unter dem Titel des "Trägers" der sittlichen Werte auftritt. Als viertes und letztes Grundproblem stellt sich die Frage nach der Freiheit des menschlichen Willens, die von der Phänomenologie in die Metaphysik hinüberführt und Grenzprobleme der Religion berührt. Es zeigt sich hierin erneut, daß die materiale Wertethik erkenntnistheoretisch ein inhomogenes Gebilde darstellt, das kategorial verschiedene Sphären umfaßt und dementsprechend unterschiedliche theoretische Einstellungen und Erkenntnisverfahren erfordert. Es braucht nicht weiter betont zu werden, daß sich der Sinn von "Grundproblem" nach Maßgabe der Sachgehalte der vier Fragestellungen weiter spezifizieren wird. Als Grundprobleme erweisen sich die genannten vier Fragestellungen nicht zuletzt auch dadurch, daß aus ihnen eine Reihe von untergeordneten Fragen hervorgeht, deren Ein- und Unterordnung jedoch abhängig ist von den leitenden Problemauffassungen und Analysen, die zum Teil recht unterschiedlich geführt worden sind.

2.1 Werte und Werterkenntnis

Sittliche Werte werden durch Prädikate wie gut–böse, gerecht–ungerecht, vornehm–gemein usw. bezeichnet. Diese Prädikate unterliegen nach Auffassung der Phänomenologen nur oberflächlich betrachtet einem konventionellen, gesellschaftlich-geschichtlich bedingten Sprachgebrauch; im Grunde bezeichnen sie spezifische, unverwechselbare "Wert-Erfahrungen". Scheler, Hartmann und andere Wertethiker gehen also nicht von vieldeutigen, komplexen, sekundären oder tertiären Wert"begriffen" aus (Kraus 1937, S. 388f.), sondern von den Wert"erlebnissen", in denen die Werte unmittelbar gegeben sind. Allerdings gehen die Meinungen der Wertethiker über das, was die Werte sind und wie sie erfahren werden, zum Teil beträchtlich auseinander. In einem methodologischen Grundsatz stimmen sie jedoch überein: Werte sind stets in einer nur für sie wesensgemäßen Erkenntnisart gegeben, nicht in Sinneswahrnehmung oder Verstand, sondern in einer spezifischen "Wertnehmung" (Husserl, Hildebrand) oder einem "Wertfühlen" (Scheler, Hartmann, Hessen), so daß Wert und Werterkenntnis in einer Wesenskorrelation zueinander stehen. Als Qualitäten sui generis sind die Wertgehalte zwar deutlich erfaßbar bzw. "schaubar", aber ebensowenig wie die sinnlich wahrnehmbaren Qualitäten definierbar. In jeder Wert-nehmung wird der Wertgehalt als etwas der Erfahrung immer schon Vorgegebenes, Unveränderliches und insofern als etwas Apriorisches aufgefaßt, das, an sich betrachtet, unabhängig ist von den Wechselfällen und Bedingtheiten der Wertnehmung. Überhaupt wurde die Frage, ob und in welchem Maße die Werterlebnisse in einer Gesellschaft verbreitet, umstritten oder verlorengegangen sind, methodisch ausgeklammert ("Epoché"); empirisch gegebene Werterfahrungen dienten den Phänomenologen nur als Beispiele, an denen die Wesensgehalte und -strukturen herauszuarbeiten seien.

Hartmann hat die Apriorität der Wertgehalte auf ihr ideales Sein zurückgeführt, wofür er zum Platoniker abgestempelt wurde, ebenso Scheler, obwohl er ein ideales Sein der Werte bestritten und nur – in einem freilich unentwickelten Sinn – von einem unabhängig bestehenden "Wert-Sein" gesprochen hat, das sich kategorial von anderen Arten des Seins unterscheide. Hildebrand und Reiner haben die Werte sehr viel strenger als Korrelata des Wertfühlens, nämlich als "Bedeutsamkeit" aufgefaßt, ohne dadurch der Pauschal-Kritik Heideggers entzogen zu sein, der in der Rede von Werten nur den Verfallszustand und die Seins-Vergessenheit der abendländischen Philosophie zu erkennen vermochte; H. Reiner hat Heideggers Kritik bis ins Einzelne zurückzuweisen versucht (1974).

Scheler bezeichnete das spezifische Erkenntnisorgan für die Wertseite von Gegebenheiten als "intentionales Fühlen", d.h. als ein fühlendes Erfassen von inhaltlich bestimmten, materialen Wertqualitäten. Hildebrand betonte die objektive Bestimmtheit der Wertnehmung dadurch, daß er anstelle von "Wertfühlen" von "Wertantwort" sprach. Das Fühlen speziell von sittlichen Werten ist wesentlich das Gefühl einer Forderung, bestimmte Wertgehalte in einer Entscheidungssituation vorzuziehen oder nachzusetzen. Auf die differenzierende Bedeutung der Situationsbedingungen für die Wertnehmung sind besonders Hildebrand und Reiner eingegangen. Das intentionale Fühlen der höchsten, absoluten Werte einer bestimmten Wertsphäre hat Scheler bei positiven Werten als Liebe, bei negativen als Haß bezeichnet. Liebe ist hierbei nicht in dem allgemeinen Sinne Brentanos als die Gemütstätigkeit zu verstehen, die im Unterschied zu einem niederen, triebhaften ein "höheres Gefallen" darstellt, sondern in einem sehr viel eingeschränkteren Sinn als die nur den höchsten Werten korrelierende Form intentionalen Fühlens. Allein durch Liebe und Haß erfährt das im intentionalen Fühlen und im Vorziehen und Nachsetzen erschlossene Wertreich eine Erweiterung bzw. Verengung (II, S. 266) – nicht an sich, sondern in Beziehung auf das im Lauf der Geschichte bereits erschlossene Wertreich.

Nicht alle Gefühle sind "intentionale Gefühle" und als solche fähig, objektive Wertqualitäten zu erfassen. Scheler erkennt im menschlichen Gefühlsleben eine Hierarchie von vier an Intentionalitätsfähigkeit zunehmende "Modalitätenkreise" von Gefühlen, in denen sich der gesamte, dem Menschen bis heute zugänglich gewordene Wertekosmos entfaltet: 1) das sinnliche Fühlen erfaßt, ohne objektive Relevanz, die rein zuständlichen Werte des Angenehmen und Unangenehmen, 2) das allgemeine Lebensgefühl erfaßt die vitalen Werte des Edlen und Gemeinen, die bereits einen intentionalen Gehalt darstellen können, 3) das geistige Fühlen erfaßt die wesensnotwendig intentionale Gehalte darstellenden Kulturwerte, zu denen die intellektuellen, sittlichen und ästhetischen Werte gehören, 4) das religiöse Fühlen erfaßt die höchste Wertklasse, die des Heiligen und Unheiligen. Die starre Schematik der Modalitätenkreise, die sich der Anthropologie von Schelers mittlerer Periode verdankt und in der er das eigentlich

Materiale der Wertethik gesehen hat, ist von den späteren Werttheoretikern nicht übernommen worden, wohl aber das Problem, den Ort der sittlichen Werte innerhalb der Gesamthierarchie der Werte zu bestimmen. Davon, daß die Kulturwerte den Wertbereichen der sinnlichen und vitalen Werte übergeordnet sind, sind alle Werttheoretiker überzeugt (was zur Zeit der Rassentheorie und des kapitalistischen Wohlstandsdenkens keine Selbstverständlichkeit war). Die meisten stimmen auch darin überein, daß den religiösen Werten die höchste Rangstufe zukomme. Doch hat Scheler in den zwanziger Jahren dem Wertrelativismus zugestanden, daß die Gesamthierarchie der in sich autonomen Wertbereiche von den herrschenden Ethosformen bestimmt werde.

Unter den drei Gattungen der Kulturwerte werden gelegentlich, jedoch nicht übereinstimmend, die sittlichen Werte den theoretischen und den ästhetischen übergeordnet. Inwiefern sich auch in diesen gemeinsamen Wertüberzeugungen nur die Weltanschauung einer Epoche oder eines gesellschaftlichen Standes und nicht ein übergeschichtlicher, unveränderlicher Wertekosmos spiegelt, ist von den Wertethikern teils als eine bekenntnishafte, teils als eine geschichtsphilosophische Fragestellung aufgefaßt worden, die bei einzelnen auch zu kultur- und gesellschaftskritischen Stellungnahmen geführt hat (Hildebrand, Pfänder, Beck), wobei natürlich bewußt die "Epoché" aufgegeben wurde.

Die verschiedenen Wertbereiche konstituieren sich durch "absolute", nicht mehr auf andere rückführbare Werte, die drei Gattungen der Kulturwerte z.B. durch die Werte gut–böse, wahr–falsch, schön–häßlich. Von den absoluten Werten, die um ihrer selbst willen schätzenswert sind, lassen sich die "relativen" Werte unterscheiden, die als Mittel zur Erreichung irgendwelcher Zwecke wertvoll sind. Bei den relativen Werten, darauf haben besonders Hildebrand und Reiner verwiesen, ist zu unterscheiden zwischen den allein für mich, d.h. nur "subjektiv" bedeutsamen Werten, und den für andere "objektiv" bedeutsamen relativen Werte, die als unabhängig von den je eigenen Interessen sein-sollend anerkannt werden. Verdanken sich alle diese Unterscheidungen methodologisch einer differenzierenden Kenntnisnahme und Analyse der Fülle der Gegebenheiten, so beansprucht dies Hildebrand auch für die Unterscheidung zwischen den sein-sollenden Werten und dem "ontischen" Wert, der der menschlichen Person als solcher, als der Würde eines Wesens, dem Vernunft und freier Wille verliehen sind, zukomme (Ethik 10. Kap.); dem ontischen Wert stehe bezeichnenderweise auch kein negativer Wert gegenüber, worin neben anderem die grundlegende Differenz zwischen beiden Wertgattungen zum Ausdruck komme.

Ein schwieriges und ausführlich erörtertes Problem der Erkenntnis nicht nur der sittlichen, sondern aller Kultur- und religiösen Werte stellt der sog. Wertrelativismus dar. Seit Scheler bemühen sich die Wertethiker, den Absolutheitsanspruch der Werterkenntnis mit dem kulturgeschichtlichen Faktum der Relativität der Werte in Einklang zu bringen. Die Grundlage bildet erstens die für die Phänomenologie charakteristische Unterscheidung von verschiedenen Bedeutungen, in denen die Rede von der Relativität der Werte auftritt, zweitens die Unterscheidung zwischen Wertgehalt und Werterkenntnis: die Wertgehalte an sich sind absolut gültig, die Erkenntnis der Werte dagegen kann verschiedene Formen bloß relativer Gültigkeit annehmen. Grundsätzlich werden die Werte nicht von Menschen geschaffen, sondern nur entdeckt; die Entdeckung der Werte aber ist ein geschichtlicher Prozeß, der nach Scheler in verschiedenen Kulturkreisen unterschiedliche Wertrangordnungen und die ihnen korrelierenden Ethosformen zeitigt. Scheler spricht generell von einer nach Geschichte, Kultur, individueller Entwicklung unterschiedlichen "Fühlfähigkeit" der Menschen, weshalb es dazu kommen kann, daß bestimmte Werte oder ganze Wertklassen überhaupt nicht, nur teilweise oder sonstwie inadäquat gefühlt werden (II, S. 249). Scheler, Hildebrand und andere sprechen sogar von der Möglichkeit einer partiellen oder vollständigen "Wertblindheit", Pfänder kulturkritisch von einem Zeitalter der "Wertdämmerung" – da aber die Werte ihrer Erkenntnis prinzipiell vorausgehen, bleiben sie von der Bedingtheit, Korrumpierbarkeit, Vergänglichkeit der menschlichen Werterkenntnis unberührt.

Ähnlich hat Hartmann der materialen Wertethik zuerkannt, dem Wertbewußtsein die "Gewißheit invariablen Gehaltes inmitten der Relativität menschlicher Wertung" geben zu können (1962, S. VI). Nicht die Werte verschieben und verändern sich, wohl aber das Wertbewußtsein, das Ethos im Ganzen (1962, S. 49). Die Revolutionierung der Wertsysteme gehe von den großen ethischen Führern aus, den Heroen des Geistes, Propheten, Religionsstiftern, Ideenträgern. Auf der Grundlage einer absoluten Werttheorie lasse sich allererst Nietzsches Frage der "Genealogie der Moralen" stellen und beantworten; nur auf diese Weise lasse sich zeigen, schreibt Scheler, wie die verschiedenen Ethosformen historisch entstanden sind, welche Fühlfähigkeit sie entwickelt haben, welche Wert-Rangordnung sie aufgestellt haben (II, S. 257f.).

Die Einbettung der Ethik in eine allgemeine Werttheorie macht deutlich, daß sich die materiale Wertethik nicht auf die Kantische Grundfrage "was sollen wir tun" beschränken läßt, wenn dies z.B. auch Pfänder getan hat, daß sie sich vielmehr auf die Frage "was ist der Mensch" erstreckt, schließlich auf die Frage nach dem Sinn des menschlichen Daseins in der Geschichte, im Kosmos.

2.2 Mannigfaltigkeit und Rangordnung der sittlichen Werte

Das Sein-Sollen kennzeichnet alle geistigen (Kultur-)Werte. Worin besteht nun das Wesen der sittlichen Werte, durch das sie sich von den ästhetischen und intellektuellen unterscheiden? Sie stellen ein Gebot oder ein Verbot, Sollen oder Nicht-Sollen dar, das an eine Person gerichtet ist, ihr Verhalten und ihre Tätigkeit so zu bestimmen, daß der höhere Wert dem niedrigeren vorgezogen werde, in welcher Entscheidung die Person jedoch prinzipiell frei ist. Die Freiheit der Person ist von so grundlegender Bedeutung für die materiale Wertethik, daß ihre Grundhaltung seit Scheler förmlich als ein ethischer Personalismus bezeichnet worden ist.

Der Begriff der Person hat jedoch unter den Wertethikern verschiedene Interpretationen gefunden. Zunächst ist zu unterscheiden zwischen dem allgemeinen Personbegriff, den Scheler als Zentrum aller geistigen Aktarten auffaßt und der einen Grundbegriff seines Systems der Philosophie darstellt, und demjenigen Teilaspekt dieses allgemeinen Begriffs, der "sittlichen Person", die das Zentrum aller sittlichen Akte des Geistes darstellt. Die sittlichen Akte sind nicht bloß die Akte der Willensbestimmung, sondern schließen auch Akte wie Versprechen, Verzeihen, Gehorchen, Befehlen ein. Diese Aktarten sind der sittlichen Person als geistiger Person zuzuordnen, die nicht bloß endlichen Wesen, wie dem Menschen, sondern auch nicht-endlichen Wesen zukommt; selbst Kant bezieht das Sittengesetz auf vernünftige Wesen überhaupt, nicht bloß auf das aus Vernunft und Natur gemischte Zwitterwesen "Mensch". Scheler zählt zu den geistigen Personen auch Gesamtpersonen (Kollektivsubjekte) wie die Kirche oder den Staat. Das Urbild des Personseins ist die Person Gottes. Schließlich ist noch die endliche sittliche Person zu nennen, der individuelle Mensch, dessen Aufgabe darin besteht, sich progressiv in die Dimensionen der Geist-Person zu erweitern und zu steigern: "Nicht eine 'isolierte' Person, sondern nur die ursprünglich sich mit Gott verknüpft wissende, auf die Welt in Liebe gerichtete und sich mit dem Ganzen der Geisteswelt und der Menschheit solidarisch geeint fühlende Person ist ... die sittlich wertvolle." (Scheler II, S. 15)

Die Frage nach dem Wesen der sittlichen Werte stellt sich am radikalsten bei den absoluten Werten des Sittlichen, dem Guten und Bösen. Scheler gibt nur eine merkwürdig relative Bestimmung vom Gehalt des obersten sittlichen Wertes "gut": "Der Wert 'gut' – im absoluten Sinne – ist dann derjenige Wert, der wesensgesetzmäßig an dem Akte der Realisierung desjenigen Wertes erscheint, der (für die Erkenntnisstufe des ihn realisierenden Wesens) der höchste ist." (II, S. 47) "Gut" im absoluten Sinne unterscheidet er, gegen den Sprachgebrauch, von "gut" im "unendlichen" Sinne – dieser Begriff komme nur der Idee Gottes zu: "Denn nur in Gott können wir in jedem Falle den absolut *höchsten* Wert auch als erfaßt ansehen" (II, S. 47). Nach Scheler kann der Gehalt von "gut" nie in einem Willensakt intendiert sein. Er erscheint vielmehr immer nur "an" einem Willensakt oder einem sonstigen Wert"träger", wenn der im Vorziehen gegebene höhere Wert realisiert wird (II, 48f.). Die Gegebenheit im Vorziehen bedeutet nicht, daß "gut" ein Gegenstand der Wahl ist – gerade das reinste und unmittelbarste Gut stelle sich unmittelbar ohne Wahl im Vorzugsakt ein.

Gegen Schelers These von der Nicht-Intendierbarkeit des Guten haben Hartmann und Reiner auf Fälle hingewiesen, die eine Intendierbarkeit zeigen, z.B. in der Erziehung (Hartmann, Ethik Kap. 27). Schelers These wurde zwar auf die höchsten und reinsten sittlichen Akte eingeschränkt – "ein Grenzfall paradiesisch unbefleckter Güte" (Reiner 1948, S. 25) –, aber nicht grundsätzlich aufgegeben. Sie trägt dem Wesen des Guten Rechnung, das sich nicht nur jeder Definierbarkeit entzieht, sondern auch der Beschreibung eines abgrenzbaren Erfahrungsgehaltes; N. Hartmann spricht von der partialen Irrationalität des Guten, an dem alle Methoden des Erkennens versagen (Ethik, Kap. 39). Dennoch wollten es die späteren Wertethiker nicht bei Schelers metaphysisch motivierter Leerstelle des sittlich Guten belassen. Hartmann suchte das Gute als "Teleologie der Werte in der realen Welt" genauer zu bestimmen, wonach es das Ausgerichtetsein auf einen höchsten, absoluten Wert in allen konkreten sittlichen Wertbeziehungen darstelle. Nur die konkreten Werte können intendiert und erstrebt werden, doch erweisen sie sich als gut nur dadurch, daß es in ihnen um das Gute geht – das sich ihnen jedoch entzieht, wie allen konkreten Werten überhaupt, so sehr, daß selbst das Maß der Entzogenheit nicht bestimmbar ist. Das Gute ist zwar der höchste, absolute Wert allen sittlichen Verhaltens, aber es macht nicht die Spitze einer Hierarchie aus, sondern teilt sich als transzendentes Wesen allen sittlichen Werten mit.

Die Mannigfaltigkeit und Differenziertheit der sittlichen Werte wird dem Menschen zugänglich nach Maßgabe seines Eindringens in den Wertekosmos und der Mannigfaltigkeit möglicher Träger sittlicher Werte – von den verschiedenen sittlichen Aktarten des Geistes an bis zu den durch äußere Umstände bedingten Realisierungen von irgendwelchen sittlichen Werten in verschiedenen (Entwicklungs)Stadien der Geschichte der Menschheit.

Ein wesentliches Merkmal der sittlichen Werte besteht darin, daß sie nicht gleichrangig nebeneinander stehen, sondern in einer Rangordnung, sich also nach Höher und Niedriger voneinander unterscheiden. Die Ranghöhe eines Wertes läßt sich nach verschiedenen Gesichtspunkten bestimmen. Scheler hat fünf summarisch zusammengestellt: "So scheinen die Werte um so '*höher*' zu sein, je *dauerhafter* sie sind; desgleichen um so höher, je *weniger* sie an der '*Extensität*' und '*Teilbarkeit*' teilnehmen; auch um so höher, je *weniger* sie *durch andere Werte 'fundiert'* sind; um so höher auch, je '*tiefer*' die '*Befriedigung*' ist, die mit ihrem Fühlen verknüpft ist; endlich auch um so höher, je *weniger* ihr Fühlen *relativ* ist auf die *Setzung* bestimmter wesenhafter Träger des 'Fühlens' und 'Vorziehens'." (II, S. 107)

Unsere sittlichen Erfahrungen zeigen jedoch, daß die sittliche Forderung keineswegs immer darin besteht, den höheren vor dem niedrigeren Wert zu bevorzugen. So kann z.B. die Bemühung um eine Unterkunft viel dringlicher sein als die dem Rang nach höhere Lösung einer mathematischen Aufgabe (N. Hartmann, H. Reiner). Zusätzlich zur Unterscheidung zwischen Höher und Niedriger ist deshalb die Unterscheidung zwischen starken und schwachen (Hartmann) oder besser zwischen dringlichen und nicht-dringlichen Werten zu berücksichtigen (H. Reiner). Solche Abwägungen, durch die niedrigere Werte höheren vorgezogen werden können, haben Hildebrand und insbesondere H. Reiner zur Ergänzung der Unterscheidung zwischen Gut und Schlecht durch die der "Vernunft des Herzens" anvertraute Unterscheidung zwischen dem "sittlich Richtigen" und "sittlich Falschen" veranlaßt, wodurch die Wertethik auf den Boden der realen Entscheidungssituation geführt werden konnte. Aufgrund einer weitgefächerten Kasuistik, die die phänomenologische Methode der Bedeutungsvariation anhand von Beispielen bis in empirische Untersuchungen des Wertverhaltens ausweitet, hat er eine Vielzahl von Entscheidungskriterien aufgewiesen: außer der nach wie vor wichtigsten der Werthöhe die Kriterien der (sachlichen oder zeitlichen) Dringlichkeit, der Wertmenge, der Berücksichtigung des vorhersehbaren Erfolgs oder der Nebenwirkungen, zukünftiger Bedürfnisse, der Nichtverletzung bestehender Werte usw. (1949, S. 16ff.; 1974, S. 436ff.). Alle diese Entscheidungskriterien entlassen jedoch den Handelnden nicht aus der Verantwortlichkeit für sein Tun und Überlegen.

2.3 Träger des sittlichen Werts

Die Frage nach den möglichen Trägern sittlicher Werte verdankt sich in erster Linie der Maxime, die Fülle der sittlichen Gegebenheiten anzuerkennen und zu untersuchen, wodurch sich die materiale Wertethik von Kants These absetzt, daß allein ein guter Wille Träger des Sittlichen sei. Zugleich geht es mit der Frage nach den Trägern des Sittlichen darum, das Gebiet des Sittlichen von den sittlich nicht relevanten Bereichen der Wirklichkeit abzugrenzen.

Der ungewöhnliche Ausdruck eines "Trägers" des Sittlichen ist von der Erkenntnis bedingt, daß die Werte zwar in der Wirklichkeit vorkommen, aber nur von einem ihrem Wesen streng korrelativen Erkenntnisvermögen erfaßt werden können, das sich prinzipiell von den theoretischen Erkenntnisvermögen, die die Wirklichkeit als solche erfassen, unterscheidet. Für eine rein theoretische Wirklichkeitsbetrachtung ist die Wirklichkeit wertneutral, für die Werterkenntnis ist sie dagegen positiv- oder negativwertig, und die Frage, wie zwei vollständig unterschiedliche Einstellungen und Wahrnehmungsweisen in ein und demselben Gegenstand koinzidieren können, beantworten die Wertethiker dadurch, daß der geistige Wert an einem realen Träger "hafte" oder daß der reale Träger eine geistige "Wertseite" aufweise.

Scheler behauptet, daß das Verhältnis zwischen Wert und Wertträger bestimmten apriorischen Gesetzmäßigkeiten unterliege, die im Wesen des Werts begründet sind (II, S. 103f.). Sittlich gut oder böse können z.B. nur Personen und ihre Handlungen sein, Dinge nur im Hinsehen auf Personen. Der Problembereich des "Trägers" sittlicher Werte schließt demzufolge auch Aspekte einer Handlungstheorie ein – er umfaßt alle Stufen von der realen Werterkenntnis bis zur vollzogenen Realisierung eines Wertes. Er untergliedert sich in Teilprobleme am Leitfaden der Frage, welche Träger(teile) unabhängig variable Wertrealisierungen irgendeines Modus zulassen.

"Gut" und "böse" oder irgendein anderer sittlicher Wert oder Unwert haften nach Scheler nicht erst an Akten des Willens, sondern sind viel ursprünglicher "Personwerte" (II, S. 49). Auch die nächstfolgende Stufe der Realisierung ist noch nicht der Willensakt, sondern die "Richtung des sittlichen Könnens" einer Person, d.h. die "Tugend" (II, S. 50). Beide Stufen, die "Person" und die "Tugend", liegen dem Pflichtgesetz vorauf, so daß die (kantische) Pflichtethik als ein abgeleiteter, vermittelter Standpunkt erscheint. Dabei ist zu beachten, daß Scheler die dritte Stufe nicht wie Kant auf den Willensakt begrenzt, sondern der Willensbestimmung andere Akte als mögliche Träger sittlicher Werte beiordnet, wie z.B. die Akte des Gehorchens, Befehlens, Verzeihens, Versprechens usw., und daß er die Willensbestimmung in einen Komplex von Stufen aufgliedert, von denen jede eine eigene sittliche Relevanz annehmen kann (Gesinnung, Absicht, sittliche Überlegung, Vorsatz, Entschluß). An den Entschluß, der das Wollen eines sittlichen Werts zum Abschluß bringt, schließen sich die Erlebnisse des Tunkönnens, des Tunwollens und der eigentlichen Ausführung der Handlung an. Hildebrand (1969, S. 6ff.) beschränkt sich dagegen auf nur drei sittlich relevante Faktoren einer Handlung: 1. das Bewußtsein eines gegebenen Sachverhalts und seiner Bedeutung für mich, 2. die darauf antwortende Willensstellungnahme und der Vorsatz, 3. die Realisierung. So zeigen die phänomenologischen Analysen in unterschiedlichen Graden und Stellungnahmen, wie differenziert sich das sittliche Leben ausgestaltet.

Ein besonderes Anliegen der materialen Wertethik war die Rehabilitation der Tugendlehre. Auch sie verdankt sich dem methodologischen Interesse an der Fülle der (sittlichen) Phänomene und ihrer Unterschiede. Sie bedeutete zeitweilig, besonders bei Scheler, eine Rückorientierung an den vorbürgerlichen Lebensverhältnissen des Mittelalters und der Antike. Scheler hat sich jedoch nur mit der Analyse einzelner Tugenden, insbesondere der christlichen Tugenden (Demut, Ehrfurcht) beschäftigt. N. Hartmann hat dagegen eine systematische Tugendlehre entwickelt, Hildebrand, Hessen, Reiner haben eigene Versionen vorgelegt.

Scheler versteht unter "Tugend" ein "dauernd lebendiges, glückseliges *Könnens- und Machtbewußtsein* zum Wollen und Tun eines in sich selbst, und gleichzeitig für *unsere* Individualität allein Rechten und Guten ..., als ein Machtbewußtsein, das *frei aus unserem Sein selbst* hervorquillt" (III, S. 15). Tugenden seien Qualitäten der Person, die keineswegs die Beziehung auf andere Menschen oder auf gesellschaftliche Handlungsmuster einschließen. Als Machtbewußtsein zum Guten ist sie ganz persönlich und individuell und gilt in ihrer fundamentalen Allgemeinheit als besser denn jede einzelne Handlung und als dynamisch größer denn alle Anstrengungen, die zum Tun einer einzelnen Handlung aufzubringen sind.

Hartmann versteht die Tugenden als sittliche Grundwerte, die prinzipiell auf Freiheit bezogen und deshalb verantwortbar sind (1962, S. 369ff.). Zu den generellen Grundwerten, die allen sittlichen Verhaltensweisen zugrundeliegen, gehören das Gute, Edle, die Fülle und die Reinheit. Von den generellen Grundwerten unterscheidet er drei Gruppen spezieller Tugendwerte, die er teils auf die Antike zurückführt (Gerechtigkeit, Weisheit, Tapferkeit, Beherrschung usw.), teils auf den christlichen Kulturkreis (Nächstenliebe, Wahrhaftigkeit, Treue, Glaube, Demut usw.), teils auf die neuere Wertschau (Fernstenliebe, schenkende Tugend, Persönlichkeit, persönliche Liebe usw.). Auch Hessen unterscheidet sittliche Grundwerte, die jedem sittlichen Verhalten zukommen (bezeichnenderweise die christlichen Tugenden der Ehrfurcht, Demut, Liebe), von drei speziellen Gruppen von Werthaltungen, die aber nicht kulturgeschichtlich, sondern systematisch gegliedert sind in die "ichbezogenen Werte" (Wahrhaftigkeit, Selbsttreue, Aufgeschlossenheit, Mäßigkeit, Reinheit), in die "mitweltbezogenen Werte" (Aufrichtigkeit, Gerechtigkeit, Güte, Versöhnlichkeit) und in die "dingweltbezogenen Werte" (Tapferkeit, Geduld). Auch Hildebrands Lehre von den Tugenden ist systematisch fundiert, nicht aber nach den Polaritäten sittlichen Verhaltens, sondern nach den drei von außen nach innen angeordneten Sphären der Sittlichkeit, die alle eine volle sittliche Eigenbedeutung haben (Ethik Kap. 27, Moralia Kap. 29ff.): "Tugenden des Bereichs der äußeren Handlung, Tugenden der inneren Stellungnahmen und Wertantworten (Liebe, Hoffnung, Reue, Dankbarkeit usw.) und schließlich der innerste und eigentliche Kernbereich des Sittlichen, der Bereich der bleibenden Qualitäten des Charakters einer Person (Großmut, Reinheit, Gerechtigkeit, Wahrhaftigkeit usw.). Die Unterschiede, die die Tugendlehren aufweisen, lassen erkennen, wie mannigfaltig das Reich des Sittlichen in der Tat ist, und wie sehr der Versuch, Ordnungsstrukturen aufzuweisen, nicht nur von der Sichtweise des Philosophen abhängt, sondern auch von seiner stellungnehmenden "raison du cœur".

2.4 Das Freiheitsproblem

Scheler hat im Ethik-Bericht (1914) die Frage der Willensfreiheit als das "dunkelste Problem der Ethik" bezeichnet (I, S. 405); ebenso äußerten sich Hartmann, Hildebrand und andere – um so weniger kann hier die Freiheitslehre der materialen Wertethik über einige allgemeine Grundzüge hinaus dargestellt werden.

Einen Fortschritt in der Erörterung des Freiheitsproblems hielt Scheler nur unter drei Bedingungen für möglich: 1) scharfe Sonderung der herkömmlichen Äquivokationen, 2) eine weit eindringendere Phänomenologie des Könnens- und Freiheitsbewußtseins als bisher, 3) eine genaue Sonderung der für die großen materialen Seinsregionen (anorganische, organische und psychische Natur) geltenden Kausal- und Gesetzesprinzipien (I, S. 407). Man kann deutlich die drei Methoden seiner materialen Wertethik erkennen: Destruktion der terminologischen Überlieferung, die damit verbundene phänomenologische Sachanalyse und material-ontologische Fundierung.

Die Sachanalyse führt zu drei selbständig variablen Momenten der Freiheit: Freiheit des Wollenkönnens, Freiheit des Tunkönnens, Freiheit des Tuns (X, S. 170). Freiheit ist nach Scheler nicht ein Attribut, das bloß äußeren Handlungen oder Individuen zugesprochen wird, sondern ursprünglich ein Wesensmerkmal der Person. Die Person ist wiederum kein statischer, sondern ein dynamischer Begriff, so daß die Freiheit mit ihrer Nähe oder Ferne zur absoluten Person zu- oder abnimmt: "Die Handlungen eines Menschen können nie freier sein, als er selbst ist. Die Person in concreto ist aber um so freier, je mehr sie durch Gott als Person der Personen bestimmt ist." (X, S. 174) Die material-ontologische Betrachtung ist geleitet durch den phänomenologischen Wesensbegriff. Sie führt zur Aufdeckung eines Stufenbaus wachsender Freiheit in der Natur, die verschiedene, in sich gesetzmäßig bestimmte Schichten aufweist (X, S. 163): "Freiheit ist der Name für ein erlebtes Verhältnis der höheren und amechanischeren zur niederen und mechanischen Kausalität." (X, S. 164). Die Frage, wie überhaupt so wesensverschiedene Phänomene wie Geist und Natur sich durchdringen können, wurde für den späteren Scheler zu einem immer tiefgreifenderen und folgenreicheren Problem, das ihn schließlich zu einer Umgestaltung seiner Metaphysik zwang.

Bei Scheler führt sowohl die phänomenologische Wesensbetrachtung als auch die material-ontologische Betrachtung in die Metaphysik. Für Hartmann, der das Problem der Freiheit neben der Theorie der Werte als die zweite Hälfte der Ethik auffaßt, stellt sich die Freiheit insofern als ein metaphysisches Problem dar, als sie die Bedingung der Möglichkeit von Sittlichkeit überhaupt ausmacht. Daß Sittlichkeit nicht ohne Freiheit möglich sei, behaupten alle Wertethiker, doch unterscheiden sie sich sehr in der Auffassung des "Möglich-Seins" und in der Auffassung von "Metaphysik". Dies schließt ein, daß der metaphysische Überhang des Freiheitsproblems, der über den Horizont der Sittlichkeit hinausgeht, unterschiedlich ausgelegt und gewichtet wird. In dem für die Sittlichkeit relevanten Problembereich der Freiheit wird grundsätzlich zwischen zwei Problemlinien unterschieden: Freiheit im Verhältnis der Person zur Natur (als das Verhältnis von zwei verschiedenen Arten der Kausalität) und im Verhältnis der menschlichen Person zur Person Gottes (Scheler, Hildebrand) bzw. zum göttlichen Schöpfungsplan im Ganzen des Kosmos und der Geschichte (Pfänder).

3. Rückblick

1976 ist H. Reiner auf die Frage eingegangen, ob die Wertethik noch aktuell sei (Zeitschr. f. philos. Forschung 30, S. 93ff.). Die Einwände seitens der analytischen Ethik gegenüber intuitiven Erkenntnissen, apriorischen oder nicht-empirischen Begriffen hält er für berechtigt, so daß er die materiale Wertethik Schelers, Hartmanns und anderer Phänomenologen der Vergangenheit überantwortet. Seine eigene Wertethik jedoch, die sich auf die Gegebenheiten der Lebenswelt beziehe und Werte in empirisch genauer faßbarer Weise zu definieren suche, sei von der Kritik der Analytiker nicht betroffen. Damit interpretiert er seine eigene Abwendung von seiner früheren, inhaltlich an Scheler und Hartmann orientierten Wertethik als einen Fortschritt, der sich aber nur als Angleichung an ein verändertes Wissenschaftsideal darstellt. Die früheren Vertreter einer materialen Wertethik würden sagen, daß mit dem Übergang vom aristotelischen zum cartesianischen Methodenprogramm ein Verzicht auf wesentliche Bereiche der materialen Werterkenntnis verbunden ist. Wenn der Szientismus den Rahmen vorgibt, innerhalb dessen nur sinnvoll von Werten gesprochen werden könne, ist die authentische materiale Wertethik in der Tat nicht mehr aktuell, und sie stellt sich nur noch einem Rückblick, keinem Ausblick mehr dar. Die materiale Wertethik gibt freilich zu, daß Erkenntnis nicht voraussetzungslos und wertfrei ist, sie weigert sich allerdings, den Szientismus als dasjenige Wertsystem des Erkennens anzuerkennen, das dem Reich der Werte angemessen ist; viel eher scheint er ihr ein Mitläufer der zunehmenden "Wertedämmerung" (Pfänder) zu sein. N. Hartmann hat die "Erweckung des Wertorgans" als eine wesentliche Aufgabe der Ethik bezeichnet. Diese Aufgabe ist für die Analytiker des Empirischen nicht aktuell, um so akuter aber für die Phänomenologen des Geistes.

Bibliographie

a) Primärliteratur

Beck, M.: Ethik. Erster Teil. In: Philosophische Hefte, 5. Jg. Heft 1/2 (1936), S. 1ff.

Brentano, Fr.: Vom Ursprung sittlicher Erkenntnis. Leipzig 1889. Mit Einl. u. Anm. Hrsg. von O. Kraus. Unveränd. Nachdr. der 4. Aufl. v. 1955. Hamburg 1969 (Philos. Bibl. 55).

– Grundlegung und Aufbau der Ethik. Nach d. Vorlesungen über 'Praktische Philosophie' aus d. Nachl. Hrsg. von F. Mayer-Hillebrand. Bern 1952.

Hartmann, N.: Ethik. Berlin 1926. 4., unveränd. Aufl. Berlin 1962.

Hessen, J.: Ethik. Grundzüge einer personalistischen Wertethik. Leiden 1954.

Hildebrand, D. v.: Die Idee der sittlichen Handlung (1916); Sittlichkeit und ethische Werterkenntnis (1922). Darmstadt 1969.

– Christliche Ethik (engl.: Christian Ethics, 1954). Übers. v. K. Mertens. Düsseldorf 1957. (2. Aufl. in Gesammelte Werke Bd. II: Ethik. Regensburg o.J.).

– Wahre Sittlichkeit und Situationsethik (engl.: True Morality and Its Counterfeits, 1955). Übers. v. H. Stephan. Düsseldorf 1957. (2. Aufl. in Gesammelte Werke Bd. VIII: Situationsethik und kleinere Schriften. Regensburg o.J.).

– Moralia. Nachgelassenes Werk. Regensburg 1980. (Gesammelte Werke Bd. IX).

Husserl, E.: Vorlesungen über Ethik und Wertlehre 1908–1914. Hrsg. v. U. Melle. Dordrecht 1988 (Husserliana Bd. XXVIII).

– Die Krisis der europäischen Wissenschaften und die transzendentale Phänomenologie. Eine Einleitung in die phänomenologische Philosophie. Hrsg. v. W. Biemel. Den Haag 1962 (Husserliana Bd. VI).

Pfänder, A.: Ethik in kurzer Darstellung. Aus d. Nachl. Hrsg. von P. Schwankl. München 1973.

Reiner, H.: Das Prinzip von Gut und Böse. Freiburg 1949.
– Pflicht und Neigung. Freiburg 1951. 2. durchges. u. stark erw. Aufl. unter d. Titel: Die Grundlagen der Sittlichkeit. Meisenheim/Glan 1974.
– Der Sinn unseres Daseins (1960). 3. durchges. u. erw. Aufl. Freiburg 1987.
– Die philosophische Ethik. Ihre Fragen und Lehren in Geschichte und Gegenwart. Heidelberg 1964.
Scheler, M.: Ethik. Eine kritische Übersicht der Ethik der Gegenwart (1914). (Gesammelte Werke Bd. I, mit e. Anhang. Hrsg. von Maria Scheler u. M.S. Frings. Bern 1971).
– Der Formalismus in der Ethik und die materiale Wertethik. Halle 1913/16. (Gesammelte Werke Bd. II, 5. durchges. Aufl. Hrsg. von Maria Scheler. Bern 1966).
– Zur Phänomenologie und Metaphysik der Freiheit. (1912–14). (Gesammelte Werke Bd. X, 2. durchges. u. erw. Aufl. Hrsg. von Maria Scheler. Bern 1957).

b) Sekundärliteratur (chronologisch)
Störring, G.: Die moderne ethische Wertphilosophie. Eine kritische Beleuchtung. Leipzig 1935.
Kraus, O.: Die Werttheorien. Geschichte und Kritik. Brünn 1937.
Wittmann, M.: Die moderne Wertethik. Historisch untersucht und kritisch geprüft. Münster 1940.
Klausen, S. v.: Grundgedanken der materialen Wertethik bei Hartmann (Scheler) in ihrem Verhältnis zur Kantischen. Oslo 1958.
Héring, J.: De Max Scheler à Hans Reiner. In: Revue d' histoire et de philosophie réligieuse 40 (1960), S. 152ff.
Baumgartner, H.M.: Die Unbedingheit des Sittlichen. Eine Auseinandersetzung mit N. Hartmann. München 1964.
Buch, A.J.: Wert-Wertbewußtsein-Wertgeltung. Grundlagen und Grundprobleme der Ethik N. Hartmanns. Bonn 1982.
Melle, U.: Zu Brentanos und Husserls Ethikansatz: Die Analogie zwischen den Vernunftarten. In: Brentano-Studien 1 (1988), 109–120.
Schuhmann, K.: Husserls Staatsphilosophie. Freiburg/München 1988.
Sancipriano, M.: Edmund Husserl – L'etica sociale. Genf 1988.
Ales Bello, A.: L'etica nelle analisi fenomenologiche di Edmund Husserl. In: Fenomenologia e società 14 (1991), 21–39.

Verantwortungsethik

Christian Müller

1. Vorbemerkung

Verantwortungsethik antwortet auf die neuen Erfahrungen mit gesellschaftlichem Handeln im 20. Jahrhundert. Gute Gesinnung allein reicht nicht mehr aus, in komplexen Gesellschaftsstrukturen gutes und erfolgreiches Tun zu sichern. Wer heute im sozialen Zusammenhang erfolgreich handeln will, muß wissen, in welchem System er sich befindet und was die Eigengesetzlichkeiten dieses Systems sind. Er muß wissen, was gespielt wird, um erfolgreich mitspielen zu können. Verantwortungsethik antwortet am Ende des 20. Jahrhunderts auch auf die Erfahrung der ökologischen Krise. Wissenschaft und Technik stehen nicht mehr einer stabilen Naturordnung gegenüber, sondern gefährden in ihrem Tun die Grundlagen dieses Tuns selbst. In den rückgekoppelten Systemen der Gesellschaft und in der ökologisch rückgekoppelten wissenschaftlich-industriellen Produktion sind Handlungsketten nicht mehr abschließbar. Die langfristigen, nicht-intendierten oder in Kauf genommenen Nebenfolgen überholen in ihrer Reichweite die intendierten kurzfristigen und meist sogleich konsumierten Folgen des Handelns. In differenzierten Gesellschaftssystemen und im komplexen Ökosystem tritt Verantwortungsethik mit der Forderung auf, Verantwortung auch und gerade für die Nebenfolgen zu übernehmen. Damit entsteht für die Verantwortungsethik eine paradoxe Situation: sie mutet Verantwortung zu für Folgen in einer Zeit, in der die Folgen des Handelns immer weniger abschätzbar sind. Will Verantwortungsethik selbst keine Zumutung sein, muß sie die Bedingungen möglicher Verantwortung mitreflektieren. Sie muß zeigen, wie in einer zunehmend komplexer werdenden Welt Folgenverantwortung überhaupt möglich ist.

Verantwortungsethik setzt sich ab von einer "traditionellen" Ethik. Traditionelle Ethik konnte, im Vertrauen auf eine stabile Welt und auf die Möglichkeit sinnvoller Welterfahrung, die faktischen Folgen der Handlungen ausblenden und sich auf die Normierung des guten Handlungswillens allein verlassen. War dieser ein moralischer, guter Wille, so reichten common sense und Erfahrung hin, diesen Willen so in Handlungen zu übersetzen, daß diese auch gute Folgen zeitigten. Die triviale Forderung, man solle die Folgen seines Tuns bedenken, war nicht problematisch, solange vorausgesetzt werden durfte, daß im Bereich des Handelns alles beim Alten blieb. Verantwortungsethik erblickt neue Dimensionen des Handelns und damit die Notwendigkeit einer neuen Reflexion auf das Folgenproblem.

Verantwortungsethik ist die Ethik für eine Krise. Sie impliziert ein Dreifaches: 1. daß die Gegenwart eine Krisenlage ist, 2. daß in dieser Krisenlage Verantwortung mangelhaft wahrgenommen wird, und 3. daß es die Ethik ist, die angesichts dieses Mangels gefordert ist. Verantwortungsethik versteht sich nicht als die Begründung von schon vorausgesetztem moralischem Handeln (Kant) und auch nicht als Aufhellung und Bestätigung bestehender Sittlichkeit (Aristoteles); sie will, in ihrer radikalen Ausprägung, vielmehr eine neue Moral erst *stiften*. Sie sieht im Projekt der Moderne nicht mehr das Ziel, dem nur noch zum Durchbruch verholfen werden muß, und sie sieht ihre Aufgabe auch nicht in der bloßen Kompensation der Schäden dieses Projekts in der Rückwendung auf eine intakte Tradition. Verantwortungsethik tritt mit dem Anspruch auf, die neue Situation mit neuen Mitteln ethisch zu meistern. Verantwortungsethik, als Ethik, setzt voraus: die Entwicklung ist nicht naturwüchsig, sondern, bei aller Tendenz zu Naturwüchsigkeit, immer noch ein Handeln des Menschen und als Handeln grundsätzlich ethisch interpretierbar und normierbar. Verantwortungsethik, als Ethik der Verantwortung, erblickt in der Verantwortung für die Folgen und Nebenfolgen des Handelns eine Chance, diese Folgen in den Bereich menschlicher Entscheidungsfreiheit zurückzuholen. Sie will diese Entscheidungen nicht der Eigengesetzlichkeit von "Systemen" überlassen, sondern wieder einer menschlichen Zwecksetzung unterstellen.

2. Der Begriff der Verantwortung

"Verantworten" wird erstmals nachgewiesen im Mittelhochdeutschen und kann dort noch die Bedeutung von "(verstärkt) antworten auf eine Frage" haben, wird aber v.a. im juristischen Kontext gebräuchlich als Antwort auf eine Frage im Sinne der Anklage.[1] Verantwortung ist Rechtfertigung, Verteidigung: im weltlich-juristischen Bereich vor einem Gericht, im theologisch-religiösen Bereich vor Gott oder vor dem letzten Gericht. Der Dialog von Frage und Antwort ist *nicht symmetrisch*. Verantworten verweist immer auf eine Instanz, die die Frage stellt, und auf einen Träger der Verantwortung, der sich verantwortet und die Instanz selbst *nicht* in Frage stellt. Verantwortung ist nur in einer hierarchischen Beziehung von Träger und Instanz denkbar, und wenn von wechselseitiger Verantwortung die Rede ist, dann bedeutet dies nicht, daß der Träger der Verantwortung und die Instanz zusammenfallen, sondern daß in *unterschiedlichen Bereichen* eine Person oder eine Institution einmal Träger von Verantwortung, einmal Instanz sein kann. Verantwortung hat nur dort einen Sinn, wo, was sich verantworten muß, nicht zugleich die Instanz der Verantwortung ist. Selbstverantwortungstheorien haben die Tendenz, diese Differenz zu verwischen. Das Selbst ist vor sich selbst und für sich selbst nach eigenen Gesetzen (Autonomie) verantwortlich. Soll dies nicht einfach Unverantwortlichkeit bedeuten, so muß das Selbst in sich geteilt und der hierarchische Bezug gewahrt bleiben. Das Selbst als Instanz macht sich dann geltend als Gewissen, als intelligibles Vernunftwesen (Kant) oder als "Grund-'ich'" (Weischedel). Verantwortungsethik im traditionellen Sinn bewegt sich um drei Instanzen: Gott in der Moraltheologie, eine weltliche Instanz im Recht und ein vernünftiges Gewissen in der Subjektivitätsphilosophie. Immer war es das einzelne Individuum, das sich zu verantworten hatte.

Die Pointe einer Verantwortungsethik, die sich als "neue" Ethik anbietet, ist nun, daß sie die bisherigen Instanzen und das einzelne Individuum als Träger der Verantwortung, und damit auch die Kriterien, nach denen bisher Verantwortung zugemessen wurde, in Frage stellt. Der Verantwortungsethik bleibt dann zunächst nur der Begriff der Verantwortung. Dieser weist aber zurück auf seinen Ursprung im Recht und enthält in sich eine *vierstellige Relation*: *Jemand* ist verantwortlich *für* etwas, *vor* einer Instanz und nach bestimmten *Kriterien* oder Normen.[2] Im geordneten Rechtsverfahren ist dieser Bezug paradigmatisch aufgefaltet: ein *Angeklagter* muß sich verantworten für eine *Tat*, vor einem *Gericht* und gemäß den Normen eines *Gesetzes*. Der Angeklagte ist nicht schon der Täter, die Tat nicht schon eine Untat und der Richter nicht zugleich der Gesetzgeber. Verantwortungsethik wird auf diese vierfache Relation verwiesen und muß die Fragen nach dem Träger und dem Bereich der Verantwortung, nach der Instanz und den leitenden Normen neu beantworten. Verantwortungsethik wendet den auf begangene Taten und eingetretene Folgen bezogenen juristischen Verantwortungsbegriff in die *Zukunft*. Sie will nicht nur eine Lehre ethischer Imputation (Zurechnung), als eine Reflexion auf die Bedingungen der einem Individuum zurechenbaren Taten und Handlungserfolge, sein, sondern die Handelnden zu neuer, vorausschauender Verantwortlichkeit für Handlungserfolge allererst verpflichten.[3] Als Ethik muß sie diese Verpflichtung begründen. Gelingt es ihr, so kann diese Begründung gerade für neue, wieder rechtlich zu fassende Verantwortung fruchtbar gemacht werden.

Ethik, die den Verantwortungsbegriff im Titel führt, hat zunächst ein *Grundlegungsproblem*. Verantwortung kann erst da beginnen, wo schon eine Instanz ausgezeichnet ist, vor der sich jemand zu verantworten hat. Als Relationsbegriff, der heterogene Bereiche verbindet, ist Verantwortung für eine Letztbegründung untauglich. Verantwortungsethik ist gezwungen, eine Metaphysik nachzureichen, die allererst zeigen kann, weshalb die Verpflichtung der Verantwortung gerade vor *dieser* Instanz oder vor *diesen* Normen besteht. Es gibt drei Grundformen der Lösung dieses Letztbegründungsproblems: 1. Verantwortungsethiken, die zugleich mit ihrer Ethik eine neue Metaphysik konzipieren (Jonas, Picht), 2. Verantwortungsethiken, die sich als verantwortungsethische Erweiterungen bestehender und als hinlänglich begründeter Ethiken verstehen (Spaemann, Birnbacher, Apel), und 3. Verantwortungsethiken, die das Letztbegründungsdefizit ins Positive wenden und Verantwortung als einen Vermittlungsbegriff verstehen, der einer metaphysischen Grundlegung gar nicht bedarf und gerade die Chance einer Ethik ohne Letztbegründung eröffnet (Weber).[4]

Verantwortung verweist auf einen *Träger* der Verantwortung: Wer ist verantwortlich? Wer ist hier zuständig? Im Strafrecht: wer ist der Täter? In vorausschauender Verantwortungsethik: wer kann hier Verantwortung übernehmen? Bedingung sinnvoller Verantwortungszuschreibung bleibt Entscheidungs- und Handlungsfreiheit sowie die Fähigkeit, den Ruf nach Verantwortung zu vernehmen und darauf zu antworten. Verantwortungsethik hat die Chance, sich die Frage nach dem Träger nicht durch einen subjektphilosophischen Ansatz vorentscheiden zu lassen. Die interessante Frage ist, ob auch Institutionen (Kollektive) Verantwortung übernehmen können und wenn ja, welche Bedingungen an innerer Verfaßtheit diese Institutionen erfüllen müssen. Will Verantwortungsethik die Engführung auf menschliche Einzelsubjekte verhindern, bedarf sie einer Institutionentheorie. Auch dann bleibt wahr, daß Institutionen kein möglicher Adressat einer Ethik sein können. Aber die Amtsträger oder die Beauftragten *in* konkreten Institutionen können es sein.[5] Und Verantwortungsethik kann sich auch die Frage stellen, ob für neue Verantwortungsbereiche neue Institutionen gebildet werden müssen.

Wofür kann jemand verantwortlich sein? Für alles verantwortlich sein ist so gut wie für nichts verantwortlich sein. Was nicht im Bereich möglicher Einwirkung steht, dafür kann man jemanden nicht verantwortlich machen. Verantwortlich ist man für das, was in den Bereich möglicher Einflußnahme kommt. Damit ist die Einengung des Verantwortungsbegriffs auf das eigene Handeln vermieden und auch das Nichthandeln oder das Handeln anderer, auf deren Handlung jemand aber Einfluß nehmen kann, verantwortungsethisch faßbar. Kurz, *wofür* man verantwortlich ist, *darüber* muß man auch Macht haben. Dem asymmetrischen (Autoritäts-)Verhältnis von Instanz und Verantwortungsträger korrespondiert ein asymmetrisches Machtverhältnis zwischen Verantwortungsträger und dem, wofür dieser verantwortlich ist. Ein Grund, weshalb der Bereich (*wofür*) der Verantwortung nicht mit der Instanz (*wovor*) zusammenfallen darf. Die notwendige Koppelung der Verantwortung an Macht ist es, die der Verantwortungsethik ihr besonderes Gepräge gibt. Sie hebt sich aufgrund dieses asymmetrischen Verhältnisses radikal ab von einer Ethik, die auf der Symmetrie von Rechten aufgebaut ist. Diese ist eine Ethik für Gleiches, jene eine Ethik für das Ungleiche. Wo sich gleichberechtigte Subjekte begegnen, haben sie wechselseitige Rechte, wo Verantwortung sein soll, ist entweder schon faktisch ein Machtverhältnis vorhanden oder muß Macht gewährt (anvertraut) werden. Das gängige Beispiel ist jenes des Schiffsführers, der mit der Verantwortung für die Passagiere auch das Weisungsrecht ihnen gegenüber hat. Verantwortung zuteilen heißt so immer auch Macht zugestehen und enthält damit implizit ein *Vertrauen* in die Person oder die Institution, diese Macht auch verantwortlich zu gebrauchen.[6]

Im Bereich, *für* den man verantwortlich ist, muß man sich *auskennen* und die Folgen des eigenen Tuns und Lassens oder desjenigen der Untergebenen abschätzen können. Verantwortliche Macht muß erstens etwas über diesen Bereich wissen und zweitens auch wissen, was für diesen Bereich *gut* ist. Das erste ist das Wissen, welche Folgen Handlungen überhaupt haben können. Wo solches Wissen fehlt, muß Verantwortungsethik zeigen, wie es zu beschaffen ist. In komplexen

Handlungssystemen, die nur noch mit wissenschaftlichen Methoden durchdringbar sind, wird man auf Expertenrat nicht verzichten können. Das zweite ist aber, die möglichen Folgen von Handlungen nach Maßgabe dessen, was für den Verantwortungsbereich *gut* ist, zu bewerten. Dafür gibt es keine im voraus ausweisbaren Experten, auch nicht unter den Verantwortungsethikern. Es gibt hier Grenzen der möglichen Normierung, und spätestens beim Problem der Normanwendung beginnt auch hier wieder das Vertrauen in die Verantwortlichen.

An der Frage, *vor welcher Instanz* jemand letztlich verantwortlich ist, scheiden sich die verschiedenen Verantwortungsethiken. Bei Weischedel ist es das Selbst als "Grund-'ich'", bei Weber der Politiker vor sich selbst, bei Picht die Geschichte, bei Jonas das Sein, bei Spaemann Gott, bei Birnbacher wohl die Glückssumme und bei Apel die ideale Kommunikationsgemeinschaft. Die Frage ist ohne Metaphysik nicht zu entscheiden. Zum Glück muß *konkrete* Verantwortung nicht auf die definitive Grundlegung warten. Verantwortungsethik darf auch *vorletzte Instanzen* benennen. Wie weit sich diese gegenüber den Ansprüchen der letzten Instanz abdichten lassen, ist eine schwierige Frage, doch gerade im Wissen um die Differenz läßt sich verhindern, daß Verantwortung "total" wird. Konkrete Instanzen können nur die Institutionen und Autoritäten der menschlichen Gemeinschaften sein. Wie diese verfaßt sein müssen und ob die bestehenden Instanzen genügen, ist auch hier nicht vorweg entschieden.

Nach welchen *Kriterien* oder *Normen* soll Verantwortung wahrgenommen werden? Wird Verantwortung enggeführt auf die Ausführung eines Befehls oder die Anwendung einer Norm, so ist verantwortlich, wer den Befehl gegeben oder die Norm gesetzt hat; dann führt die Frage zurück auf die normgebende Instanz. In einer Letztbegründungsstrategie wird die Frage nach den Normen notwendig mit der Frage nach der Instanz zusammenfallen. In konkreten Verantwortungsbereichen werden indes immer verschiedene Gruppen von Normen unterschiedlicher kategorialer Stellung relevant sein. Normen aus dem Bereich, für den Verantwortung getragen wird, Normen der übergeordneten Instanz sowie Normen, an die sich auch die Instanz halten muß, vor der es sich zu verantworten gilt. Verantwortungsethik ist hier auch gefordert, für die allfälligen Normenkonflikte Entscheidungshilfe zu leisten.

Die Debatte über Verantwortungsethik zeigt keine einheitliche Linie. Sie setzt im 20. Jahrhundert dreimal neu an. Zunächst mit Max

Weber im Anschluß an den Ersten Weltkrieg, dann im Anschluß an den Zweiten unter dem Eindruck der atomaren Bedrohung, hier soll Georg Picht stellvertretend zu Wort kommen, und dann noch einmal mit Hans Jonas unter dem Eindruck der ökologischen Krise. Der Linie Weber-Picht-Jonas stellen wir die Selbstverantwortungstheorie Wilhelm Weischedels voran, die insofern singulär in der Debatte steht, als hier jeglicher Außenbezug abgeblendet wird.

3. Wilhelm Weischedel (1933): Verantwortung als Selbstverantwortung

Weischedel geht es nicht um eine Verantwortungsethik, sondern um das *Wesen der Verantwortung*, wie es sich als "Geschehen" phänomenologisch zeigt.[7] Ausgehend von der Wortbedeutung von "Ver-ant-wort-ung" entfaltet er zunächst das dialogische Moment. Ant-wort ist Widerrede auf eine Frage, verweist also auf eine Instanz, die eine Frage stellt. Die Vorsilbe "ver" wird als "von ... weg bis ganz hinein in ..." gedeutet, Ver-antworten als ein "sich offenbarmachen gegen eine Frage" (^{3}1972, S. 17), ein von der Fraglichkeit wegkommen, in die man durch eine Frage gestellt wird.

Der Dialog der Verantwortung findet statt zwischen einem radikal singularisierten Einzelnen und einer Instanz, die die Frage stellt. Weil Verantwortung in Frage und Antwort geschieht, ist Sprachfähigkeit die Bedingung für die Instanz. Sprache haben nur andere Menschen, Gott oder der Einzelne selbst.[8] Vor der Instanz gibt es nur entweder Widerspruch, der als "formale" Verantwortung ein Verfehlen, oder Entspruch, der erst "eigentliche" Verantwortung ist. Am Ende des Durchgangs durch das Geschehen der Verantwortung vor den drei Instanzen steht eine "Grundselbstverantwortung" des Ich vor einem "Grund-'ich'", welches sich durch keine Qualitäten mehr auszeichnen läßt, sei es durch irgendeine Bindung an andere oder an Gott, sei es als die Qualität eines Vernunftwesens im Sinne Kants. Das "Grund-'ich'" ist ein bloßes *wie*, das zwar "eigentlich" sein soll, dem aber nichts Eigentliches mehr zukommt. Es läßt sich durch kein *was* bestimmen.

"Grundselbstverantwortung" als tiefste Verantwortung wird in einem Durchlauf durch Verantwortungskonflikte gewonnen. Verantwortung vor Instanzen bedingt, daß diese Instanzen vom Verantwortlichen schon als Instanzen anerkannt sind. "Eigentliche" Verantwortung ist bei Weischedel bedingungslose Unterstellung unter die Instanz. Wenn ein Individuum eine Instanz anerkannt hat, dann ist Verantwortung *vor* ihr die Unterwerfung *unter* sie. Verantwortung vor dem Staat heißt dann etwa, sich "auf Gedeih und Verderb" (^{3}1972, S. 38) die Direktiven vorgeben lassen. Es kann so nur noch zu Konflikten kommen, *welche* Instanzen anerkannt werden sollen. In einem Konflikt zwischen menschlichen Instanzen sieht Weischedel sogleich die Notwendigkeit eines *appeal to heaven*. Soziale Verantwortungskonflikte werden an die prinzipiell höhere Instanz der religiösen Verantwortung vor Gott verwiesen. Verantwortung vor Gott kann dann wiederum als Grundverantwortung nur der Entschluß sein, "Gott zueigen zu werden" (^{3}1972, S. 49). Um Selbstverantwortung als Grund erreichen zu können, wird noch einmal ein Konflikt supponiert, nun zwischen religiöser Instanz und sozialer Instanz.[9] Selbstverantwortung wird transzendental herausgeschält: "wann immer sich der Mensch zu etwas verhält, verhält er sich auch zu sich". Dieses "auch" wird dann sogleich das "ursprüngliche Verhalten" (^{3}1972, S. 53). In der tiefen Selbstverantwortung, die wiederum gedoppelt ist in Selbstverantwortung vor dem eigenen Vorbild oder Lebensentwurf und Grundselbstverantwortung als Anerkennung seines eigenen "Grund-'ich'" als Instanz (^{3}1972, S. 65ff.), zeigt sich eine radikale Freiheit des Menschen (^{3}1972, S. 110). Die Verantwortung vor dem "Grund-'ich'" ist Wende zum Selbstsein. Vor diesem solipsistischen, nur sich selbst verpflichteten "Grund-'ich', das ontologisch als Unverfügbares festgeschrieben wird, geraten sämtliche anderen Instanzen der Verantwortung in die Verfügbarkeit dieses unverfügbaren Selbst.[10] Damit wird freilich Grundselbstverantwortlichkeit gleichbedeutend mit absoluter Verantwortungslosigkeit. Von Weischedels Grundselbstverantwortung führt kein Weg mehr zu einer Verantwortungsethik. Handeln und Verantwortung für die Folgen des Handelns werden völlig ausgeblendet. Selbstsein als bloßes *wie* kann jegliches Handeln begleiten.

Damit ist jedoch die Frage noch nicht erledigt, ob eine Verantwortungsethik, da sie ihre Appelle an das menschliche Subjekt richtet, nicht doch Selbstverantwortung voraussetzen muß. Die Antwort lautet: sie muß Selbstverantwortung voraussetzen, aber sie kann sie nicht erzeugen. Es muß schon ein Individuum da sein, das bereit ist, Verantwortung zu übernehmen. Dann erst findet Verantwortungsethik überhaupt einen Ansprechpartner. Diesem Individuum, das schon selbstverantwortlich ist und Verantwortung übernehmen will, wird aber nicht geholfen, wenn ihm nur bestätigt wird, daß es tatsächlich selbstverantwortlich ist.

4. Max Weber (1919): politische Verantwortung

Mit Max Weber beginnt die Verantwortungsethik im 20. Jahrhundert.[11] Der tagespolitische Anlaß für Weber ist die Verfassungskrise des Deutschen Reiches nach der Niederlage im Ersten Weltkrieg, der zeitgeschichtliche Kontext das Problem der Handlungsorientierung in der modernen, rationalisierten Welt. Eine soziologische Analyse vermag zu zeigen, daß sich die verschiedenen Bereiche des Kulturlebens, das Private, die Politik, die Religion, die Wissenschaft und die Wirtschaft, in der Neuzeit immer stärker zu relativer Autonomie und Eigenrationalität ausdifferenziert haben. Entsprechend kann, so Weber, keine Ethik mehr für alle Bereiche die gleichen inhaltlichen Gebote aufstellen (1973, S. 172). Mit Weber beginnt nicht nur die Verantwortungsethik, mit Weber beginnt auch die Zeit der Sonderethiken. Religion hat in der Neuzeit im Zuge der Verwissenschaftlichung und Rationalisierung ihr Monopol auf Weltauslegung verloren, ohne daß Rationalität und Wissenschaft Gleichwertiges an ihre Stelle setzen könnten. Wissenschaft vermag aus sich keine letzten Werte und Zwecke zu begründen. Diese bleiben "Glaubenssache" (1973, S. 170), sind aber nicht mehr Sache *eines* Glaubens allein. An die Stelle der einen, verbindlichen Weltauslegung tritt ein Polytheismus letzter Wertungen und "letzter Weltanschauungen", von denen keine von sich behaupten kann, wissenschaftlicher zu sein als die andere. Der Eigenrationalität der verschiedenen Kulturbereiche korrespondiert eine Irrationalität der Weltauslegung im Ganzen.

Wenn auch kein substantielles Wertwissen mehr denkbar ist, so soll doch der Wissenschaft als Erfahrungswissenschaft die Verbindlichkeit ihrer Aussagen erhalten bleiben. Der Wahrheitsanspruch der Wissenschaft ist angesichts des Pluralismus der Weltanschauungen (Marxismus, Katholizismus, Protestantismus, Liberalismus) nur aufrechtzuerhalten, wenn Wissenschaft sich der Werturteile enthält. Mit der berühmten Wertfreiheitsthese: "Eine empirische Wissenschaft vermag niemanden zu lehren, was er *soll*, sondern nur, was er *kann* und – unter Umständen – was er *will*" (1973, 190), soll die Wissenschaft aus dem Streit der Weltanschauungen herausgehalten und ihre Politisierung verhindert werden. Der Wissenschaftler kann dem Politiker nicht vorschreiben, an welche letzten Werte und Ziele er zu glauben hat, doch als Wissenschaftler kann er zeigen, 1. welche letzten Wertaxiome hinter einer politischen Position stehen, 2. welche Folgen und Nebenfolgen zu erwarten sind, wenn eine Weltanschauung politisch umgesetzt wird, und 3. welche Mittel notwendig sind, um politische Erfolge zu erzielen. Wissenschaft, so Weber, ist in der verwissenschaftlichen Welt unerläßlich als Politikberatung und in der weltanschaulich pluralen Welt unfähig zur Politiknormierung. Eine Rationalisierung der Politik kann nur die Rationalisierung der Mittel bedeuten, niemals die Rationalisierung der Zwecke.

Die Autonomie der Politik gegenüber allen anderen Sphären der Kultur ergibt sich nach Weber aus ihrem spezifischen Mittel. Dieses Mittel ist "Macht, hinter der *Gewaltsamkeit* steht" (1973, S. 172). Dieses "spezifische Mittel der *legitimen Gewaltsamkeit* rein als solches in der Hand menschlicher Verbände ist es, was die Besonderheit aller ethischen Probleme der Politik bedingt" (1973, S. 180). Wer immer Politik betreiben will, muß sich auf dieses Mittel einlassen, wer immer Politik treibt, hat sich "immer schon" auf Macht und Gewaltsamkeit eingelassen. Dies folgt nach Max Weber zwingend aus einer wertfreien Analyse der Politik. Diese Analyse zeigt auch die Komplexität des politischen Handlungssystems. Der politische Zweck wird von der Weltanschauung gesetzt, die Mittel der Durchsetzung werden von den Eigengesetzlichkeiten der Politik bestimmt. Und weil sich auch andere Weltanschauungen der Mittel der Politik bedienen, sind die Chancen, den eigenen Zweck direkt verwirklichen zu können, äußerst gering. In der Politik ist, im Gegensatz zum Privaten, das Auseinanderfallen von ursprünglichem Handlungssinn und tatsächlichen Handlungsresultaten die Regel und nicht die Ausnahme.

Vor diesem Hintergrund diskutiert Weber zwei idealtypische Formen der Ethik. Eine *Verantwortungsethik*, deren Spezifikum es ist, die voraussehbaren Folgen des Handelns mit in den Handlungskalkül einzubeziehen, und eine *Gesinnungsethik*, der es als absolute Ethik auf die gute Gesinnung allein und eben nicht auf die Folgen ankommt. Verantwortungsethik ist die *politische* Ethik, die sich einläßt auf die Eigengesetzlichkeit der Politik und den Pluralismus letzter Wertentscheidungen akzeptiert. Gesinnungsethik ist die *religiöse* oder *quasi-religiöse* Ethik, der es um die Reinheit ihrer guten Gesinnung allein geht und die den Pluralismus letzter Wertentscheidungen aus ihrem eigenen Selbstverständnis heraus negieren muß. Verantwortungsethik ist die *zukunftsbezogene Ethik* für die rationalisierte Zivilisation, Gesinnungsethik der *rückwärtsgewandte Protest* gegen die entzauberte Welt. Antithetisch diskutiert Weber die jeweiligen Optionen und Wirkungen der beiden Grundformen.

Gesinnungsethik	**Verantwortungsethik**
Ethik für Heilige	Ethik für durchschnittliche Menschen
stellt absolute Forderungen und fragt nicht nach den Folgen	vermittelt die eigenen Ziele mit den voraussehbaren Folgen des Handelns
z.B. akosmistische Liebesethik: du sollst dem Bösen nicht widerstehen	"du *sollst* dem Übel gewaltsam widerstehen, sonst – bist du für seine Überhandnahme *verantwortlich*."
Ziel einer Handlung: der Gesinnungswert	Ziel einer Handlung: der Erfolgswert
Haltung: alles oder nichts	Haltung: ein "dennoch"
Wirkung: moralistische ex post-Verurteilung von "Schuldigen"	Wirkung: Verantwortung für die Zukunft
verantwortungslos	*nicht* gesinnungslos
sinnvoller Bereich: im Privaten	sinnvoller Bereich: in der Politik

Eine dritte Form möglicher Handlungsausrichtung, die *bloße Machtpolitik*, wird nur kurz gestreift. Bloße Machtpolitik ist das Streben nach Macht um der Macht selbst willen, ohne inhaltliche Zwecke. Aufgrund der fehlenden Wertbindung ist diese Form nicht als Ethik faßbar, sie ist sowohl gesinnungs- wie verantwortungslos. Doch nur wenn der Verantwortungsethik die Folie Machtpolitik unterlegt wird, läßt sie sich als Vermittlung von Gesinnung *und* Verantwortung für die Folgen und Nebenfolgen des Handelns fassen. Verantwortungsethik soll weder gesinnungslos noch wertnihilistisch sein. Doch gemäß der Wertfreiheitsthese, so Weber, können wissenschaftlich keine letzten Werte vor anderen ausgezeichnet werden. Welchen Werten der verantwortungsethische Politiker verpflichtet ist, bleibt seine eigene Glaubensentscheidung. Und weil auch die Wahl zwischen Gesinnungs- und Verantwortungsethik ein Werturteil impliziert, ist auch sie noch Sache des Glaubens allein.

Die logische Differenz zwischen Seins- und Sollens-Aussagen wird hier radikalisiert zur Begründungsunfähigkeit von Sollens-Normen überhaupt. Wenn Ethik der Versuch ist, Sollensnormen vernünftig zu begründen, so kann es, nimmt man Weber beim Wort, überhaupt keine Ethik geben. Ethik ist bei Weber Glaubenssache und nichts sonst. Weber selbst "glaubt" an den Vorzug der Verantwortungsethik vor der Gesinnungsethik, verzichtet aber auf den Versuch, diesen Glauben zu begründen. Der kritische Punkt in Webers Wertfreiheitsthese ist der, daß sie selbst auf einem Werturteil beruht, auf dessen Begründung sie aber verzichten muß. Weber kennt nur entweder rationale, d.h. wissenschaftliche Begründung oder aber irrationale Dezision. Diese Scheidung steht im Dienste der Trennschärfe von wissenschaftlichen und nicht-wissenschaftlichen Urteilen. Jeglicher Versuch, gute Gründe jenseits der Wissenschaft geltend zu machen, setzt sich sofort einem Ideologieverdacht aus. Damit stellt sich aber Wissenschaft selbst zur Disposition einer irrationalen Dezision. Denn der Wert der Wissenschaft läßt sich nicht wissenschaftlich erweisen, weil jeder Versuch dazu diesen Wert, also die irrationale Entscheidung, schon voraussetzt. Die radikale Ausgrenzung aller Werturteile aus dem Bereich des Begründungsfähigen führt dazu, daß jedes beliebige Werturteil gleichberechtigt zugelassen werden muß. Es gibt keine Kriterien mehr, gute Gründe für Wertpositionen, die auch Weber für sich in Anspruch nimmt, von schlechten zu unterscheiden. Wenn Weber Gesinnungsethik und Verantwortungsethik bzw. wertfreie Wissenschaft und weltanschaulich gebundene Wissenschaft idealtypisch gegenüberstellt, so sind hier gute und nicht wissenschaftliche Gründe entscheidend, das eine vor dem anderen auszuzeichnen. Gerade diese guten Gründe werden aber von Weber verschwiegen und in ihrer kategorialen Stellung überhaupt nicht diskutiert. Damit wird aber die Verantwortungsethik letztlich ihrer Substanz beraubt, nicht nur, weil es gute Gründe *für* die Verantwortungsethik geben kann, sondern vor allem, weil es die guten Gründe *in* der Verantwortungsethik sind, auf die es, wie in jeder Ethik, hier ankommt. Was Weber wissenschaftlich von der Verantwortungsethik sagen kann, ist das ethisch Uninteressante.

Wissenschaftlich läßt sich zeigen, daß Verantwortungsethik *auf Wissenschaft angewiesen* ist. Verantwortungsethisches Handeln ist Übernahme von Verantwortung für die voraussichtlichen Folgen und Nebenfolgen des zweckrationalen Handelns. Das Wissen um die voraussichtlichen Folgen muß im Kontext der gesellschaftspolitischen Krise des frühen 20. Jahrhunderts die Sozialwissenschaft erbringen. Hier stellt sich sogleich die wissenschaftsorganisatorische Frage, wie dieses Wissen optimiert werden, und die wissenschaftstheoretische Frage, welchen Status und welche Reichweite ein solches Wissen haben kann. Politik kann aber auf die Klärung dieser Fragen nicht warten, und die ethisch interessante Frage ist dann, wie man auch sinnvoll handeln kann, wenn man erstens das Folgewissen nicht hat und zweitens vom Wissen, das man hat, nicht weiß, was es taugt. Das Problem aller Verantwortungsethiken in der Nachfolge von Weber wird sein, wie man das erste Dilemma, Folgewissen zu benötigen und doch nicht zu haben, auflösen und das zweite Dilemma, im wissenschaftsinformierten Handeln notwendig wissenschaftsabhängig zu werden, vermeiden kann.

Wissenschaftlich läßt sich auch zeigen, daß verantwortliches Handeln *zweckrationales Handeln* ist. Wissenschaft sagt aber nichts über die richtigen Zwecke dieses Handelns. Diese klassische ethische Frage sprengt nach Weber auch den Bereich der Verantwortungsethik. Verantwortungsethik im Weberschen Sinn setzt unterhalb der letzten Zwecke ein. Weil Weber die *guten Zwecke* allein der Wertdezision des Einzelnen überläßt, kann er auch nicht zeigen, welche *Mittel* gemäß welchen *Zwecken* verantwortungsethisch geboten sind. Als konsequentialistische Ethik läßt Verantwortungsethik grundsätzlich auch "sittlich bedenkliche oder mindestens gefährliche Mittel" (1973, S. 175) zu, sofern sie dem guten Zweck dienen. Wie weit indes welche Mittel durch welche Zwecke geheiligt werden können, vermag nach Weber keine Ethik zu zeigen. Verantwortungsethik wird sich bei der Sozialwissenschaft über die möglichen Mittel, deren Folgen und Nebenfolgen informieren, doch das ethische Problem der Auswahl der Mittel ist, da nicht wissenschaftlich formulierbar, wie schon die Zwecke, eine Sache der Dezision. Eine Reflexion auf eine praktische Klugheit (in der Nachfolge aristotelischer Phronesis) oder ein Rekurs auf Erfahrung und deren Bedingungen entfällt. Der Vorzug der Verantwortungsethik beruht hier einzig noch auf der Versicherung, daß sie sich einer Abwägung von Mitteln für Zwecke nicht schon vorweg verschließt. Analytisch läßt sich nur zeigen, daß die Gesinnungsethik aus ihren Prämissen kein Verhältnis zu dem spezifischen politischen Mittel der Gewaltsamkeit finden kann. Sie wird entweder jedes gefährliche Mittel verwerfen und so unpolitisch bleiben müssen oder aber umschlagen zu einer Totalpolitisierung, in der die eigene gute Absicht jedes Mittel rechtfertigt (1973, S. 176f.). Der gleiche Befund zeigt sich in der gesinnungsethischen Ausblendung der Handlungsfolgen. Die Gesinnungsethik steht im Dilemma, entweder auf folgenträchtige Politik überhaupt zu verzichten oder aber andere für die schlechten Folgen ihres guten Willens verantwortlich zu machen. Analytisch läßt sich nur zeigen, daß Gesinnungsethik notwendig scheitern muß. Daß und wie Verantwortungsethik glücken kann, vermag keine Analyse zu zeigen.

Die Bedingungen der Verantwortungsethik müssen deshalb in der Persönlichkeit des Politikers festgeschrieben werden. Der Politiker soll sich durch Sachlichkeit, Verantwortungsgefühl und Augenmaß für die Realitäten auszeichnen (1973, S. 167). Die ethische Frage nach den letzten Zwecken und die ethische Frage nach der Auswahl der sittlich erlaubten Mittel wird an den charismatischen Führer delegiert, auf den es letztlich ankommt.[12] Dieser Führer, der schon alle Bedingungen verantwortlichen Handelns erfüllt, bedarf keiner Ethik, sondern einzig der Wissenschaft als Beratung. Er ist, wobei wir den Bogen vom Träger zur Instanz der Verantwortung schlagen können, nur noch vor sich selbst verantwortlich, er gibt sich den Sinn seines Handelns selbst (1973, S. 166). Die Wertfreiheitsthese erlaubt es nicht, eine intersubjektive Instanz der Verantwortung auszuzeichnen. Denn auch Instanzen der Verantwortung sind letztlich – Glaubenssache.

5. Georg Picht (1969): eschatologische Verantwortung

Bei Picht wird die Verantwortung zum ersten Mal totalisiert und zu einem universalen Konzept erhoben.[13] Verantwortung wird Verantwortung der Menschheit für die eigene Geschichte unter der Maxime "Erhaltung der Menschheit" (1969, S. 332). Die Begründung dieser totalisierten Verantwortung verläuft auf zwei Ebenen: 1. auf der Ebene einer Metaphysik der Verantwortung, die zeigen soll, daß der Mensch immer schon in diese Verantwortung gerufen war, und 2. auf der Ebene einer Zeitdiagnose, die zeigen soll, daß Verantwortung heute für das Überleben der Menschheit notwendig geworden ist. Das erste will Picht mit einer eschatologischen Geschichtsmetaphysik leisten, das zweite sieht er in der Bedrohung der Menschheit durch die Atombombe gegeben. Ganz ähnlich wird später Jonas verfahren, wenn er eine neue Ontologie der Werthaftigkeit des Seins fordert und zugleich auf die Bedrohung der Menschheit durch die ökologische Krise verweist. Diese Doppelstrategie ist selbst eng mit der Problematik der Verantwortung verbunden. Sie folgt notwendig aus dem Grundlegungsproblem.

Picht entwickelt eine Metaphysik der Zeit. Griechische Metaphysik, so Picht, beruht auf einer "Epiphanie des Seins als ewiger Gegenwart" (1969, S. 310ff.). Hier stehe dem veränderlichen Zeitverlauf eine ewige Wahrheit gegenüber, auf die sich der geschichtliche Mensch stets berufen könne, paradigmatisch etwa in Platons Ideenphilosophie. Durch das Christentum sei die klassische ewige Gegenwart des Absoluten eschatologisch aufgebrochen. Göttliches könne nun – wider die klassische Vernunft – ständig als Offenbarung in die Welt hineinwirken. Vernunft und Wahrheit können sich nicht mehr an einem ewigen, unveränderlichen Sein orientieren, sie sind an eine "Einheit der Zeit" verwiesen, die in ihrer Zukunftsdimension grundsätzlich "offen" ist, auch für eine Veränderung dessen, was Vernunft genannt werden kann (1969, S. 201, 322). Damit werden Wahrheit und Vernunft radikal verzeitlicht. Menschsein ist ein "In-der-Zeit-sein" (1969, S. 315). Vernunft konkretisiert sich allein noch in einer "Antizipation der Zukunft" (1969, S. 7). Der Mensch wird von der christlichen Heilsbotschaft und vor dem jüngsten Gericht in die Verantwortung gerufen. Der nach menschlicher Vernunft nicht faßbare Deus absconditus und die radikale Verwiesenheit an die eschatologisch gedachte Geschichte konstituieren dann Verantwortung in ihrer Unbegrenzbarkeit. Die Menschheit ist verantwortlich *für* die Geschichte als Inbegriff des Geschehens, sofern es im Einflußbereich ihres Tuns und Lassens liegt, zugleich *vor* der Geschichte als Gerichtshof (1969, S. 329) und, weil auf eine ewige Gegenwart der Wahrheit nicht mehr rekurriert werden kann, notwendig auch nach den *Maßstäben* dieser Geschichte. Die theologisch fundierte Geschichtsphilosophie führt philosophisch zur Subjektivierung der Geschichte. Die Geschichte stellt die "Aufgaben", und erste Aufgabe ist, Geschichte weiterhin zu ermöglichen. Ermöglicht wird sie durch die "Erhaltung der Menschheit". Damit ist nach Picht die generelle Verpflichtung zur Verantwortung und ihre oberste Maxime der Erhaltung der Menschheit begründet.

Mit der geschichtstheologischen Grundlegung gelingt es Picht, die Verantwortung aus der Fixierung auf menschliche Subjekte zu befreien. Nicht ein schon vorausgesetztes menschliches Subjekt kommt nachträglich zu einer Aufgabe und zur Verantwortung, sondern die Aufgaben, die die Geschichte stellt, konstituieren allererst Subjekte der Verantwortung. Die Träger der Verantwortung können von der Aufgabe her gewonnen werden. Daß geschichtliche Aufgaben erkannt werden, bleibt allerdings in der Verantwortung "denkender Menschen" (1969, S. 341). Als wichtigste Aufgaben erkennt Picht: die Erhaltung des Friedens und die Ernährung der Menschheit. Sind die Aufgaben erkannt, so gilt es, Zuständigkeiten zu definieren. Neue Aufgaben können es erforderlich machen, daß neue Institutionen als Träger der Verantwortung gebildet werden müssen. Hier bleiben die Vorschläge allerdings dürftig. Angesichts der atomaren Bedrohung sei der Nationalstaat überholt. Durch die Etablierung von Wissenschaftsindustrien (big science), wie etwa bei der Entwicklung der Atombombe, wäre die individuelle Verantwortung der Wissenschaftler ad absurdum geführt (1969, S. 343ff.). Die Wissenschaft müsse, weil die Politik zu "irrational" (1969, S. 356) sei, vermehrt politische Verantwortung übernehmen und sich als kollektives Subjekt konstituieren (1969, S. 346). Die Antwort, wie dies zu geschehen habe und wie die politisierte Wissenschaft verhindern kann, selbst irrational zu werden, bleibt Picht schuldig. Trotz weit ausgreifender Metaphysik und universaler Verantwortung bleibt man am Ende ratlos zurück.[14]

6. Hans Jonas (1979): ökologische Verantwortung

Mit Jonas' berühmtem *Prinzip Verantwortung*[15] beginnt der Boom der Verantwortungsethik, und erstmals wird eine eigentliche Debatte über Verantwortung lanciert. Der Hintergrund, vor dem Jonas die neue Verantwortungsethik fordert, ist die Krise der technisch-industriellen Zivilisation. Es ist die Krise der technischen Machbarkeit, die sich vom "Baconschen Ideal" der Naturbeherrschung nunmehr gegen den Menschen selbst gewendet hat und in der Bedrohung der natürlichen Lebensgrundlagen und in den Möglichkeiten der Gentechnologie kulminiert. Die Lage wird von Jonas als eine "apokalyptische Situation" interpretiert (1979, S. 251), die Apokalypse aus dem gegenwärtigen Kurs der Menschheit sogar "berechenbar" (1979, S. 253). Jonas predigt die Umkehr und das Mittel der Umkehr ist das "Prinzip Verantwortung". Hat Weber seine Verantwortungsethik mit der Wertfreiheit der Wissenschaft begründet, so geht es Jonas gerade darum, mit seiner Verantwortungsethik diese Wertfreiheit, die ihm *eine* Ursache der gegenwärtigen Lage ist, zu überwinden.

Auch bei Jonas soll Verantwortung für die Folgen des Handelns übernommen werden. Dies führt auch ihn auf die Frage, wie überhaupt das notwendige Wissen über die möglichen Folgen beigebracht werden kann. Konnte Weber für den Bereich der Politik noch auf die Möglichkeiten der Sozialwissenschaft verweisen, so muß Jonas für die komplexeren Probleme der ökologischen Krise eine eigentliche Futurologie fordern (1979, S. 62ff.). Jonas vertraut darauf, daß aus dem analytischen Kausalwissen der Gegenwart Extrapolationen in die Zukunft möglich sind. Der epistemologische Status solcher Extrapolationen ist angesichts der Dynamik der technisch-industriellen Innovationen, in der sich auch die Parameter einer möglichen Extrapolation ständig verändern, äußerst kritisch.[16] Wie kann sich Verantwortungsethik in ein vernünftiges Verhältnis zum unlösbaren Dilemma bringen, daß verläßliches Zukunftswissen für verantwortliches Handeln in dynamischen Lagen zugleich unverzichtbar *und* unerbringbar ist? Das Dilemma selbst muß für die Lösung fruchtbar gemacht werden. Jonas schlägt für die Bewertung von unverläßlichen Zukunftsprognosen als Zusatzprinzip eine "Heuristik der Furcht" vor: in dubio pro malo (1979, S. 8, 63f.). Die schlechtere Prognose gibt im Zweifelsfall den Ausschlag vor der besseren. Beweislastig ist heute, wer das *Fehlen* von schlechten Nebenwirkungen behauptet.[17] Nimmt man als weiteres Prinzip hinzu, daß für gegenwärtig unlösbare Folgenprobleme nicht auf die Innovationsfähigkeit der Zukunft gesetzt werden darf (1979, S. 74, 206ff.),[18] so bleibt eine Ethik der Verantwortung auch unter der Bedingung uneinlösbaren Folgenwissens als eine *Ethik der Bewahrung* möglich.

Doch Jonas will mehr. Verantwortungsethik soll nicht nur verantwortliches Handeln innerhalb der Dynamik der Gegenwart ermöglichen, sie soll die Gegenwart selbst von Grund auf kurieren. Die Menschheit ist auf dem Weg zum Selbstmord. Traditionelle Ethik und neuzeitliche Metaphysik haben mit an diesem Weg gebaut. Deshalb gilt es, beide zu verwerfen und in der neuen Situation der Selbstgefährdung des Menschen ganz neu zu beginnen. So der Anspruch. Im Zentrum steht ein neuer kategorischer Imperativ: "daß eine Menschheit sei" (1979, S. 90), oder in einer, an Kants Kategorische Imperative angelehnten Fassung:

"Handle so, daß die Wirkungen deiner Handlungen verträglich sind mit der Permanenz echten menschlichen Lebens auf Erden" (1979, S. 36).[19] Jonas möchte diesen Imperativ 1. letztbegründen, 2. die Bedingungen seiner globalen Anwendung in der Politik aufzeigen, 3. eine Kasuistik der konkreten Anwendungen für die Praxis nachreichen.

Erstens: Jonas interpretiert den Kantischen Kategorischen Imperativ als formales Prinzip der widerspruchsfreien Universalisierung. Den Selbstmord der Gattung kann ich widerspruchsfrei wollen, wenn ich darin meinen eigenen Selbstmord mitmeine. Jonas ersetzt deshalb das formale Prinzip der Universalisierung, das nicht mehr vorkommt, durch das materiale Prinzip des Fortbestandes der Menschheit, nicht nur als bloße Existenz, sondern in der Qualität von "echtem menschlichem Leben". Das Universalisierungsgebot glaubt Jonas aufheben zu können durch den "universalen Bezug [der Handlungen] in dem tatsächlichen Ausmaß ihrer Wirksamkeit". Die "schließlichen *Wirkungen*" der Handlungen müssen mit dem Gebot, daß eine Menschheit sei, verträglich sein (1979, S. 37). Es wird nicht deutlich, wie diese Forderung anders als über die Brückenprinzipien der "Heuristik der Furcht" in einen Handlungskalkül eingehen könnte. Zum Nennwert genommen, wäre die Forderung allenfalls dann einlösbar, wenn das Handeln vollständig in eine zugleich vollkommen beherrschbare Technik überführt würde. Aber genau dies gilt es ja zu verhindern. Weil Jonas nicht nur das *Dasein* der Menschheit sichern, sondern auch ihr *Sosein* normieren möchte, ist er auf eine "*Idee* des Menschen" (1979, S. 91) verwiesen, die ihn, ohne daß klar wird, wie diese Idee inhaltlich bestimmt ist, in die Metaphysik führt. Die "Idee des Menschen" soll nicht relativistisch oder subjektivistisch auflösbar sein, sondern als eine "ontologische Idee", eine "Idee des Seins" (1979, S. 91), im Sein selbst festgeschrieben werden. Im Rückgriff auf aristotelische Naturphilosophie versucht Jonas zu zeigen, daß Zwecke und Werte keine subjektiven Setzungen des Menschen sind, sondern "vom Sein der betreffenden Dinge selbst abgeleitet" werden können (1979, S. 106). Der Ertrag der ontologischen Herleitung soll ergeben: 1. daß die Annahme von Zwecken in und von der Natur den Ergebnissen der Naturwissenschaft nicht notwendig widerspricht (1979, S. 150), 2. daß Zweckhaftigkeit ein Gut an sich ist (1979, S. 154), 3. daß der Mensch höchster Zweck und Krone der Schöpfung ist (1979, S. 91, 157), und 4. daß der Mensch aufgrund dieser Sonderstellung zum Treuhänder aller Selbstzwecke der Natur berufen ist (1979, S. 232).[20] Als höchster

Zweck *der* Natur ist die Menschheit zunächst für die Integrität ihrer eigenen Natur verantwortlich – sie soll sich nicht zum Gegenstand gentechnologischer Verbesserungen machen – und an zweiter Stelle auch für alle anderen Zwecke *in* der Natur.

Zweitens: Diese Verantwortung wird nach Maßgabe der von Jonas als total interpretierten Verfügungsmacht des Menschen über die Natur notwendig selbst total. Kern der metaphysisch grundgelegten Verantwortungsethik ist die Korrelation von kausaler Macht und Verantwortung (1979, S. 172). *Worüber* Menschen immer Macht haben, *dafür* sind sie in einem ethischen Sinn auch verantwortlich. Jonas bricht mit der Exposition, in der die Verfügungsmacht des Menschen über die Natur (Verantwortung für "Vergängliches qua Vergängliches" (1979, S. 166) thematisch war, und entwickelt den Verantwortungsbegriff nur noch anhand von Beispielen im rein menschlichen Bereich (Eltern-Kind, Staatsmann-Staat). Die Verantwortungstheorie wird hier rein politisch und findet nicht mehr zurück zu einer Verantwortung für die Natur. Vier Bestimmungen sind es, die Jonas in eine bedenkliche Dialektik der *politischen* Macht treiben. 1. Verantwortungsethik richtet sich, trotz des in der zweiten Person Singular formulierten Imperativs, an die öffentliche Politik und nicht an das private Verhalten (1979, S. 37). 2. Wer politische Macht hat, der hat Verantwortung, einerlei, ob diese Macht usurpiert oder legitimiert ist (1979, S. 190). 3. Politische Verantwortung ist totale Verantwortung (1979, S. 189ff.). 4. Die Verfügungsmacht des Menschen *über die Natur*, die sich, als selbständig gewordene Macht, nun gegen den Menschen selbst gewendet hat, könne nur noch über eine noch größere "Macht dritten Grades" gebändigt werden (1979, S. 253f.), eine politische Macht *von Menschen über Menschen.* Dieser Kategoriensprung von Macht über Natur zu Macht über Menschen ist erstaunlich und bedenkenswert. Eine universalistische Prinzipienethik formuliert eine Ethik der Reziprozität von Rechten einerseits und von Rechten und Pflichten andererseits. Sie baut gerade darauf auf, daß die Macht *nicht* Grundlage der Ethik ist und in der Politik ethische Politik erst dann beginnt, wenn das Recht an die Stelle der Macht tritt.[21] Die Verantwortungsethik von Jonas verläßt diese Errungenschaft und wird zu einer Ethik der Macht. Die erwünschte Nicht-Reziprozität des Verantwortungsverhältnisses, mit dem die Chance eröffnet werden soll, auch außermenschliches und zukünftiges Sein in eine ethische Verpflichtung aufzunehmen, wird gewonnen über die Machtverhältnisse, die der Verantwortung zugrundeliegen.

Wird diese Ethik, und mit ihr die nicht-reziproken Machtverhältnisse, in die Politik hineingetragen, dann folgt notwendig, daß der total verantwortliche Politiker auch die *totale* Macht haben muß. Dieser Schluß wird von Jonas konsequent gezogen. Die politische Anwendung des "Prinzips Verantwortung" läßt nur noch die Wahl zwischen verschiedenen Formen der "Tyrannis" (1979, S. 269).[22] Daß Jonas auf die Tyrannis verfallen muß, hat drei Gründe, die direkt aus dem Grundansatz folgen: 1. Weil er die Ethik radikal auf nicht-reziproke Verhältnisse umstellt, vermag er die alte Forderung des *tu quoque*, halte Gegenrecht, die den Beginn jeder reziproken Rechts- und Pflichtenordnung markiert, nicht mehr zu denken; 2. weil er eine normative *Idee* der Menschheit gegen die pessimistisch beurteilten realen Menschen ausspielt; 3. weil er in der Fixierung auf totale Verantwortungsverhältnisse nicht zu einer Theorie politischer Handlungssysteme kommen kann. Der Übersprung zur Verantwortung für die ganze Biosphäre blendet das Problem verantwortlichen Handelns *innerhalb* der gesellschaftlich-politischen Sphäre, wie es von Weber diskutiert wurde, ganz einfach aus. In Negation jeglicher Komplexität dieser Systeme greift Jonas zurück auf die politische Idylle eines platonischen Philosophenkönigs. Von diesem wird unproblematisch vorausgesetzt, daß er sowohl den Imperativ erfüllen wolle, als auch kraft seines Wissens die jeder Erfahrung mit politischen Handlungssystemen im 20. Jahrhundert widersprechende Identität von intendierten Zielen und tatsächlichen Wirkungen des Handelns auch garantieren könne. In näherer Konkretion schlägt Jonas eine politische Organisationsform in der Art einer Marxistischen Diktatur vor, wobei die Stelle der marxistischen Ideologie durch das Jonassche "Prinzip Verantwortung" ersetzt werden soll. "Soweit also handelt es sich um die Regierungsvorteile einer jeden Tyrannis, die in unserem Zusammenhang eben eine wohlwollende, wohlinformierte und von der richtigen Einsicht beseelte Tyrannis sein muß." (1979, S. 262). Hier schlägt die Verantwortungsethik unter der Hand um in den Terror des "richtigen Bewußtseins" (1979, S. 266) und erfüllt geradezu idealtypisch die Webersche Analyse der reinen Gesinnungsethik. Von dieser Diktaturthese läßt sich wieder der Bogen zurück zum neuen Imperativ schlagen. Es läßt sich nämlich kein konkreter Lebenszusammenhang finden, in dem sich dieser Imperativ sinnvoll anwenden läßt oder zur Handlungsanleitung irgendetwas beitragen kann, es sei denn für den Präsidenten einer Supermacht, der mit dem berühmten Knopf spielt.

Drittens: Die politische Umsetzung des *Prinzips Verantwortung* darf als mißglückt betrachtet werden. Die versprochene Ethik für Kollektive wird zurückgebogen auf eine Ethik für den Staatsmann, der in seiner Machtfülle *legibus solutus* ist. Es gibt keine Instanz mehr, *vor* der sich der Staatsmann noch verantworten müßte. Um überhaupt noch Verantwortung zu erhalten, muß Jonas das *wovor* der Verantwortung mit dem *wofür* zusammenfallen lassen. Das Sein, für das der Mensch verantwortlich ist, wird so zugleich "permanentes Subjekt eines Anrufs".[23] In der Kollision der Ansprüche menschlicher und außermenschlicher Subjektivität "kommt allerdings der Mensch zuerst und die Natur, auch wenn ihr Würde zugestanden ist, muß ihm und seiner höheren Würde weichen" (1979, S. 246). Die größte Sorge gilt dann auch nicht der außermenschlichen Natur, sondern der Integrität des Menschen angesichts seiner drohenden Verdinglichung zum Produkt gentechnologischer Manipulationen. Diesen Themenkomplex behandelt die nachgereichte Kasuistik des Prinzips Verantwortung im Aufsatzband *Technik, Medizin und Ethik*. Die Ergebnisse dieser Untersuchungen fügen der Verantwortungsethik keine neuen Erkenntnisse zu. Es sind sorgfältige Abwägungen im Bereich der Organtransplantation, der Eugenik und der Stellung der Grundlagenforschung innerhalb der Gentechnologie, die einer neuen Ethik eigentlich nicht bedürfen und auch von einer "traditionellen" Ethik geleistet werden könnten. Die Lücke zwischen dem Pathos der Zukunftsverantwortung im *Prinzip Verantwortung* und dem Ertrag der konkreten Maximen wird auch hier nicht geschlossen.

7. Die Debatte im Anschluß an Jonas: Verantwortungsethische Erweiterungen bestehender Ethiken

Das *Prinzip Verantwortung* hat weitherum gewirkt und eine hitzige Debatte über Verantwortungsethik ausgelöst. Fruchtbar aufgegriffen wurde der Versuch, eine Sorgepflicht des Menschen für die außermenschliche Natur zu begründen, sowie der Imperativ der Verantwortung für künftige Generationen, während die metaphysischen Annahmen, die dem *Prinzip Verantwortung* zugrundeliegen, weitgehend abgelehnt wurden. Das Problem jeder Verantwortungsethik, daß ihre Grundlegung nur im Rückgriff auf eine Metaphysik zu leisten ist, ließ es naheliegend erscheinen, statt dem Begriff der Verantwortung eine

Metaphysik oder Ontologie nachzuschieben, diesen in bestehende und weitgehend akzeptierte ethische Grundpositionen einzubauen. Verantwortung wird hier das Prinzip der Anpassung der bestehenden Ethiken an konkrete geschichtliche Situationen. Aus dem Grundlegungsproblem der Verantwortungsethik wird ein Problem der verantwortlichen Anwendung von Ethik.

Robert Spaemann entwickelt eine *christliche Verantwortungsethik*, die sich im gläubigen Rekurs auf Gott immer schon verantwortlich weiß.[24] Die "dreifache Ehrfurcht vor dem, was über uns, was unseresgleichen und was unter uns ist" eröffnet ein "religiöses Verhältnis zur Natur".[25] In der Bindung an Gott muß christliche Verantwortungsethik nicht zurückgreifen auf die Zumutung einer Totalverantwortung eines jeden für alles, sie kann, im Wissen, daß der Mensch nicht das Maß aller Dinge ist,[26] zwanglos zur Formulierung konkreter Verantwortungsbereiche und -maximen übergehen. Träger von Verantwortung sind die Institutionen, im besonderen der Staat, der, von der Bürde der Verantwortung für das Heil des Menschen theologisch entlastet, die Aufgabe erhält, die Grenzen zumutbarer Nebenfolgen zu definieren. Als Grundlage für die Handlungsmaximen gilt, daß den zukünftigen Generationen *keine irreversiblen Schäden* zugemutet werden dürfen. Spaemann schlägt zwei neue Beweislastverteilungsregeln vor: 1. "Nicht die Schädlichkeit, sondern die Unschädlichkeit muß glaubhaft gemacht werden." 2. An die Stelle der Begründungspflicht für den, der die menschliche Freiheit einzuschränken gedenkt, soll neu begründungspflichtig sein, wer den Bestand der Natur antasten will.[27]

Dieter Birnbacher stellt seine *Verantwortung für zukünftige Generationen* in einen *utilitaristischen* Begründungshorizont.[28] Grundlage bildet der Kalkül des Nutzensummenutilitarismus, wonach die Differenz zwischen der Gesamtsumme von Glück (Lust) und der Gesamtsumme von Leiden (Unlust) möglichst groß sein soll. Birnbacher wählt den hedonistischen Utilitarismus aufgrund der vorausgesetzten weitgehenden Konsensfähigkeit, beerbt damit aber notwendig auch dessen Probleme, wie etwa jenes der Definition des Glücks. Sollen Glück und Unglück der künftigen Generationen und auch der höheren Tiere (1988, S. 83) miteinberechnet werden, so muß es ein "rationaler Universalist" schon sein, der hier rechnet. Dieser ist aber nicht utilitaristisch zu gewinnen, weshalb der geforderte Altruismus als Axiom zusätzlich eingeführt werden muß. Birnbacher versucht, das Motivationsproblem, das sich mit der Einführung des Altruismus stellt, über

Praxisnormen zu entschärfen, die an die gelebte Generationensolidarität der Familie anknüpfen sollen (1988, S. 195). Praxisnormen sind dann solche, denen man die vorgängige nutzensummenutilitaristische Abwägung nicht mehr ansieht. Das Abwägungsergebnis wird zu einem quasi-kategorischen Imperativ aufgerundet. So weist Birnbacher den Imperativ von Jonas, daß eine Menschheit sein soll, als eine Praxisnorm aus, hinter der ein utilitaristischer Kalkül steht, der zeigen kann, daß der Selbstmord der Gattung die Summe des Glücks auf Erden beträchtlich schmälern würde (1988, S. 202). Für die Handlungspraxis bleiben die von Birnbacher ausgewiesenen Praxisnormen jedoch nach wie vor von hoher Abstraktion.

Karl-Otto Apel baut die als "postkonventionale, planetare Verantwortungsethik" verstandene Ethik von Jonas in einer diskursethischen Rekonstruktion[29] als "Teil B" in seine eigene, transzendentalpragmatisch letztbegründete Diskursethik ("Teil A") ein. Verantwortungsethik soll die reale Welt als geschichtsbezogene "*Interimsethik*" (1986a, S. 241; 1986b, S. 26) dorthin führen, wo sie idealiter im ernsten Argumentieren der Kommunikationsgemeinschaft immer schon war. Der in reflexiver Argumentation geübte Diskursethiker entwickelt hier die für jede Ethik interessante Perspektive, daß deren Imperative in den Wirkungen der Durchsetzungsversuche nicht das schon bestehende Maß ihrer Verwirklichung aufs Spiel setzen dürfen. Da die Lebenswelt (noch) in Selbstbehauptungssysteme gegliedert ist, müssen die Vertreter dieser Systeme, gerade wenn sie verantwortlich handeln, ihre Interessen strategisch-zweckrational vertreten, selbst dann noch, wenn sie zur konsensual-kommunikativen Vermittlung grundsätzlich bereit wären. Der verantwortungsethische Teil der Diskursethik muß also strategisches Handeln zulassen. Damit scheint allerdings eine "neoaristotelische Regression" auf die Phronesis resp. Urteilskraft unvermeidlich. Apel hofft aber, das Anwendungsproblem der idealen Norm noch einmal mit einem "*moralisch-strategischen Ergänzungsprinzip*" (1986a, S. 248) normieren zu können, und zwar durch die Verpflichtung, an der Überwindung der Differenz zwischen realer Welt und idealem Diskurs mitzuarbeiten (1986a, S. 249). Es ist fraglich, ob dieses Ergänzungsprinzip mehr leisten kann als das Prinzip der Diskursethik selbst, das, sofern es gilt, schon seine Verwirklichung verlangt. Sobald überhaupt zugestanden wird, daß es ein Anwendungsproblem geben kann, wird der Rekurs auf Urteilskraft unvermeidlich. Jedes neue Prinzip verschiebt nur das Problem.

Verantwortungsethik ist heute Sammelbegriff für die Versuche, von ethischen Grundpositionen aus konkrete Maximen durch Vermittlung mit den Handlungssituationen zu formulieren. Damit hätte Verantwortung ihre Schuldigkeit innerhalb der Ethik getan, sie wäre die Neuformulierung der aristotelischen *Phronesis*, der Urteilskraft, die auf der Grundlage einer vernünftigen Situationsanalyse konkrete Handlungsalternativen auf ihre Folgen hin abwägt und zugunsten der moralisch wertvolleren entscheidet. Eine Verantwortung freilich, die auf dem Hintergrund der technisch-wissenschaftlichen Zivilisation nicht mehr auf *common sense* und Erfahrung zurückgreifen kann, sondern sich dem Expertenwissen der Futurologie anvertrauen muß. Auch verantwortungserweitert bleiben die Unterschiede zwischen deontologischen und teleologischen Positionen bestehen. Deontologische Ethik kennt Folgen oder Nebenfolgen, die unter keinen Umständen eine Handlung rechtfertigen, teleologische oder konsequentialistische Ethik kennt keine solche Beschränkung und bewertet eine Handlung einzig nach dem Gesamt der Folgen bezüglich eines außermoralischen Kriteriums (gutes Leben, Glück).

Damit kehrt die Ethik wieder zu sich zurück. Man darf aber fragen, ob die Verantwortungsethik den Verantwortungsbegriff, nachdem sie ihn aus dem Recht entlehnt und zunächst mit Weber für die Politik fruchtbar gemacht hat, nicht in einer geläuterten Form dem Recht und der Politik wieder zurückgeben sollte. Als verantwortliche Verantwortungsethik, die um ihre Folgenträchtigkeit bemüht ist, darf sie sich nicht nur mit den Problemen ihrer Anwendung für Individuen begnügen, die in politischen Institutionen stehen, deren rechtliche Verfaßtheit sie gar nicht so handeln lassen, wie Verantwortungsethik es von ihnen wünscht. Sie wird sich um diese Institutionen selbst bemühen müssen. Mit Picht und Schulz ist zu fragen, welche Institutionen überhaupt die Verantwortung tragen können, die heute gefordert ist, und wie diese Institutionen verfaßt sein müssen. Nur in dieser Form ist Verantwortung von der Beschränkung auf das verallgemeinerte Individuum ablösbar und lassen sich Verantwortungsbereiche definieren, in welchen ein Individuum Verantwortung nicht qua Individuum, sondern qua Amtsträger mit einem konkreten Zuständigkeitsbereich und in einem institutionellen Zusammenhang wahrzunehmen hat.[30] Dann ergeben sich auch Instanzen, die nicht im Abstrakten verbleiben, sondern konkret zur Verantwortung rufen und zur Verantwortung ziehen können. Die Transformation der Ethik in Verantwortungsethik führt zu einer Transformation der Verantwortungsethik in politische Philosophie.[31]

Anmerkungen

1 *Deutsches Wörterbuch*, von J. und W. Grimm, Bd. 12, Abt. 1. Leipzig 1956, S. 79ff. Vgl. auch Duden, Bd. 7, 'Etymologie'. Mannheim u.a. 1989, S. 777.

2 Georg Picht (1969, S. 319) beginnt die Diskussion mit der dreistelligen Relation: *jemand* ist *vor* einer Instanz und *für* etwas verantwortlich. Wilhelm Weischedel (^{3}1973) kannte nur das *sich* verantworten *vor*. Otfried Höffe (In: Meyer/Miller (Hrsg.), 1986, S. 75) nennt die vierstellige Relation. Neuerdings hat Hans Lenk (In: Lenk (Hrsg.), 1991, S. 61) eine "mindestens fünfstellige" Relation entdeckt. Er fügt noch ein *gegenüber* jemandem hinzu. Aber entweder heißt dies das gleiche wie *vor* oder es ist eine systematisch fragwürdige Übertragung aus dem Bereich reziproker Rechte und Pflichten.

3 Zur ethischen Imputationslehre vgl. Michael Müller: *Ethik und Recht in der Lehre von der Verantwortlichkeit*. Regensburg 1932.

4 Eine Verantwortungsethik ohne Letztbegründung vertritt auch Walter Schulz, vgl. Anm. 14.

5 Für die Diskussion um eine institutionelle Verantwortung der Wissenschaft vgl. die Sammelbände Gatzemeier (Hrsg.) 1989, sowie Lenk (Hrsg.) 1991.

6 Es wäre tieferer Überlegungen wert, daß Verantwortungsethik zu einer Ethik der Macht werden muß. Man wird zögern, traditionelle Ethik, die auf dem Paradigma gleicher Rechte, also auf Reziprozität aufgebaut ist, durch eine Verantwortungsethik nicht-reziproker Machtverhältnisse in allen Bereichen zu ersetzen. Wenigstens müßte von der Verantwortungsethik derjenige Bereich ausgegrenzt werden, in dem sich Menschen qua Menschen begegnen. Es wäre mindestens ein Einschränkungsprinzip für Verantwortung nötig: ich habe Verantwortung für einen Menschen nur so lange, als ich diesem Menschen nicht selbstverantwortliche Subjektivität zuschreiben kann – und wenn ich ihm selbstverantwortliche Subjektivität zuschreiben kann, dann habe ich mich verantwortlicher Fürsorge zu enthalten und ihm (reziproke) Rechte zuzugestehen. Bei Jonas wird sich ein weiteres Problem dieser Korrelation von Macht und Verantwortung stellen. Der ethischen Frage, wie die bestehende Macht zur Verantwortung kommt, korrespondiert die politische Frage, wie die gewollte Verantwortung zur Macht kommt.

7 Wilhelm Weischedel: *Das Wesen der Verantwortung. Ein Versuch*. Frankfurt a.M. (1933) ^{3}1972. Die Schrift bewegt sich ganz im Rahmen einer Existenzialanalytik, wie sie von Martin Heidegger in *Sein und Zeit*, Tübingen 1927, vorgelegt wurde. Im Vorwort zur dritten Auflage von 1972 distanziert sich Weischedel von den Konsequenzen der reinen Selbstverantwortung: "Das Selbst der Selbstverantwortung steht nicht, wie es in der

Frühschrift den Anschein haben konnte, rein als solches und ohne Bezug auf die andern Leitbilder der Verantwortung vor dem Menschen."

8 "Tier oder Stein gegenüber kann es demnach keine Verantwortung geben, weil sie nicht sprechen können. Nur vor solchem, was den Menschen ansprechen kann, findet Verantwortung statt." ([3]1972, S. 26)

9 Systematisch müßte Weischedel hier einen Konflikt zwischen religiösen Instanzen einführen, der dann nur noch über den Rekurs auf Selbstverantwortung lösbar wäre. Religiöse Verantwortung hat schon den Konflikt der menschlichen Instanzen entschieden und kann nun nicht wieder gegen diese stehen. Zudem wäre zu bedenken, daß ein Konflikt zwischen staatlicher und religiöser Verantwortung auf gleicher Ebene entweder zu einer Sakralisierung des Staates oder zu einer Säkularisierung der Religion führen würde.

10 "Aus seinem Ursprung her kommt der Mensch sich im letzten Grunde nicht als soziales Wesen, sondern als Selbst entgegen." ([3]1972, S. 104)

11 Die klassischen Stellen sind: *Der Beruf zur Politik* von 1918/19 und *Der Sinn der 'Wertfreiheit' der Sozialwissenschaften* von 1914. Zit. nach Max Weber: *Soziologie, Universalgeschichtliche Analysen, Politik.* Hrsg. von J. Winckelmann. Stuttgart 1973, S. 167–187, 163–310.

12 Vgl. hierzu: Die drei reinen Typen der legitimen Herrschaft, a.a.O., S. 159ff.

13 Georg Picht: *Wahrheit, Vernunft, Verantwortung.* Darin v.a.: Der Begriff der Verantwortung. Stuttgart 1969, S. 318–342.

14 Im Anschluß an die bisherigen Positionen legt Walter Schulz in seinem Werk *Philosophie in der veränderten Welt,* Pfullingen 1972, bes. Teil V: Verantwortung, S. 629–854, eine erste Synthese verantwortungsethischer Ansätze vor. Schulz ist mit Weber und Picht einig: Grundlage für eine Verantwortungsethik ist die "veränderte Welt", die "Vergeschichtlichung" aller Kulturbereiche mit den ständig sich verändernden neuen Lagen. Wie Weber sieht er keine Möglichkeit mehr, eine Metaphysik als allgemeingültig voraussetzen zu können. Wie bei Picht ist Verantwortung auch bei Schulz Verantwortung vor und für die Geschichte (1972, S. 840). Die Begründung eines Imperativs wie bei Picht und später bei Jonas, der das Überleben der Gattung zur Pflicht erhebt, sei sowohl unmöglich wie auch unnötig. Über solche Fernziele bestehe Konsens. Erst dort, wo es Handlungsalternativen gibt, setzt Verantwortung ein. Die Verpflichtung zur Verantwortung ergibt sich "immer schon", weil der Mensch in geschichtlichen Situationen steht und ihm Freiheit im Sinne rationalen Entscheidenkönnens zukommt. Aufgabe der Verantwortungsethik ist es, im Menschen allererst ein "Bewußtsein für Verantwortung" zu wecken (1972, S. 705) und ihn aufzufordern, nicht gesinnungsethisch bei sich zu bleiben, sondern sich in seinen Handlungen mit der Welt zu vermitteln. Weil das Handeln nicht mehr in vorgegebenen Ordnungen eingebettet ist, kann verantwortliches Handeln nicht mehr nur die Vermittlung mit bestehenden Ordnungen sein. Verantwortliches Handeln ist Einsatz für und Entwurf von Ordnungen. Schulz nennt diese Konzeption "offenes Ordnungsdenken" (1972, S. 736f.). Als regulierende Maximen sollen gelten: die Anerkennung des

Willens zum Leben, auch und gerade dann, wenn dagegen verstoßen werden muß, sowie die Minderung des Leidens und die Mehrung der Wohlfahrt (1972, S. 740ff.). Im Nahbereich personaler Beziehungen konkretisiert sich Verantwortung als Anerkennung des Anderen im "Antwortentsprechen" im Sinne traditioneller Sittlichkeit (1972, S. 796). Im Fernhorizont konkretisiert sich Verantwortung als Vermittlung von universalistischer Moralität und geschichtlicher Situation, eine Vermittlung, die sich im Entwurf und in der Konstitution von Rahmenordnungen niederschlagen soll. In dieser Allvermittlung verliert das "Prinzip der Verantwortung" (1972, S. 719) bei Schulz freilich jegliche Schärfe.

15 Hans Jonas: *Das Prinzip Verantwortung. Versuch einer Ethik für die technologische Zivilisation*. Frankfurt a.M. 1979. Ders.; *Technik, Medizin und Ethik. Zur Praxis des Prinzips Verantwortung*. Frankfurt a.M. 1985. Jonas selbst sieht sich als Pionier der Verantwortungsethik. Er scheint seine Vorläufer Weber, Weischedel, Picht und Schulz nicht zu kennen. Nur so ist zu erklären, daß Jonas pathetisch eine ganz neue Verantwortungsethik verkündet. Das Prinzip Verantwortung nimmt Bezug auf Ernst Bloch, *Das Prinzip Hoffnung*. Frankfurt a.M. 1959, und will dieses Werk wirkungsgeschichtlich ablösen. Der Widerlegung der Blochschen Utopie gelten ca. 150 Seiten des Prinzips Verantwortung.

16 Jonas: "daß wir mit immer Neuem rechnen müssen, ohne es errechnen zu können" (1979, S. 216). Die Zukunft, um es pointiert zu formulieren, wird anders sein, als man heute denkt, selbst wenn man diese Andersheit miteinberechnet. Die Probleme der Futurologie sind kaum lösbar. Jonas verwendet für seine eigene Futurologie die Strategie der self-denying-prophecy, er verkündet die Apokalypse, damit sie nicht eintritt.

17 Zum Problem der Gewichtung von divergierenden Gutachten vgl. Dieter Wandschneider: *Das Gutachtendilemma – Über das Unethische partikularer Wahrheit*. In: Gatzemeier (Hrsg.) 1989, S. 114–129.

18 "Unerlaubt ist, auf künftige Wunder der Technik zu rechnen, um sich das Gewagte zunächst einmal zu erlauben ..." (Jonas, 1985, S. 71).

19 Jonas gibt noch drei weitere Fassungen des Imperativs (1979, S. 36). Kants bekannter Kategorischer Imperativ: "Handle nur nach derjenigen Maxime, durch die du zugleich wollen kannst, daß sie ein allgemeines Gesetz werde" (Immanuel Kant: *Grundlegung der Metaphysik der Sitten*. In: Werke in zehn Bänden. Hrsg. von Wilhelm Weischedel. Darmstadt 1956, S. 51) enthält in sich nur die formale Bestimmung der Verpflichtung überhaupt.

20 Jonas scheint später die Begründungsprobleme einer solchen Metaphysik zuzugestehen: "Doch die Metaphysik nötig haben heißt noch nicht, sie auch zu haben, und unserem positivistischen Denken liegt sie ferner als je. Unnötig zu sagen, daß auch ich sie nicht besitze". Die fehlende Einsichtigkeit des metaphysischen Gedankengangens wird kompensiert mit der Pflicht, das "angemessene Gefühl in uns zu erzeugen", vgl. Hans Jonas: *Prinzip Verantwortung – Zur Grundlegung einer Zukunftsethik*. In: Meyer/ Miller (Hrsg.), 1986, S. 5–6 und schon 1979, S. 65.

21 Klassisch bei Aristoteles (Politik, z.B. 1255b19, 1259b5, 1325b7, 1328a35): Politik beginnt erst, wenn reziproke Verhältnisse zwischen

Freien und Gleichen schon gewonnen sind. Dann erst stellt sich, aus der Notwendigkeit einer Ordnung, das Problem der Herrschaft, die dann aber eine Herrschaft Freier und Gleicher über Freie und Gleiche ist.

22 So auch im Aufsatz: *Prinzip Verantwortung – Zur Grundlegung einer Zukunftsethik*. In: Meyer/Miller (Hrsg.), 1986, S. 13.

23 Hans Jonas: *Prinzip Verantwortung – Zur Grundlegung einer Zukunftsethik*. In: Meyer/Miller (Hrsg.), 1986, S. 4.

24 Robert Spaemann: *Technische Eingriffe in die Natur als Problem der politischen Ethik* (1979). In: Birnbacher (Hrsg.), 1986, S. 180–206.

25 a.a.O., S. 106.

26 Martin Rock: *Theologie der Natur und ihre anthropologisch-ethischen Konsequenzen*. In: Birnbacher (Hrsg.), 1986, S. 101, der, ähnlich wie Spaemann, ein religiöses Verhältnis zur Natur aus der Theologie und dem Dominium terrae nach 1. Mose 1,28 und 1. Mose 2,15 begründet.

27 Spaemann, a.a.O., S. 204f. Hier trifft sich Spaemann mit dem Zusatzprinzip der Folgenbewertung bei Jonas. Die unter 2. genannten Regeln sollten allerdings beide in Geltung bleiben, da sie sich nicht gegenseitig ausschließen.

28 Dieter Birnbacher: *Verantwortung für zukünftige Generationen*. Stuttgart 1988.

29 Karl-Otto Apel: *Kann der postkantische Standpunkt der Moralität noch einmal in substantielle Sittlichkeit 'aufgehoben' werden? Das geschichtsbezogene Anwendungsproblem der Diskursethik zwischen Utopie und Regression*. In: Wolfgang Kuhlmann: *Moralität und Sittlichkeit, Das Problem Hegels und die Diskursethik*. Frankfurt a.M. 1986 (1986a), S. 217–264, 222. Ders.: *Verantwortung heute – nur noch Prinzip der Bewahrung und Selbstbeschränkung oder immer noch der Befreiung und Verwirklichung von Humanität?* In: Meyer/Miller (Hrsg.), 1986 (1986b), S. 15–40.

30 Zum Mißtrauen in die Verantwortlichkeit bestehender Institutionen vgl. die "organisierte Unverantwortlichkeit", als der Widerspruch zwischen systemimmanent produzierten aber nicht mehr systemimmanent verantwortbaren Gefahren der Industriegesellschaft (Ulrich Beck: *Gegengifte. Die organisierte Unverantwortlichkeit*. Frankfurt a.M. 1988, S. 104) oder die "strukturelle Verantwortungslosigkeit" (Arnold Künzli: *Strukturelle Verantwortungslosigkeit*. In: Meyer/Miller (Hrsg.), 1986, S. 139–148). Das Maß an Verantwortung, das jetzt schon wahrgenommen wird, sollte, in Analogie zu den Beweislastverteilungsregeln von Jonas und Spaemann, indes auch nicht verwettet werden.

31 Ein erster Versuch hierfür: Peter Saladin: *Verantwortung als Staatsprinzip*. Bern/Stuttgart 1984. Saladin nimmt Gedanken von Picht und Jonas auf und versucht diese staatsrechtlich weiterzudenken. Ethik kann nur als Verantwortungsethik in Recht überführt werden, wenn Recht nicht zum Gesinnungsstrafrecht verkommen soll. Im neuzeitlichen Staat ist in der wechselseitigen Gewaltenkontrolle Verantwortung immer schon Staatsprinzip. Diese Verantwortung gilt es nun auch fruchtbar zu machen für die bürgerliche Gesellschaft, indem die Grundpflichten der Bürger verstärkt geltend gemacht und auch die intermediären Gewalten in eine rechtlich zu fassende Verantwortung gerufen werden.

Bibliographie

a) Ausgewählte Literatur zur Verantwortungsethik

Apel, K-O.: Kann der postkantische Standpunkt der Moralität noch einmal in substantielle Sittlichkeit 'aufgehoben' werden? Das geschichtsbezogene Anwendungsproblem der Diskursethik zwischen Utopie und Regression. In: Wolfgang Kuhlmann: Moralität und Sittlichkeit, Das Problem Hegels und die Diskursethik. Frankfurt a.M. 1986 (1986a), S. 217–264.

– Verantwortung heute – nur noch Prinzip der Bewahrung und Selbstbeschränkung oder immer noch der Befreiung und Verwirklichung von Humanität? In: Meyer/Miller (Hrsg.), 198, S. 15–40.

Birnbacher, D.: Verantwortung für zukünftige Generationen. Stuttgart 1988.

Jonas, H.: Das Prinzip Verantwortung. Versuch einer Ethik für die technologische Zivilisation. Frankfurt a.M. 1979.

– Technik, Medizin und Ethik. Zur Praxis des Prinzips Verantwortung. Frankfurt a.M. 1985.

Picht, G.: Wahrheit, Vernunft, Verantwortung. Stuttgart 1969.

Saladin, P.: Verantwortung als Staatsprinzip. Bern/Stuttgart 1984.

Schulz, W.: Philosophie in der veränderten Welt. Pfullingen 1972 (Teil V: Verantwortung, S. 712ff.).

Schwartländer, J.: Verantwortung. In: Handbuch philosophischer Grundbegriffe. Hrsg. von H. Krings u.a. Bd. 3. München 1974.

Spaemann, R.: Technische Eingriffe in die Natur als Problem der politischen Ethik (1979). In: Birnbacher (Hrsg.) 1986, S. 180–206.

Weber, M.: Soziologie, Universalgeschichtliche Analysen, Politik. Hrsg. von J. Winckelmann. Stuttgart 1973.

Weischedel, W.: Das Wesen der Verantwortung. Ein Versuch. Frankfurt a.M. (1933) ^{3}1972.

b) Sammelbände

Birnbacher, D. (Hrsg.): Ökologie und Ethik. Stuttgart 1986.

Gatzemeier, M. (Hrsg.): Verantwortung in Wissenschaft und Technik. Mannheim u.a. 1989.

Lenk, H. (Hrsg.): Wissenschaft und Ethik. Stuttgart 1991.

Lenk, H. / Ropohl, G. (Hrsg.): Technik und Ethik. Stuttgart 1987.

Meyer, Th. / Miller, S. (Hrsg.): Zukunftsethik und Industriegesellschaft. Reihe Zukunftsethik, Bd. 1. München 1986.

Ethik der Kommunikation und des politischen Handelns

Maja Wicki-Vogt

1. Vorbemerkung

Für Karl Jaspers und für Hannah Arendt steht die Idee der Freiheit am Anfang und im Mittelpunkt einer sich im Lauf des Gesamtwerks entwickelnden Ethik. Bei beiden geschieht jedoch die Auseinandersetzung um die ethische Kernfrage, was wir tun sollen, um gut zu leben, nicht ohne die Einwirkung der Zeitgeschehnisse und damit nicht ohne Widersprüche. Nach Jaspers' Worten kann es anders nicht sein, "liegt es doch in der Philosophie, daß, je wahrer sie wird, desto weniger sie in der Zeit sich runden und vollenden kann".[1]

Eine ständig sich vertiefende Freundschaftsbeziehung verband die beiden, seit Hannah Arendt als Zwanzigjährige nach Heidelberg gekommen war, um bei Jaspers ihr Philosophiestudium abzuschließen. Der aus der Diskussion der politischen Ereignisse und der philosophischen Arbeit erwachsende Brief- und Gesprächsaustausch,[2] der, mit Ausnahme der Kriegsjahre, bis zu Jaspers Tod im Jahre 1969 dauerte, macht sowohl die zunehmende Nähe, die gemeinsame Denkungsart wie auch die Differenzen deutlich, nicht anders als die Vielzahl der von beiden publizierten Werke. Während Jaspers, der von 1948 an in Basel lebte und lehrte, eher weltabgeschieden und wegen einer lebenslangen Krankheit schonungsbedürftig, die Verbindung von Freiheit, Vernunft und Kommunikation zum Thema seiner philosophischen Reflexion machte und an diesem Thema entlang das Zeitgeschehen kommentierte, insbesondere die Frage der Schuld, die Deutschlandfrage, die Frage der atomaren Aufrüstung und des bedrohten Friedens, wurde Hannah Arendt immer mehr zu einer leidenschaftlichen Weltbürgerin und zu einer unbestechlichen, wenngleich widersprüchlichen Analytikerin der politischen Geschehnisse im Umfeld des Zweiten Weltkriegs, insbesondere in Deutschland, in Israel und in den USA.

2. Karl Jaspers

2.1 Existenz und Freiheit

“Auf die Frage, was wir tun sollen, erwarten wir durchwegs Antwort durch Angabe von Zweck und Mitteln. Entweder wollen wir wissen, was wir machen sollen, oder wir wollen uns passiv fügen” (...) schreibt Jaspers im Aufsatz “Freiheit und Autorität” von 1951.[3] Und er fährt fort: “Das Entscheidende aber ist ein Drittes (...). Das ist die Verantwortung des Menschen im inneren Handeln, die Selbsterhellung mit der Folge nicht einer immer vordergründigen psychologischen Einsicht, sondern der Selbstverwandlung. Es ist eine Aktivität ohne gesetzten Zweck, eine Verantwortung ohne bestimmbare Sache. Es ist der Gang unseres menschlichen Selbstseins, der nicht als ein anderes in Distanz zu beobachten ist, sondern sich vollzieht im Identischsein mit meiner eigenen, unobjektivierbaren Wirklichkeit.”

Jaspers umschreibt hier, was er seit Beginn seines Philosophierens unter “Existenz” versteht, Existenz im Sinn des Kierkegaard’schen Begriffs, “der mir seit 1916 maßgebend wurde, um das zu fassen, worum ich mich bis dahin in Unruhe bemüht hatte”, bestätigt er in seiner “Philosophischen Autobiographie” von 1953.[4] Er fügt unmittelbar an das obige Zitat an, daß für ihn von “gleicher Energie der Begriff und die Forderung der Vernunft war, die durch Kant immer klarer wurde”. Hinsichtlich seiner Ethik ist Jaspers zweifelsohne Kantianer.

“Existenz” unterscheidet sich klar von “Dasein”. “Dasein” heißt für Jaspers empirisches In-der-Welt-sein, heißt den vitalen Notwendigkeiten ausgesetzt sein, diese erfassen und bestehen. Dasein ist für ihn “das Umgreifende, das wir sind, so wie Bewußtsein oder Geist”, wie er in “Vernunft und Existenz” von 1935[5] ausführlich erläutert.

Der Begriff des “Umgreifenden” bietet sich zu Interpretationsexkursen an, die hier jedoch nur soweit interessieren, als “Dasein” in der Jasperschen Deutung geklärt werden soll, damit, in Abhebung von “Dasein”, die ethische Dimension von “Existenz” deutlich wird. “Das Umgreifende, das wir sind” wurde von Jaspers selbst in der eben erwähnten Vorlesung erläutert als das, “was wir nicht erfassen wie ein Etwas in der Welt, das uns vorkommt. Es ist vielmehr das, worin alles Anders uns vorkommt. Wir erkennen es überhaupt nicht angemessen als einen Gegenstand, sondern wir werden seiner inne als Grenze”. Nach einer späteren Formulierung “bleibt das für uns Erste, wie wir uns im Umgreifenden finden, das philosophisch Unüberschreitbare".[6] An anderer Stelle schreibt er: "Wir sind die Stätte, für die alles, was für uns ist und werden kann, seine Erscheinungsform annimmt. Wir nennen diese Orientierung die Vergegenwärtigung des Umgreifenden".[7] Jeanne Hersch, Jaspers-Schülerin wie Hannah Arendt, spricht von den Weisen des Umgreifenden als von "Perspektiven" oder "Horizonten" des Subjekts.[8] Jean Marie Paul gebraucht diesbezüglich die Bezeichnung "Periechontologie" und versteht darunter die "ungegenständliche Klärung des Ganzen, wo wir zu uns kommen, indem alles Seiende uns entgegenkommt".[9] Das Umgreifende kann somit nicht als etwas bezeichnet werden, das in einem konkreten Erkenntnisvorgang erfaßt werden kann, sondern das als das ontologisch Allgemeine des einzelnen Subjekts diesem als "Grundwissen" und damit als "reflexives Orientierungswissen" (H. Fahrenbach[10]) gegeben ist. "Ich bin erstens als Dasein", so Jaspers' These in "Vernunft und Existenz", dergemäß "alles, was für mich wirklich ist, auch in irgendeinem Sinn daseinswirklich als mein Sein werden muß: so etwa als die ständig fühlbare Gegenwart meines Leibes in den Weisen, wie dieser Leib getroffen, alteriert, wahrnehmend wird".[11] Während Dasein als erfahrbare Wirklichkeit Gegenstand wissenschaftlicher Erforschung, mithin objektiviert werden kann, entzieht sich Existenz dem wissenschaftlichen Zugriff. Existenz kann nie als Gegenstand "untersucht" werden. "Existenz ist gleichsam die Achse, um die alles kreist, was in der Welt wahrhaft Sinn für uns gewinnt."[12] Und an anderer Stelle heißt es: "Ohne Existenz wird alles wie leer, wie ausgehöhlt, wie bodenlos, wird alles unecht, weil endloses Maskensein und bloßes Möglichsein oder bloßes Dasein".[13]

Existenz ist die in der empirischen Wirklichkeit sich durch Entscheidung aktualisierende Freiheit, nicht im Unbestimmten, sondern immer zur anderen Existenz hin und auf Transzendenz hin ausgerichtet – eben "der Gang unseres menschlichen Selbstseins". "Existenz bezeichnet den Ursprung, die tiefste Quelle dieser Freiheit, die einen bestimmten Entschluß möglich macht" (J. Hersch).[14]

Jaspers betont immer wieder: "Freiheit verwirklicht sich nur in Gemeinschaft"[15], und "der Nachweis der Freiheit erfolgt nicht durch ein Wissen, sondern durch die Tat, aber nicht durch eine einmalige Tat, sondern durch das Tun aller Tage, durch die Existenz des einzelnen Menschen, der dadurch erst mit dem anderen in eine echte, freie Gemeinschaft gelangt".[16] Denn Freiheit gehört primär zur "conditio humana", zum Dasein, ist darin jedoch nicht nachweisbar außer im Prozeß des menschlichen Selbstwerdens, das heißt durch Existenz. Und damit weist Freiheit über das bloße Dasein und die damit gegebene Endlichkeit hinaus. "Wir sind nicht frei durch uns selbst, sondern im Grunde der Freiheit durch das, worin wir uns geschenkt werden", hält Jaspers fest und fährt fort: "Die Transzendenz spricht nirgends direkt, sie ist nicht da, ist nicht greifbar. Gott spricht durch unsere eigene Freiheit. (...) Freiheit und Transzendenz machen die Endlichkeit des Menschen im Vergleich zu anderen endlichen Dingen in der Welt zu einer einzigartigen. (...) Während der Mensch sich seiner Endlichkeit bewußt wird, gewinnt er im Endlichen Teil an der Unendlichkeit."[17]

Was wie religiöses Sprechen anmutet, ist jedoch ethisches Programm. Es geht Japers um das Tun des Guten und um die Abkehr vom Tun des Bösen. "Die Zukunft kommt (...) durch das, was jetzt aus Freiheit getan und gelebt wird. Die Bedeutung der zahllosen kleinen Handlungen, jedes freien Entschlusses und jeder Verwirklichung der einzelnen Menschen ist unabsehbar, (...) Ich frage nach dem Ursprung in menschlicher Freiheit. Ich appelliere an unser Wollen."[18] Im Wollen konkretisiert sich der Entschluß, so oder anders zu handeln. "Verantwortung" und "Schuld" sind für Jaspers leere Begriffe, wenn sie nicht auf das Wollen in Freiheit rekurrieren. 1946, in seiner ersten Nachkriegsvorlesung in Heidelberg, untersuchte Jaspers eingehend die Frage der Schuld.[19] Er hielt dabei gleich zu Beginn, in der "Schematik der Unterscheidungen", fest, daß alle Handlungen, die der einzelne Mensch vollzieht, ob sie befohlen seien oder nicht, der moralischen Beurteilung unterstellt seien. Verbrechen blieben Verbrechen, auch wenn sie auf Befehl geschähen. "Die Instanz ist das eigene Gewissen und die Kommunikation mit dem Freund und dem Nächsten, dem liebenden, an meiner Seele interessierten Mitmenschen." Das Gewissen erhebt Anklage: "Von innen hört der Schuldige die Vorwürfe in Bezug auf sein moralisches Versagen und seine metaphysische Brüchigkeit, und sofern hier der Ursprung politischen und verbrecherischen Handelns oder Nichthandelns liegt, auch in Bezug auf diese."[20]

2.2 Die Vernunft und das Böse

Die Instanz für "moralisches Versagen und metaphysische Brüchigkeit" ist somit das eigene Gewissen. Wie aber weiß das Gewissen um den Maßstab des Guten und des Bösen?

Jaspers ist, als Existenzphilosoph, Kantianer. Sein ethisches Gebot fordert, daß der einzelne Mensch nicht im trivialen Dasein verharre, sondern, dank der ihn auszeichnenden Freiheit, er selbst werde, das heißt, Existenz werde im "liebenden Kampf", in nicht abbrechender Kommunikation mit dem anderen. Dieses Gebot ist, da es sich an jeden Menschen richtet, allgemeinverbindlich, ein kategorischer Imperativ, dessen Befolgung Gemeinschaft konstituiert. Jaspers ist sich darüber im klaren, daß Kants kategorischer Imperativ "Handle so, daß der letzte Grundsatz deines Handelns jederzeit Prinzip einer allgemeinen Gesetzwerdung werden kann" lediglich die Form des Gesetzes ausspricht. "Wie finde ich den jeweiligen bestimmten sittlich rechten Inhalt meines Handelns?" fragt er selbst.[21] Jaspers' Antwort ist ganz im Sinn Kants. "Ich soll mich fragen, ob ich die Handlung, die ich vorhabe, wollen kann, wenn sie nicht einmal, sondern immer so geschehen würde, wie als ob sie durch ein Naturgesetz so geschehe, das ich durch mein Handeln erst hervorbringe. Das heißt: ich soll mich fragen, welche Welt ich wohl durch mein Handeln schaffen würde, wenn es in meinem Vermögen stände."[22] Er insistiert, daß ich das, was die Welt eigentlich sei, nicht durch ein Beurteilen der anderen Menschen und des unerkennbaren Ganzen der Welt erfahre, sondern allein durch mein Tun, durch "mein Sein im Tun". Dieses Tun aber sei kein naturgesetzliches, sondern ein gewolltes.

Jaspers beruft sich ohne Einschränkung auf die Autonomie des vernunftbegabten Menschen, auf "die Vernunft". Sie ist untrennbar mit der Existenz verbunden. Sie ist "die zusammengreifende, erinnernde und vorantreibende Macht, deren Grenze jeweils das ist, woraus ihr Gehalt kommt (nämlich die Existenz), und die jede dieser Grenzen überschreitet, weil sie ein ständiges Ungenügen ausdrückt".[23] Die Vernunft treibe zur Kommunikation an, zu Gesetz und Ordnung, oder sie sei diese selbst. Entscheidet sich nun der Mensch in seinem Tun gegen das Gesetz der Existenz, so geht er fehl. "Das Böse liegt allein im Willen" hält Jaspers fest, doch schränkt er ein: "Böse ist ein Wille erst dann, wenn er alle Pflichterfüllung, das heißt das Handeln nach dem Gesetz, abhängig macht von der Erfüllung der natürlichen Triebfedern und ihres Glückbegehrens. Er vollzieht die Verkehrung (Perversion) des Bedingungsverhältnisses".[24] Diese "Verkehrung" oder "Revolution der Denkungsart" sei jedoch ein Rätsel und als Rätsel nicht weniger groß als die umgekehrte Tatsache, daß wir unseren Glückwillen unter das moralische Gesetz zu stellen vermögen. Der Mensch könne im

Sinn Kants kein Teufel sein. Er habe nicht die boshafte Vernunft, die das Böse als Böses wolle. Er lebe nur im Widerstreit.[25]

Indem Jaspers sich zum Bösen bei Kant äußert, entwickelt er seine eigene Ethik. "Ich frage nach dem Ursprung in menschlicher Freiheit. Ich appelliere an unser Wollen (...) Gelingt uns die Vergewisserung des Menschseins im umgreifenden Rahmen seiner Möglichkeiten, so können wir nie endgültig am Menschen verzweifeln. Im Symbol: der Mensch ist von Gott geschaffen nach seinem Bilde – das kann in aller Verlorenheit nicht ganz verschwinden."[26] Allerdings hält er fest, daß es gleichwohl ein "eigentliches Böses" gebe: die Unwahrheit, "die Unwahrheit von der Verschleierung bis zur blinden Lässigkeit, von der Lüge bis zur inneren Verlogenheit, von der Gedankenlosigkeit bis zum doktrinären Wahrheitsfanatismus, von der Unwahrhaftigkeit des einzelnen bis zur Unwahrhaftigkeit des öffentlichen Zustandes".[27]

Auch im Tun des Bösen, das erst durch die Zustimmung des Menschen, entgegen seinem besseren Wissen, zum Bösen wird, auch im Scheitern rekurriert Jaspers auf die Freiheit, durch die immer auch der Weg zur Umkehr offen ist. Das Vertrauen zum Menschen ist für ihn der eigentliche Beweis der Freiheit und die Grundbedingung der Erfüllung der Existenz in der Kommunikation. "Freiheit ist in dem Maße, als Kommunikation tief und aufrichtig ist. Wer nicht an den Menschen glaubt – sei es als eigenen Ursprung, sei es als Geschöpf der Gottheit –, der muß, was er auch tut, daran mitwirken, den Menschen zu vernichten."[28] Umgekehrt aber gilt: "Den Unheilsvisionen widersteht der Glaube an den Menschen, dem, bei allen Verirrungen, im Innersten bleibt, was nach dem biblischen Wort geschaffen ist als Ebenbild der Gottheit."[29]

2.3 Politische Ethik

Jaspers selbst hält unbeirrbar an seinem "Glauben an den Menschen" fest. Merkwürdig mutet an, daß er "den Menschen" als ideale, als "aristokratische" Verwirklichung menschlichen Daseins versteht, die sich von der des gewöhnlichen "Massenmenschen" ganz und gar abhebt. Nur in dieser Vervollkommnung sei "der Mensch" zu echter Kommunikation fähig, die er als "Solidarität der Besten" bezeichnet.[30] Merkwürdig auch, daß er dieses elitäre, auf "Führertum" hin angelegte Menschenbild, wie er es 1931 in seiner Schrift "Die geistige Situation der Zeit" festhält, in allen späteren Auflagen so stehen gelassen hat.

Als die "Besten" versteht Jaspers die wirklich "Selbstseienden", diejenigen, die aus Dasein zu Existenz gelangen. Ihnen komme "Adel" zu. "Unsichtbare Wirklichkeit des Wesentlichen ist diese Zusammengehörigkeit der Selbstseienden (...). Wahrer Adel ist nicht in einem isolierten Wesen. Er ist in der Verbundenheit der eigenständigen Menschen (...). Adel der selbstseienden Geister ist zerstreut in der Welt (...). Die Einheit dieser Zerstreutheit ist wie eine unsichtbare Kirche eines corpus mysticum in der anonymen Kette der Freunde (...). Massen kommen erst in Bewegung durch Führer, die ihnen sagen, was die wollen (...). Der Gleichheitsgedanke ist, wo er sich von der nur metaphysisch zu denkenden ursprünglichen Möglichkeit entfernt und nur das faktische Dasein der Menschen trifft, unwahrhaftig."[31]

Nach der grauenvollen Erfahrung des Nationalsozialismus mit seinem Herrenmenschenkult und der millionenfachen systematischen Verfolgung, Quälerei und Ermordung von "nicht-arischen Untermenschen" ist Jaspers sich der Gefahren eines elitären Weltbildes bewußt, und er tritt – zum erstenmal in aller Deutlichkeit 1955 – in "Vom Ursprung und Ziel der Geschichte"[32] für eine gelebte Demokratie ein, die allein politische Freiheit zu garantieren imstande sei. "Ein freier politischer Zustand kann sich nur halten, wenn das Bewußtsein der Freiheit in der Masse der Bevölkerung in ständiger Empfindlichkeit gegen alle Realitäten, die diese Freiheiten angehen, um deren Erhaltung besorgt ist. Man weiß, was es gekostet hat, diese Freiheit zu erwerben, sowohl in dem geschichtlichen Prozeß wie in der Selbsterziehung des ganzen Volkes."[33] In der "Kleinen Schule des philosophischen Denkens" von 1961 heißt es noch pointierter: "Nur die politische Freiheit kann uns zum ganzen Menschen werden lassen."[34]

Nach wie vor aber, auch nach der Zäsur des Krieges, bleibt für Jaspers das Postulat der Gleichheit im Sinn der sozialistischen Forderung nach gerechten Eigentums- und Einkommensverhältnissen zweitrangig, auch wenn er nun den Sozialismus als eine der "Grundtendenzen der Geschichte anerkennt. "Sozialismus ist die universale Tendenz der gegenwärtigen Menschheit zu einer Organisation der Arbeit und des Anteils an dem Erarbeiteten zur Ermöglichung der Freiheit aller Menschen. Insofern ist heute fast jeder Sozialist. Sozialistische Forderungen finden sich bei allen Parteien. Sozialismus ist der Grundzug unseres Zeitalters."[35] Jaspers warnt jedoch, daß, wenn die Freiheit aufhöre und die Demokratie verraten werde, auch Gerechtigkeit unmöglich sei.

Seine fast lebenslängliche harsche Ablehnung des marxistischen Sozialismus korrigiert er in einem späten Interview, in dem er sich auf Rosa Luxemburg abstützt, die in ihren Schriften und in ihrem Kampf gegen Lenin die Verbindung von Kommunismus und demokratischer Freiheit vollzogen und vorgelebt habe, was mithin möglich und zu verwirklichen sei,[36] wie Jaspers ausdrücklich festhält. Dies ist eine erstaunliche Akzentverschiebung in seiner politischen Ethik, wenngleich nur noch als Anregung zum selbständigen Weiterdenken – eine späte Ausweitung der "Ethik der Intimität", wie Dolf Sternberger Jaspers' sich selbst genügende duale Ethik der Kommunikation nannte,[37] zu einer Ethik der geschichtlichen Bewährung.

3. Hannah Arendt

Wirkt Jaspers' Ethik der Kommunikation, aus dem Gesamtwerk distilliert, manchmal eher papieren-studierstubenhaft, so ist das, was sich aus Hannah Arendts Werk als Ethik herauslesen läßt, zwar von Praxisnähe und persönlichem Mut geprägt, aber auch von blitzender Widersprüchlichkeit.

Den Karl Jaspers entliehenen Satz "Weder dem Vergangenen anheimfallen noch dem Zukünftigen; es kommt darauf an, ganz gegenwärtig zu sein" setzte Hannah Arendt nicht nur ihrer großen Untersuchung über "Elemente und Ursprünge totaler Herrschaft" als Motto voran,[38] sondern ihrem ganzen Leben und Werk. Elisabeth Young-Bruehl, die bei Hannah Arendt an der New School in New York doktoriert hatte, hat beides – Leben und Werk – auf hervorragende Weise durchleuchtet und nachgezeichnet.[39] Sie stellt fest, daß Hannah Arendts ganzes Bemühen darin bestand, sich ihre Haltung des "amor mundi" zu erhalten, ihre bedingungslose Zustimmung zur Welt und zur "Gegenwärtigkeit". Aus den alltäglichen Erfahrungen, die sie machte, erwuchsen die Fragen, denen sie als Philosophin nachspürte. Es waren, noch während des Studiums, die Erfahrungen des wachsenden Antisemitismus, des bewußt werdenden Judentums und des Zionismus, der Verfolgung und Gewalt, der totalitären Herrschaft, der Emigration und des Kriegs, aber auch der Stärke des Außenseitertums, der Freundschaft und der Bewährung in der Zusammengehörigkeit von Außenseiterinnen und Außenseitern. Aus diesen Erfahrungen schöpfte sie das Material, aus dem sie ihre politische Theorie, insbesondere ihre Ethik des Handelns aufbaute.

3.1 Voraussetzungen politischen Handelns

Die alltäglichste Erfahrung ist für Hannah Arendt die Tatsache, daß wir in der Welt sind, daß eine Pluralität von Menschen da ist, die durch Sprache miteinander verbunden sind und sich politisch organisieren, von denen jeder mit seiner Geburt einen Anfang setzt in der Welterfahrung und im Tätigsein. Tätigsein bedeutet einerseits "arbeiten", das heißt teilhaben am Kreislauf der Welt, andererseits bedeutet es "herstellen", mithin schaffen einer künstlichen Welt von Gegenständen, oder es heißt "handeln", nämlich das öffentliche Geschick mitentscheiden und mitverantworten.

Die Analyse des "Tätigseins" ist bedeutungsvoll für die Differenz, die Hannah Arendt zwischen den Bereichen des "Politischen" und des "Gesellschaftlichen" macht. Das "Politische" definiert sie im Rekurs auf die aristotelische "polis". Sie versteht darunter alle Geschäfte von allgemeinem Interesse, die "durch Worte, die überzeugen, nicht durch Zwang und Gewalt"[40] im öffentlichen Raum, das heißt auf der agora und damit im Raum der Freiheit, abgehandelt wurden. Zutrittsberechtigt zu diesem öffentlichen Raum waren im antiken Griechenland allein freie, gleichgestellte, besitzende Männer. Hier war der Ort der Macht, in dem es weder Herrschen noch Beherrschtwerden gab, weil ja die Ungleichen, etwa die Frauen, zu diesem Ort gar keinen Zutritt hatten. Hannah Arendt präzisiert, daß "die Gleichheit innerhalb der polis wenig mit unseren Vorstellungen von Egalität zu tun hatte. Sie bedeutete, daß man es nur mit seinesgleichen zu tun hatte, und setzte so die Existenz von 'Ungleichen' als selbstverständlich voraus, wie denn auch diese 'Ungleichen' stets die Mehrheit der Bevölkerung in den (griechischen) Stadtstaaten gebildet haben. Gleichheit, die in der Neuzeit immer eine Forderung der Gerechtigkeit war, bildete in der Antike umgekehrt das eigentliche Wesen der Freiheit: Freiheit hieß frei sein von der allen Herrschaftsverhältnissen innewohnenden Ungleichheit".[41]

Hannah Arendt ging in ihrer Analyse noch einen Schritt weiter: "Der Sitz der Freiheit war ausschließlich im politischen Bereich lokalisiert. Und diese Freiheit in der Welt war den Griechen Bedingung für das, was sie Glück nannten, die 'eudaimonia', die unerläßlich mit

Gesundheit, mit Wohlhabenheit verbunden war"[42] – und eben, entsprechend dem Freiheitsbegriff, mit der Befähigung zur Öffentlichkeit, zum öffentlichen Sprechen, überhaupt zur Sprache.

Der Sitz der Ungleichheit dagegen, der Unfreiheit und der Notwendigkeit war mit dem Haushaltbereich verbunden, mit dem oikos. Der Bereich des oikos ist der Bereich des Sozialen, des Gesellschaftlichen. Hannah Arendt stellt fest, daß "die Beherrschung der Lebensnotwendigkeiten innerhalb des 'oikos' die Bedingungen für die Freiheit in der 'polis' bereitstellte".[43] Mit anderen Worten: Die Aufrechterhaltung der Ungleichheit und Stummheit der Frauen, der Handwerker und Arbeiter, deren Ausschluß aus dem öffentlichen Raum und aus den politischen Geschäften war Bedingung für die Freiheit und Gleichheit der herrschenden Schicht freier und gleicher Männer.

Zu Beginn wurde festgestellt, daß die Idee der Freiheit das Denken von Karl Jaspers und Hannah Arendt verbindet, Ausgang und Ziel beider Ethik ist. Ebenso teilen sie ein aristokratisch hierarchisiertes Weltbild. Hannah Arendt hat sich von der in "Vita activa" dargestellten Dialektik von Gleichheit und Ungleichheit als Voraussetzung von Freiheit nicht nur nicht distanziert, auch gute zehn Jahre später nicht, als sie ihre Studie über "Macht und Gewalt" publizierte,[44] sondern sie mißt gerade der Aufhebung der freiheitskonstituierenden Ungleichheit in der Vermischung von polis und oikos eine entscheidende Bedeutung für die Entstehung von freiheitsbedrohlichen Herrschaftsverhältnissen zu.

Die erste theoretische Grundlage für diese Vermischung findet Hannah Arendt bei Platon vor, der mit seinem Entwurf auch die modernen Formen von totalitärer Herrschaft und Technokratie vorbereitet habe. Indem Platon im "Staat" die private Familie und den privaten Haushalt abschaffte, andererseits die Familien- und Haushaltsstrukturen auf die ganze polis übertrug, ordnete er die Staatsangehörigen wie Hausgenossinnen und Hausgenossen in einem Herr-abhängigen-Verhältnis dem "Hausvater" unter. Damit, so stellt Hannah Arendt fest, war das Handeln als Tätigkeit der Freiheit, als Befähigung, einen Anfang zu setzen, ausgeschaltet.

Hannah Arendts Frage, wovon denn die Würde des Menschen abhänge, rekurriert allein auf das polis-Modell. Wenn die Zweck-Mittel-Rationalität des oikos das Politische bestimme, werde die Arbeit, insbesondere die produktive Arbeit, zum politischen Motor gemacht und bekomme, auf irreführende Weise, die Relevanz der "arché". Ihre Geringschätzung der körperlichen Arbeit begründet sich ebenfalls durch die

Übernahme des antiken Hierarchiemodells der menschlichen Tätigkeiten. Am modernen, überdehnten Arbeitsbegriff hakt ihre Marxismus-Kritik ein.

Entsprechend ihrer Differenzierung der menschlichen Tätigkeiten moniert sie im Marx'schen Begriff der "Arbeitskraft" die nicht mehr klar vollzogene Trennung der Bedeutung von Arbeiten und Herstellen. "Alle Herstellung verwandelt sich in dem Moment in Arbeit, wenn man ihre Produkte nicht mehr als Dinge versteht, die einen wörtlich gegenständlichen Bestand haben, sondern als Resultat der lebendigen Arbeitskraft und als Funktion des Lebensprozesses".[40] Das Marxsche Anliegen einer Emanzipation der Arbeiterinnen und Arbeiter aus den entfremdeten Produktionsverhältnissen durch Sozialisation des Eigentums an den Produktionsmitteln bedeutet nach Hannah Arendt keinen Schritt in die Sphäre der Freiheit, solange es bei der Veränderung der Produktionsverhältnisse bleibt und die Emanzipation nicht weitergeht. Sie stellt fest, daß die Würde des Menschen nicht von der nicht-entfremdeten Arbeit abhänge, sondern von der nicht-entfremdeten politischen Praxis, die allein Freiheit bedeute.

In Verbindung mit Hannah Arendts Forderung, daß Bedingungen im Staat geschaffen werden müssen, die eine optimale Entfaltung der Freiheit fördern, treten wiederum eine Reihe von Widersprüchen auf. Einige sind ihr selbst bewußt, etwa diejenigen, die mit den Aporien des Handelns zusammenhängen, wie sie schon Aristoteles am Beispiel des Gesetzgebers deutlich macht, bei dem das Handeln zum Herstellen wird und daher einhergeht mit einem zunehmenden Rückzug aus der Offenheit des politischen Raums in Organisationsräume. Mit der zunehmenden Privatisierung werde andererseits, analog zum privaten Haushalt, eine hierarchische und potentiell totalitäre Struktur der Gesellschaft initiiert.

Andere Widersprüche hängen mit ihrem völligen Unverständnis für das zusammen, was die "soziale Frage" betrifft. Arbeit bedeutet für Hannah Arendt ausschließlich die Erfüllung des Gebots der geforderten Lebenserhaltung. Da gehorcht der Mensch allein der Notwendigkeit der Subsistenz, eingespannt zwischen die Pole menschlicher Bedingtheit, Geburt und Tod, unabhängig davon, ob er der einzige Mensch sei, der da ist, oder ob er in einer Pluralität von Menschen ein Glied sei. Die Arbeit nimmt mit dem Tod ein Ende, sie ist erschöpfend und hinterläßt keine Spuren, da sie ja nur der Lebenserhaltung dient.

Die Ungleichheit und Rechtlosigkeit der Frauen, ihre Ausbeutung sowie überhaupt die Ausbeutung der Arbeitenden im Dienst der Subsistenzerhaltung der privilegierten Nicht-Arbeitenden, auch die Armut der ersten angesichts des Reichtums der zweiten, all dies kümmert Hannah Arendt nur im Rahmen ihrer Untersuchungen über Machtentstehung und -erhaltung, zum Beispiel im Rahmen ihrer Revolutionstheorie, wie wir noch sehen werden. Die Ausblendung der realen Armut und Ungerechtigkeit geht soweit, daß sie in ihrer Studie "Macht und Gewalt" sogar den Satz prägt, die Dritte Welt sei "keine Realität, sondern eine Ideologie".[45] Als Adelbert Reif sie in einem Interview ungläubig fragt, ob es sich bei diesem Satz nicht um ein Mißverständnis handle, das sie aufzuklären wünsche, bekräftigt sie ihre Aussage und ergänzt, die Dritte Welt mit ihren Bedingungen der Unterentwicklung sei lediglich "ein europäisch-amerikanisches Vorurteil" und "eine Frage der Perspektive".[46]

Diese Widersprüche sind um so merkwürdiger, als ja der eine Pol der menschlichen Bedingtheit, die Geburt, für Hannah Arendt viel mehr bedeutet als eine biologische Tatsache. Dem Begriff der "Gebürtlichkeit", den sie geprägt hat, kommt die ganze Bedeutung der "arché" zu, das heißt der Befähigung zur Freiheit und damit zur politischen Praxis sowie zur "eudaimonia" in nicht-unterschiedener Gleichheit. Er gilt als Existential und bestimmt somit, im Sinn der Arendt'schen Deutung, jede Existenz ohne Unterschied als "politische". Wie gelangt aber Hannah Arendt, trotz dieses Ansatzes, zu ihrer merkwürdigen Verteidigung von Ungleichheitsverhältnissen, zu dieser offensichtlichen Absage an eine Ethik der Gerechtigkeit?

3.2 Revolution und Rätestaat

Eine Aufschlüsselung der Frage mag in dem liegen, was die "Ästhetisierung" des Politischen genannt werden könnte, das sich damit ethischen Kriterien entzieht, indem es auf eine zweckfreie, herrschaftsfreie Sprechsituation reduziert wird, die sich prozeßhaft ins zeitlich Unbestimmte hinein erstreckt. Denn mit dem politischen Handeln und Sprechen soll ja nicht ein bestimmtes Produkt anvisiert werden (wie etwa beim Herstellen), dessen Zustandekommen den Prozeß abschließen würde. Selbst in ihrer Revolutionstheorie[47] abstrahiert Hannah Arendt vom strategischen "Wozu" von Revolutionen, vom Zweck. Sie sieht zwar ein, daß die revolutionäre Situation häufig durch die aus Elend und Hunger zustandekommende Ungeduld der Massen entsteht, doch ist sie optimistisch, daß die Aufhebung der Armutsverhältnisse im Gefolge des politischen Prozesse von selbst geschähe. Emanzipation lasse sich herbeiführen durch das Schaffen von Räten, durch die permanente Konstitution von Freiheit im revolutionären Sprechen und Handeln. Auf diese Weise entstehe Macht, ist ihre Überzeugung. Macht, so sagt sie an den verschiedensten Orten, komme zustande durch Verständigung, durch Übereinkunft und Bildung eines gemeinsamen Willens. Allein Macht gewährleiste und erhalte politische Praxis als Tätigkeit der Freiheit. Sie konkretisiere sich in Institutionen und Gesetzen, deren Legitimität auf einer möglichst breiten Zustimmung beruhe. "Alle politischen Institutionen sind Manifestationen von Macht. Sie erstarken und verfallen, sobald die lebendige Macht des Volkes nicht mehr hinter ihnen steht und sie stürzt". Wo die Zustimmung oder Übereinstimmung der Vielen nicht mehr erfolgt, Gesetze aber trotzdem durchgesetzt werden sollen, wird Macht durch Gewalt abgelöst. Macht und Gewalt sind unvereinbare Gegensätze.

"Politisch stehen wir in einer Konstellation, in der wir auf der einen Seite von einer totalen Vernichtung durch einen etwa ausbrechenden Krieg bedroht sind und in der wir andererseits beinah täglich erfahren, wie sich die Hoffnung auf eine Emanzipation der ganzen Menschheit durch Revolution erfüllt",[48] schrieb Hannah Arendt Anfang der sechziger Jahre. Wofür es sich zu kämpfen lohne, sei allein die Sache der Freiheit. Mit anderen Worten: Nicht tatsächliche Armut und konkretes Elend schaffen die "unwiderstehliche" revolutionäre Situation, sondern allein die Unterdrückung der Freiheit. In diesem Sinn wertet Hannah Arendt die Französische Revolution als die erste echte Revolution, als "Erscheinen der Freiheit", als nicht nur symbolischen "Anfang", sondern als Anfang einer neuen Zeitrechnung. Daß sie schließlich scheiterte, daß sie selbst im Terror und in der Katastrophe endete, nicht anders als mehr wie ein Jahrhundert später die Oktoberrevolution, erklärt sie durch den Fehler der doppelten Zielsetzung: daß zugleich zwei große Aufgaben – die Abschaffung der Armut und die Schaffung der Freiheit – hätten gelöst werden sollen. In der amerikanischen Revolution dagegen sei die Konstitution der Freiheit gelungen, weil Amerika nicht unter dem Fluch der Armut gestanden, respektive eine "freiheitsfähige" Armut gekannt habe. Daß dabei die Sklaven ausgeschlossen und in ihrer Unfreiheit belassen wurden, ist Hannah Arendts ungelöstes Dilemma.

"Freiheitsfähige" Armut versteht sie als rein politisches Problem: als Unfähigkeit, Zeichen zu setzen und Spuren zu hinterlassen, als Fluch, im Dunkeln zu stehen und nicht im Licht (wie fast hundert Jahre früher, John Adams und später Bert Brecht es ausdrückten), als Ohnmacht. Steigen machtlose Gruppen aus dem Dunkeln zur politischen Macht auf, so handelt es sich um eine Revolution. Die Sicherung der Macht bedürfe jedoch des ständig wachgehaltenen revolutionären Geistes, der permanenten Revolution innerhalb gefestigter Institutionen. Aus dieser Sicht erklärt sich ihre Verherrlichung des Rätewesens.

Hannah Arendt weist in ihrem Buch nach, daß sich seit 1789 in fast jeder Revolution spontan Räte gebildet haben, denen als primäre Aufgabe die politische Verwirklichung des Revolutionsprogramms oblag und nicht die Aufhebung von Not und Elend. Noch im sieben Jahre später geführten Interview mit Adelbert Reif hält sie fest, das Rätesystem scheine "wirklich im Wesen des Handelns zu liegen". In einem Rätestaat sieht sie noch 1970 die Möglichkeit einer neuen Staatsform, die sich durch eine "horizontale Machtkontrolle" auszeichnen würde, nachdem alle bisherigen Staatssysteme bezüglich einer dauerhaften Friedenssicherung versagt hätten. Merkwürdig ist, daß sie selbst im Rätesystem ihre Idee einer elitären Machtformation bestätigt findet, hier sogar auf ideale Weise. "Die Räte sagen: Wir wollen mitbestimmen. Wir wollen unsere Stimme irgendwo in der Öffentlichkeit zu Gehör bringen (...), wo eine vernünftige Meinungsbildung durch den Austausch von Meinungen stattfinden kann. (...) In solchen Räten", fährt sie fort, "brauchte ja keineswegs jeder Einwohner des Landes zu sitzen. Nicht jeder will oder muß sich um Politik kümmern. Auf diese Weise ist ein Selbstausleseprozeß möglich, um eine wirklich politische Elite in einem Land heranzuziehen (...). Wer nicht an öffentlichen Fragestellungen interessiert ist, der muß es sich gefallen lassen, daß sie ohne ihn entschieden werden. Aber die Chance muß jeder haben."[49]

Das Gleichheitspostulat reduziert sich bei Hannah Arendt auf das Postulat der Chancengleichheit. An der hierarchischen Machtgliederung hält sie fest. "Vielleicht würde eine solche im wahrsten Sinn des Wortes 'aristokratische' Staatsform dann nicht mehr zu den Mitteln der allgemeinen Wahlen greifen (...). Nur wer an der Welt wirklich interessiert ist, sollte eine Stimme haben im Gang der Welt." Ihrer Meinung nach würde es jedoch "keine Schande bedeuten, von der Politik ausgeschlossen zu sein", denn "das wäre nicht zu vergleichen mit der Aberkennung der bürgerlichen Ehrenrechte. Ein solch geregeltes

Fernbleiben von öffentlichen Geschäften würde in Wahrheit einer der wesentlichen negativen Freiheiten Substanz und Realität verleihen, nämlich der Freiheit von Politik, die wir seit dem Ende der antiken Welt kennen, die in Rom und Athen unbekannt war und die vielleicht der politisch bedeutsamste Teil unserer christlichen Erbschaft ist."

Mit dieser – zumindest – leichtfertigen Verherrlichung oligarischer Herrschaftsverhältnisse (die es schon in der Antike, nicht erst seit dem Christentum gab) fällt Hannah Arendt zurück in ihr idealistisch sublimiertes Bild der polis mit der Freiheit und Macht der Gleichen, die auf Grund der institutionalisierten Ungleichheit der Ungleichen sich selbst zelebrierte als "den eingezäunten Raum der freien Tat und des lebendigen Wortes, als polis, die das Leben aufglänzen machte".[50] Merkwürdig ist, daß dabei weder Trauer noch Besorgnis über das zunehmende politische Desinteresse den Ausschlag geben, sondern daß die Vorstellung eines tatsächlich besseren Gemeinwesens sie weiterhin leitet. Merkwürdig auch, daß nicht die geringste Befürchtung in ihr wach wird, daß die von ihr vorgeschlagene Machtkonzentration in einem kleinen Kreis könnte sich zu totalitärer Macht-Technokratie entwickeln. Unbeirrt glaubt sie an die freiheitsstiftende und -erhaltende Funktion des politischen Handelns.

Trotzdem ist das Revolutionsbuch letztlich ein Buch der Resignation. Hannah Arendt, die große Liberale, kann nicht anders, als die Demokratie zum Scheitern zu verurteilen. Ihr – so spät nochmals entwickeltes – "aristokratisches" Staatsmodell ist letztlich das Eingeständnis, daß der Geist der Revolution, der identisch ist mit dem Geist der arché, der Freiheit, sich gerade in den großen Revolutionen nicht realisieren konnte, weil er die ihm angemessenen Institutionen nicht fand und daher das eigentlich optimale System, das Rätesystem, ebenfalls versagen mußte.

3.3 Vita contemplativa

Die Rechtfertigung politischer Absenz, die Hannah Arendt daher gegen Ende des Revolutionsbuches formuliert, respektive die Gleichwertigkeit von Handeln und Nicht-Handeln, leitet unausgesprochenerweise über zum großen Wechsel in ihrer politischen Ethik: zum Lob der vita contemplativa. Nicht Gleichwertigkeit, sondern Überlegenheit des Betrachtens über das Handeln ist das Thema ihres – unabgeschlossenen – Alterswerks.

Grundlegend hierfür ist ein (verkürzter) Anspruch des Pythagoras, den sie immer wieder zitiert und abwandelt: "Das Leben ist wie ein Festspiel, die Besten kommen als Zuschauer."[51] Im posthum veröffentlichten Band "Das Urteilen" (der nach den beiden ersten Bänden "Das Denken" und "Das Wollen" unabgeschlossen blieb) konstatiert Hannah Arendt: "Die ganze Idee von der Überlegenheit der kontemplativen Lebensweise stammt aus dieser frühen Einsicht, daß der Sinn (oder die Wahrheit) nur denen enthüllt wird, die sich vom Handeln fernhalten (...), daß nur der Zuschauer eine Position hat, die es ihm erlaubt, das Ganze zu sehen. Der Handelnde, als Teilnehmer am Spiel, muß seine Rolle spielen; er ist per definitionem parteilich. Der Zuschauer ist per definitionem unparteilich; keine Teilnahme, keine Rolle wird ihm zugewiesen." Das, womit der Handelnde sich befasse, sei die "doxa", das heißt die Meinung der anderen. ("Doxa" heißt "Meinung" und "Ruhm"): "Der Ruhm entsteht durch die Meinung der anderen. Für den Handelnden ist somit die entscheidende Frage, wie er auf andere wirkt. Der Handelnde ist von der Meinung des Zuschauers abhängig. Er ist nicht autonom (in Kants Sprache) (...) Er beträgt sich nicht gemäß einer angeborenen Stimme der Vernunft, sondern im Einklang mit dem, was Zuschauer von ihm verlangen mögen. Der Maßstab ist der Zuschauer, und dieser Maßstab ist autonom."[52]

All dies ist im Vergleich mit früheren Aussagen verwirrend. Zu Hannah Arendts Entlastung läßt sich sagen, daß sie die Ausführungen mündlich, im Lauf von Vorlesungen, formuliert hat und den Text vor der Publikation selbst nicht mehr durchsehen konnte; daß sie lediglich eine Ausdeutung von Kants Urteil über die Französische Revolution bezweckte und so eine Theorie des Urteilens entwarf. Trotzdem ist es eben mehr. Die Theorie von der Überlegenheit des Zuschauers über den Handelnden und von der Heteronomie des Handelnden impliziert letztlich die moralische Entmündigung des Handelnden, der, dieser Theorie zufolge, zum moralisch nicht zu belangenden Befehlsempfänger und Befehlsausführenden wird.

Die Frage stellt sich, ob Hannah Arendt diese Kehrtwendung ihrer Ethik so wirklich gewollt hat, diese Absage an die moralische Bedeutung der Urteilskraft der Handelnden, wie sie sie zum Beispiel im Zusammenhang des Eichmann-Prozesses formuliert hat. Damals schrieb sie, daß der Rekurs auf den consensus omnium (das heißt auf die "doxa") den Handelnden ebensowenig entlaste wie der Verweis auf die geforderte und erfüllte Gehorsamspflicht. So scheint zum Lebensende hin das, was als Ethik sich aus dem Werk herausschälen läßt, völlig inkohärent zu werden. Dagegen hebt sich ihre Lehre vom Versprechen und Verzeihen, die sie in "Vita activa" entwickelt hat, wie ein zukunftsweisendes Vermächtnis ab.

3.4 Die ethische Dimension des Handelns

Nochmals muß wiederholt werden, daß Hannah Arendt in "Vita activa" die Vermischung des genuin Politischen mit dem Gesellschaftlichen als Gefahr für das freie politische Handeln bezeichnete. Das hieß für sie gleichzeitig, daß das der Freiheit und dem freien Handeln innewohnende Vermögen "zu sprechen und zu verzeihen", das heißt Zukunft zu setzen und Vergangenheit zu annullieren, gefährdet war. "Beide Fähigkeiten können sich nur unter der Bedingung der Pluralität betätigen, der Anwesenheit von anderen, die mit-sind und mit-handeln. Denn niemand kann sich selbst verzeihen, und niemand kann sich durch ein Versprechen gebunden fühlen, das er nur sich selbst gegeben hat. Versprechen, die ich mir selbst gebe, und ein Verzeihen, das ich mir selbst gewähre, sind unverbindlich wie Gebärden vor dem Spiegel. Die Fähigkeit zu verzeihen und zu versprechen sind im Vermögen des Handelns verwurzelt; sie sind die Modi, durch die der Handelnde von einer Vergangenheit, die ihn noch immer festlegen will, befreit wird und sich seiner Zukunft, deren Unabsehbarkeit bedroht, halbwegs versichern kann".[53]

Das hohe Ethos des Verzeihens und dessen politische Relevanz findet Hannah Arendt zum erstenmal beim großen jüdischen Lehrer Jesus von Nazareth, dessen Lehre zur Begründung des Christentums führte. "Daß diese Entdeckung in einem religiösen Zusammenhang gemacht und ausgesprochen wurde, ist noch kein Grund, sie nicht auch in einem durchaus diesseitigen Sinn ernst zu nehmen, wie sie es verdient",[54] hält sie fest und moniert, daß die abendländische Tradition politischer Philosophie eine große Zahl echter politischer Erfahrungen ausgeschlossen, da begrifflich ungeklärt gelassen habe, die so elementarer Natur seien, daß man den politischen Bereich nicht abstecken könne, ohne ihnen Rechnung zu tragen. Dazu gehöre zweifellos die Lehre vom Verzeihen, denn Verfehlungen geschähen aus der Natur des Handelns und bedürften der Verzeihung, des Vergebens und Vergessens. Das menschliche Leben könnte gar nicht weitergehen, gäbe es nicht diese dauernde Sich-Entlasten und Entbinden, das immer wieder einen neuen Anfang setze. Die Freiheit, die damit Ausdruck finde, sei insbesondere Befreiung von Rache. Rache vergelte geschehenes Böses mit Bösem in einer potentiell unabsehbaren Kettenreaktion des Bösen.

Das Strafen ist nach Hannah Arendt dem Verzeihen in der tat-annullierenden Wirkung ähnlich. Sie stellt fest, daß Vergehen, die sich als unbestrafbar erweisen, auch nicht vergeben werden können. Sie können nur mit dem Kant'schen Begriff des "radikal Bösen" umschrieben werden. Wie Karl Jaspers setzt sich Hannah Arendt immer wieder damit auseinander, im großen Werk "Elemente und Ursprünge totaler Herrschaft", in der "Vita activa", im Buch über den Eichmann-Prozeß,[55] sodann in kleineren Schriften und Vorträgen. Der Begriff des "radikal Bösen" und kein anderer Begriff kann nach Hannah Arendt die Verbrechen an der Menschheit erfassen (nicht "gegen die Menschlichkeit", wie Karl Jaspers ungenauerweise sagte und wie heute oft noch gesagt wird), die Verbrechen, die einzelne Menschen an Millionen einzelnen Menschen begangen haben – am jüdischen Volk, an Zigeunerinnen und Zigeunern, am slawischen Volk, an Geisteskranken und sozialen Außenseitern, an Kommunistinnen und Kommunisten –, diese "Erfahrung des Grauens und des sprachlosen Entsetzens über das, was Menschen tun, und darüber, was aus der Welt werden kann", wie sie einem unveröffentlichten Vortrag von 1954 sagte ("Concern with Politics in Recent European Thought"). Verbrechen von der Tragweite des "radikal Bösen" zerstören den zwischenmenschlichen Bereich, sie machen alles weitere Tun unmöglich, zwingen zur Ohnmacht.

Wie das Verzeihen ist auch die Schuld ganz und gar persönlich. "Der Schuldbegriff macht nur Sinn, wenn er auf Individuen angewendet wird", sagt sie in einer Rundfunksendung von 1964,[56] "dergleichen wie kollektive Schuld oder Unschuld gibt es nicht." Im Zusammenhang mit dem Eichmann-Prozeß wurde ihr bewußt, daß Eichmann, dieser pflichtbesessene Biedermann, nicht auf Grund verbrecherischer Absichten zum Verbrecher wurde, sondern durch sein defizitäres Gewissen, durch den Verlust jener kritischen Instanz, die vor dem Tun des Bösen warnt und es zu verhindern versucht, letztlich durch den Verzicht auf die Freiheit, das Böse zu unterlassen. Indem das Gewissen ausgeschaltet wird, wird das Böse zu etwas ganz und gar Alltäglichem, zur "Banalität".

Was in der Sprache der Moral das Gewissen heißt, ist, philosophisch gesprochen, die Urteilskraft, eben jene kritische Instanz, die

Handlungen gutheißt oder nicht, selbst wenn ein consensus omnium bezüglich der Legitimität des Verbrechens bestünde oder wenn Gehorsamspflicht scheinbar eigene Urteile entbehrlich mache. Nie könne der Mensch von der Verantwortung für sein Tun entbunden werden, hält sie hier noch fest. Im Vorwort zu "Eichmann in Jerusalem" fordert sie, daß Menschen auch dann noch fähig sein müssen, Recht von Unrecht zu unterscheiden, wenn sie auf nichts anderes zurückgreifen können als auf das eigene Urteil, selbst wenn die gesellschaftsbildenden Maximen oder die gemeinschaftsbildenden religiösen Gebote sich nach Unrechtsmaßstäben richten.

Daß Hannah Arendt auch die Schuld der jüdischen Kollaborateure, der sogenannten Judenräte, die die Transportlisten für die Vernichtungslager zusammenstellen mußten, thematisierte, brachte ihr viel Kritik und Feindschaft ein. Tatsache ist, daß diese Vertreter der jüdischen Gemeinden tatsächlich eine, wenn auch durch Gewalt konditionierte, Macht besaßen und damit für ihr Handeln verantwortlich waren. Auch der Rechtfertigungsversuch mit dem "kleineren Übel" sei unzulässig, hält sie im schon zitierten Rundfunkvortrag fest. Die Rede vom "kleineren Übel" sei dazu benutzt worden, Menschen überhaupt an das Übel, das heißt an das Tun und Gewährenlassen des Bösen zu gewöhnen.

Hannah Arendts Analyse von Verantwortung und Schuld im Rekurs auf die handlungsbestimmende Urteilskraft ist ohne Einschränkung zuzustimmen. Es stellt sich jedoch – einmal mehr – die Frage, ob Arendts Polis-Modell mit seiner elitären Machtlegitimation, mit seiner impliziten Geringschätzung körperlicher Arbeit, mit der akzeptierten Benachteiligung eines großen Teils der Gesellschaft – zum Beispiel der Frauen, die an der Macht nicht teilhaben – geeignet ist, verbrecherischen totalitären Machtmißbrauch bloßzulegen und in Zukunft zu verhindern. Daß das erste Hannah Arendt gelang, trotz der theoretischen Schwäche des Modells, ist unbestritten – ein Widerspruch mehr.

Anmerkungen

1 Karl Jaspers. Philosophische Autobiographie. Neuauflage. Verlag R. Piper & Co. München 1977.

2 Hannah Arendt / Karl Jaspers: Briefwechsel 1926–1969. Hrsg. von Lotte Köhler und Hans Saner. Verlag R. Piper. München/Zürich 1985.
3 Karl Jaspers: Freiheit und Autorität. In: Wahrheit und Bewährung. Philosophie für die Praxis. Verlag R. Piper & Co. München 1983.
4 Karl Jaspers: Philosophische Autobiographie. Neuauflage. Verlag R. Piper & Co. München 1977.
5 Karl Jaspers: Vernunft und Existenz. Fünf Vorlesungen. Verlag J.B. Wolters. Groningen 1935.
6 Karl Jaspers: Von der Wahrheit. Philosophische Logik. I. Bd. Verlag R. Piper. München 1983.
7 Karl Jaspers: Der philosophische Glaube angesichts der Offenbarung. Verlag R. Piper & Co. München 1984.
8 Jeanne Hersch. Existenz in der empirischen Wirklichkeit. In: Karl Jaspers: Philosoph, Arzt, politischer Denker. Symposium zum 100. Geburtstag in Basel und Heidelberg. Verlag R. Piper & Co. München 1986.
9 Jean-Marie Paul: Der Weg des Menschen oder Kommunikation und Liebe bei Jaspers. In: Dietrich Harth (Hrsg.). Karl Jaspers: Denker zwischen Wissenschaft, Politik und Philosophie. Verlag J.B. Metzler. Stuttgart 1989.
10 Helmut Fahrenbach: Das "philosophische Grundwissen" kommunikativer Vernunft. In: Karl Jaspers: Philosoph, Arzt, politischer Denker. Symposium zum 100. Geburtstag in Basel und Heidelberg. Verlag R. Piper & Co. München 1986.
11 Karl Jaspers: Vernunft und Existenz. Fünf Vorlesungen. Verlag J.B. Wolters. Groningen 1935.
12 ebd.
13 ebd.
14 Jeanne Hersch: Existenz in der empirischen Wirklichkeit. In: Karl Jaspers: Philosoph, Arzt, politischer Denker. Symposium zum 100. Geburtstag in Basel und Heidelberg. Verlag R. Piper & Co. München 1986.
15 Karl Jaspers: Vom europäischen Geist. In: Wahrheit und Bewährung, Philosophie für die Praxis. Verlag R. Piper & Co. München 1983.
16 Karl Jaspers: Über Gefahren und Chancen der Freiheit. In: Wahrheit und Bewährung, Philosophie für die Praxis. Verlag R. Piper & Co. München 1983.
17 Karl Jaspers: über Bedingungen und Möglichkeiten eines neuen Humanismus. Verlag Reclam. Ditzingen 1983.
18 ebd.
19 Karl Jaspers: Die Schuldfrage. Erstmals Verlag Lambert Schneider Heidelberg 1946 und Artemis Verlag, Zürich 1946. Neuauflage Verlag R. Piper & Co. München 1965.
20 ebd.
21 Karl Jaspers: Das radikal Böse bei Kant. In: Über Bedingungen und Möglichkeiten eines neuen Humanismus. Verlag Reclam. Ditzingen 1983.
22 ebd.
23 Karl Jaspers: Vernunft und Existenz. Fünf Vorlesungen. Verlag J.B. Wolters, Groningen 1935.

24 Karl Jaspers: Das radikal Böse. In: Über Bedingungen und Möglichkeiten eines neuen Humanismus. Verlag Reclam. Ditzingen 1983.
25 Karl Jaspers: Chiffren der Transzendenz. 8 Vorlesgungen von 1961, Hrsg. von Hans Saner. Verlag R. Piper & Co. München 1970.
26 Karl Jaspers: Über Bedingungen und Möglichkeiten eines neuen Humanismus. Verlag Reclam. Ditzingen 1983.
27 Karl Jaspers: Wahrheit, Freiheit und Friede. In: Wahrheit und Bewährung. Philosophie für die Praxis. Verlag R. Piper & Co. München 1983.
28 Karl Jaspers: Über Gefahren und Chancen der Freiheit. In: Wahrheit und Bewährung. Philosophie für die Praxis. Verlag R. Piper & Co. München 1983.
29 Karl Jaspers: Freiheit und Autorität. In: Wahrheit und Bewährung. Philosophie für die Praxis. Verlag R. Piper & Co. München 1983.
30 Karl Jaspers: Die geistige Situation der Zeit. 8. Abdruck der im Sommer 1932 bearbeiteten 5. Auflage der Sammlung Göschen. Walter de Gruyter & Co. Berlin/New York 1979.
31 ebd. Das Zitat setzt sich aus fortlaufenden Textpassagen aus den Kapiteln "Solidarität", "Adel und Politik" und "Falscher Anspruch des Adels" zusammen.
32 Karl Jaspers: Vom Ursprung und Ziel der Geschichte. Verlag R. Piper & Co. München 1955.
33 ebd.
34 Karl Jaspers: Kleine Schule des philosophischen Denkens. Verlag R. Piper & Co. München 1965.
35 K.J.: Vom Ursprung und Ziel der Geschichte, cf. (32).
36 Provokationen, Gespräche und Interviews. Hrsg. von Hans Saner. Verlag R. Piper & Co. München 1969.
37 Dolf Sternberger: Gang zwischen Meistern. Insel Verlag. Frankfurt a.M. 1987.
38 Hannah Arendt: Elemente und Ursprünge totaler Herrschaft. Europäische Verlagsanstalt. Frankfurt a.M. 1962 (1955 erstmals in New York erschienen unter dem Titel "The Origins of Totalitarianism").
39 Elisabeth Young-Bruehl: Hannah Arendt, Leben und Werk. S. Fischer Verlag. Frankfurt a.M. 1986 (1982 in New Haven und London erschienen).
40 H.A.: Vita activa. Verlag R. Piper & Co. München 1967 (1958 in Chicago unter dem Titel "The human condition" erschienen).
41 ebd.
42 ebd.
43 ebd.
44 H.A.: Macht und Gewalt. Verlag R. Piper & Co. München 1970 (erschien ebenfalls 1970 in New York und London unter dem Titel "On Violence").
45 ebd.
46 Adalbert Reif: Interview mit Hannah Arendt. Veröffentlicht im Anhang von "Macht und Gewalt", cf. (44).
47 H.A.: Ueber die Revolution. Verlag R. Piper & Co. München 1963 (erschien ebenfalls 1963 unter dem Titel "On Revolution" in New York).

48 ebd.
49 Adalbert Reif. Interview mit H.A., cf. (46).
50 H.A.: Ueber die Revolution, cf. (47).
51 H.A.: Das Urteilen. Texte zu Kants politischer Philosophie. Hrsg. von Ronald Beiner. Verlag R. Piper & Co. München 1985 (1982 unter dem Titel "H.A. Lecture on Kants Political Philosophy" in Chicago erschienen). Die ganze Textstelle, wie sie sie zitiert, lautet: "Das Leben (...) ist wie ein Festspiel; zu einem solchen kommen manche als Wettkämpfer, andere, um ihrem Gewerbe nachzugehen, doch die Besten kommen als Zuschauer (theatai). Und genauso ist es im Leben: Die kleinen Naturen jagen dem Ruhm (doxa) und dem Gewinn nach, die Philosophen aber der Wahrheit."
52 ebd.
53 H.A.: Vita activa, cf. (40).
54 ebd.
55 H.A.: Eichmann in Jerusalem. Ein Bericht von der Banalität des Bösen. Verlag R. Piper & Co. München 1986.
56 H.A.: Nach Auschwitz. Essays und Kommentare. Edition Tiamat. Berlin 1989.

Sekundärliteratur

Canovan, M.: The political thought of Hannah Arendt. London 1974.

Fahrenbach, H.: Das "philosophische Grundwissen" kommunikativer Vernunft. In: Karl Jaspers, Philosoph, Arzt, politischer Denker. Symposium zum 100. Geburtstag in Basel und Heidelberg. Verlag R. Piper & Co. München 1986.

Hersch, J.: Existenz in der empirischen Wirklichkeit. In: Karl Jaspers. Philosoph, Arzt, politischer Denker. Symposium zum 100. Geburtstag in Basel und Heidelberg. Verlag R. Piper & Co. München 1986.

Owastey, R.M.: The moral philosophy of Karl Jaspers. Diss. Bloomington 1960/61.

Paul, J.-M.: Der Weg des Menschen oder Kommunikation und Liebe bei Jaspers. In: Dietrich Harth (Hrsg.): Karl Jaspers. Denker zwischen Wissenschaft, Politik und Philosophie. Verlag J.B. Metzler. Stuttgart 1989.

Reif, A.: Interview mit Hannah Arendt. In: H.A.: Macht und Gewalt. Verlag R. Piper & Co. München 1963.

Reist, M.: Die Praxis der Freiheit. Hannah Arendts Anthropologie des Politischen. Würzburg 1990.

Sternberger, D.: Gang zwischen Meistern. Insel Verlag. Frankfurt a.M. 1987.

Wanninger, J.: Der Primat der praktischen Vernunft in der Philosophie von Karl Jaspers. Diss. München 1955.

Young-Bruehl, E.: Hannah Arendt. Leben und Werk. S. Fischer Verlag. Frankfurt a.M. 1986.

Rationale Ethik

Julian Nida-Rümelin

1. Abgrenzung

In diesem Kapitel soll ein Typus ethischer Theorien vorgestellt werden, dessen Abgrenzung keineswegs trennscharf ist, der aber in der Ethikdiskussion der Gegenwart, insbesondere im angelsächsischen Sprachraum, eine bedeutende Rolle spielt. Die Etikettierungen wechseln, und die Gruppe der zuzurechnenden Philosophinnen und Philosophen setzt sich je nach Standpunkt recht unterschiedlich zusammen. Daher beschränkt sich dieses Kapitel darauf, rationale Ethik systematisch zu charakterisieren und an vier bedeutenden Varianten ihre Spannbreite und Vielfalt deutlich zu machen.

Das gemeinsame Element der in Inhalt und Methode weit differierenden rationalen Ethiken der Gegenwart besteht darin, daß sie alle, wenn auch mit unterschiedlichen Begründungen, die folgende These für zutreffend halten: "Wer unmoralisch handelt, der handelt irrational." Damit wird ein Charakteristikum des moralisch Verbotenen zum Bestimmungselement dieses Ethiktyps. Das Prädikat 'unmoralisch' darf dabei nicht mit 'nicht moralisch' identifiziert werden, denn in der Regel lassen die moralischen Kriterien einer Theorie normativer Handlungsethik neben den Prädikaten 'moralisch geboten' und 'moralisch verboten' für Handlungen auch das Prädikat 'moralisch erlaubt' zu. Eine prominente Ausnahme ist der strikte Handlungsutilitarismus[1] (den man nicht 'klassischen Utilitarismus' nennen sollte, da die Klassiker des Utilitarismus diese Version nicht vertreten haben) – hier gilt die Dichotomie: was nicht moralisch geboten ist, ist verboten. Ein Merkmal, das dem strikten Handlungsutilitarismus eine Form von Rigorismus verleiht, der über den vielbeklagten Rigorismus Kantischer Ethik weit hinausgeht.

Im Falle einer rigorosen rationalen Ethik, für die alles, was nicht moralisch geboten ist, moralisch verboten ist, gilt, daß alle nicht irrationalen Handlungen moralisch geboten sind. Wenn sich eine rigorose rationale Ethik mit einer rigorosen Theorie praktischer Rationalität verbindet, für die eine Handlung, die nicht rational ist, irrational ist, dann gilt, daß jede rationale Handlung moralisch geboten ist. Die logischen Zusammenhänge erscheinen weniger kontraintuitiv, wenn man neben 'moralisch geboten' und 'moralisch verboten', auch das Prädikat 'moralisch erlaubt' für Handlungen zuläßt. In Kombination mit einer rigorosen Theorie praktischer Rationalität gelten dann folgende Relationen: Wenn eine Handlung unmoralisch ist, dann ist sie irrational. Wenn eine Handlung rational ist, dann ist sie (zumindest) moralisch erlaubt (wenn nicht geboten).

Dieses Kriterium ist für sich genommen noch nicht hinreichend für eine adäquate Charakterisierung rationaler Ethik. Das in der These zusammengefaßte gemeinsame Element rationaler Ethiken umfaßt, über diese materialen Implikationen hinaus, die Vorstellung vom epistemischen Primat praktischer Rationalität gegenüber Moralität.

Man stelle sich eine ethische Theorie erster Ordnung vor, die eine Reihe von moralischen Pflichten unter Bezugnahme auf bestimmte moralische Intuitionen begründet und postuliert, nur ein Verhalten im Einklang mit diesen moralischen Pflichten sei rational. Eine solche Ethik würde die genannten materialen Implikationen erfüllen, ohne daß man sie dem Typ der rationalen Ethik zurechnen würde. Erst wenn ein von den moralischen Normen der Theorie zumindest teilweise unabhängiges Kriterium praktischer Rationalität zur Anwendung kommt und die These vertreten wird, daß dieses Kriterium geeignet sei, alle, die zentralen oder zumindest einzelne moralische Normen der Theorie zu begründen, kann von rationaler Ethik gesprochen werden.

Die Auffassung, daß unmoralisches Handeln irrational sei, ist alles andere als neu. Für die griechischen Ursprünge philosophischer Ethik spielt sie eine zentrale Rolle. Die Vorstellung einer Harmonie von persönlichen Interessen und moralischen Forderungen und die damit einhergehende Verknüpfung von Begründbarkeit und optimaler Lebensgestaltung trägt das traditionelle ethische Denken, auch wenn schon in der Sophistik abweichende Auffassungen eine Rolle spielten. Erst in der europäischen Aufklärung verliert diese Verknüpfung ihre Selbstverständlichkeit, was zur Differierung der unterschiedlichen modernen Handlungsethiken wesentlich beiträgt.

Bei Kant ist der Bruch mit der Tradition vollendet, der Gegensatz von Pflicht und Neigung in eine umfassende Theorie der Moral eingebettet. Zugleich aber entwickelt Kant einen Rationalitätsbegriff, für den doch wieder gilt, wer moralisch handelt, der handelt rational. Dieser Rationalitätsbegriff erhält in Kants ethischer Theorie einen begründenden Status.

Die zeitgenössischen rationalen Ethiken kann man als Versuche verstehen, das kantische Projekt einer Ableitung ethischer Normen aus einer Theorie oder einem Begriff praktischer Rationalität fortzusetzen oder zu vollenden. Einige stellen sich dabei ausdrücklich in die Tradition kantischer Ethik, während andere die Unabhängigkeit ihrer Konzeption von den metaphysischen Annahmen Kants betonen. Dennoch ist die Identifizierung rationaler und (neo-)kantischer Ethik aus einer Reihe von Gründen irreführend.

1. Nicht alle rationalen Ethiken sind inhaltlich dem deontologischen Ethiktypus zuzuordnen. Zwar verdeckt die nach wie vor verbreitete dichotomische Einteilung zeitgenössischer Ethik in teleologische und deontologische Ethik die große theoretische Vielfalt, die utilitaristische Ethikentwürfe mit deutlich kantischen Elementen[2] und deontologische Konzeptionen mit utilitaristischen Elementen umfaßt[3], und schließt Ansätze aus, die sich keiner dieser beiden Typen befriedigend zuordnen lassen; insbesondere aber erweckt sie den Eindruck, als stünden sich mit diesen beiden Konzeptionen jeweils zwei anthropologische Paradigmen, das der pragmatischen Nutzen- und das der Prinzipienorientierung, gegenüber, was dem heutigen Stand der Ethikdiskussion in keiner Weise mehr gerecht wird. Dennoch sollte, um Konfusionen zu vermeiden, von kantischer Ethik dann sicher nicht mehr gesprochen werden, wenn ihr deontologischer Charakter in Frage steht.

2. Einige der sich selbst als kantisch verstehenden Ethiken stützen sich auf andere Elemente kantischer Ethik – etwa den Autonomiegedanken – und stehen dem Versuch, ethische Normen aus Rationalitätsprämissen zu deduzieren, distanziert gegenüber.

3. Die kantische Konzeption praktischer Rationalität ist sehr spezifisch. Besonders seine Orientierung an einem universellen Kausalprinzip und der Gesetzesunterworfenheit menschlichen Handelns wird von den zeitgenössischen Ansätzen rationaler Ethik in der Regel nicht geteilt, die sich sogar vielfach mehr oder weniger explizit an der durch die Entscheidungstheorie geprägten, optimierenden Konzeption praktischer Rationalität orientieren.

4. Rationale Ethiken der Gegenwart beanspruchen, den Gegensatz zwischen persönlichen Interessen und moralischen Normen durch eine

umfassendere Konzeption praktischer Rationalität aufzuheben (Gert, Gauthier) oder zumindest abzuschwächen (Harsanyi, Baier). Dies kann man sogar als Wiederaufnahme eines aristotelisch geprägten Projektes verstehen (besonders deutlich bei Toulmin) – sicher aber sprengt es den Rahmen einer im engeren Sinne kantischen Ethik.

Die Übergänge zwischen rationaler Ethik und anderen Ethiktypen sind fließend. Dies zeigt sich zum Beispiel an John Rawls Theorie der Gerechtigkeit.[4] Das Ableitungsmodell der Gerechtigkeitsprinzipien dieser Theorie stützt sich auf die etablierten entscheidungstheoretischen Kriterien rationaler Wahl. Auch Rawls' These, daß die Ethik ein Zweig der Theorie rationaler Entscheidung sei, scheint dafür zu sprechen, diese Theorie dem Typus rationale Ethik zuzuordnen. Bei genauerer Betrachtung zeigt sich jedoch, daß das Begründungsmodell zwar von Rationalitätsannahmen Gebrauch macht, daß aber die inhaltliche Bestimmung der Gerechtigkeitstheorie eine Systematisierung wohlbedachter moralischer Überzeugungen darstellt, die Konzeption praktischer Rationalität kein epistemisches Primat beanspruchen kann und die Regelkonformität der Akteure genuin normativ und nicht rational begründet wird.[5]

Ein weiterer Grenzfall ist die ausgereifte ethische Theorie Richard Hares.[6] Hier wird eine Utilitarismusversion entwickelt, deren Begründung sich auf äußerst sparsame Annahmen rationaler moralischer Abwägung stützt. Die sprachanalytische Vorgehensweise spielt nur noch eine untergeordnete Rolle. Die einzigen zulässigen Daten des moralischen Urteils auf kritischer Ebene sind die Präferenzen der von einer Entscheidung affizierten Personen und das Universalisierungsgebot, das nichts weiteres verlangt, als Situationen, die in ihren relevanten Merkmalen deskriptiv gleich sind, auch moralisch gleich zu beurteilen. Tatsächlich scheint dieser Fassung im Gegensatz zu den älteren Entwürfen Hares eine dem Programm rationaler Ethik nahestehende Vorstellung ethischer Begründung zugrunde zu liegen. Die Natur der Ableitung ist aber zu unklar, als daß diese Theorie als ein paradigmatischer Entwurf rationaler Ethik gelten könnte.[7]

2. Vorläufer: Victor Kraft

Die unterschiedlichen zeitgenössischen Varianten rationaler Ethik haben einen bedeutenden Vorläufer, auf den jedoch heute nur noch selten Bezug genommen wird: Victor Kraft,[8] der erste zum logischen Empirismus zählende Denker, der die auf dem verifikationistischen Sinnkriterium beruhende Einstufung von moralisch wertenden Äußerungen als Pseudoaussagen zurückwies und eine Theorie normativer Ethik entwickelt hat.

Kraft hält an der Theorie des naturalistischen Fehlschlusses, also der These, daß sich aus Tatsachen keine Werte oder Normen ableiten lassen, fest und verwirft damit die naturalistische Variante des ethischen Kognitivismus. Der Intuitionismus (die andere traditionelle Variante des ethischen Kognitivismus) erscheint ihm jedoch undurchsichtig und in seinen zentralen Überzeugungen inadäquat. Dabei werden allerdings als seine Repräsentanten ausschließlich Max Scheler[9] und Nicolai Hartmann[10] (nicht z.B. George Edward Moore[11]) herangezogen. Die Erkenntnis absoluter Werte auf dem Weg der (emotionalen) Intuition gilt ihm als 'haltlose Prätension'.

Da Kraft die beiden traditionellen Ansätze, zutreffende moralische Urteile als objektive Erkenntnisse zu interpretieren, verwirft und dennoch am wissenschaftlichen Charakter der Ethik festhält, bedarf es eines völlig neuen Begründungsmodells. Dieses Begründungsmodell hat drei Elemente. Eine subjektivistische Werttheorie[12] (1), eine Theorie der objektiven Geltung von Werten (2) und eine inhaltliche Bestimmung objektiv gültiger Wertungen (3).

Ad (1): Wertvoll ist etwas nur in bezug auf ein Subjekt. Intrinsische Werte gibt es nicht. Ein Gegenstand ist für einen Menschen wertvoll, insofern er für sein 'Fühlen und Wollen' relevant ist. Unterschiedliche Wertungen sind in der Regel Ausdruck verschiedener Wertzuschreibungen (also empirischer Differenzen) und nicht verschiedener Werte.

Ad (2): Ein Werturteil ist (objektiv) gültig, wenn der betreffende Gegenstand oder Vorgang kausal mit Wirkungen in Beziehung steht, die von Menschen generell erstrebt werden.

Damit sind bestimmte Entitäten wertvoll, unabhängig davon, ob sie sich einer individuellen Wertschätzung erfreuen.

Ad (3): Objektiv gültige Wertungen bilden sich im Laufe der Kulturentwicklung heraus, sie haben einen überindividuellen Charakter. Die einzelne Person ist gehalten, sich den entstandenen geistigen Besitz einer Kultur möglichst weitgehend anzueignen und, soweit sie dazu in der Lage ist, zu erweitern. Die Alternative ist der Rückfall in die

Kulturlosigkeit. Kultur aber – und damit verknüpft Kraft die inhaltliche Bestimmung objektiv gültiger Werte mit seiner subjektivistischen Werttheorie – besteht darin, daß der Mensch seine Umwelt und sich selbst seinen Bedürfnissen und Wünschen gemäß gestaltet. Eine moralische Norm ist für Kraft gültig genau dann, wenn sie allgemein anerkannt werden sollte. Das Metakriterium der Anerkennung von Normen ist dabei ihre Unverzichtbarkeit für das, was Kraft das kulturelle Leben nennt. Eine moralische Norm ist gültig, wenn ihre Respektierung eine notwendige Bedingung für das kulturelle Leben ist.

Auch wenn Kraft eine detaillierte psychologische Analyse subjektiver Werte entwickelt,[13] bleibt dieser Ansatz einer rationalen Ethik insbesondere deshalb unbefriedigend, weil der Übergang zur objektiven Gültigkeit moralischer Wertungen auf der Grundlage eines normativen Kulturbegriffs nicht überzeugt. Das Kriterium der Kulturbedeutung wäre aufgrund der methodologischen Annahmen der Theorie erst durch Rückführung auf seine Funktionalität im Sinne subjektiver Werte begründet. Der Zusammenhang zwischen individuellen Interessen, moralischer Begründung und sozialen Normen bleibt allerdings nicht nur bei Kraft unzureichend geklärt, sondern stellt das zentrale Problem auch der zeitgenössischen rationalen Ethik dar, in dessen Zentrum die Frage nach einer angemessenen Konzeption praktischer Rationlität steht.

3. Zwei Paradigmen

Die verschiedenen Ansätze zeitgenössischer rationaler Ethik lassen sich nach dem Typ der Theorie praktischer Rationalität unterscheiden, der ihnen jeweils zugrundeliegt. Allerdings wird die Abgrenzung dadurch erschwert, daß die verwendeten Kriterien praktischer Rationalität meist nicht explizit eingeführt werden.

Ein Unterscheidungsmerkmal ergibt sich danach, ob die Konzeption praktischer Rationalität eher am Paradigma der Handlungsbegründung (wie in besonders reiner Form bei Toulmin) oder dem der Nutzenoptimierung (wie in besonders reiner Form bei Harsanyi) orientiert ist. Diese beiden Paradigmen stehen natürlich in der Regel nicht isoliert, sondern gehen miteinander eine Vielfalt von Beziehungen ein. Eine Handlung läßt sich gegenüber der handelnden Person mit dem Argument rechtfertigen, daß sie deren Interessen optimiere. Die handelnde Person kann ihre eigenen Handlungen mit dem Argument gegenüber Kritik verteidigen, sie diene dem Gemeinwohl. Die Disziplinen der neueren Wohlfahrtsökonomie und der social choice Theorie haben eine Vielfalt von zum Teil sehr komplexen Beziehungen zwischen individuellen Interessen und ethischer Rechtfertigung analysiert, die in einem anderen Kapitel dieses Bandes dargestellt werden (Kap. 27, Interessenaggregationsethik).

Rationale Ethiken, die sich am Paradigma der Nutzenoptimierung orientieren, können auf das unterdessen weit vorangetriebene Projekt einer formalen Theorie rationaler Entscheidung zurückgreifen, die in ihren verschiedenen Subdisziplinen ein vielfältiges Instrumentarium der Analyse von einfachen Entscheidungssituationen (Bayes'sche Entscheidungstheorie), Interaktionen (Spieltheorie) und Kollektiventscheidungen (public choice) entwickelt hat. Der Übergang von Kriterien rationaler Entscheidung zu Kriterien moralischer Entscheidung erfolgt durch zusätzliche ethisch motivierte Bedingungen, d.h. formal durch Spezialisierung etablierter Kriterien rationaler Entscheidung. Theorien dieser Art kann man daher als 'ethischen Bayesianismus' bezeichnen.

4. Ethischer Bayesianismus

Der ethische Bayesianismus[14] hat zwei Bestandteile, eine axiomatisch charakterisierte generelle Theorie praktischer Rationalität (1) und eine ethische Spezialisierung dieser Theorie (2).

Ad (1): Trotz der die Entwicklung der rationalen Entscheidungstheorie von Anbeginn begleitenden Kritik[15] hält der ethische Bayesianismus an ihrer Ursprungsversion in den vier Bayes'schen Axiomen rationaler individueller Präferenzen fest:

1. Das Ordnungsaxiom
   Die (schwachen[16]) Präferenzen einer rationalen Person sind
   a) vollständig, d.h. die Person hat bezüglich beliebiger Alternativen eine Präferenz
   b) transitiv, d.h., wenn eine rationale Person x gegenüber y und y gegenüber z bevorzugt, dann bevorzugt sie auch x gegenüber z und
   c) reflexiv: für beliebige Alternativen x hat die Person eine schwache Präferenz für x gegenüber x (die schwache Präferenz schließt Indifferenz ein).

2. Das Kontinuitätsaxiom
   Wenn eine Person x gegenüber y und y gegenüber z (strikt) bevorzugt, dann gibt es eine Wahrscheinlichkeitsverteilung über x und z, so daß die Person zwischen dieser Wahrscheinlichkeitsverteilung und y indifferent ist.
3. Substitutionsaxiom
   Eine rationale Person ist zwischen probabilistisch äquivalenten Wahrscheinlichkeitsverteilungen über gleiche Alternativen indifferent.
4. Dominanzaxiom
   Eine rationale Person bevorzugt dann die erste von zwei gleichen Wahrscheinlichkeitsverteilungen über unterschiedliche Alternativen, wenn sie jede Alternative der ersten Wahrscheinlichkeitsverteilung der entsprechenden (gleichwahrscheinlichen) Alternative der zweiten Wahrscheinlichkeitsverteilung vorzieht.

Diese Axiome rationaler Präferenzen erscheinen für beliebige Entscheidungssituationen angemessen. Es ist prima facie kein Grund erkennbar, der es rechtfertigen würde, bei moralisch motivierten Präferenzen eine Ausnahme zu machen.

Wenn sich das Entscheidungsverhalten einer Person nach ihren Präferenzen richtet,[17] dann maximiert es eine quantitative subjektive Bewertungsfunktion (Nutzenfunktion), vorausgesetzt die genannten Axiome sind erfüllt.[18] Sofern nun auch von moralisch motivierten Präferenzen die Erfüllung dieser Axiome gefordert wird, ergibt sich das überraschende Resultat, daß auch moralisches Verhalten nutzenoptimierend ist. Man darf sich allerdings durch die Terminologie nicht irreführen lassen: Der Terminus 'nutzenoptimierend' wird hier in einer ausschließlich formalen Bedeutung gebraucht: Die individuellen Präferenzen, wie auch immer sie motiviert sind, können (wenn sie diese Axiome erfüllen) durch eine quantitative (reellwertige) Funktion über die Alternativen repräsentiert werden. Entscheidungsverhalten im Einklang mit diesen Präferenzen maximiert den Erwartungswert dieser Funktion.

Der Übergang von dieser Theorie praktischer Rationalität zu einem Kriterium normativer Ethik erfolgt durch zwei zusätzliche Axiome: eines soll ein Mindestmaß kollektiver Rationalität sicherstellen, während das andere die Gleichbehandlung aller Personen verlangt.

Diese Axiome erfordern allerdings eine begriffliche Anreicherung der Theorie. Zunächst muß zwischen persönlichen und moralischen Präferenzen unterschieden werden. Beide Arten von Präferenzen liegen in der Regel bei jedem einzelnen Individuum vor. Für beide Arten gelten die Axiome praktischer Rationalität. Das ethische Kriterium stellt einen Zusammenhang zwischen den persönlichen Präferenzen aller und den moralischen Präferenzen jeder einzelnen Person her. Die moralischen Präferenzen sollen das Axiom kollektiver Rationalität erfüllen, d.h. wenn immer ein gesellschaftlicher Zustand z einem anderen (z') von mindestens einer Person (strikt) vorgezogen wird, ohne daß es eine Person gibt, die z' gegenüber z vorzieht, soll z in den moralischen Präferenzen aller vor z' rangieren.

Diese fünf Axiome reichen aus, um die gebotene moralische Bewertung als gewichtete Summe der persönlichen Bewertungen zu bestimmen. Die Gewichtungsfaktoren sind allerdings damit noch nicht festgelegt. Dies leistet das Axiom der Gleichbehandlung. Unter der Voraussetzung eines gleichen, interpersonell vergleichbaren Bewertungsmaßes ergeben sich die moralischen Präferenzen aus dem Gebot der Maximierung der sozialen Wohlfahrtsfunktion als arithmetisches Mittel der Einzelbewertungen.

Schon in den 50er Jahren hatte Harsanyi gezeigt, daß sich das ethische Kriterium der Durchschnittsnutzenmaximierung aus den Prämissen rationaler Entscheidung unter einem Schleier des Nichtwissens ableiten lasse – ein Modell, das dann später von John Rawls zur Begründung einer anti-utilitaristischen Sozialethik verwendet wurde.[19] Gleichbehandlung ist ein ethisches Kriterium, das von Harsanyi allerdings in einer derart abgeschwächten Variante eingeführt wird, daß es den Charakter eines bloßen Symmetrieprinzips erhält. Der rationale Charakter dieses Ethiktypus wird noch deutlicher, wenn man diese Axiome als Ausdruck von Überzeugungen interpretiert, die jede rationale Person unabhängig von ihren spezifischen moralischen Einstellungen hat.

Einwänden gegen das normative Kriterium der Theorie, die sich auf die bekannten kontraintuitiven Konsequenzen utilitaristischer Ethik beziehen, begegnet Harsanyi in zweierlei Weise.

Zum einen wird die Zuverlässigkeit moralischer Intuitionen generell in Frage gestellt. Tatsächlich ist den Kritikern aufgrund des methodischen Ansatzes der Theorie abverlangt, mindestens eines der prima facie äußerst plausiblen Axiome praktischer Rationalität oder das Gleichbehandlungsaxiom zurückzuweisen. Der axiomatische Aufbau der Theorie führt so zu einem direkten Konflikt zwischen der Überzeugungskraft der abstrakten Charakteristika praktischer Rationalität und einzelnen moralischen Intuitionen.

Zum anderen nimmt Harsanyi eine Einschränkung des Maximierungsgebotes vor und verlangt, jeweils diejenige Strategie zu wählen, welche die soziale Wohlfahrtsfunktion unter der Voraussetzung maximiert, daß sie simultan von allen moralisch entscheidenden Personen gewählt wird. Dieses so modizifierte Kriterium stellt eine spezielle Version der utilitaristischen Verallgemeinerung[20] dar und umgeht damit die meisten der kontra-intuitiven Konsequenzen des Handlungsutilitarismus.

Trotz dieser Verfeinerungen bleibt ein zentrales Defizit dieses Typus einer rationalen Ethik. Auch wenn das Kriterium moralisch richtiger Entscheidung sich aus nachvollziehbaren Axiomen ableiten läßt, scheint die konkrete Entscheidung in Übereinstimmung mit diesem Kriterium nur unzureichend begründet. Das abstrakte Kriterium allein ist als moralischer Handlungsgrund nicht überzeugend. Wenn Personen im konkreten Fall nach dem moralischen Grund ihres Handelns gefragt werden, geben sie in der Regel Antworten wie "Nur diese Handlung war mit dem Versprechen vereinbar, das ich gegeben hatte" oder "Nur damit konnte ich der bedrängten Person aus ihrer Notlage helfen" etc. Erst wenn nicht nach der Begründung einer konkreten Handlung, sondern wiederum nach der Begründung des angeführten Handlungsgrundes gefragt wird, können abstrakte Kriterien wie das des ethischen Bayesianismus angeführt werden: Versprechen zu halten, kann als eine moralische prima facie Pflicht dadurch gerechtfertigt werden, daß erst die Etablierung dieser und anderer moralischer Institutionen gesellschaftliche Kooperation zum wechselseitigen Vorteil ermöglicht.

5. Der begründungsorientierte Ansatz

Überlegungen dieser Art werden zum Ausgangspunkt eines anderen Typus rationaler Ethik, dessen Konzeption praktischer Rationalität sich nicht primär am Paradigma der Nutzenoptimierung, sondern an dem der Handlungsbegründung orientiert. Eine besonders reine Form einer begründungsorientierten Ethik haben Stephen Toulmin und Kurt Baier entwickelt.[12]

Dieser Ansatz geht von der Einheit theoretischer und praktischer Rationalität aus. Begründende Argumente in Wissenschaft und Ethik folgen im wesentlichen den gleichen Regeln.[22] Angelpunkt einer angemessenen Auffassung von Moral ist nicht die Feststellung der Bedeutung moralischer Prädikate, wie 'gut' und 'richtig',[23] sondern das richtige Verständnis von Begründungen.

Unterschiedliche Arten von Begründungen in Wissenschaft und Alltag haben eines gemeinsam: Sie führen Kriterien für die Akzeptierbarkeit bestimmter Urteile an oder beruhen auf solchen (oft nicht expliziten) Kriterien und sind nur sinnvoll im Falle von sprachlichen Äußerungen, die grundsätzlich korrigierbar sind (wenn sich etwa herausstellen sollte, daß die anzuwendenden Kriterien gegen dieses Urteil sprechen). Nicht alle Äußerungen sind korrigierbar. Zu den nicht korrigierbaren zählen besonders solche, die bloße persönliche Empfindungen zum Ausdruck bringen. Moralische Äußerungen sind aber nicht notwendigerweise von dieser Art. Viele sind Ausdruck der sorgfältigen Abwägung von Kriterien, sie sind korrigierbar, wenn diese Abwägung sich als unvollständig oder fehlerhaft herausstellt.

Die Unterschiede zwischen sorgfältig abgewogenen moralischen und naturwissenschaftlichen Urteilen beziehen sich auf die Gegenstände der Beurteilung und die gebrauchten Prädikate, aber in beiden Fällen folgen Begründungen der gleichen logischen Form. Dennoch gibt es einen entscheidenden Unterschied zwischen moralischen und wissenschaftlichen Urteilen: Wohlbegründete wissenschaftliche Urteile ändern unsere Erwartungen, während wohlbegründete moralische Urteile unser Verhalten und unsere Empfindungen ändern – sie beeinflussen unterschiedliche Dispositionen. Das rationale Element der Ethik bezieht sich wie das rationale Element der Wissenschaft auf akzeptierte Kriterien.

So wie Lichtstrahlen im euklidischen Raum von großen Massen auf eine leicht gekrümmte Bahn gezwungen werden, während in der allgemeinen Relativitätstheorie Lichtstrahlen den Maßstab gerader Linien bilden, und es wenig Sinn macht zu fragen "Sind Lichtstrahlen nun in Wirklichkeit gerade oder gekrümmt?", so stellen sich moralische Fragen in der Regel im Rahmen eines bestimmten Moralkodex und sind nur in diesem Rahmen in ähnlicher Weise rational klärbar wie naturwissenschaftliche Fragen.

Ob eine Handlung moralisch richtig ist, ist bezüglich eines bestimmten Moralkodex eine reine Tatsachenfrage. Der Rekurs auf eine gesellschaftlich etablierte Praxis reicht zur Begründung moralischer Urteile in der Regel aus. Erst wenn sich konfligierende moralische Forderungen aus jeweils etablierten Praxisformen ableiten lassen oder die Angemessenheit des Moralkodex insgesamt in Frage steht, reicht der Rekurs auf gesellschaftlich akzeptierte Regeln richtigen Handelns nicht aus.

Während Toulmin beide Situationen als Randphänomene des Moralischen einzuschätzen scheint und sowohl für den Fall konfligierender Forderungen als auch bei der Beurteilung von moralischen Regeln auf einen negativen Utilitarismus zurückfällt (wobei er daran festhält, daß auch fragwürdig gewordene Kodizes ihre Fähigkeit, das moralisch Richtige im Einzelfall zu bestimmen, nicht verlieren[24]), versucht Baier durch eine sorgfältigere Analyse von Handlungsgründen das Spezifikum des moralischen Standpunktes zu erfassen.

Handlungsgründe generell beruhen auf der subjektiven Vorstellung eines guten Lebens: eine Handlung ist begründet, wenn sie die Wünsche einer Person nicht frustriert, sondern erfüllt. Diese Wünsche müssen nicht ausschließlich oder auch nur überwiegend auf das persönliche Wohlergehen gerichtet sein.

Der moralische Standpunkt (und damit das Spezifikum moralischer Handlungsgründe) wird in hobbesianischen Zügen skizziert: Jede rationale Person weiß, daß die allgemeine Einhaltung bestimmter Regeln im Interesse jeder einzelnen Person wäre. Ohne gesellschaftlich etablierte Regeln aber hat eine rationale Person keinen guten Grund von der Optimierung ihres persönlichen Interesses abzugehen, denn das käme einer Selbstaufopferung gleich, ohne daß damit irgend jemandem geholfen wäre. Erst unter der Bedingung, daß Menschen eine gemeinsame gesellschaftliche Lebensform teilen, werden Regeln, deren allgemeine Befolgung rational wünschenswert ist, zu Handlungsgründen.

Die wechselseitige Erwartung der Regelbefolgung macht Regelbefolgung zu einem guten Handlungsgrund. Moralisch handeln heißt Regeln zu folgen, die immer dann fordern, persönlichen Interessen nicht nachzugeben, wenn diese Forderung im Interesse aller ist. Moralische Regeln konstituieren gute Handlungsgründe also unter zwei Bedingungen: Ihre allgemeine Befolgung ist im Interesse aller, und eine gesellschaftlich etablierte gemeinsame Lebensform rechtfertigt die wechselseitige Erwartung von Regelkonformität.

Wenn man diese beiden paradigmatischen Ansätze rationaler Ethik vergleicht, werden die großen Gegensätze im Spektrum rationaler

Ethik deutlich. Während der ethische Bayesianismus aus einigen Rationalitätsprämissen ein abstraktes Kriterium der moralischen Beurteilung entwickelt, das als universeller Maßstab richtigen Handelns intendiert ist und die jeweils etablierte Moral einer Gesellschaft nur als empirische Randbedingung zur Kenntnis nimmt, rekurriert der begründungsorientierte Ansatz auf die normative Kraft der in einer Gesellschaftsform etablierten Verhaltensregeln.[25] Außerhalb der Gesellschaft gibt es folgerichtig für den begründungsorientierten Ansatz keine Moral – das Kriterium moralischen Handelns des ethischen Bayesianismus ist dagegen universell, d.h. außerhalb jeder gesellschaftlichen Ordnung gültig.

6. Rationale Regeln

Der ethische Bayesianismus formuliert zwar ein universelles Kriterium richtigen Handelns, aber dieses stellt sich als eine Aggregation jeweils gegebener subjektiver Präferenzen dar und ist daher in Gestalt seiner im konkreten Einzelfall implizierten Pflichten hochgradig kontingent. Dies steht in einem Spannungsverhältnis zur geläufigen Auffassung moralischer Normen als unveränderlicher einschränkender Bedingung mit dem Zweck, gesellschaftliche Kooperation zu ermöglichen.

Diesem 'kantischen' Charakter der Alltagsmoral wird ein anderer Typ rationaler Ethik gerecht, der aus Annahmen rationaler Intentionalität ein allgemeines Prinzip der wechselseitigen Respektierung individueller Rechte abzuleiten versucht – die Theorie Alan Gewirths.[26] Ausgehend vom Interesse jeder rationalen Person daran, daß die notwendigen Bedingungen erfüllt sind, die ihr die Verfolgung eigener Ziele erlauben, postuliert Gewirth zunächst einen subjektiven Anspruch auf bestimmte Freiheits- und Kooperationsrechte, der qua Universalisierung zur Begründung eines universellen Rechts auf Freiheit und Wohlergehen führt. Dieser universelle moralische Rechtsgrundsatz wird damit zu einer Regel, der jede rationale Person zustimmen würde.

Den bedeutendsten Versuch, das nutzenorientierte und das begründungsorientierte Paradigma zu einer eigenständigen Variante rationaler Ethik zu verbinden, hat jedoch Bernard Gert unternommen.[27] Gerts Konzeption praktischer Rationalität gleicht zwar insofern dem der rationalen Entscheidungstheorie, als Handlungen in ihrem instrumentellen Wert zur Befriedigung bestimmter Bedürfnisse beurteilt werden, sie unterscheidet sich jedoch darin, daß Handeln nach bestimmten Bedürfnissen als irrational gilt. Getötet zu werden, Schmerzen zu leiden, in seiner Freiheit und seinen Möglichkeiten eingeschränkt zu werden, sind Bedürfnisse, die als ausschließlicher Handlungsgrund nicht ausreichen, um eine Handlung rational zu machen. Umgekehrt sind Überzeugungen, wonach bestimmte Handlungen die Wahrscheinlichkeit vermindern, getötet zu werden, Schmerzen zu leiden oder in seiner Freiheit und seinen Möglichkeiten eingeschränkt zu werden, Gründe – sie machen die entsprechenden Handlungen zu rationalen Handlungen. Die Überzeugung, im eigenen Interesse zu handeln, ist ein ebenso guter Handlungsgrund wie die Überzeugung, im Interesse einer anderen Person zu handeln. Diese beiden Arten von Überzeugungen sind die einzigen, die eine Handlung rechtfertigen können.

Gert behauptet nun, es gebe eine begriffliche Beziehung zwischen der Rationalität einer Person und ihrer Einstellung zu moralischen Regeln. Da jede rationale Person Übel, die ihr selbst oder nahestehenden Personen zugefügt werden, zu vermeiden sucht, befürwortet sie eine Regel, die gerade dies generell verbietet. Da Regeln nur wirksam sind, wenn sich darüber eine Übereinstimmung erreichen läßt, müssen sie in einer Weise formuliert werden, die ihre öffentliche Befürwortung durch jede rationale Person unbeschadet ihrer Interessengegensätze erlaubt. Dieses Kriterium führt zu einer Begründung grundlegender und unabhängig von der spezifischen Gesellschaftsform universell gültiger moralischer Regeln. Aufgrund der spezifischen universalistischen Rationalitätskonzeption Gerts ist dabei ihre gesellschaftliche Wirksamkeit zur Vermeidung von Übeln und nicht zur Mehrung des Guten ausschlaggebend.

7. Rationaler Konsens

Die Gertsche Variante hat einen implizit vertragstheoretischen Charakter: die potentielle öffentliche Übereinkunft rationaler Akteure wird zum Metakriterium universeller moralischer Regeln. In der Geschichte der Philosophie galt das Vertragsargument lange Zeit als Grenze zwischen der (normativen) Theorie der Politik und der Theorie der Moral. Der in den vergangenen zwei Jahrzehnten aufgekommene Hobbesianismus[28] in der Ethik hat diese Grenzziehung weitgehend obsolet werden lassen. David Gauthier hat in seiner Tradition stehend eine Theorie der Moral entwickelt,[29] die den Gedanken der rational motivierten Einschränkung individueller Maximierung zur Begründung eines Gerechtigkeitskriteriums heranzieht.

Diese Theorie hat mit dem ethischen Bayesianismus die entscheidungstheoretische Konzeption praktischer Rationalität gemeinsam und glaubt das Kriterium moralischen Handelns als Resultat einer unter bestimmten Bedingungen (Locke'sches Proviso) stattfindenden Verhandlung charakterisieren zu können.[30] Im Ergebnis konvergieren die Forderungen rationaler eigenorientierter Interessenoptimierung und moralisch motivierter Selbstbeschränkung. Die Theorie der Moral wird zu einer Subdisziplin der Theorie rationaler Entscheidung. Zu den Kriterien rationaler Entscheidung gehören Einschränkungen, die sich die rationale Person im eigenen Interesse auferlegt und die, da sie einen universellen Charakter haben, als moralische Regeln interpretiert werden können. Das Prinzip der Moral ist das der Minimierung des größten relativen persönlichen Nachteils im Vergleich zu dem potentiellen Vorteil, den eine Person aus der gesellschaftlichen Kooperation ziehen kann, und der Situation, in der sie ohne gesellschaftliche Kooperation wäre. Zu den Voraussetzungen der Theorie zählt nicht nur, daß die gesellschaftliche Kooperation zum wechselseitigen Vorteil organisiert werden kann, sondern auch, daß Dispositionen ein möglicher Gegenstand individueller rationaler Entscheidung sind, die individuelle Handlungsfreiheit einschränken und für die Interaktionspartner transparent sind.

8. Die zentrale Problematik rationaler Ethik

Diese Skizze einiger bedeutsamer zeitgenössischer Ansätze rationaler Ethik hat die zentrale Problematik dieses Ethiktypus deutlich werden lassen: Die Ableitung moralischer Kriterien aus einer Konzeption praktischer Rationalität verlagert die Begründungsproblematik auf die außerhalb der Ethik stehende Frage nach den Kriterien rationalen individuellen Handelns.[31] Auch wenn die am Nutzenparadigma orientierte rationale Entscheidungstheorie in der Ökonomie und den Sozialwissenschaften vielfältige Anwendung gefunden hat, wäre es doch irreführend, von einer wohletablierten, wissenschaftlich bewährten Theorie praktischer Rationalität zu sprechen. Dies gilt um so mehr, als die internen Probleme des entscheidungstheoretischen Ansatzes – wie sie sich etwa im nach wie vor ungeklärten Verhältnis von Entscheidungstheorie im engeren Sinne und Spieltheorie sowie in den Paradoxa der Theorie kollektiver Entscheidungen darstellen – darauf hinweisen, daß eine kohärente, systematisch entwickelte Theorie rationaler Entscheidung noch aussteht. Eine solche Theorie wird jedoch den (instrumentellen) Maximierungsaspekt und den (universalistischen) Begründungsaspekt rationalen Handelns miteinander verbinden und damit eine Tradition fortsetzen, die in der rationalen Ethik der Gegenwart ihren prononciertesten Ausdruck findet.

Anmerkungen

1 In reiner Form etwa bei R.F. Harrod: Utilitarianism Revisited. In: Mind 45 (1936).
2 Dies gilt z.B. für die Utilitarismusversion Richard Melvin Hares: Moral Thinking. It's Levels, Method and Point. Oxford 1981.
3 So versteht etwa John Rawls seine Theorie der Gerechtigkeit als eine Kantische Konzeption, obwohl diese vom Maximierungsmodell subjektiver Präferenzen als Auswahlkriterium normativer Prinzipien ausgeht. J. Rawls: Eine Theorie der Gerechtigkeit. Frankfurt a.M. 1975; O. O'Neill: Constructions of Reason. Cambridge 1989, Kap. 11, und Verf.: Die beiden zentralen Intentionen der Theorie der Gerechtigkeit als Fairneß von John Rawls – eine kritische Rekonstruktion. In: Archiv für Rechts- und Sozialphilosophie 76 (1990).
4 J. Rawls: A Theory of Justice. Harvard 1971.
5 Vgl. dazu Kap. 28 dieses Buches.
6 R.M. Hare: Moral Thinking. Oxford 1981; Vgl. dazu D. Seanor / N. Fotion (Hrsg.): Hare and Critics. Essays on Moral Thinking. Oxford 1988, sowie C. Fehige / G. Meggle (Hrsg.): Moralisches Denken (Tagungsbericht) i.E. und Kap. 17 dieses Buches.
7 Ähnliches gilt für Marcus George Singers Theorie der Verallgemeinerung in der Ethik (engl. EA 1961, Frankfurt 1975).
8 Victor Kraft: Die Grundlagen einer wissenschaftlichen Wertlehre. Wien 1937, [2]1951 und ders.: Einführung in die Philosophie, Wien 1950, [2]1967 (Kap. III.B.).
9 M. Scheler: Der Formalismus in der Ethik und die materiale Wertethik. Halle 1913/16.
10 N. Hartmann: Ethik. Berlin 1926.
11 G.E. Moore: Principia Ethica. Cambridge 1903.
12 Kraft selbst spricht von subjektiven und objektiven Werten. Dies kann jedoch nach einem heute verbreiteten philosophischen Sprachgebrauch leicht zu Mißverständnissen Anlaß geben. Denn die spezifische Variante 'objektiver' moralischer Werte beruht auf einer dem heutigen philosophischen Sprachgebrauch nach subjektivistischen Werttheorie.

13 In jüngster Zeit hat es Richard Brandt unternommen, in ähnlicher Weise eine Version des Regelutilitarismus auf moralpsychologische Analysen zu stützen, s. R. Brandt: A Theory of the Good and the Right. Oxford 1979, Part I.

14 John C. Harsanyi hat die reinste Form einer rationalen Ethik diesen Typs in verschiedenen Varianten seit 1953 entwickelt und in einer Reihe von Aufsätzen dargelegt, vgl. Cardinal Utility in Welfare Economics and the Theory of Risk-Taking (1953), sowie Cardinal Welfare, Individualistic Ethics, and Interpersonal Comparisons of Utility (1955), Ethics in Terms of Hypothetical Imperatives (1958). In: J.C. Harsanyi: Essays on Ethics, Social Behavior, and Scientific Explanation. Dordrecht 1976; ders.: Rule Utilitarianism and Decision Theory, Erkenntnis 11 (1977); Morality and the Theory of Rational Behavior, Social Research 44 (1977); Bayesian Decision Theory and Utilitarian Ethics, American Economic Review, Papers and Proceedings 68 (1978); Rule Utilitarianism, and Arrow's Impossibility Theorem, Theory and Decision 11 (1979); Rule Utilitarianism, Rights, Obligations, and the Theory of Rational Behavior, Theory and Decision 12 (1980); Rule Utilitarianism, Equality and Justice, Social Philosophy and Policy 2 (1985).

15 Die rationale Entscheidungstheorie wurde erst durch v. Neumann / O. Morgenstern: Theory of Games and Economic Behavior, Princeton 1947, auf ein sicheres methodisches Fundament gestellt, auch wenn die österreichische Grenznutzenschule Ende des vergangenen Jahrhunderts und F.P. Ramsey ("Truth and Probability", 1926 vor dem Cambridge Moral Science Club vorgetragen und 1931 posthum veröffentlicht. In ders.: The Foundations of Mathematics. New York/London ^{2}1950) schon mehrere Dekaden zuvor wesentliche Elemente der Theorie entwickelt haben. Zur Kritik vgl. M. Allais / O. Hagen (Hrsg.): Expected Utility Hypothesis and the Allais Paradox. Dordrecht 1979.

16 Eine schwache Präferenz schließt Indifferenz ein: Eine Person hat eine schwache Präferenz für x gegenüber y, genau dann, wenn sie x gegenüber y vorzieht oder zwischen x und y indifferent ist. Wenn im folgenden von Präferenzen die Rede ist, dann immer im Sinne der schwachen Präferenz.

17 Dies ist eine scheinbar triviale Annahme, die in der ökonomischen Theorie als revealed perference concept explizit gemacht wird. Präferenzen werden nicht aufgrund von Befragungen direkt festgestellt, vielmehr wird angenommen, daß das Entscheidungsverhalten einer Person ihre subjektiven Präferenzen, bzw. ihre subjektive Bewertungs- oder Nutzenfunktion enthüllt. Die Rationalitätsannahmen müssen jedoch cum grano salis erfüllt sein, damit diese Interpretation möglich ist.

18 Dieses Ergebnis wird auch als Nutzentheorem bezeichnet. Beweis dieses Theorems bei v. Neumann / Morgenstern a.a.O., S. 617ff.

19 J. Rawls: Eine Theorie der Gerechtigkeit (1971). Frankfurt a.M. 1975.

20 Es handelt sich hier um eine Variante des Regelutilitarismus, die von der traditionellen in wesentlicher Hinsicht abweicht. Sie läßt beliebige Strategien (allerdings nicht beliebige Strategiekombinationen) zu und entfernt sich damit vom üblichen Regelbegriff der Ethik. Handlungstypen als sol-

che erhalten keine besondere moralische Relevanz. Zu den verschiedenen Versionen des Regelutilitarismus vgl. N. Hoerster: Utilitaristische Ethik und Verallgemeinerung. Freiburg/München 1977. Zum Problem der Kooperation in Ethiken, die auf einer optimierenden Rationalitätskonzeption beruhen, s. Verf.: Der Konsequentialismus – Rekonstruktion und Kritik (Habil. München, 1989).

21 S. Toulmin: Reason in Ethics. Cambridge 1950; K. Baier: The Moral Point of View. Ithaca, NY 1958, dt.: Der Standpunkt der Moral. Eine rationale Grundlegung der Ethik. Düsseldorf 1974; ders.: Rationality, Reason and the Good. In: Morality, Reason and Truth. Hrsg. von D. Copp. Totowa 1984; ders.: Rationality, Value and Preference in Social Philosophy and Policy 5 (1988). In der angelsächsischen Literatur wird dieser Ethiktyp auch als 'good reasons approach' bezeichnet.

22 Toulmin hat Logik und Empirie begründender Argumente in zahlreichen Schriften analysiert; vgl. sein "Uses of Argument", Cambridge 1964 und "Human Understanding", Bd. I: The Collective Use and Evolution of Concept, Princeton 1972 (dt.: Kritik der kollektiven Vernunft. Frankfurt a.M. 1978).

23 Vgl. Reason in Ethics, a.a.O., Part I.

24 "the fact that I can discuss the rightness of promise-keeping as a practice, in this way, does not imply that there is any way of calling in question the rightness of keeping individual promises", a.a.O., S. 150.

25 Dies kann man als eine Form des ethischen Konservatismus ansehen, vgl. D. Copp: Considered Judgements and Moral Justification: Conservatism in Moral Theory. In: Morality, Reason and Truth. Hrsg. von D. Copp u. D. Zimmermann. Totowa, NJ. 1984.

26 A. Gewirth: Reason and Morality. Chicago 1978; ders.: Human Rights. Essays on Justification and Applications. Chicago 1982.

27 B. Gert: The Moral Rules. A New Foundation for Morality. New York 1966 (dt.: Die moralischen Regeln. Eine neue rationale Begründung der Moral. Frankfurt a.M. 1983); ders.: Morality. A New Justification of Moral Rules. Oxford 1988. Eine verwandte, aber sprachanlytisch fundierte Konzeption bei Geoffrey Grice: The Grounds of Moral Judgement. Cambridge 1967.

28 In Deutschland etwa N. Hoerster: Moralbegründung ohne Metaphysik, Erkenntnis 19 (1983), s.a. W. Stegmüller: Hauptströmungen der Gegenwartsphilosophie, Bd. IV, S. 289–307.

29 D. Gauthier: Morals by Agreement. Oxford 1986; vgl. a The New Social Contract. Essays on Gauthier. Hrsg. von E.F. Paul u.a. Oxford 1988.

30 Methodisch ist R. B. Braithwaite: Theory of Games as a Tool for the Moral Philosopher, Cambridge 1955, ein Vorläufer dieses Ansatzes.

31 Vgl. die Beiträge in Morality and Rational Self-Interest. Hrsg. von D. Gauthier. Englewood Cliffs, NJ. 1970.

Sekundärliteratur

Adams, E.M.: Gewirth on Reason and Morality. In: Review of Metaphysics 33 (1980), S. 579–592.

Baumgartner, H.M.: Die Unbedingtheit des Sittlichen. Eine Auseinandersetzung mit Nicolai Hartmann. München 1962.

Cadwallader, E.H.: Searchlight on Values: Nicolai Hartmann's Twentieth-Century Value Platoism. Lanham 1984.

Copp, D. / Zimmermann, D. (eds.): Morality, Reason and Truth: New Essays on the Foundation of Ethics. Totowa 1984.

Denninger, E.: Rechtsperson und Solidarität. Ein Beitrag zur Phänomenologie des Rechtsstaates unter besonderer Berücksichtigung der Sozialtheorie Max Schelers. Frankfurt a.M./Berlin 1967.

Gauthier, D.: Reason to be Moral?. In: Synthese 72 (1987), S. 5–27.

Karlsruhen, A.-T.: Wertwiderstreit und Wertobjektivismus: Zur Ethik Nicolai Hartmanns. Duisburg: Universität-Gesamthochschule, Diss. 1989.

Nielsen, K.: Why Be Moral. Buffalo 1989.

Puolimatka, T.: Moral Realism and Justification. Helsinki: Suomalainen Tiedeakatemia 1989 (Annales Academiae Scientiarum Fennicae: Dissertationes humanarum littarum, 51).

Regis Jr., E.: Gewirth's Ethical Rationalism. Chicago 1984.

Stark, F.: Das Problem der moralischen Rechtfertigung bei S.E. Toulmin. München 1964.

Stohs, M.D.: Gewirth's Dialectically Necessary Method. In: The Journal of Value Inquiry 22 (1988, S. 53–65.

Symposium zum Gedenken an Nicolai Hartmann (1882–1950) [...] mit Beiträgen von Günther Patzig [et.al.]. Göttingen 1982.

Existentialistische Ethik

Peter Kampits

1. Einleitung

Sartre und Camus über dreißig Jahre nach ihrer öffentlich ausgetragenen Kontroverse zusammenzusehen, bedeutet keineswegs, die Differenzen zwischen ihnen zu nivellieren. Auch wenn sie lange Zeit als Dioskuren des französischen Existentialismus der Nachkriegszeit gehandelt wurden, waren die Differenzen zwischen ihnen beträchtlicher als die Gemeinsamkeiten. Camus hat bereits früh die Kategorie Philosophie für sein Werk abgelehnt und sich vom Existentialismus distanziert,[1] während Sartre in der Schrift "Ist der Existentialismus ein Humanismus?" sich zu dieser Etikettierung bekannte. Auch wenn beide von den Erfahrungen der Absurdität, der Kontingenz und Sinnlosigkeit des Daseins, von einer gewissen nihilistischen Grundposition ausgehen und damit ein Lebensgefühl der Generation nach 1945 wiederspiegeln: die wütende gegenseitige Polemik anläßlich des Erscheinens von Camus Buch "Der Mensch in der Revolte" verweist deutlich auf die Unterschiede in der späteren Entwicklung beider. So überzogen Sartres Vorwurf des schöngeistigen Moralismus an Camus auch erscheinen mag, so ungerecht die Aufforderung gewesen ist, sich als schöne und unpolitische Seele mit sauberen Händen auf die Galapagos-Inseln zurückzuziehen und sich von der Geschichte auszuruhen,[2] – gerade Sartres scharfe Polemik verrät seine eigene Wandlung. Sartre hatte eben begonnen den Marxismus zu entdecken und sich an den Kommunismus anzunähern, an dem er nur Kritik, nicht aber grundsätzliche Zweifel duldete. Dazu kommt, daß Camus – von seiner Herkunft her im Gegensatz zum bourgeoisen Sartre – als Proletarier gelten konnte und sich bereits in den dreißiger Jahren als Journalist vehement für die Araber in Algerien engagiert hatte, während Sartre erst in den späten vierziger Jahren sein Herz für die Unterdrückten entdeckte.

Camus' Weigerung, den Sinn historischen Geschehens ans Ende der Geschichte zu verlegen, sein hartnäckiges Eintreten für ethische Prinzipien auch in Revolutionen und Umbrüchen mußte Sartre, der zwar immer wieder eine Ethik in Aussicht gestellt hatte, sie aber zunächst einem radikalen Geschichtsdenken und einer dieses begleitenden Ideologie opferte, zu einer Apologie seiner eigenen Position herauszufordern.[2]

In den letzten Jahren ist es auch im deutschen Sprachraum zu einer Neubewertung beider gekommen. Während Sartre in erster Linie in seinen ästhetischen und sprachphilosophischen Arbeiten für postmoderne Interpretationen entdeckt wird, stellt das Denken Camus in einem Zeitalter nach den Ideologien vor eben jene Herausforderungen, die in der Diskussion der fünfziger und sechziger Jahre untergegangen waren. Nach einer Art Rehabilitation Camus' durch die "Nouvelle Philosophie" hat sich auch im deutschen Sprachraum Camus' Beharren auf den Vorrang ethischer Fragen gegenüber solchen der Ideologie und Politik als aktueller erwiesen als Sartres Opfern der Ethik auf dem Altar der Politik und der Geschichte.

Das leidenschaftliche Ringen Camus' um eine Moral, um Orientierungs- und Handlungsprinzipien in einer vom Tod Gottes geprägten Welt kann zwar nicht ohne weiteres mit Sartres Bemühungen um eine ontologische Basis der Moral aus der Position totaler Freiheit verglichen werden. Dennoch kann aber gerade die grundlegende Differenz zwischen den Positionen beider, aber auch ihre gemeinsame Ausgangssituation mithelfen, in einer Zeit des Verfalls der Ideologien und des gesellschaftlichen Pluralismus ethische Fragen neu zu durchdenken.

2. Jean-Paul Sartres unmögliche Moral

Nimmt man Sartres Selbstinterpretationen ernst, so hat er nie aufgehört, sich mit dem Problem der Moral zu beschäftigen. Bereits in seiner frühen Schrift "Die Transzendenz des Ego" oder in Tagebuchaufzeichnungen aus dem Jahre 1939/40 weist Sartre auf die Notwendigkeit moralphilosophischer Überlegungen hin, Absichten, die dann in der berühmten programmatischen Ankündigung von 'L'être et le néant" gipfeln, wo Sartre als nächste Arbeit eine Ethik in Aussicht stellt.[3]

Dabei unterstreicht Sartre aber auch eindeutig zwei Prinzipien: zum ersten könne die Ontologie keine ethischen Vorschriften erlassen, da sie sich nur mit dem, was ist, beschäftige (SN, S. 783), zum zweiten aber läge es an der Ontologie, die Existenz von Werten ausschließlich durch das Sein zu bekräftigen. Dieser Vorrang der Ontologie als Grundlage für die Ethik spitzt sich bekanntlich für Sartre in der Frage zu, welches Sein der "menschlichen Realität" zukomme, oder wie Sartre in seinen Tagebuchaufzeichnungen formulierte: "... um die Vorschriften dieser Moral zu formulieren, gibt es keine andere Methode, ... als die Natur der menschlichen Realität zu bestimmen ..." (Tagebücher 1939/40, S. 162).

Diese durchaus aus der Tradition der Ethik vertraute Rückbindung der Frage nach den Zielen des menschlichen Handelns an die "Natur des Menschen"[4] erfährt bei Sartre insofern eine radikale Zuspitzung, als die Verneinung einer allgemeinen menschlichen Natur zu einer der Hauptthesen des Existentialismus zählt, weil beim Menschen – oder um in Sartres Diktion zu bleiben – bei der "réalite humaine" die Existenz der Essenz, dem Wesen, vorausgehe.

Dieser Satz aus der populär gehaltenen Existentialismusschrift Sartres geht auf die in der Ontologie entfaltete Bestimmung des menschlichen Seins zurück, das sich nach Sartre als Für-sich-Sein oder Bewußtsein bestimmt. Aufbauend auf der Existenzerfahrung, wie sie im frühen Roman "La nausée" plastisch dargestellt wurde, und einer von Husserl ausgehenden Bewußtseinstheorie entwirft Sartre eine phänomenologische Ontologie, in der der Mensch in seiner Existenz wesentlich durch eine Nichtungsstruktur bestimmt ist. Sartre geht dabei davon aus, daß das Bewußtsein und das dem Bewußtsein begegnende Phänomen letztlich zwei heterogene, aber aufeinander bezogene Seinsweisen darstellen. Den Husserl'schen Begriff der Intentionalität umformend wollte Sartre den Nachweis führen, daß das Bewußtsein in sich selbst eine grundlegende Differenz zu sich selbst enthält, die sowohl die grundsätzliche Spontaneität des Bewußtseins wie auch dessen ständige Distanz zu sich selbst verbürgt.

Das mit sich selbst nie identische Für-sich-Sein kann darum von Sartre als ein Sein bezeichnet werden, das "nicht ist, was es ist und das ist, was es nicht ist" (SN, S. 132), als ein Sein, das sein eigenes Sein eben nicht ist, sondern zu sein hat, als Entwurf (projet). Damit aber gibt es für dieses Sein, keine Identität, kein substanzähnliches Ich, kein Wesen. Es muß vielmehr bestimmt werden als ein Sein, dessen Dasein das Sosein setzt (SN, S. 29). Der Mensch hat nach Sartre kein vorausbestehendes "Wesen", es gibt keine "menschliche Natur", sondern dieses "Wesen" ist erst in den Entwürfen, Handlungen und Daseinsvollzügen zu schaffen.

Aber nur ein derartiges Seiendes kann nach Sartre überhaupt frei sein: Existenz ist ontologisch besehen freier, durch nichts zu begründender oder zu begrenzender Entwurf, da das Für-sich-Sein, das immer von sich selbst getrennt bleibt, sich auf das An-sich-Sein zu entwerfen hat.

Diese ontologische Fundierung der "realité humaine" impliziert nicht allein die Notwendigkeit des Handelns, sondern stellt auch vor die Notwendigkeit der Frage nach dem "Wie" des Handelns, nach Prinzipien und Zielen dieses Handelns, kurz, vor Probleme einer Ethik.

Da wir – nach Sartre – nicht nur frei sind, sondern dieser Freiheit nicht entgehen können[5] sind uns diese Prinzipien, Ziele oder Werte nicht einfach vorgegeben, sondern müssen frei gewählt und entworfen werden. Deshalb sind alle Entwürfe und Zielsetzungen immer wieder revidierbar und relativ – zugleich aber auch absolut, weil sie einen Anspruch auf Geltung implizieren, der dem Menschen die totale Verantwortlichkeit für sein Handeln zuweist. Während die erstere Komponente dem Nietzsche'schen Konzept der Umwertung der Werte bzw. des Nihilismus nahesteht und den Menschen vor die totale Freiheit bezüglich des Schaffens von Werten oder Zielen stellt, wird die zweite von Sartre in der "Existentialismusschrift" nahezu kantianisch weiterinterpretiert. Sartre hat die Ambivalenz dieser Notwendigkeit, in schöpferischer Freiheit gewissermaßen aus dem Nichts heraus zu handeln und Werte zu "setzen", selbst deutlich herausgestellt: Einerseits hat der Mensch sich selbst immer wieder zu entwerfen und im Zusammenspiel von Situation und Transzendenz sich selbst zu verwirklichen. Andererseits ist jeder Versuch einer solchen Verwirklichung zum Scheitern verurteilt. Denn das Für-sich versucht lediglich sich auf ein Sein hin zu entwerfen, das als sein eigener Grund der Kontingenz entginge (das göttliche, vollkommene Sein). So hat die menschliche Realität nach Sartre ihr kontingentes, vom Nichts bestimmtes Sein zu realisieren, kann sich aber auf keinerlei vorgegebene Ziele oder Werte hin orientieren. Aus dieser Grundstruktur folgt aber auch, daß sich jede Realisierung von Freiheit, jeder Entwurf, als gleichwertig und gleichgültig erweist: "... denn sie zielen alle darauf ab, den Menschen zu opfern, um die Ursache ihrer selbst auftauchen zu lassen – und daß alle grundsätzlich zum Scheitern verurteilt sind. Demnach läuft es auf das gleiche hinaus, ob man sich im stillen betrinkt oder die Geschicke der Völker lenkt." (SN, S. 784f.)

Da der Wert zugleich der Nichtungssituation des Für-sich-Seins, d.h. des Seinsmangels, entspringt, hat er sowohl den (formalen) Charakter der Unbedingtheit wie auch den des Nichtseins.[6] Werte haben weder vorausbestehende Existenz, noch werden sie vom Für-Sich gesetzt, sondern durch Wahl im Sein gehalten: Deshalb kann Sartre auch darauf insistieren, "daß die Werte durch das Sein existieren" (SN, S. 785).

Daraus resultiert die Verantwortlichkeit des Wählenden für sein Tun, die Sartre bekanntlich so absolut ansetzt, daß letztlich nicht allein eine Verantwortlichkeit für die Welt schlechthin behauptet wird (vgl. bes. SN 696ff.), sondern auch alle Entschuldigungs- und Entlastungsgründe sowie Phänomene wie Reue und Gewissen abgewehrt werden.[7] In der populären Formulierung der "Existentialismusschrift" heißt es dazu: "Wenn wirklich die Existenz der Essenz vorangeht, so ist der Mensch verantwortlich, für das, was er ist." (EH, S. 12)

In der genannten Gleich-gültigkeit der nur vom Für-sich und seiner Freiheit ausgehenden Ziel- oder Wert-setzungen läßt Sartre freilich ein Kriterium anklingen, das auf eine Werthierarchisierung hindeutet: das klare Bewußtsein bzw. das in der Analyse der "mauvaise foi" aufgetauchte Pathos von Hellsichtigkeit, Entscheidungskraft und Aufrichtigkeit soll Verschleierung und das Abwälzen der Verantwortung auf andere (auch moralische) Instanzen überwinden.

Dies wird noch anläßlich der Schlußüberlegungen in "L'être et le néant" verschärft, wenn Sartre, eine künftige Moral auf ontologischer Grundlage in Aussicht stellend, durchblicken läßt, daß das bewußte Akzeptieren und Aushalten der Absurdität und Paradoxie des Daseins auch eine Möglichkeit bedeuten könnte, die Freiheit selbst als Wert zu ergreifen.[8]

Freilich scheint auch diese zunächst in das Pathos von Engagement, Verwirklichung der Freiheit, Selbstwahl und Verantwortlichkeit zu münden und in erster Linie das existierende individuelle Subjekt im Auge zu haben.

Dieser Eindruck verschärft sich noch, wenn man Sartres Analyse der Intersubjektivität, der Beziehung zum Anderen in "L'être et le néant" ins Auge faßt.

Die verschiedenen Strukturmomente der an seiner Analyse des Blickes dargestellten Beziehung zum Anderen (unmittelbare Evidenz, Bedrohung, Vergegenständlichung, Entfremdung, Objektivation, Kampf der Freiheiten) offenbaren das Für-Andere-Sein als Konflikt.[9] Es gibt keinen Ausweg aus dem zirkulären gegenseitigen Objektivieren: entweder wird mein Sein, meine Freiheit vom Anderen objektiviert, was zugleich bedeutet, daß ich mir sie indirekt anzueignen versuchen muß oder ich objektiviere den Anderen, um mich meinerseits in meiner Freiheit zu bekräftigen. Da es ebenso unmöglich ist, auf eine fremde Freiheit einzuwirken und sie zugleich als Freiheit anzuerkennen, wie sich zum Gegenstand einer fremden Freiheit zu machen und frei zu bleiben, sind alle diesbezüglichen Versuche zum Scheitern verurteilt. Eine wechselseitige Anerkennung der Freiheit bleibt ausgeschlossen: "Wir können uns niemals auf den Boden der Gleichberechtigung stellen, das heißt auf einen Boden, wo die Anerkennung der Freiheit Anderer die Anerkennung unserer Freiheit durch den Anderen nach sich ziehen würde" (SN, S. 522).[10]

In der "Existentialismusschrift" gibt Sartre dieser Position nun eine Wendung kantianische Art. Jetzt wird postuliert, daß meine Wahl nicht nur ein Bild des Menschen schaffe, sondern nachgerade die gesamte Menschheit binde. (EH, S. 12, 14, 28). Der Mensch erscheint als Gesetzgeber (EH, S. 13) der in seinen Entwürfen und Handlungen die ganze Menschheit wählt und bindet (EH, S. 28f.).

Damit verbindet Sartre auch ein Anerkennen der Freiheit des Anderen. Freiheit soll jetzt als Freiheit der Individuen in ihrem Wechselbezug bestimmt werden. Das Wählen der Freiheit als Wert (wie dies in SN angeklungen war) weitet sich nun zu einem "Wollen der Freiheit des Anderen" (EH, S. 32) aus, wobei diese kantianische Kurve nur dadurch gemildert wird, daß Sartre gegenüber Kant anmerkt, Universalisierbarkeit genüge nicht, um richtiges und falsches Handeln voneinander zu unterscheiden: "Kant erklärt, daß die Freiheit sich selbst und die der anderen will. Einverstanden, aber er denkt, daß das Formale und Allgemeine genüge, um eine Moral zu begründen. Wir denken im Gegenteil, daß allzu abstrakte Prinzipien scheitern, wenn sie das Handeln bestimmen wollen." (EH, S. 32f.)

Diese Position muß zumindest überraschen, auch wenn man in Rechnung stellt, daß Sartre in seinen umfänglichen, posthum erschienenen Aufzeichnungen "Cahiers pour une morale" eine Anerkennung der fremden Freiheit und ihrer Ziele immer wieder durchblicken läßt. (Vgl. Cahiers pur une morale, S. 291f.)[11]

Gerade Sartres scharfe antagonistische Sicht auf das "Für-Andere-Sein" läßt diese Perspektive nahezu als Bruch mit seiner bisherigen Auffassung erscheinen. Dementsprechend wird auch – neben der Problematik dieser popularisierten Darstellung überhaupt[12] – diese Schrift entweder als Wende seines Denkens oder als unauflösbarer Widerspruch zur bisherigen Position beurteilt, als etwas das bloßen Forderungscharakter haben kann.[13]

Sartre hat mit dieser “Korrektur” seiner antagonistischen Analyse der Beziehung zum Anderen einen Weg angedeutet, der ihn in den fünfziger Jahren immer mehr zu einem Betonen des nunmehr rein politisch zu verstehenden Engagementes führen wird und der schließlich in die Forderung einer revolutionären Praxis mündet, bevor er sich im Dickicht der marxistisch-sozialphilosophischen Untersuchungen der “Kritik der dialektischen Vernunft” verliert.

Auch wenn Sartre selbst in seiner moralphilosophischen Entwicklung drei Phasen unterschieden hat und die “existentialistische Moral” später als “mystifizierte oder idealistische Moral” qualifiziert hat (Sartre, Ein Film, 66), bleibt zu fragen, inwieweit die in SN ausgearbeitete Ontologie überhaupt eine Grundlage für eine Moral bereitstellen kann. Die mit Recht konstatierte “nihilistische” Ausgangssituation[14] bildet eine äußerst schmale Basis, um aus der absoluten Freiheit der Sinn- und Wertentwürfe eine ethische Dimension der Existenz aufzubauen, wobei das Zusammenspiel von formeller Gültigkeit und der Notwendigkeit, in Freiheit zu handeln, und den jeweils situationsbezogenen inhaltlichen Bestimmungen sich nie befriedigend lösen läßt. Um es mit einer Interpretation jüngeren Datums zu formulieren: “Sartres Moral unterliegt einer fundamentalen Uneindeutigkeit ... Die eigene Freiheit soll einerseits begrenzt werden ... und andererseits auch behauptet und gesichert werden. Aus der Strukturalität der Subjekte und der des Verhältnisses von Allgemeinem und Individuellen kann aber nicht einsichtig werden, welche andere Freiheit bejaht werden soll (Bindung), welche aber zurückgewiesen werden muß (Freiheit). Letztlich bleibt die Entscheidung eine kontingente, an die jeweilige Situation und Erfahrung gebunden.”[15] Sartre selbst hat diese Situation in seinem Buch über Genet auf den Punkt gebracht, wenn er formuliert: “So trägt jede Moral, die sich nicht ausdrücklich als heute unmöglich darbietet, zur Mystifizierung und Entfremdung des Menschen bei. Das moralische “Problem” entsteht daraus, daß die Moral für uns gleichzeitig unvermeidbar und unmöglich ist. Das Handeln muß sich in diesem Klima unüberschreitbarer Unmöglichkeit seine ethischen Normen geben.” (Saint-Genet, 244)

Dies wird aber keineswegs eingelöst: Sartres moralphilosophische Überlegungen in diesen Jahren erschöpfen sich weitgehend im Versuch, gegenüber einer “bürgerlichen” Moral Freiheit als Negation des Bestehenden zu bekräftigen, um damit die Fixierung auf Gut und Böse auszuschalten, die wie etwa im Fall von Genet zur Ausschaltung des

Bösen durch Übertragung auf den Anderen führt.[16] Um die Ideologisierung der Moral hintanzuhalten und zugleich Freiheit in ihrer ontologischen Fundierung zu bewahren, gilt es für Sartre, Freiheit selbst als Wert festzuhalten, sie als Ziel ihrer selbst, als Befreiung zu propagieren. Dieser Weg führt Sartre zu einer Theorie des revolutionären Menschen mit stark marxistischen und anarchistischen Zügen und in Verbindung damit zu einer Literaturtheorie, in der ebenfalls die Freiheit des Anderen im Mittelpunkt steht.

Für Sartre bestimmt sich Literatur in erster Linie als Appell an die Freiheit des Lesers, und der "Schriftsteller als freier Mensch, der sich an freie Menschen wendet, hat nur ein einziges Sujet: die Freiheit." (Sit. II. S. 111f.) Literatur als "littérature engagée" bleibt so in einem doppelten Bezugsrahmen: So wie Freiheit nur als "engagierte" sich verwirklichen kann, muß sich Literatur "engagieren", um damit an das potentielle Engagement des Lesers zu appellieren, an dessen Freiheit, mit dem imaginären Repertoire an Wahlmöglichkeiten umzugehen. Die Interferenz zwischen Ästhetik und Ethik führt zum Postulat des schöpferisch authentischen Menschen, der eine Art Autopoesis vollbringt, die den Prozeß kreativer Bedeutungsstiftung zu einem solchen der Selbstschöpfung macht.[17] Daß dabei die menschliche Praxis zugunsten einer sich als autonom verstehenden Poesis zu kurz gerät, liegt ebenso auf der Hand wie der Vorrang kreativer Bedeutungsstiftung gegenüber einer normativen Moral, die immer noch als Entfremdung verstanden wird.

Die in den "Cahiers" auftauchende "conversion morale" (vgl. bes. CM S. 484ff.) bleibt den Strukturen von "Das Sein und das Nichts" verhaftet und kann trotz einer skizzierten Werthierarchie keine inhaltlich-normativen ethischen Grundsätze erstellen (vgl. dazu bes. CM, S. 486).

Die von Sartre in der Folge entwickelte Theorie des revolutionären Menschen wiederum wird ihn Schritt für Schritt zu einer Aufnahme marxistischer Motive führen, auch wenn seine Kritik am orthodoxen Marxismus offen zu Tage liegt.

Zentral nicht nur für ethische Überlegungen, sondern auch für die weitere Entwicklung des Sartre'schen Denkens bleibt das Problem der Anerkennung der Freiheit des Anderen und daraus resultierender Normen für das Handeln. Die Freiheit des Subjektes wird nunmehr auf eine Pluralität von Freiheiten extrapoliert, die postulierte Anerkennung der Freiheit des Anderen verweist zumindest auf eine vage Solidarität: "Eine revolutionäre Philosophie muß der Vielheit der Freiheiten Rechnung tragen und zeigen, wie jede voll und ganz als Freiheit für sich Gegenstand für Andere werden kann ... Auf diese Weise wird man die revolutionäre Bewegung und ihren Entwurf verstehen, der darin besteht, die Gesellschaft durch Gewalt von einem Zustand, wo die Freiheiten entfremdet sind, in einen anderen übergehen zu lassen, der auf ihrer gegenseitigen Anerkennung beruht." (MR, S. 103)

Die gleichzeitig von Sartre abgegebene Apotheose des permanenten Revolutionärs[18] zeigt, daß die "realistische Phase" der Ethik, oder besser deren Überführung in die revolutionäre Praxis, an die Stelle der individualistischen Freiheitsaffirmation getreten ist. Sartres Denken gerät nun in die Spannung zwischen individueller Praxis und geschichtlicher Totalität, zwischen Freiheit und Entfremdung, materieller Knappheit und Ausbeutung, wobei der äußerste komplexe Weg der "Kritik der dialektischen Vernunft" hier übergangen werden muß.[19]

Auch der Versuch, Freiheit unter Bedachtnahme auf die Bedingungen materieller und geschichtlich-gesellschaftlicher Art als konkrete Freiheit aufzuweisen, führt nur zu einer Art transitorischer gegenseitiger Anerkennung: nämlich in der "groupe en fusion", der sich spontan konstituierenden Gruppe in der revolutionären Situation. Hier vollzieht sich jene auch Moral einschließende Aufhebung der Konfliktsituation hinsichtlich des Anderen, die aber im Prozeß der Institutionalisierung der Gruppe sofort wieder gefährdet und vernichtet wird.

Denn die Gruppe als Modell reiner Freiheit *ist* nicht, sondern befindet sich immer in der Bewegung der Totalisierung. Auch wenn Sartre hier die mögliche gegenseitige Anerkennung aufblitzen läßt und als eine "Moral der Befreiung" zu verheißen scheint,[20] auch wenn hier aller Gesinnungsmoral und "innerer Freiheit" eine Absage erteilt wird – der Weg zu einer "gelingenden Moral", den Sartre mit der marxistisch gedachten Verbesserung der Lebensbedingungen der Arbeiterklasse und später aller Menschen zusammendenkt, bleibt unklar und widersprüchlich.[21] Sartres Entdeckung gesellschaftlicher Randgruppen, der "Verdammten dieser Erde", die am stärksten der Negativität und Unterdrückung ausgesetzt sind, führt nur zu einer Rechtfertigung der revolutionären Gewalt im ideologischen Sinn[22] oder zur Bekräftigung einer "Gesellschaft ohne Macht, ohne Staat ... einer Anarchie, ... in der kein Mensch irgendeine Macht über einen anderen Menschen besitzt.[23]

Diese utopische Sicht findet sich auch in den letzten Äußerungen Sartres zum Problem der Ethik. Neben der Kritik an seiner eigenen individualistischen Moral der Existentialismusperiode und der realistischen Moral der 60er Jahre läßt er die Hoffnung auf eine "positive Moral" durchblicken. Bereits in einem Interview mit J. Guitton 1951 hatte Sartre in Übereinstimmung mit Überlegungen aus den "Cahiers" (vgl. bes. S. 515ff.) angedeutet, daß "die wahre Moral wie auch die wahre Existenz nur mit dem Du und für das Du begriffen werden kann ... Das Problem besteht heute darin, daß der Mensch, wie Kant es verlangte, nicht als Mittel, sondern als Zweck betrachtet wird. Darin ist das Ideal der Beziehung zum Du zu erblicken. Diese Beziehung in einer Gesellschaft herzustellen, die immer dazu neigt, die Beziehung zum Du zu verhindern, das ist zugleich ein ethisches und ein historisches Problem."[24]

Ähnlich äußert sich Sartre auch in den – umstrittenen – Gesprächen mit Benny Levy, wo er von Forderungen spricht, die das beliebige eigene Ziel des individuellen Bewußtseins begleiten[25] und wo das Reich der (moralischen) Zwecke in die Vorbereitung dieses Reichs verlegt wird (CM, S. 487). Die Abhängigkeit des einzelnen Individuums vom Anderen, die Sartre in besagtem Interview einklagt (a.a.O., S. 448) und die er durch Transparenz, Liebe, Vertrauen, soziale Harmonie ersetzt wissen will, hätte ein Verlassen des Fixpunktes Subjektivität bedingt, an der Sartre bis zum monströsen Flaubert-Werk und dem Versuch, das "universel singulier" zu konkretisieren, festhielt.

Die in Aussicht gestellte "Moral des Wir" bleibt Forderung, das Scheitern der Moral, grundgelegt in Sartres Ontologie und Subjektivitätsphilosophie, ist unausbleiblich. Die Sartre'sche Autopoiesis bleibt destruktiv, auch wenn in dieser Destruktivität etwas deutlich wird, das uns über Sartre hinaus in der gegenwärtigen Ethik zum Problem wurde: daß nämlich die Berufung auf universalisierbare Normen und regulative Ideen in einer pluralistischen Gesellschaft problematisch geworden ist. Ob Sartres Alternative des Dezisionismus einer Situationsethik oder des Übergehens der Ethik in revolutionäre Praxis hier genügen kann, ist allerdings mehr als zweifelhaft.

3. Albert Camus' Weg vom Absurden zum Ethos der Revolte

Obwohl die Grund- und Ausgangsstimmung des Camus'schen Werkes eine völlig andere ist als diejenige Sartres, steht auch Camus vor der Frage, wie aus einer nihilistisch anmutenden Beschreibung der "condition humaine" so etwas wie ethische Prinzipien oder Normen abgeleitet werden können. Während aber Sartre von Anfang an die Kontingenz, Zufälligkeit und Absurdität der "condition humaine" und ihr Scheitern konstatierte, geht Camus von einer Welterfahrung aus, in der Glück, Einheit, Natur und Liebe eine beachtliche Rolle spielen. Camus' frühe Essays ("Licht und Schatten", "Hochzeit des Lichtes") sind ebenso von der Erfahrung des Todes Gottes wie von einer solchen des Einklanges zwischen Mensch und Natur geprägt: Sinnlichkeit, Leben und Schönheit werden hier nahezu emphatisch gefeiert.

Freilich geistert bereits durch diese frühen Essays immer wieder der Tod. Bei aller Einsicht, daß der Tod unabdingbar, nahezu als Erfüllung zu diesem Leben im Sinnlichen und Naturhaften gehört, wird er es, der die Erfahrung des Absurden für Camus auslöst: die Wehrlosigkeit einer im Sinnlichen und Endlichen sich erfüllenden Existenz gepaart mit dem Wissen um den Tod ist mitverantwortlich für jenes "Klima der Absurdität", das Camus in der Folge beschreibt (MS, S. 21ff.). Der Anspruch auf Dauer bricht sich an der Erfahrung der Sterblichkeit, das Verlangen nach Einheit stößt auf Zerrissenheit und Endlichkeit, der Wunsch nach wissendem Durchdringen der Welt, nach Erkenntnis und Sinn stößt auf Undurchdringlichkeit und Sinnlosigkeit, die Welt stellt dem Menschen ein sinnloses Antlitz entgegen.

Deshalb scheint auch zunächst der Selbstmord eine logische Konsequenz dieser absurden Situation, und Camus bezeichnet ihn auch als das einzig "wirklich ernste philosophische Problem" (MS, S. 9). Die Schlußfolgerung Camus', daß der Selbstmord (als leiblicher oder philosophischer[26]) kein Ausweg sein kann, mag in sich selbst inkonsistent erscheinen, stellt aber vor die Frage, wie der Mensch in dieser Situation leben kann und wie er – gleichsam vom Nullpunkt der Existenz aus – sich im Absurden, das zugleich ja auch einen Verlust jedweder vorgegebenen Wert- oder Sinngebung bedeutet, einzurichten vermag.

Camus' Auffassung vom Absurden als eines Zwiespaltes zwischen Menschen und Welt (vgl. MS, S. 31ff.), führt ihn nicht allein zur Verweigerung des Selbstmordes, da dieser eine Aufhebung seiner selbst und des Absurden bedeuten würde, sondern nachgerade zu einem Festhalten an dieser Situation. Alles andere wäre Flucht, Unwahrhaftigkeit, ein Vergehen gegen jene "clarté" und "lucidité", die aus dem Bewußtsein der nahezu cartesianisch angesetzten Gewißheit des Absurden entspringt. So ist jede Hoffnung auf ein Jenseits, jedes (philosophische) Transzendieren des Absurden für Camus ein Ausweichen.

Es gilt vielmehr dem Absurden ins Auge zu sehen und aus der illusions- und hoffnungslosen Situation, die uns Zukunft, Wert und Sinn entzieht, zu leben und zu handeln. Denn: "Leben heißt: das Absurde leben lassen. Das Absurde leben lassen, heißt: ihm ins Auge sehen." (MS, S. 49).

Wie immer es mit der philosophischen Argumentation um das Absurde beschaffen sein mag[27]; was für Camus entscheidend ist, ist die Frage, wie man angesichts des Absurden zu leben vermag.

Camus Antwort ist unmißverständlich: "So leite ich vom Absurden drei Schlußfolgerungen ab: meine Auflehnung, meine Freiheit und meine Leidenschaft. Durch das bloße Spiel des Bewußtseins verwandle ich in eine Lebensregel, was eine Aufforderung zum Tode war – und ich lehne den Selbstmord ab." (MS, S. 57)

Für Camus bedeutet diese Auflehnung, diese Revolte, zugleich aber auch eine Wertsetzung: die Bekräftigung des Wertes des Lebens, ohne daß über Inhalte, Sinn oder etwaige Normen des Lebens das geringste befunden werden könnte. Gerade deren Unbegründbarkeit wird zur Herausforderung für den "absurden Menschen", eine Herausforderung die Camus später in die Frage kleiden wird, ob "man fern des Heiligen und seiner absoluten Werte eine Verhaltensregel finden kann." (MR, S. 21)

Zunächst scheint es, als würde aus der Situation der Absurdität eine absolute Gleichrangigkeit oder Gleichwertigkeit aller Handlungen hervorgehen. Camus weist aber in seinen weitläufigen Auseinandersetzungen mit Dostojewskij das "Alles ist erlaubt" des Iwan Karamasoff als Konsequenz des Todes Gottes und der damit gegebenen Sinnlosigkeit zurück: "Das Absurde befreit nicht, sondern es bindet. Es rechtfertigt nicht alle Handlungen. Alles ist erlaubt – das bedeutet nicht, daß nichts verboten wäre ... Das Absurde gibt nur den Folgen dieser Handlungen ihre Gleichwertigkeit." (MS, S. 60) Die darin aufscheinende Spannung zwischen der Indifferenz des Absurden – dem "Alles ist erlaubt" – und dem Wert des Lebens wird von Camus zunächst eher pathetisch-ästhetisch abzuspannen versucht oder in eine Deutung des Mythos von Sisyphos bildhaft-emotional gekleidet. Sie enthält aber eine rigide Zurückweisung jedweden absolut-normativen Standpunktes.

Dies verdeutlicht Camus auch an der Lebensregel Freiheit. Camus sieht in der Erfahrung des Absurden einen Aufbruch jener konkreten Freiheit, die für ihn als metaphysisches Problem nur in Paradoxien führen kann (MS, S. 51ff.). Nicht nur, daß Freiheit für ihn unmittelbar an das Gottesproblem gebunden bleibt und die Allmacht Gottes gegen Freiheit und Verantwortlichkeit des Menschen ausgespielt werden – nur jene konkrete und erfahrene Freiheit zählt, die für das Leben im Absurden aus dem Bewußtsein von Endlichkeit und Sterbenmüssen resultiert: "Das Absurde klärt mich über diesen Punkt auf: es gibt kein Morgen. Das ist von nun an die tiefe Begründung meiner Freiheit" (MS, S. 52). Diese "einzig vernünftige Freiheit, deren Wirklichkeit ein menschliches Herz erfahren kann" (MS, S. 53), ist die Freiheit des im Absurden lebenden Menschen, der aller Hoffnung, allem Planen und Werten, aller Zukunft entsagt hat.

Im Grunde handelt es sich hierbei um die "göttliche Verfügbarkeit des zum Tode Verurteilten" (MS, S. 98), wie sie Camus bereits im Roman "Der Fremde" beschrieben hatte. Vom Bewußtsein des Todes aus erweist sich die vermeintliche Freiheit unseres alltäglichen Handelns als Illusion. Ein allfälliger Lebenssinn mit all seinen Wert- und Zielsetzungen, seinen daraus resultierenden Entscheidungen und Verzichten ist eigentlich eine Negation der Freiheit. Die Einsicht in das Absurde wird so zum Garanten der eigentlichen Freiheit, da sie einen Verzicht auf Zukunft und ein Leben und Sicheinrichten in einer Art "ewigen Gegenwart" bedeutet (MS, S. 46). Der Verzicht auf die "liberté d'être" gibt angesichts des jederzeit möglichen Todes dem "absurden Menschen" die volle "liberté d'action" (Vgl. MS, S. 52f.) zurück.

Die daraus resultierende Zurückweisung jedweder essentialistischen Deutung des Menschen rückt Camus in die Nähe des Sartre'schen Existentialismus, ebenso wie seine Abwehr jedweder vorgegebenen Sinn- oder Werthierarchie. Aber bereits die Konzeption der Freiheit vom Tode her oder als Freiheit vor dem Tod zeigt einen wesentlichen Unterschied, der sich auch in der leidenschaftlichen Bejahung des endlichen Lebens durch Camus ausdrückt. Darum fordert Camus anstatt einer qualitativ orientierten Ethik eine solche der Quantität: ein "vivre sans appel" oder "vivre le plus" (MS, S. 54). Dies bedeutet "alles Gegebene ausschöpfen", die Aufforderung zur Intensität und Leidenschaftlichkeit, den Kampf gegen den Tod, das Bejahen der Rechtfertigungslosigkeit und Unschuld des Lebens im Absurden, das jetzt anstelle eines nach bestimmten ethischen Prinzipien ausgerichteten Daseins tritt.

Da es keine absolute Instanz (Gott, ein Sittengesetz, das ewige Gute) gibt, fällt auch jede Sicherheit. Der im Absurden lebende Mensch sieht sich keiner verbindlichen Ethik und ihren Begründungsstrategien und Normen gegenüber – wohl aber einem Ethos, einer

Haltung. Diese versucht Camus in Daseinsgestalten symbolischer Art und schließlich in einer Ausdeutung des Sisyphosmythos zu veranschaulichen. In Don Juan, dem Eroberer und dem Schauspieler, sieht Camus eine "Auflehnung ohne Zukunft", eine "Freiheit auf Zeit" und "eine Leidenschaft, alles Gegebene auszuschöpfen", gleicherweise verwirklicht (vgl. MS, S. 59). Don Juans Verzicht auf Dauer, Einmaligkeit und Beständigkeit, das ewige Fliehen und Wechseln von Liebe zu Liebe, die Vielfalt der Rollen und das ständige Maskieren des Schauspielers und schließlich die beständig neu realisierte Tat des Eroberers im sinnlosen Geschehen der Geschichte versinnbildlichen Weisen des absurden Lebensvollzuges. Sisyphos, der Held der Absurden, dazu verurteilt, unablässig seinen Stein immer wieder auf den Gipfel des Berges zu rollen, erweist sich auf Grund des Bewußtseins seiner absurden Situation als seinem Schicksal überlegen. In der Aneignung seines Geschickes bricht seine Freiheit auf. Sisyphos bleibt darin sich selbst und der Erde treu, aller Absurdität zum Trotz: "Übrig bleibt ein Schicksal, bei dem nur das Ende verhängnisvoll ist. Abgesehen von diesem einzigen Verhängnis des Todes ist alles – Freude oder Glück – Freiheit. Es bleibt eine Welt, deren einziger Herr der Mensch ist" (MS, S. 97).

Freilich ist dieses Glück des Sisyphos letztlich ein fragwürdiges Glück, auch wenn Camus in der Freiheit der absurden "condition humaine" eine Möglichkeit sieht, ohne Sprung in ein tröstendes Jenseits zu einem Ethos zu finden, das die Absurdität aushält und austrägt. Aber Bilder, Mythen und Symbole können letztlich nicht die Frage nach Entscheidungen und Haltungen ersetzen, die sich mit dem Problem der Geschichte in der Folge Camus selbst stellen wird. Die hier spürbare Verbindung von Ästhetik und Ethik, die Begeisterung für den Künstler, den schöpferischen Menschen, den Camus sogar als die "absurdeste Gestalt schlechthin" bezeichnet, lassen ein ästhetisches Pathos durchscheinen, das dazu dient, der Verzweiflung und der Sinnlosigkeit Herr zu werden. Immerhin wird aber im Bestreiten und Gestalten der Wirklichkeit durch die Kunst bereits jene Spannung in der Auflehnung selbst merkbar, die Camus später in der "Pest" und im "L'homme revolté" thematisiert hat.

Bereits in der "Pest" versucht Camus ein Ethos der Menschlichkeit zu entwickeln, das sich in seinen emphatischen Beschreibungen des Eroberers im Mythos von Sisyphos bereits angekündigt hatte, wo Camus vom einzigen Luxus sprach, der angesichts des Absurden aufbricht: "demjenigen der menschlichen Beziehungen" (MS, S. 97). Eben diese Beziehungen als Solidarität, Gemeinsamkeit und Auflehnung gegenüber dem Absurden, das allmählich auch eine geschichtliche, vom Menschen selbst verursachte Dimension annimmt, werden in der Symbolik des Romans "Die Pest" dargestellt. Die in der Auflehnung gegen ein unverständliches, allen Sinn und alle Werturteile aufhebendes Geschick deutlich werdende Entdeckung der menschlichen Gemeinsamkeit muß aber ohne absoluten Sinn- und Wertbezug vollzogen werden. Camus trifft im "L'homme révolté" die für ihn zentrale Feststellung: "So muß die Revolte ihre Gründe in sich selbst finden, da sie sie nirgendwo anders finden kann" (MR, S. 15).

Die Botschaft der "Pest" ... daß es an den Menschen mehr zu bewundern als zu verachten gibt" (Pest, S. 182), die in Camus' Tagebuchaufzeichnungen immer wieder durchscheinende Solidarität und Liebe[28] bedarf gerade in einer Situation der geschichtlich wirklich gewordenen Absurdität einer Begründung. Diese versucht Camus in einer Auseinandersetzung mit dem Nihilismus, den Ideologien und politischen Doktrinen unseres Jahrhunderts auch zu geben.

War angesichts des Absurden der Selbstmord eine mögliche Konsequenz, so ist die Herausforderung nunmehr der Mord, vornehmlich der durch Revolutionen, staatliche Gewalt, Geschichtstheorien und Ideologien als gerechtfertigt hingestellte Mord.

Camus anerkennt Widersprüche in seiner Konzeption der "Lebensregel" des Absurden, das er nunmehr als Ausgangspunkt im Sinne des cartesianischen Zweifels betrachtet (vgl. MR, S. 12f.). Entscheidend ist aber, wie der Mensch in der Revolte "ohne die Hilfe des Ewigen oder des rationalistischen Denkens seine eigenen Werte erschaffen kann" (Actuelles I, S. 111).[29]

Im Vollzug der Revolte entdeckt Camus nicht nur Empörung, Verweigerung und Protest, Auflehnung gegen die condition humaine und die Ziele der Schöpfung, sondern auch Zustimmung zu einem Teil seiner selbst, Forderung nach Einheit gegen die Zerrissenheit des Lebens und Sterbens. Gerade darin aber zeigt sich die Erfahrung einer Grenze, die aus der Bejahung innerhalb der Revolte hervorgeht. Gegen den grenzenlosen Messianismus säkularisierter und ideologischer Spielart, gegen den Nihilismus und auch gegen eine von der nackten Existenz ausgehenden Forderung nach Selbstverwirklichung etwa im Sinne Sartres bringt Camus ein "dunkles Sein" (MR, S. 271), einen noch "ungeklärten Wert" (MR, S. 19) ins Spiel, der sich an dieser Grenze erschließt und auf eine Gemeinsamkeit hindeutet, die ihrerseits so etwas wie eine gemeinsame "nature humaine" einschließt (MR, S. 16).

Aus den wenigen Andeutungen Camus' läßt sich hier sicher keine Wesensphilosophie ableiten, zumal dieser Wert erst im Vollzug der Revolte erschlossen wird und unentwegt bekräftigt werden muß (vgl. MR, S. 308). Daraus leitet Camus auch eine die menschliche Solidarität stützende Würde des Menschen ab, die dem Ethos der Revolte einen Rahmen gibt, ohne daß sich damit Definitionen vom "Wesen" des Menschen geben lassen, sondern allenthalben nur Artikulationen von Menschlichkeit wie etwa Freiheit, Würde, Leben, Solidarität.

Diese "nature humaine" und die in ihr begründete Grenze, das aus ihr hervorgehende Maß, bilden die Basis für das von Camus skizzierte "mittelmeerische Denken" jenseits des Nihilismus und zugleich das Rüstzeug einer Auseinandersetzung mit der Geschichte, vor allem mit der nach Camus zur Revolution pervertierten Revolte.[30]

Gegen das Reich des vergöttlichten Menschen, der sich des verlassenen Thrones Gottes bemächtigt hat, bringt Camus das Ethos der Revolte in Anschlag und damit jene aus der Gemeinsamkeit und Brüderlichkeit stammende Lebensregel: "Leben und sterben lernen und, um ein Mensch zu sein, sich weigern Gott zu sein" (MR, S. 328).

Camus' Abrechnung mit den "Meisterdenkern" des 19. Jahrhunderts, ihrer Absolutsetzung der Geschichte und ihrer Hoffnung auf Utopie bringt immer wieder dieses Ethos des "homme revolté" ins Spiel. So auch etwa im Drama "Die Gerechten", in dem Revolte im Camus'schen Sinn gegen die Revolution im ideologischen Sinn gesetzt wird. Der "homme revolté" Kaliajew, der die Bombe nicht wirft, weil Kinder dabei getötet worden wären und der nach später vollbrachtem Attentat sich der Todesstrafe nicht entziehen möchte, verkörpert die ganze Zerrissenheit und Spannung der Revolte, die sich letztlich als "Tragödie von Reinheit und Geschichte" zeigt.[31]

Der als gleichermaßen notwendig wie unentschuldbar empfundene politische Mord stellt den "homme revolté" vor die ethische Herausforderung, entweder menschenunwürdigen Zuständen zuzustimmen oder sich einer über den Menschen hinweggehenden Revolution zu verschreiben, die zugunsten einer allgemeinen Gerechtigkeit am Ende der Geschichte alle Gewalt und allen Terror der Gegenwart rechtfertigt. In ihr ereignet sich dort, wo die "Raserei der Geschichte" und die Zustimmung zum Bestehenden gleichermaßen abgewehrt werden, wo die Wahl zwischen Yogi und Kommissar verweigert wird, "die herzzerreißende und flüchtige Entdeckung eines menschlichen Wertes, der zwischen Unschuld und Schuld liegt, zwischen Unvernunft und Vernunft, zwischen Geschichte und Ewigkeit" (MR, S. 185).

Das Ethos bzw. die Moral der Revolte, die Camus hier ins Treffen führt, vermag zwar keine konkreten Handlungsanleitungen zu geben, sie übersteigt aber dennoch eine bloß formale, abstrakten Prinzipien anhängende Moral: "Sie öffnet den Weg einer Moral, die weit entfernt abstrakten Prinzipien zu gehorchen, die ihren erst in der Hitze des Aufstandes entdeckt" (MR, S. 204).

Maß einer derartigen "Ethik", die Camus freilich nirgendwo systematisch entfaltet, ist die menschliche Natur als "Inbegriff von Freiheit, Gerechtigkeit, Leben, Solidarität".[32] Aber sie bleibt bei allen Beschwörungen des "mittelmeerischen Denkens" ein Postulat und ein Appell, da sie einem Begründungsversuch, den Camus selbst mehrfach andeutet,[33] kaum standhält.

Camus verweist immer wieder auf die Natur, die Gegenwart, das Glück, die Sterblichkeit gegenüber der Geschichte, der Zukunft und einer Vorstellung vom Menschen, der nach endlich erfolgter totaler Revolution als ein anderer konzipiert sein wird. Auch die Verbindung zur Ästhetik, zum schöpferischen Menschen, der der Zerrissenheit der Welt seine Forderung nach Einheit entgegenstellt und sie in der künstlerischen Schöpfung als eine Art "Korrektur der Wirklichkeit" (MR, S. 285) artikuliert, stellt zwar Schönheit (und damit wiederum Bewahrung der Welt als Natur[34]) als entscheidend heraus, vermag aber den Begründungszusammenhang zu einer Ethik der Revolte nicht zu liefern.

Camus' Auseinandersetzung mit den philosophischen und ideologischen Theorien der Vergöttlichung der Geschichte, die an die Stelle des für tot erklärten Gottes tritt, erfolgt zweifellos aus einer ethisch motivierten Grundhaltung, ohne im bloßen Moralismus steckenzubleiben.[35] Was Camus aber schuldig bleibt, ist ein Begründungsverfahren, das diese "menschliche Natur" und das aus ihr hervorgehende Maß des Handelns, das Auspendeln zwischen dem Kampf und der Revolte gegen die Unterdrückung und dem Verweigern gegenüber utopisch-weltverändernden Konzeptionen und ihrer menschenverachtenden Ideologie, näher bestimmt. Hier ist H. Krings zuzustimmen, der in diesem Zusammenhang moniert: "Camus anerkennt ein Sein, das sich der Auflösung ins Geschichtliche entzieht, ohne sagen zu können, was es ist. Versucht er davon zu reden, dann spricht er mythisch."[36]

Freilich bleibt auch ohne ein solches Begründungsverfahren die Position Camus' bedeutsam genug: Das Ethos einer "Philosophie der Grenzen, der berechneten Unwissenheit und des Wagnisses" (MR, S. 311) ist gerade auf Grund des Verzichtes auf eine Letztbegründung eine Forderung, die mehr als dreißig Jahre nach dem Tod Camus' mehr denn je an Bedeutsamkeit gewonnen hat. Der Hinweis Camus' daß reine Tugend ebenso mörderisch ist, wie moralischer Zynismus (vgl. Pleiade, II, 1699), verdient gerade in einer Zeit des Wiedererstarkens und der Hochkonjunktur der Ethik ernst genommen zu werden. Solidarität, Gerechtigkeit und Gewaltlosigkeit – wobei letzteres Camus anläßlich des Algerienkrieges bekanntlich in große Schwierigkeiten brachte[37] – mögen als leere Schlagworte erscheinen. Die sogenannte "politische Ethik" Camus'[38] bleibt in Distanz zur politischen Wirklichkeit, auch wenn sie deren Herausforderung moralisch annimmt. Gesellschaft und Geschichte sind Größen, denen gegenüber Camus immer skeptisch blieb vornehmlich dort, wo sie in einem dogmatisch-ideologischen Rahmen vorgesetzt wurden. Ein Primat der Ideologie oder der Politik blieb für Camus unerträglich, auch wenn sein Dagegensetzen von anderen Wirklichkeiten, derjenigen des Lebens und Sterbens, der Liebe, des Mitleides und des Glücks als hilflose Appelle einer individualistischen Moral erscheinen konnten. Ziel und skeptisch relativierte Utopie bleibt die Tat und das Denken "auf der mittleren Ebene" (MR, S. 244), auf der Ebene des mittelmeerischen Denkens, das den Menschen in der Spannung von Natur und Geschichte, im Widerstand gegen eine grausame Wirklichkeit und im gleichzeitigen Willen zur Veränderung ohne menschenverachtende Utopie freisetzt: Camus' Widerstand gegen eine nach dem Tod Gottes vergöttlichte Geschichte, gegen ein Denken, das dem Menschen als Platzhalter Gottes die Verfügbarkeit über Leben und Sterben verheißt, deutet eine Ethik an, die gerade heute, angesichts des Abschiedes von den Ideologien und politischen Totalitarismen eine neue Bedeutung gewonnen hat.

Anmerkungen

1 "Nein, ich bin kein Existentialist. ... Sartre ist Existentialist und das einzige Buch, das von Ideen handelt, das ich publiziert habe, der Mythos von Sisyphos, wendet sich gegen die sogenannten existentialistischen Philosophen." Interview 1945. In: Essais, Pleiade. Paris 1965, S. 1426.

2 Vgl. dazu: J.P.Sartre: Antwort an A. Camus. In: Porträts und Perspektiven. Reinbek 1968, S. 73ff.
3 Vgl. SN, S. 783ff. Sartre differenziert nicht zwischen Ethik und Moral, wobei diese unscharfe Begrifflichkeit vor allem dort störend wirkt, wo er die Moral eng mit Ideologie verknüpft. Vgl. zu dieser Differenzierung vor allem Annemarie Pieper: Ethik und Moral. München 1985, S. 13ff.
4 Vgl. etwa Aristoteles: Nikomachische Ethik.
5 "Wir sind zur Freiheit verurteilt" (SN, S. 560).
6 Vgl. SN: "In der Tat hat der Wert die doppelte Eigenheit, welche die Moralisten nur ungenügend erklärt haben, unbedingt zu sein und nicht zu sein."
7 Vgl. dazu Margot Fleischer: Die Verantwortlichkeit für den Anderen im Handeln, Zum Verhältnis von Existentialismus und Marxismus in Sartres früher Philosophie. In: Philosophisches Jahrbuch, 1986/1, S. 165–174.
8 Vgl. SN, S. 784f. bzw. Cahiers pour une morale, S. 490f.
9 Vgl. SN, S. 467: "Der Konflikt ist der ursprüngliche Sinn des Für-Andere-Sein."
10 Vgl. dazu P. Kampits: Sartre und die Frage nach dem Anderen. Wien/München 1975.
11 Freilich ist die Programmschrift "Ist der Existentialismus ein Humanismus" 1946 erschienen, die Aufzeichnungen der Cahiers sind im wesentlichen 1947 und 1948 getätigt worden.
12 Sartre hat später die Veröffentlichung dieser Schrift als "schweren Fehler" bezeichnet (Ein Film, 62) und sie schon früher durch die Feder seines Apogoleten Francis Jeanson widerrufen lassen.
13 Während etwa K. Hartmann, Sartres Sozialphilosophie Berlin, 1966, von einem unbegründeten Sollen spricht bzw. von der Einführung einer ethischen Idee ab extra (35) oder W. Lesch, Imagination und Moral, Würzburg 1989, hier "philosophische Begründungsdefizite" ortet, (287) sieht G. Seel (Wie hätte Sartres Moralphilosophie ausgesehen, in T. König. Sartre, Ein Kongreß. Reinbek 1988) eine Entsprechung zur "Logik von Sartres damaligem Denken", (283). Ähnlich hatte bereits H. Fahrenbach, Existenzphilosophie und Ethik, Frankfurt 1970, im Allgemeinheitsbezug der Wahl eine Konsequenz aus der inhaltlichen Unbestimmtheit des menschlichen Wesens gesehen, da dies für alle Menschen zutrifft. Dagegen ist wohl B. Waldenfels, Phänomenologie in Frankreich, Frankfurt 1987, zuzustimmen, wenn er kommentiert, daß die "moralischen Ansprüche im Leeren hängen und zu einer Überkompensation zwingen. Eine Moral, die nicht auf eine soziale Verflechtung von Situationen, Zielen und Ansprüchen zurückgreifen kann, verharrt beim reinen Appell." (104)
14 Fahrenbach a.a.O., S. 162f.
15 M. Dornberg: Gewalt und Subjekt. Würzburg 1989.
16 G. Seel, a.a.O. S. 285 rückt dies in eine zutreffende Perspektive, wenn er ausführt: "Die Absolutheit der subjektiven Sittlichkeit sprengt die faktische Allgemeingültigkeit der objektiven Sittlichkeit und die faktische Allgemeingültigkeit der objektiven Sittlichkeit erstickt die Absolutheit des Entwurfes in der Kontingenz. Der Moralismus der ehrbaren Leute opfert

die Allgemeingültigkeit der Absolutheit, dem Sein das Sollen auf. Der Amoralismus der Revolutionen opfert die Allgemeingültigkeit der Absolutheit, das Sein dem Nichts auf."

17 Vgl. dazu bes. W. Lesch, a.a.O., S. 191ff.

18 "Ein zufälliges, rechtfertigungsloses aber freies Wesen, vollständig untergetaucht in eine Gesellschaft, die es unterdrückt, jedoch fähig über diese Gesellschaft hinauszugehen, durch seine Anstrengungen sie zu verändern ... (MR, S. 89).

19 Vgl. dazu bes.: K. Hartmann, a.a.O. – P. Kampits, a.a.O. – M. Dornberg, a.a.O.

20 Diese Moral der Befreiung erschöpft sich in einer Philosophie der revolutionären Aktion. (Vgl. dazu bes.: R. Fornet-Betancourt, a.a.O., S. 278ff.).

21 So heißt es etwa in der KdV: "... daß die Werte, wenn es eine mögliche Vernichtung dieser Strukturen (d.h. der Klassenstrukturen und des Kapitalismus) gibt, mit diesen verschwinden werden, um die Praxis in ihrer freien Entfaltung als einzige ethische Beziehung des Menschen zum Menschen wieder zu entdecken, insofern sie gemeinsam die Materie beherrschen." (KdV, S. 265)

22 Vgl. dazu, Der Intellektuelle und die Revolution, Neuwied 1977, wo Sartre die Gewalt dort gutheißt, wo sie sich als "revolutionäre Gewalt" versteht.

23 Anarchie und Moral, Interview mit J.P. Sartre. In: R. Fornet-Betancourt: Philosophie der Befreiung. Frankfurt 1983, S. 366.

24 Opera, 7.2.1951.

25 Ein Gespräch mit Benny Levy in "Freibeuter" 4 und 5, 1980.

26 Philosophischer Selbstmord liegt für Camus überall dort vor, wo das Absurde durch eine Bejahung der Transzendenz und den Glauben an eine Einheit im Jenseits überwunden wird (z.B. bei Kierkegaard, Jaspers und Chestow).

27 Vgl. zur Problematik der philosophischen Argumentation Annemarie Pieper, A. Camus, München 1984, bes. S. 95ff.; M. Rath, A. Camus, Absurdität und Revolte, Frankfurt 1984, bes. S. 27ff.; W. Müller-Lauter: Thesen zum Begriff des Absurden bei A. Camus. In: Wege zur deutschen Camus-Rezeption (Hrsg. von H.R. Schlette. Darmstadt 1975), versucht im Detail einen genauen Nachweis der Fragwürdigkeit dieser "Logik des Absurden" (125) zu geben.

28 Vgl. dazu TB, S. 221: "So ist nicht möglich, vom Absurden ausgehend die Revolte zu durchleben, ohne an irgendeinem Punkt auf die Erfahrung der Liebe zu stoßen, die zu definieren bleibt."

29 Camus hat in einem Interview im Jahre 1951 den Weg seines Denkens folgendermaßen gekennzeichnet: "Mein Denken geht durch Stadien: das erste Stadium war das des Absurden ... Das zweite ist das der Revolte ... Das dritte wird das der Liebe sein ... Ich stelle mich in den Nihilismus, um dort konstruktive Werte zu suchen, weil ich dieser dann wenigstens sicher sein kann." (Interview mit F. Rauhut, zit. nach M. Rath, a.a.O., S. 15)

30 Es ist weder möglich noch sinnvoll, Camus' Auseinandersetzung mit der sogenannten metaphysischen Revolte und ihren Exponenten wie den Aufklärern, Romantikern, Dostojewskij und Nietzsche nachzuzeichnen.

Ebensowenig kann seine Auseinandersetzung mit totalitären Ideologien (vor allem Faschismus und Marxismus) hier näher dargestellt werden. Vgl. dazu P. Kampits: Der Mythos vom Menschen. Salzburg 1968, bes. S. 104ff. – M. Rath: A. Camus, Absurdität und Revolte. Frankfurt 1984, bes. S. 70ff. – H.R. Schlette: Camus' Aktualität im Spannungsfeld der Antithese Natur – Geschichte. In: M. Lauble: Der unbekannte Camus. Düsseldorf 1979, bes. S. 108ff.

31 R. Quilliot: La mer et le prisons. Essai sur Albert Camus. Paris 1956, S. 199.

32 A. Pieper: Albert Camus. München 1984, S. 189.

33 Vgl. dazu z.B. Carnets II, S. 184: "Wenn es eine menschliche Natur gibt, woher kommt sie?"

34 "Die Kunst lehrt uns, daß der Mensch sich nicht mit der Geschichte erschöpft und daß er auch in der Ordnung der Natur einen Seinsgrund findet." (MR, S. 298)

35 So heißt es im Zusammenhang mit einem Feiern der Schönheit der Natur beispielsweise in den "Literarischen Essais": "Wir leben für etwas Höheres als die Moral. Könnten wir es nennen, wie groß wäre die Stille." (LE, S. 167f.)

36 H. Krings: Phil. Jahrbuch der Görresges. 62, S. 353.

37 Vgl. dazu bes.: Fragen der Zeit. Reinbek 1977, S. 143ff. Eine ausführliche Analyse hierzu gibt F. Paepcke: Albert Camus und der Frieden. In: Schlette, a.a.O., S. 88–115.

38 Vgl. dazu R. Neudeck: Die politische Ethik bei J.P. Sartre und A. Camus. Bonn 1975.

Bibliographie

Sartre, J.P.: Das Sein und das Nichts. Reinbek, 1962 SN
– Ist der Existentialismus ein Humanismus? In: Drei Essays. Frankfurt 1979. EH
– Cahiers pour une morale. Paris 1983. CM
– Tagebücher, November 1939 – März 1940. Reinbek 1984.
– Ein Film. Reinbek 1978
– Was ist Literatur? In: Situations, II. Paris 1980.
– Materialismus und Revolution. In: Drei Essays. Frankfurt 1979. MR
– Kritik der dialektischen Vernunft. Reinbek 1967. KdV
– Der Intellektuelle und die Revolution. Neuwied 1971.
Camus, A.: Der Mythos von Sisyphos. Reinbek 1959 MS
– Der Mensch in der Revolte. Reinbek 1969. MR
– Tagebücher 1935–1951. Reinbek 1972. TB
– Literarische Essays. Reinbek 1959. LE
– Fragen der Zeit. Reinbek 1977.
– Die Pest. Reinbek 1950.

Ethik der kritischen Theorie

Hans-Peter Schreiber

1. Max Horkheimer

Ansätze zu einer materialistischen Moralphilosophie, wie die Kritische Theorie sie indirekt enthält, finden sich in zwei frühen Aufsätzen Horkheimers und dem Juliette-Exkurs in der "Dialektik der Aufklärung".[1] Wie schon die Titel dieser frühen Beiträge verraten, grenzt die Kritische Theorie mit dem Stichwort "Materialismus" sich ab gegenüber dem deutschen Idealismus, und dies nicht nur auf der Ebene der Erkenntnistheorie, sondern eben auch der der Moral und dem idealistischen Anspruch, moralphilosophische Prinzipien vernünftig und das heißt rational letztbegründen zu können.

Mit dem Begriff des Materialismus verbindet sich im Konzept der Kritischen Gesellschaftstheorie vor allem die Frage nach der soziohistorischen Genesis der bürgerlichen Moral und der in ihr enthaltenen Vernunftprinzipien wie Freiheit, Gerechtigkeit und Gleichheit; dem Materialismus geht es um den Versuch, "die wirklichen Verhältnisse aufzuzeigen, aus denen das moralische Problem hervorgeht und die sich, wenn auch in verzerrter Weise, in den moralphilosophischen Lehren spiegeln".[2] Als bürgerliche Moral ist sie nach Horkheimer der Ausdruck jener Zeitepoche, die dem Umstand hat Rechnung tragen müssen, daß der Rekurs auf eine metaphysische Instanz zur Begründung der Verbindlichkeit jedweder Normativität nicht mehr möglich war, nachdem im Gefolge der Krise der spätmittelalterlichen Metaphysik jene "Autoritäten" liquidiert wurden, aus denen die Handlungsmaximen sich herleiten und begründen ließen. Der Verlust jener metaphysisch verankerten Welt- und Lebensordnung erzwang daher am Beginn der Neuzeit die Frage nach einer neuen Instanz, welche die verlorene Ordnungsgewißheit nicht nur auf der Ebene der Erkenntnis, sondern auch im Handlungszusammenhang der Menschen erneut zu garantieren vermochte.

In die Funktion einer solchen "geistigen Richtschnur", nach der die nun autonom gewordenen Individuen in ihren "Entscheidungen über die Lebensführung"[3] sich künftig orientieren sollten, hatte die "idealistische Philosophie" die Vernunft als das allen Menschen Gemeinsame eingesetzt: "Die idealistischen Philosophen der neueren Zeit sind bestrebt gewesen, diesem Bedürfnis (nach Orientierung HPS) durch das Aufstellen von Grundsätzen zu genügen. Gemäß den Verhältnissen, welche den Menschen seit der Renaissance auf sich selbst anwiesen, suchten sie diese Maximen durch die Vernunft, das heißt durch prinzipiell allgemein zugängliche Gründe zu beglaubigen. So verschieden etwa die Systeme Leibnizens, Spinozas und der Aufklärung immer sein mögen, so zeugen sie doch alle von dem Bemühen, aus der ewigen Verfassung der Welt und des Menschen ein bestimmtes Verhalten als das ein für allemal angemessene zu begründen. Sie erheben daher Anspruch auf unbedingte Gültigkeit".[4]

Mit dem sozialgeschichtlichen Hinweis auf den Entstehungshintergrund bürgerlicher Moral ist zugleich ein ideologiekritisches Moment mitgesetzt: Probleme der Moral, wie sie etwa im Kontext der bürgerlich-idealistischen Philosophie erörtert werden, sind Horkheimer zufolge grundsätzlich historisch-gesellschaftlich dechiffrierbar; sie sind Ausdruck einer bestimmten Problemkonstellation im Blick auf individuelles Handeln unter Bedingungen der bürgerlicher Gesellschaftsordnung.[5]

Idealistischer Philosophie zufolge ist Moral der Inbegriff "von allgemeinen und vernünftig begründbaren Handlungsvorschriften von kategorischem Sollenscharakter"; insofern ist ihre Ethik deontologisch, universalistisch und rationalistisch zugleich.[6] Das Moralische ist das Gesollte im absoluten Sinne und daher identisch mit dem unbedingt Verpflichtenden. Die dreifache Bestimmung idealistischer Moral als deontologisch, universalistisch und rationalistisch ergibt sich aus der Vorstellung des Idealismus, daß das Moralische zugleich auch das universal Vernünftige und dieses das Universelle schlechthin sei.

Gegen diesen Vernunftoptimismus, wie ihn u.a. Kant und Fichte vertraten, richtete sich im Gefolge der "historistischen Aufklärung"[7] schon die Kritik Schopenhauers am Rationalismus. Horkheimer ist dieser Kritik weitgehend gefolgt, ohne jedoch in den gleichen lebensphilosophischen Irrationalismus abzugleiten. Entgegen dem idealistisch-rationalistischen Anspruch, Handlungsmaximen rational und d.h. vernünftig begründen zu können, folgt Horkheimer dem Schopenhauerschen Diktum, moralische Forderungen bedürften einzig der "Beglaubigung aus dem Wesen der menschlichen Natur oder dem der natürlichen Welt",[8] und er überträgt diese Forderung in sein Konzept einer materialistischen Moralphilosophie.

Die hier sich manifestierende Vernunftskepsis resultiert in der Kritischen Theorie zum einen aus dem Wissen um die radikale Geschichtlichkeit der Vernunft, zum anderen aber ist sie maßgeblich bestimmt durch die historische Erfahrung, “daß jene aus praktischer Vernunft hergeleiteten, die Französische Revolution beflügelnden, von Marx gesellschaftskritisch eingeholten Ideen von Freiheit, Solidarität und Gerechtigkeit nicht zum Sozialismus”,[9] sondern in “eine neue Art von Barbarei”[10] geführt haben. Die neuere Geschichte hat die idealistische Apotheose der Vernunft selbst Lügen gestraft: “Die Vision der Einrichtung der Erde in Gerechtigkeit und Freiheit, die dem Kantischen Denken zugrunde lag, hat sich in die Mobilisation der Nationen, in den Aufbruch der Völker verwandelt. Mit jedem Aufstand, der der großen Revolution in Frankreich folgte, so will es scheinen, nahm die Substanz des humanistischen Inhalts ab und der Nationalismus zu. Das gröbste Schauspiel der Perversion des Bekenntnisses zur Menschheit in einem intransingenten Staatskult bot in diesem Jahrhundert der Sozialismus selbst (...) Was Lenin und die meisten Genossen vor der Machtergreifung erstrebten, war eine freie und gerechte Gesellschaft. In der Realität bahnten sie den Weg für eine totalitäre Bürokratie, unter deren Herrschaft es nicht mehr Freiheit gibt als einst im Reich des Zaren. Daß das neue China in eine Phase der Barbarei übergeht, ist offenkundig.”[11]

Angesichts dieser geschichtlichen Erfahrung hat alle Berufung auf Vernunft als einer letzten Begründungsinstanz für moralische Prinzipien für die Kritische Theorie ausgespielt. Ideologiekritisch gesehen ist diese Vernunft identisch mit jenem Vermögen, das alles zum Objekt werden läßt. Selbst die großen Ideen der französischen Revolution geraten angesichts der Macht einer zum Ganzen sich aufspreizenden instrumentellen Vernunft in den Sog der totalen Verdinglichung. Damit verliert ein “jeder über Zweckrationalität hinausweisende Anspruch seine transzendierende Kraft; Wahrheit und Moralität büßen ihren unbedingten Sinn ein”.[12] Der idealistische Versuch, die Welt in ihrem geschichtlichen Verlauf im System einer absoluten und unbedingten Vernunft zu rechtfertigen, ist angesichts der historischen Erfahrung gescheitert, und damit der Anspruch, Moral mit Rekurs auf Vernunft letztbegründen zu können: “Wahrheit ist dann nirgends mehr aufgehoben als in den vergänglichen Menschen selbst und so vergänglich wie sie.”[13]

Moral kann somit nicht länger deontisch sein, weil der Idealismus mit seiner Vernunftmetaphysik, derzufolge das Allgemeine immer auch identisch mit dem Guten war, für Horkheimer mit der Schopenhauerschen Kritik an sein Ende gekommen ist: "Das allerhöchste, allerrealste Sein, das metaphysische Wesen, auf das die Philosophen aus der wechselnden Welt der seienden Dinge den Blick richten, ist nicht zugleich auch das Gute. Die Grade der Realität sind nicht Grade der Vollkommenheit. Der Blick aufs positiv Unendliche, aufs Unbedingte lehrt nicht, was man tun soll; es ist unmöglich, sich auf die Autorität des Seins zu berufen, wenn man zu einer anständigen Handlung hinführen will.[14] Moralische Verpflichtungen verweisen nach Horkheimer letztlich immer "auf Gebote und Verträge",[15] und er fügt dieser Feststellung die Freudsche Erkenntnis hinzu, daß das Wissen um Pflicht, um moralische Nötigung und unbedingtes Sollen eine sehr profane Herkunft hat, nämlich die Verinnerlichung gesellschaftlich bedingter Zwänge, und es kann folglich schon deswegen niemals als göttliche Stimme oder als Stimme der Vernunft aufgefaßt werden. "Kategorische Imperative gehören für Horkheimer ebenso wie die ewigen Werte ins Arsenal idealistischer Moraltheorien."[16]

Damit ist Moral nicht länger das unbedingt Gesollte, "weil verbindliche moralische Gebote nicht bestehen",[17] und das nur bedingt Gesollte ist nicht spezifisch moralisch. Damit verschwindet der Zwang, in der Moraltheorie nach einer Begründung für moralisches Sollen zu suchen, die in einem nachmetaphysischen Zeitalter sich ohnehin nur in einer Instanz finden ließe, die jeden Menschen als Menschen verpflichtet. Mit dem Wegfall des absolut Verpflichtenden in der Ethik ist gleichzeitig auch der Aspekt des Universalismus verschwunden.

Im Gegenzug zu einer idealistischen Moraltheorie vertritt die materialistische Moral der Kritischen Theorie die Auffassung, daß das Gute in dieser Welt nicht an einer allgemeinen Idee sich festmachen läßt, sondern einzig im "Ephemeren",[18] d.h. im Unscheinbaren, in der Annahme, in der nicht erwartbaren und nicht begründungsfähigen Güte individueller Motive. Zwar leugnet Horkheimer nicht, daß in der bürgerlichen Moral die Ideen der Freiheit, Gleichheit und Gerechtigkeit als allgemeine Ideen erscheinen, aber er versteht sie nicht als ursprünglich moralische, sondern als politische Prinzipien, die erst durch die Übertragung in den bürgerlich-moralischen Kontext als spezifisch moralische Prinzipien in Erscheinung treten.[19] Mit dieser Feststellung kann Horkheimer trotz der Zurückweisung einer deontisch-universalen Moral an einem universalistischen Sinn dieser Ideen festhalten, nur daß deren Universalität sich nicht moralphilosophisch letztbegründen läßt; die Impulse, an diesen Ideen heute als allgemeinen und universellen dennoch festzuhalten, sind Horkheimer zufolge moralisch im Sinne des nicht allgemein erwartbaren und erzwingbaren Guten; sie folgen nicht logisch aus einem universalistisch-objektiv vorgegebenen Sinn.

Zu dem Mißtrauen gegenüber theoretischen Moralbegründungen tritt bei Horkheimer der Verdacht hinzu, das Moralische könnte durch den Prozeß der Rationalisierung seinen moralischen Charakter gerade verlieren, weil die reine Vernunft als Begründungsbasis für Moral letztlich identisch ist mit der instrumentellen Vernunft – eine These, die vor allem in der "Dialektik der Aufklärung" thematisiert wird. Im Juliette-Exkurs wird diese Identität der beiden Vernunftbegriffe dadurch auf die Spitze getrieben, daß Horkheimer bei der Rationalisierung des Moralischen nichts anderes am Werk sieht als die Rationalität bloßer Selbsterhaltung: "Selbsterhaltung ist das konstitutive Prinzip der Wissenschaft, die Seele der Kategorientafel, auch wenn sie idealistisch deduziert werden soll wie bei Kant. Selbst das Ich, die synthetische Einheit der Apperzeption, die Instanz, die Kant den Punkt nennt, an dem man die ganze Logik aufhängen müsse, ist in Wahrheit das Produkt sowohl wie die Bedingung der materiellen Existenz."[20] Insofern ist der Kritischen Theorie zufolge die reine Vernunftmoral zugleich Komplizin und Opfer der Naturbeherrschung und kann daher niemals in den Rang einer Instanz zur Begründung von Moral erhoben werden.

Mit der Negation einer deontologischen, rationalistischen und universalistischen Ethik vor dem Hintergrund der Gleichsetzung von reiner und instrumenteller Vernunft und dem historischen Hinweis, daß die Geschichte der Moral mit der Entstehung der bürgerlichen Individualität aufs engste verknüpft ist, wäre das Grundkonzept der materialistischen Moraltheorie Horkheimers zunächst formal skizziert. Jedoch hat, wie Horkheimer ausführt, "die materialistische Ansicht nicht bloß die negative Bedeutung, eine metaphysisch zu begründende Moral abzulehnen, sondern ist von den Materialisten stets so verstanden worden, daß das Streben der Menschen nach Glück als eine natürliche, keiner Rechtfertigung bedürftige Tatsache anzuerkennen sei".[21] Durch die zentrale Stellung, die damit dem Streben des Menschen nach Glück im kritischen Denken Horkheimers zukommt, rückt die materialistische Moral in die Nähe einer eudämonistischen Ethik; diese proklamiert nicht unbedingt Gesolltes, sondern thematisiert primär die auch empirisch wahrnehmbare menschliche Sehnsucht nach Glück; Moral ist daher nicht universalistisch, sondern individualistisch und situationsbezogen. Indem Horkheimer, der der Vernunft als Letztbegründungsinstanz mißtraut, weil Vernunft seit der Aufklärung nur noch als affektfreies "Organ der Kalkulation" und des Plans in Erscheinung tritt, ohne Vermögen, inhaltliche Ziele zu setzen,[22] bringt er zum Ausdruck, daß es Moral nur dort geben kann, wo Vernunft ihre Neutralität preisgibt und Gefühlen eine gewisse Bedeutung zugesteht.

In diesem Zusammenhang greift Horkheimer auf Kants Begriff des "moralischen Gefühls" zurück, deutet dieses jedoch materialistisch um. "Kennzeichen für das moralische Gefühl ist ein Interesse, das vom 'natürlichen Gesetz' abweicht und nichts mit privater Aneignung und mit Besitz zu tun hat."[23] Das moralische Gefühl hat vielmehr "etwas mit Liebe zu tun (...) Aber diese Liebe betrifft nicht die Person als ökonomisches Subjekt oder als einen Posten im Vermögensstand der Liebenden, sondern als das mögliche Mitglied einer glücklichen Gesellschaft. Sie geht nicht auf Funktion und Ansehen eines bestimmten Individuums im bürgerlichen Leben, sondern auf seine Bedürftigkeit und Kräfte, welche in die Zukunft weisen. Ohne daß die Richtung auf ein künftiges glückliches Leben aller Menschen, die sich freilich nicht auf Grund einer Offenbarung, sondern aus der Not der Gegenwart ergibt, in die Beschreibung dieser Liebe aufgenommen wird, läßt sie sich keinesfalls bestimmen. Allen, sofern sie überhaupt Menschen sind, wünscht sie die freie Entfaltung ihrer fruchtbaren Kräfte. Es scheint ihr, als hätten die lebenden Wesen einen Anspruch auf Glück, und sie fragt nicht im geringsten nach einer Rechtfertigung oder Begründung dafür."[24]

Es ist dieser im letzten nicht begründbare und auch keiner Rechtfertigung bedürftige Anspruch aller Menschen auf Glück, der dem moralischen Gefühl seine besondere Qualität verleiht, und Liebe ist für Horkheimer dasjenige am moralischen Gefühl, was den andern nicht, wie die funktionalistische Vernunft es tut, zum bloßen Mittel macht, sondern ihn als Zweck an sich respektiert. "Zweck an sich" ist der Mensch in der Perspektive jener versöhnten, von Herrschaft und Zwang befreiten Gesellschaft, in der die Menschheit schließlich glücklich zu leben vermag. Konkreter Ausdruck dieses Respekts ist nach Horkheimer das Mitleid, das in dem leidenden Anderen sich selbst zu erkennen vermag; und die tätige Gestalt jener Perspektive ist die Solidarität. "Wie Schopenhauer versteht Horkheimer das Mitleid nicht als bloßen Affekt, sondern als eine durch Einsicht vermittelte emotionale Regung; darum ist er weder reiner Gefühlsethiker noch Emotivist".[25] Einzig Mitleid und Liebe, charakterisiert als die antizipatorische Einheit von Individuum und Ganzem, repräsentieren, wie es in der "Dialektik der Aufklärung" heißt, jenes "sinnliche Bewußtsein von Allgemeinem und Besonderem", das nach der Formalisierung der Vernunft allein noch übrig war.[26] Gerade weil das Mitleid die Perspektive des Universellen und Individuellen antizipatorisch in sich vereinigt, vermag nur es und nicht eine 'reine Vernunft' die Grundlage für das Moralische zu bilden. Daher gilt für Horkheimer, daß solange es Moral geben wird, Mitleid ihr wichtigstes Merkmal sein wird: "Soweit Individuum und Ganzes nicht wirklich eins geworden sind (...), solange also die Moral noch einen Existenzgrund hat, wohnt ihr das Mitleid ein. Ja, es mag sie überdauern."[27]

Durch die Einbettung moralphilosophischer Reflexionen in eine kritische Theorie der Gesellschaft, erweist sich die Ethik Horkheimers letztlich als eine politische; für sie sind die Begriffe der Politik und der Solidarität von besonderer Bedeutung. Trotz aller Kritik am Idealismus und seiner rationalistischen Moralbegründung, glaubt Horkheimer dann schließlich doch an ihn sich anschließen zu können, weil, nach seiner Meinung, vor allem Kant in seiner Ethik versucht habe, die bürgerliche Moral mit einer utopischen Perspektive zu versehen, die nur mit politischen Mitteln eingeholt werden könne: "Was Schopenhauer die 'Aufstellung eines moralischen Utopiens' genannt hat, die Erfüllung der Moral und zugleich ihre Aufhebung, ist für Kant keine Illusion, sondern das Ziel der Politik".[29] Angesichts dieser Feststellung erweist Horkheimer sich nicht nur als Kritiker des Idealismus, sondern zugleich auch als kritischer Erbe der Kantischen Moralphilosophie. Zu diesem Erbe gehört auch die Einsicht, daß ein universalistischer Sinn der Leitideen der bürgerlichen Moral, die zugleich auch diejenigen der Kritischen Theorie sind, nur dann feststeht, wenn man mit Kant an einem Vernunftbegriff festhält, in dem die Idee eines freien und solidarischen Zusammenlebens der Menschen mitgesetzt ist, ein Zusammenleben, in dem, wie es in der "Dialektik der Aufklärung" heißt, die Menschen "zum allgemeinen Subjekt sich organisieren und den Widerstreit zwischen der reinen und empirischen Vernunft in der bewußten Solidarität des Ganzen aufheben".[30]

2. Herbert Marcuse: Kritik der repressiven Moral

Herbert Marcuse nimmt unter jenen, die sich um die Ausarbeitung einer Kritischen Theorie der Gesellschaft bemüht haben, eine wichtige

Stellung ein. Diese Bedeutung erlangte er durch eine Reihe grundlegender Arbeiten aus den dreißiger Jahren, vor allem aber mit dem Versuch, die Erkenntnisse der Freudschen Psychoanalyse mit denjenigen der Marxschen Theorie der Gesellschaft systematisch zu verbinden.

Was ist der Kern der Kritischen Theorie Marcuses? "Es sind vor allem zwei Momente, die den Materialismus mit der richtigen Theorie der Gesellschaft verbinden: die Sorge um das Glück der Menschen und die Überzeugung, daß dieses nur durch eine Veränderung der materiellen Daseinsverhältnisse zu erreichen sei. Der Weg der Veränderung und die grundlegenden Maßnahmen für die vernünftige Organisation der Gesellschaft sind durch die jeweilige Analyse der ökonomischen und politischen Verhältnisse vorgezeichnet."[31]

Damit sind Ziel und Weg der kritischen Gesellschaftstheorie Marcuses umschrieben: Das Ziel ist – wie schon bei Horkheimer – das Glück der Menschen, wobei Glück verstanden wird als Solidarität mit allen und jedem, und nicht wie in der Tradition des Utilitarismus als das größtmögliche Glück der größtmöglichen Zahl; der Weg zur Realisierung dieses Ziels ist die den Bedingungen und Möglichkeiten angepaßte Veränderung der gesellschaftlichen Verhältnisse, innerhalb welcher das besondere Dasein des einzelnen (sein Glück) vom Dasein aller abhängig ist. Die Betonung der Glücksintention schließt ein, daß das Individuum als Zweck der gesellschaftlichen Organisation gedacht wird; für die allgemeine Idee des Fortschritts ist damit eine ganz besondere Verwirklichung gefordert: "Der Hedonismus verweist alle Individuen gleichermaßen auf das Glück; er hypostasiert keine Allgemeinheit, in der ohne Rücksicht auf die einzelnen das Glück aufgehoben sei. Es ist sinnvoll, von dem Fortgang der allgemeinen Vernunft zu sprechen, die sich bei allem Unglück der Individuen durchsetze, aber das allgemeine Glück ist getrennt von dem Glück der Individuen eine sinnlose Phrase."[32]

Wie in Horkheimers Kritik am abstrakt Allgemeinen der Metaphysik, geht es auch bei Marcuse um die Auflösung falscher Verallgemeinerungen. Wenn zum Funktionieren der kapitalistischen Wirtschaft vom Individuum Opfer an Leib und Leben verlangt werden, der Verzicht auf die Befriedigung elementarer Bedürfnisse, dann ist Marcuse zufolge das allgemeine Prinzip, das der Erhaltung der bestehenden Gesellschaft dient, im Unrecht; diese Gesellschaft muß dann durch eine solche, die dem Glücksstreben des einzelnen Rechnung trägt, ersetzt werden. Die Kritische Theorie hat daher die Ansprüche der fortgeschrittenen Industriegesellschaft ideologiekritisch ins Auge zu fassen und zwar so, daß sie dabei auf Kriterien der traditionellen Philosophie zurückgreift und diese auf die jeweilige sozioökonomische Situation hin konkretisiert: "Die Auseinandersetzung der Kritischen Theorie mit der Philosophie ist an dem Wahrheitsgehalt der philosophischen Begriffe und Probleme interessiert: Sie setzt voraus, daß Wahrheit wirklich in ihnen enthalten ist (...) Damit ist nicht gemeint, daß es ewige Wahrheiten gäbe, die sich in wechselnden geschichtlichen Formen entfalten, so daß man die Schale nur abstreifen müsse, um den Kern in Händen zu halten. Wenn Vernunft, Freiheit, Erkenntnis, Glückseligkeit wirklich erst aus abstrakten Begriffen zur Wirklichkeit geworden sind, dann werden Vernunft, Freiheit, Erkenntnis, Glückseligkeit auch etwas völlig anderes sein (...) Daß der Mensch ein vernünftiges Wesen ist, daß dieses Wesen Freiheit fordert, daß Glückseligkeit sein höchstes Gut ist: All das sind Allgemeinheiten, die eben durch ihre Allgemeinheit eine vorwärtstreibende Kraft haben. Die Allgemeinheit gibt ihnen einen beinahe umstürzlerischen Anspruch: nicht nur dieser oder jener, sondern alle sollen vernünftig, frei, glücklich sein (...) So ist kritische Theorie noch mit diesen Wahrheiten verbunden. Sie erscheinen in ihr als ein Bewußtmachen der Möglichkeiten, zu denen die geschichtliche Situation selbst herangereift ist, und sie sind in den ökonomischen und politischen Begriffen der kritischen Theorie aufbewahrt".[33]

Folglich ist es nach Marcuse möglich, einen gegenwärtigen und künftigen Sinn aus dem Vergangenen zu eruieren, weil die Entwicklung der Menschheit sich als ein stetiger Fortgang in der Ausarbeitung der materiellen Mittel menschlicher Selbstverwirklichung darstellt, so daß jedes Stadium mit jedem andern, vergangenen und späteren, verknüpft ist und Begriffe, die zu irgendeinem Zeitpunkt einmal als abstrakte Antizipationen auftauchen, auf konkrete Sachverhalte sich beziehen lassen. In den dreißiger Jahren enthält die Theorie Marcuses einen stark real-utopischen Impuls, der zugleich von einem kämpferischen Optimismus getragen ist. Doch ungeachtet dieses utopischen Anteils seiner Theorie verzichtete Marcuse darauf, ein Modell der freien Gesellschaft zu entwerfen, denn es "handelt sich in der kritischen Theorie nicht um das Ausmalen einer zukünftigen Welt, wenngleich die Antwort der Phantasie auf eine solche Herausforderung vielleicht nicht ganz so absurd wäre, wie man es glauben machen möchte (...) Bei der Frage, was darf ich hoffen? würde sie (die Phantasie HPS) weniger auf eine ewige Seligkeit und eine innere Freiheit hinweisen, als auf die schon jetzt mögliche Entfaltung und Erfüllung der Bedürfnisse. In einer Situation, wo solche Zukunft eine reale Möglichkeit darstellt, ist die Phantasie ein wichtiges Instrument bei der Aufgabe, das Ziel immer wieder vor Augen zu stellen".[34]

Schon Sigmund Freud, und auf dessen Anthropologie greift Marcuse zur Grundlegung seiner kritischen Theorie maßgeblich zurück, hatte die Phantasie als eine seelische Fähigkeit hervorgehoben, die selbst im Bereich des entwickelten Bewußtseins einen hohen Grad an Freiheit vom Prinzip der Realität, als dem Inbegriff gesellschaftlicher Zwänge, bewahrt hat: "Mit der Einsetzung des Realitätsprinzips wurde eine Art Denkfähigkeit abgespalten, die von der Realitätsprüfung freigehalten und allein dem Lustprinzip unterworfen blieb. Es ist dies das Phantasieren, welches bereits mit dem Spielen der Kinder beginnt und später als Tagträume fortgesetzt die Anlehnung an reale Objekte aufgibt".[35] Marcuse zufolge bewahrt "die Phantasie die Erinnerung an eine vorhistorische Vergangenheit, als das Leben des Einzelnen das Leben der Gattung war; die Erinnerung an das Urbild der unmittelbaren Einheit zwischen dem Allgemeinen und dem Gesonderten unter der Herrschaft des Lustprinzips. Im Gegensatz dazu zeichnet sich die gesamte spätere Geschichte des Menschen durch die Zerstörung dieser ursprünglichen Einheit aus (...) Die Gattung lebt nun in bewußten, immer erneutem Konflikt zwischen den Individuen und zwischen ihnen und ihrer Welt. Durch all diese Konflikte hindurch schreitet der Fortschritt unter dem Leistungsprinzip voran".[36]

Hier übernimmt Marcuse die Freudsche Charakterisierung der Kultur als eines Systems repressiver Funktionen, die im Interesse der Erhaltung und Entwicklung des Menschen einen Triebverzicht des einzelnen Menschen erzwingen. Triebverzicht ist gleichbedeutend mit Abnahme der augenblicklichen Befriedigung, Bescheidung der Selbstentfaltung, Verkürzung des Freiheitsspielraums und damit Einschränkung des Glücks: "Nach Freud ist die Geschichte des Menschen auch die Geschichte seiner Unterdrückung. Die Kultur unterjocht nicht nur seine soziale, sondern auch seine biologische Existenz, sie unterwirft nicht nur Anteile des menschlichen Wesens ihrem Zwang, sondern seine Triebstruktur selbst. Gerade der Zwang jedoch ist die Voraussetzung des Fortschritts. Ließe man den Grundtrieben des Menschen die Freiheit, ihre natürlichen Ziele zu verfolgen, so wären sie unvereinbar mit allem dauernden Zusammenschluß, jedem Fortbestehen: selbst wo sie vereinten, würden sie zerstören. Der ungezügelte Eros ist ebenso verderbenbringend wie sein tödlicher Gegenpart, der Todestrieb. Die Zerstörungskraft dieser Antriebe entspringt dem Umstand, daß sie eine Befriedigung anstreben, die die Kultur nicht gewähren kann: die Befriedigung als solche und als Selbstzweck in jedem Augenblick. Die Triebe müssen daher von ihren Zielen abgelenkt, in ihrer Absicht gehemmt werden. Kultur beginnt dort, wo auf das primäre Ziel – nämlich vollständige Befriedigung von Bedürfnissen – mit Erfolg verzichtet wird".[37]

Die Geschichte der Menschheit ist für Freud wie für Marcuse daher durch die Ambivalenz steigender Naturbeherrschung (d.h. zunehmender Freiheit von Naturabhängigkeiten) und wachsender gesellschaftlicher und psychischer Konflikte gekennzeichnet. Wie Horkheimer und Adorno in der "Dialektik der Aufklärung", beschreibt auch Marcuse die Entwicklung zur modernen Industriegesellschaft als den Prozeß fortschreitender Instrumentalisierung der Vernunft bis hin zur Totalität: "Als ein technologisches Universum ist die fortgeschrittene Industriegesellschaft ein politisches Universum – die späte Stufe der Verwirklichung eines spezifischen Entwurfs – nämlich die Erfahrung, Umgestaltung und Organisation der Natur als des bloßen Stoffes von Herrschaft. Indem der Entwurf sich entfaltet, modelt er das ganze Universum von Sprache und Handeln, von geistiger und materieller Kultur. Im Medium der Technik verschmelzen Kultur, Politik und Wirtschaft zu einem allgegenwärtigen System, das alle Alternativen in sich aufnimmt oder abstößt. Produktivität und Wachstumspotential dieses Systems stabilisieren die Gesellschaft und halten den technischen Fortschritt im Rahmen von Herrschaft. Technologische Rationalität ist zur politischen Rationalität geworden."[38]

Nun glaubt Marcuse – im Unterschied zu den Frankfurtern –, auf ein im Menschen selbst liegendes Widerstandspotential zurückgreifen zu können, mittels dessen die Herrschaftstotalität sich brechen läßt und das von allen Menschen intendierte Glücksbedürfnis schließlich integral befriedigt werden kann. Um dies zeigen zu können, greift Marcuse in einem eigenen Interpretationsansatz auf Freuds späte Version der Trieblehre zurück, insbesondere auf dessen berühmte Theorie des Urvatermordes: "Die Dynamik der Herrschaft, die mit dem Aufrichten des Despotismus anhebt, zur Revolution führt und nach dem Versuch der ersten Befreiung mit der Wiedereinsetzung des Vaters in verinnerlichter und verallgemeinerter, das heißt, vernünftiger Form endet, wiederholt sich, nach Freud, während der gesamten Geschichte der

Kultur und Zivilisation, wenn auch in abgeschwächter Form, nämlich als Rebellion aller Söhne gegen alle Väter in der Pubertät und endlich als Einordnung der Söhne in den gesellschaftlichen Zusammenhang in freiwilliger Unterwerfung unter die gesellschaftlich geforderten Triebverzichte, wodurch die Söhne selbst Väter werden. Diese psychologische Wiederholung der Dynamik der Herrschaft in der Kultur findet ihren weltgeschichtlichen Ausdruck in der immer wiederkehrenden Dynamik der Revolutionen der Vergangenheit. Diese Revolutionen zeigen eine beinah schematische Entwicklung. Der Aufruhr gelingt, und bestimmte Kräfte versuchen, die Revolution auf ihren extremsten Punkt zu treiben, auf dem, von dem aus vielleicht der Übergang in neue, nicht nur quantitative, sondern qualitativ verschiedene Verhältnisse gelänge – und an diesem Punkt wird die Revolution gewöhnlich besiegt und die Herrschaft auf höherer Stufe verinnerlicht, wieder aufgerichtet und weitergeführt. Wenn die Freudsche Hypothese wirklich zu Recht besteht, dann können wir die Frage wagen, ob es neben dem geschichtlich-gesellschaftlichen Thermidor, der in allen Revolutionen der Vergangenheit nachzuweisen ist, nicht auch einen psychischen Thermidor gibt; werden die Revolutionen vielleicht nicht nur von außen besiegt, umgekehrt und zurückgenommen, ist nicht vielleicht in den Individuen selbst schon eine Dynamik wirksam, die eine mögliche Befreiung und Befriedigung innerlich verneint und die Individuen nicht nur äußerlich sich der Verneinung beugen läßt?"[38]

In diesem Zitat vollzieht Marcuse eine Transformation der Dialektik der instrumentellen Vernunft in die Sprache der Freudschen Trieblehre. Dabei kommt es Marcuse vor allem auf die Differenz zwischen "psychischen" und "geschichtlich-gesellschaftlichen" Kräften an, wobei er den inneren Kräften eine weit eigenständigere Dynamik zuerkennt, als die Freudsche Theorie dies zugelassen hätte; auf ihr gründet er sein revolutionäres Vertrauen in die erneuernde Dynamik rebellischer Subjektivität, die schließlich zur Herausbildung eines "qualitativ anderen Realitätsprinzips" und damit zu einer Gesellschaft führen wird, in der das Glücksverlangen der Menschen zur Ruhe kommen kann. In ihr würde "der Organismus sich zu dem bekennen, zu dem er sich unter dem repressiven Realitätsprinzip nicht bekennen durfte. Streben nach Befriedigung in einer glücklichen Welt hieße das Prinzip, unter dem die menschliche Existenz sich entwickelte".[40] In einer solch eudämonistisch bestimmten Gesellschaft ändert sich dann auch die Werthierarchie: "Grunderfahrung wäre nicht länger die des

Lebens als Kampf ums Dasein, sondern die seines Genusses. Die entfremdete Arbeit verwandelt sich in das freie Spiel menschlicher Fähigkeiten und Kräfte. Die Folge wäre eine Stillstellung allen inhaltlosen Transzendierens, die Freiheit wäre nicht länger ewig scheiterndes Projekt. Die Produktivität bestimmte sich an der Rezeptivität, die Existenz würde nicht als ständig sich steigerndes und unerfülltes Werden erlebt, sondern als Da-Sein mit dem, was ist und sein kann. Die Zeit erschiene nicht mehr als lineare, als ewige Linie oder ewig aufsteigende Kurve, sondern als Kreislauf, als Wiederkehr, wie sie zuletzt noch von Nietzsche als die 'Ewige Lust' gedacht wurde."[41]

Das Entscheidende an Marcuses Utopie einer nicht-repressiven Kultur, wie er sie in diesen Sätzen darstellt, ist die Verknüpfung der politisch-sozialen mit der individuell-psychologischen Idee der Befreiung: Freiheit von äußerem Zwang wird verbunden mit innerer Freiheit. Was die klassischen Utopien bis hin zu Horkheimer und Adorno, nur mit allgemeinen Ausdrücken bzw. negativen Bestimmungen anzudeuten versuchten, gewinnt in Marcuses Theorie konkrete, lebendige Züge: die Identität des unentfremdeten Menschen nicht nur als Gattungswesen, sondern vor allem als Individuum. Bei aller Skepsis hinsichtlich der gegenwärtigen Kultur und Gesellschaft ist seine Perspektive weit optimistischer als andere Theorieentwürfe. Dabei kann den Schlüssel zu dieser hoffnungsvollen Perspektive nicht die Gesellschaftstheorie allein liefern, sondern, wie Marcuse glaubte, nur die Kombination von kritischer Theorie und Freudscher Trieblehre. Die Bedeutung Freuds für die kritische Gesellschaftstheorie besteht denn auch darin, mittels einer kritischen Interpretation der Triebtheorie die utopische Perspektive einer repressionsfreien Gesellschaft naturalistisch zu begründen. Anders als Horkheimer, der an dieser Stelle den Kantschen Vernunftbegriff mit seiner utopischen Perspektive aktualisierte, sucht Marcuse mit Rekurs auf Freud eine "Trieb"-Basis für die Idee des Sozialismus. Dabei ist beiden gemeinsam das Interesse, die Totalität gesellschaftlicher Herrschaft auf eine nichtkorrumpierte Instanz hin zu transzendieren, um nicht dem Defätismus anheimzufallen.

Anmerkungen

1 Max Horkheimer: Materialismus und Metaphysik, Materialismus und Moral. Beide Beiträge in: Max Horkheimer, Kritische Theorie. Eine Dokumentation. Hrsg. von Alfred Schmidt, Band I. Frankfurt a.M. 1968, S. 31ff.

und 71ff. Max Horkheimer / Theodor W. Adorno: Dialektik der Aufklärung. Frankfurt a.M. 1979, S. 74ff. Bei zwei weiteren Vertretern der Kritischen Theorie, Theodor W. Adorno und Ernst Bloch, kann man von einer impliziten Ethik reden. In den "Minima moralia" legt Adorno "Reflexionen aus dem beschädigten Leben" (so der Untertitel) vor. Unter Anspielung auf die "Große Ethik" des Aristoteles versucht er zu zeigen, daß deren Vorstellung vom Glück und vom guten Leben für alle nur negativ, durch die Darstellung des entfremdeten, beschädigten Lebens in den Blick gerückt werden kann, insofern "die vollendete Negativität, einmal ganz ins Auge gefaßt, zur Spiegelschrift ihres Gegenteils zusammenschließt" (MM, Frankfurt 1987, S. 334). Nur durch die Perversion des Menschlichen hindurch wird das Humanum sichtbar. "Alle Moral hat sich am Modell der Unmoral gebildet und bis heute auf jeder Stufe diese wiederhergestellt. Die Sklavenmoral ist schlecht in der Tat: sie ist immer noch Herrenmoral" (MM, S. 247). Was in den rund 150 Reflexionen der Minima moralia bereits aphoristisch anklingt, wird in den späteren Werken Adornos weiter ausgeführt. Vor allem in seiner Schrift "Negative Dialektik" stellt er die Frage nach dem Subjekt und seinem Autonomieanspruch ins Zentrum einer metaphysikkritischen Untersuchung, die an die Stelle von abstrakten Gedankensystemen ein eminent geschichtliches Denken in Modellen und Konstellationen setzt, durch das alles ideologisch Verfestigte gesprengt und der Blick frei wird für "die unter der Allgemeinheit verschüttete Utopie des Besonderen" (ND, Frankfurt 1975, S. 314).
Das utopische Potential des menschlichen Geistes wird von Bloch zunächst in seinem Frühwerk "Geist der Utopie", umfassend dann in seinem Spätwerk "Das Prinzip Hoffnung" weiter entfaltet. Ausgehend von "kleinen Tagträumen" versucht er, über "Wunschbilder im Spiegel" und "Grundrisse einer besseren Welt" zu "Wunschbildern des erfüllten Augenblicks" zu gelangen, in welchen das höchste Gut als realisiert unterstellt wird. "Die wirkliche Genesis ist nicht am Anfang, sondern am Ende, und sie beginnt erst anzufangen, wenn Gesellschaft und Dasein radikal werden, das heißt sich an der Wurzel fassen. Die Wurzel der Geschichte aber ist der arbeitende, schaffende, die Gegebenheiten umbildende Mensch. Hat er sich erfaßt und das Seine ohne Entäußerung und Entfremdung in realer Demokratie begründet, so entsteht in der Welt etwas, das allen in die Kindheit scheint und worin noch niemand war: Heimat" (PH, Frankfurt 1985, S. 1628).

2 Max Horkheimer: Kritische Theorie. Bd. I., S. 78.

3 Ebd., S. 72.

4 Ebd., S. 72f.

5 Herbert Schnädelbach: Max Horkheimer und die Moralphilosophie des deutschen Idealismus. In: Max Horkheimer heute: Werk und Wirkung. Hrsg. von Alfred Schmidt / Norbert Altwicker. Frankfurt a.M. 1986, S. 53.

6 Ebd., S. 56.

7 Der Ausdruck "Historistische Aufklärung" stammt von H. Schnädelbach. Cf, H. Schnädelbach: Historistische Aufklärung. In: ders., Vernunft und Geschichte. Frankfurt a.M. 1987, S. 23ff.

8 Arthur Schopenhauer: Über die Grundlage der Moral, § $. In: Werke in 10 Bänden (Zürcher Ausgabe). Band VI, S. 16ff.
9 Jürgen Habermas: Einen unbedingten Sinn zu retten ohne Gott, ist eitel. In: Kritischer Materialismus. Zur Diskussion eines Materialismus der Praxis. Hrsg. von M. Lutz-Bachmann und G. Schmid-Noerr. München 1991, S. 125ff.
10 Max Horkheimer / Theodor W. Adorno: Dialektik der Aufklärung. Frankfurt a.M. 1979, S. 1.
11 Max Horkheimer: Zur Kritik der instrumentellen Vernunft. Frankfurt a.M. 1967, S. 264.
12 Habermas l.c. S. 133.
13 Horkheimer: Zur Kritik der instrumentellen Vernunft, l.c, S. 261.
14 Ebd., S. 257.
15 Horkheimer: Kritische Theorie Bd. I. l.c., S. 105.
16 Schnädelbach: Max Horkheimer und die Moralphilosophie des deutschen Idealismus, l.c. S. 58.
17 Horkheimer: Kritische Theorie Bd. I, l.c. S. 93.
18 Horkheimer: Zur Kritik der instrumentellen Vernunft, l.c. S. 258.
19 cf. Schnädelbach: Max Horkheimer und die Moralphilosophie des deutschen Idealismus, l.c. S. 59.
20 Dialektik der Aufklärung l.c. S. 79.
21 Horkheimer: Kritische Theorie Bd. I, l.c. S. 64.
22 Dialektik der Aufklärung, l.c S. 80.
23 Horkheimer: Kritische Theorie Bd. I, l.c. S. 93.
24 Ebd., S. 94.
25 Schnädelbach: Max Horkheimer und die Moralphilosophie des deutschen Idealismus, l.c. S. 65.
26 Dialektik der Aufklärung, l.c. S. 91.
27 Horkheimer: Kritische Theorie Bd. I, l.c. S. 96.
28 Ebd., S. 97f.
29 Schnädelbach: Max Horkheimer und die Moralphilosophie des deutschen Idealismus, l.c. S. 67.
30 Dialektik der Aufklärung, l.c. S. 76.
31 Herbert Marcuse: Philosophie und kritische Theorie. In: ders., Kultur und Gesellschaft I. Frankfurt a.M. 1965, S. 103.
32 Herbert Marcuse: Zur Kritik des Hedonismus. In: ders., Kultur und Gesellschaft I, S. 135.
33 Ebd., S. 116.
34 Ebd., S. 123.
35 Sigmund Freud: Studienausgabe. Hrsg. A. Mitscherlich u.a. Band 3. Frankfurt a.M. 1975, S. 20f.
36 Herbert Marcuse: Triebstruktur und Gesellschaft. Frankfurt a.M. 1965, S. 142.
37 Ebd., S. 17.
38 Herbert Marcuse: Der eindimensionale Mensch. Berlin 1967, S. 18f.
39 Herbert Marcuse: Psychoanalyse und Politik. Frankfurt a.M. 1968, S. 47.

40 Ebd., S. 46.
41 Ebd., S. 50.

Bibliographie

Dubiel, H.: Wissenschaftsorganisation und politische Erfahrung. Studien zur frühen Kritischen Theorie. Frankfurt a.M. 1978.

Wellmer, A.: Zur Dialektik von Moderne und Postmoderne. Frankfurt a.M. 1985.

Wiggershaus, R.: Die Frankfurter Schule. Geschichte, Theoretische Entwicklung, Politische Bedeutung. München/Wien 1988.

Psychologische Ethik

Alfred Schöpf

1. Ontogenese und Phylogenese der Moral

Der Titel "Psychologische Ethik" legt die Vermutung nahe, daß es in der Psychologie um eine eigenständige und in sich abgeschlossene Konzeption von Ethik geht, die auf vollständige und hinreichende Begründung der Gut-Böse-Unterscheidungen und ihrer Kriterien abzielt. Wenn dies der Fall ist, dann ist Psychologie Grundlagenwissenschaft im Sinne F. Nietzsches, dann ist der Psycho-Logos der Logos schlechthin des sittlichen Handelns.[1] Die Art und Weise wie die Psychologie nach dem Grund der Gut-Böse-Unterscheidungen und ihrer Kriterien fragt, ist dadurch gekennzeichnet, daß sie Grund im Sinne von Ursprung versteht, d.h. daß sie die Entstehungsgeschichte, speziell diejenige im Leben des Individuums erforscht. Kann man mit der Forschung nach Entstehung und Entwicklung auch die Frage der Berechtigung und Gültigkeit lösen? F. Nietzsche war der Überzeugung, daß das Nichtig- und Wertloswerden der Werte in der Gegenwart, das Problem des Nihilismus, nur zu lösen sei, wenn man nach dem "Wert der Werte" fragt. Das aber hieß für ihn, die historische Frage aufzurollen, was sie für bestimmte Menschen und Gesellschaften zu ihrer Zeit bedeutet haben. Die genealogische Methode sei die Methode der Wahl, um an die ursprüngliche Bedeutung von Wert, Moral, Gut-Böse-Qualifikationen heranzukommen. Und ursprünglich bedeutet hier echt, unverdorben, unverfälscht und damit auch wahr und gültig.

Dem haben auf der anderen Seite die Auffassungen von Ethik widersprochen, welche die Frage der Begründung moralischer Urteile als Geltungsfrage (quid juris) streng von der Frage nach ihrer Entstehung (quid facti) trennen wollten. Als Schreckgespenst steht diesen Auffassungen vor Augen, daß man die Art der Gut-Böse-Unterscheidungen ihre Kriterien und deren Begründung auf seelisches Erleben und Verhalten zurückführen könnte. Dann wären sie vom Einzelschicksal des Menschen abhängig oder von historisch-gesellschaftlichen Entwicklungen oder doch von naturgeschichtlichen Ereignissen evolutionärer Art. Dies bedeutet, daß moralische Urteile relativ zu

Seelen-, Gesellschafts- und Naturzuständen wären, daß sie bedingt und wandelbar sind. Diese Möglichkeit ist als Gefahr des Psychologismus besonders von jenen Auffassungen grell beleuchtet worden, deren Begründungsideal streng logischer Natur oder genauer transzendentallogischer Art war, weil sie auf Grundsätze aufbauen, die allem menschlichen Denken, Urteilen und Entscheiden zugrundeliegen sollen und daher als notwendig und zweifelsfrei gelten.[2] Unter diesem Blickwinkel leistet die Philosophie, genauer der transzendental-logische Typus des Philosophierens die strenge Begründungsarbeit. Er zeigt, welche Kriterien sittlichen Urteils und Handelns hinreichend begründet sind und welche nicht und wie sie im Einzelfall anzuwenden sind. Der Psychologie als empirische Einzelwissenschaft fällt dann die Aufgabe zu, die Bedingungen faktischer Art des Entstehens von Gut-Böse-Überzeugungen zu bestimmen. Dieses Gebiet der Entstehungsgeschichte zerfällt in drei Teilbereiche: der erste betrifft die Entstehung moralischer Überzeugungen im Einzelleben des Individuums, in seiner persönlichen Entwicklung oder in der Ontogenese. Diese Aufgabe würde ein Teilgebiet der Entwicklungspsychologie ausmachen, nämlich die Erforschung der moralischen Entwicklung. Die Entstehung moralischer Überzeugungen als Prozeß der Menschengattung oder die phylogenetische Frage dagegen zerfällt ihrerseits in zwei Teilgebiete, nämlich die Frage des kulturell-gesellschaftlichen Ursprungs zu klären, wobei die Annahme grundlegend ist, daß der gesellschaftliche Prozeß ein Ganzes ist, wie dies E. Durkheim behauptet hat.[3] Dieses ist Aufgabe der Gesellschaftswissenschaften. Wenn man Phylogenese jedoch noch tiefer eingebettet in den Prozeß der Naturgeschichte und der Entwicklung der Arten sieht, dann ist die Entstehungsgeschichte der Moral Teil der Evolution und Themenbereich der Biologie.[4] Die säuberliche Trennung der Begründungsfrage von der Tatsachenfrage, der Geltung von der Genese hat dann zur Folge, daß der Philosophie als Vernunftwissenschaft die zentrale und eigentliche Aufgabe der Rechtfertigung von Maßstäben zufällt, während den Entstehungswissenschaften lediglich die periphere Aufgabe der zeitlichen Entwicklung von moralischen Urteilen zuerkannt wird. Ist aber die Wahrheit eines moralischen Urteils ausschließlich durch formale Prozeduren der Rechtfertigung aus Vernunftgründen zu erweisen oder zeigt sich seine Wahrheit auch in seiner Entstehungsgeschichte? In welchem Sinne kann dann die Erklärung der Entstehung moralischen Urteilens und Fühlens begründen und in welchem Sinne nicht?

1.1 Philosophische Rechtfertigungen

Wenn wir uns exemplarisch als Prozedur der Rechtfertigung das Universalisierungsverfahren von I. Kant ansehen,[5] dann sind in ihm zwei Abstraktionsschritte eingebaut, welche den Nachweis der Gültigkeit eines moralischen Urteils von der konkreten Befindlichkeit des Handelnden in einer historisch bedingten Situation abtrennen. Im ersten Schritt wird aus dem Erleben einer Handlungssituation eine Handlungsregel oder -maxime herausgelöst. Dabei wird davon abgesehen, wie die Situation als solche zu beschreiben ist, ob sie ein Anwendungsfall dieser bestimmten Maxime ist, ob diese Maxime allein oder noch andere für die Situation wesentlich sind und in welcher Präferenzordnung sie in Betracht kommen. Der zweite Abstraktionsschritt besteht im Universalisierungsverfahren selbst. Dieses soll den Nachweis der Gültigkeit der Handlungsmaxime erbringen. Hierfür ist entscheidend, daß der Beurteilende vom Standpunkt eines historisch bestimmten Subjekts mit seinen Wünschen, Interessen und Absichten absieht, also sich von ihm unabhängig macht, indem er den Standpunkt eines allgemeinen Subjekts einnimmt, das jedermann notwendigerweise als Struktur in sich trägt. Die von diesem Standpunkt transzendentallogischer Art her gerechtfertigten Maximen können daher eine Geltung für jedermann zu jeder Zeit beanspruchen. Dieses Sich-unabhängig-machen der Begründung von der Entstehungsgeschichte mag für den Nachweis der formalen Richtigkeit eines moralischen Urteils zutreffend sein. Die Frage ist jedoch ob für die Wahrheit eines moralischen Urteils in einer konkreten Entscheidungssituation nicht andere, inhaltlich bestimmte Bedingungen erfüllt sein müssen, die Kant einfach ausklammert. So ist z.B. J. Rawls der Auffassung, daß allen moralischen Begründungsverfahren formaler Art eine inhaltlich moralische Überzeugung vorausgehen muß, die er unsere "wohl überlegten Urteile" im Alltag nennt und die er inhaltlich durch den Gesichtspunkt der Fairneß bestimmt.[6] Die formalen Begründungsverfahren dienen der Herstellung einer Balance zwischen den vorausgesetzten inhaltlichen Überzeugungen und dem neutralen Beurteilungsgesichtspunkt des "Urzustandes".

Was aber ist für eine inhaltliche wahre Realisierung des formalen Begründungsverfahrens vorausgesetzt? Aristoteles würde sagen, daß neben dem Wissen vom Allgemeinen ein Wissen im Einzelnen unverzichtbar ist, d.h. gefragt ist ein Subjekt, welches die moralisch relevanten Bedingungen der Situation angemessen erfassen kann. Dazu muß es nach ihm im sittlichen Verständnis erfahren sein.[7] Aristoteles schien es ausreichend die Erfahrungsdimension des Moralischen dem Selbstverständnis des einzelnen in den Gemeinschaftsbezügen seiner Lebenswelt zu überlassen. Für uns dagegen ist die Erfahrungsgrundlage des Moralischen nicht mehr selbstverständlich voraussetzbar, sondern wir müssen klären, unter welchen Bedingungen externer und interner Art so etwas wie eine moralische Erfahrung überhaupt zustande kommt. Insbesondere ist fraglich, unter welchen Bedingungen des Erkennens, aber auch des Wertens und Fühlens, sich die Erfahrung des Guten, des Gerechten, der Reue, der Strafe und Wiedergutmachung etc. entwikkelt. Wie beschaffen muß die kognitive Grundlage unseres Urteilens sein, damit wir von einer moralischen Persönlichkeit sprechen können, welcher Art ihre Absicht und ihre Motive, damit wir ihr eine moralische Identität zusprechen können?

1.2 Moralpsychologie und psychologische Ethik

Im Grunde genommen sind zwei Themenbereiche zu klären. Wie können wir ein moralisches Sollen, eine Verpflichtung (obligatio) erkennen und fühlen? Welches sind seine Entstehungsbedingungen? Dies ist die inhaltliche Frage der Moralpsychologie. Die andere betrifft die Entstehung einer moralischen Persönlichkeit oder Identität, welche die verschiedenen Sollensforderungen in sich integriert und handelnd darauf antwortet. Dies ist die strukturelle Frage der Moralpsychologie. Ist das Erfassen moralischer Probleme als Kompetenz bereits angeboren? Müssen ganz bestimmte Performanzbedingungen erst seine Entwicklung ermöglichen? Welche Rolle spielen Gefühle und Wertungen, von welchen Motiven und Antrieben sind sie abhängig? Wie kann sich ein differenziertes moralisches Gefühl entwickeln und wie interagiert es mit den Erkenntnisfähigkeiten? Welches Niveau von Gefühlsdifferenzierung und Gefühlskultur ist Voraussetzung für eine moralische Identität? Dies sind Fragen der Psychologischen Ethik, der es um die inhaltliche Begründung der Entstehung des Sollens und der moralischen Identität als Voraussetzung für formale Rechtfertigungsverfahren geht. Die moralische Entwicklung als Teilgebiet der allgemeinen Entwicklungspsychologie ist in drei Richtungen zum Thema geworden, ohne daß diese untereinander ausreichend in Kontakt getreten wären:

1. In der genetischen Theorie der Genfer Schule J. Piagets mit Nachfolgern bei L. Kohlberg und in neueren Entwicklungen der Theorien des Perspektivewechsels und der sozialen Kognition.

2. In der behavioristischen Tradition in ihrer radikal-reduktionistischen Form bei B.F. Skinner und in weiteren Entwicklungen, welche in eine kognitiv orientierte Verhaltenspsychologie einmünden.

3. In der psychoanalytischen Theorie bereits bei ihrem Gründer S. Freud und weiteren Entwicklungen der Ichpsychologie, der Schule M. Kleins und der modernen Objektbeziehungs- und Narzißmustheorie.

2. Jean Piaget: Die Entwicklung des moralischen Urteils

Einen entscheidenden Anstoß hat die Theorie der moralischen Entwicklung durch die genetische Schule J. Piagets erfahren.[8] Piaget untersucht diese Fragen empirisch, wobei er die moralischen Phänomene exemplarisch in Kinderspielen studiert, z.B. was Kinder im Sinne der Spielregeln als richtig bezeichnen, woran sie sich orientieren, was als gerecht im Falle von Bestrafung betrachtet wird etc. Piagets Untersuchungsgegenstand ist das moralische Urteil der Kinder, welches er durch Befragung herausfinden will. Dazu legt er ihnen Geschichten mit moralisch relevanten Spielsituationen vor und präpariert ihre Urteile und deren Begründung heraus. Es ist wichtig, sich die Besonderheiten dieser empirischen Ausgangsbasis klar zu machen, daß er nicht die wirkliche Spielpraxis beobachtet, sondern die Vorstellungen, welche die Kinder von ihr haben, daß er Spiele untersucht und nicht Konfliktsituationen im Alltag und daß er sozusagen normale Spielphänomene auswählt, nicht deviante oder pathologisch verzerrte und daß er bevorzugt Jungenspiele untersucht und nur wenige Mädchenspiele, worauf jüngst aufmerksam gemacht wurde.[9] Ebenso wesentlich für die Bestimmung der Reichweite der Theorie ist aber die Klärung des Theorierahmens mit seinen sechs Grundannahmen.

2.1 Die prämoralische Struktur des Motorischen

Wenn wir psychologisch die Persönlichkeit in fünf Systeme gliedern, nämlich Wahrnehmung, Denken, Bedürfnisse und Triebe, Emotionen, sowie Handlungen, dann ist Piaget vorrangig mit dem Zusammenhang von Wahrnehmung, Denken und Handlung befaßt. Dies bedeutet, daß die Systeme Bedürfnisse und Triebe, sowie Emotionen methodisch ausgeklammert, aber nicht in ihrer Bedeutung geleugnet werden. Im Zentrum steht der Begriff des Denkens und dieser wird von Piaget operativ verstanden, nämlich als eine Art vorweggenommenes Handeln, ein "in der Vorstellung handeln" oder Probehandeln. Die zweite Annahme besagt, daß dieses Denken interaktionell zu begreifen ist, d.h. es steht in Austauschprozessen mit der Umwelt, die wechselseitiger Natur sind. Diese Austauschprozesse haben zwei Seiten, die eine in der der Organismus sich der Umwelt anpassen muß, theoretisch Akkomodation genannt und die Seite, in der er die Umwelt sich anverwandelt und einpaßt, Assimilation genannt. Die dritte Annahme besagt, daß diese Austauschprozesse zu einem Gleichgewichtszustand hintendieren, daß sie unter dem Gesichtspunkt der Entwicklung zu immer besseren Gleichgewichtszuständen zu erforschen sind, welche theoretisch mit Äquilibration bezeichnet werden. Die vierte Annahme zielt darauf, daß Denken lediglich als spezieller Fall in einem sehr viel allgemeineren und umfassenderen Prozeß von Austauschbeziehungen zwischen Organismus und Umwelt aufzufassen ist, die allesamt als intelligent betrachtet werden können. Alle Gleichgewichtslagen, die der Organismus herstellen kann, können als intelligent bezeichnet werden. Piagets Theorie muß daher mit größerem Recht als eine Intelligenzpsychologie bezeichnet werden. Der Begriff der Intelligenz wird damit zu einem Übergangsbegriff, einem transitorischen Begriff, der das biologische mit dem psychologisch-soziologischen und schließlich dem logischen Feld verbinden soll. Als intelligent gilt die Äquilibrationsleistung der Ameise ebenso wie die des Kleinkindes und des Mathematikers. Die fünfte Annahme besagt, daß die logische Gleichgewichtsform die optimalste ist, die in der mathematischen Gleichung verkörpert ist, in der die beiden Seiten in einer vollendeten Gleichgewichts- und Austauschbeziehung stehen. Das Biologische wird somit zum Ausgangspunkt von Entwicklung, das Logische zum Endpunkt und Maßstab. Schließlich erscheint eine sechste Annahme als unverzichtbar, nämlich die Einführung des Begriffs des Handlungsschemas (schème) im Unterschied von der Handlungsstruktur (structure). Mit schème ist die Koordination von Handlungsabläufen und ihre Zusammenfassung zu einer Form gemeint. Davon wird structure unterschieden, welche das allgemeine Intelligenz- oder Handlungsniveau meint, auf dem diese Schemata angesiedelt sind. Eine Menge von ihnen bildet also die Struktur.

Unter welchen Bedingungen entsteht die für das Moralische charakteristische Einsicht in ein Sollen, also die Erkenntnis einer obligatio, einer Verpflichtung zu gutem oder gerechtem Handeln im heranwachsenden Individuum? Piaget unterscheidet eine vormoralische Phase der Entwicklung von den eigentlich moralischen und es ist für die Entstehungsbedingungen von obligatio wichtig, wie er die Zäsur setzt. Sie liegt zwischen der Phase, die er in seiner allgemeinen Intelligenztheorie sensu-motorische Phase und der, die er Phase des symbolischen oder anschaulichen Denkens nennt. Das Kind nimmt über die Sinne auf und reagiert auf motorischem Wege. Dazwischen geschaltet sind noch keine Vorstellungsbilder, aber immer komplexer werdende Handlungsschemata. Erlaubnisse und Verbote der Eltern werden vom Kind als Ermöglichung oder Hemmung von Handlungsabläufen aufgefaßt und können noch nicht in ihrer Qualität als Ansprüche von gut und böse erkannt werden. Piaget spricht daher dem Kinde eine Auffassungsweise i.S. der Regelmäßigkeiten im Handeln zu, nicht aber von Regeln, welche gut und böse diskriminieren. Er sieht sie als Riten ähnlich der Ritualisierung des Verhaltens im Tierreich an, nicht aber als Symbole. Das Kind probiert im Handeln aus, ohne dabei andere Kinder oder Erwachsene in einem systematischen Sinne nachzuahmen. Ohne Nachahmung aber gibt es für Piaget keinen Sozialcharakter, damit auch keine Frage der Anerkennung des eigenen Handelns als gut oder böse und mithin keine Verpflichtung auf ein Sollen.

2.2 Regelerkenntnis

Der in dieser Theorie spannendste Punkt besteht nun im Übergang von der prämoralischen Struktur der motorischen Regelmäßigkeit zur Einsicht in eine Regel, was als gut oder böse gelten soll. Voraussetzungen intelligenzmäßiger Art sind die Fähigkeit zu Nachahmung, d.h. das Erwachen einer spezifisch sozialen Wahrnehmung, dann aber auch die Fähigkeit zu spielen, d.h. die sozialen Wahrnehmungen so zu verarbeiten, daß das Kind ihnen eine eigene Bedeutung zulegen, d.h. sie symbolisch ausdrücken kann. Voraussetzung dafür sind innere Vorstellungsbilder und eine eigenständige Phantasietätigkeit. Welche spezifischen Bedingungen lassen aber diese Intelligenzbedingung zu moralischen Erkenntnissen reifen, auf die sich moralische Urteile stützen?

Piaget gibt für die erste moralische Phase drei Kriterien an: den moralischen Realismus, die egozentrische Perspektive und den Zwang der Erwachsenen. Zwang der Erwachsenen besagt, daß diese im Umgang mit dem Kind nach ja und nein, erlaubt und verboten, gut und böse qualifizieren und dies dem Kind gegenüber als Forderungen nach Gehorsam vermitteln, wobei sie den Forderungen mit Sanktionen direkter und indirekter, körperlicher oder seelischer Art Nachdruck verleihen. Der Egonzentrismus des Kindes besagt nicht, daß es ein egoistisches Wesen im moralischen Sinne sei, sondern daß es intelligenzmäßig noch nicht in der Lage ist, seine Perspektive durch die Fähigkeit des Sich-versetzens in die Perspektive des anderen, z.B. der Eltern, zu dezentrieren. Es lebt also noch ganz in und aus seiner Perspektive. Dadurch erscheinen die Ansprüche und Forderungen der Eltern als in ihrer Geltung überhöht und unantastbar, fraglos geltend und von altersher begründet, ja geradezu als heilig. Damit verbindet sich der dritte Gesichtspunkt des moralischen Realismus. Das Kind beurteilt seine Handlung danach, was sie als Folgen in der Sichtweise der Eltern nach sich ziehen, ob man mit ihnen Lob oder Tadel, Belohnung oder Bestrafung erntet. Damit hängt das Gutsein seiner Handlung nicht von der Absicht ab, sondern sozusagen vom materiellen Resultat, der Reaktion der Eltern auf sie ab. Diese drei Bedingungen greifen ineinander und daraus entspringt jene structure, die im Prinzip vom Ende des ersten Lebensjahrs bis zum Schulalter die beherrschende ist. Das Kind kann jetzt verpflichtende Regeln moralischer Art erfassen und anerkennt sie. Piaget gebraucht dafür den Begriff der Achtung vor den Geboten und Verboten der Erwachsenen. Es ist eine einseitige Achtung. Sie bezieht sich auf den Geltungsanspruch, den Erwachsene erheben. Außerdem bezeichnet Piaget diese Moral als heteronom, weil sie sich am Handlungserfolg i.S. von Belohnung und Bestrafung orientiert. Mit diesen beiden letztgenannten Kriterien kommen Kategorien der Kantischen Moralphilosophie ins Spiel, um dieses traditionalistische moralische Denken und Urteile zu charakterisieren.

Mit dem Lebensalter von sieben auf acht Jahre setzt für Piaget eine Wende ein, die eine neue Erkenntnisform im Hinblick auf die moralische Verpflichtung, damit neue Beurteilungsweisen ermöglicht. Sie gewinnt im beginnenden Pubertätsalter von 10–12 Jahren ein festes Fundament. Der Entwicklungsfortschritt läßt sich durch einen Vergleich mit den Kriterien der ersten Moralauffassung deutlich machen. Statt des egozentrischen Verharrens in der eigenen Perspektive gewinnt das Kind die Fähigkeit die eigene Perspektive durch Sich-versetzen in die Perspektive des anderen aus dem Zentrum zu rücken, zu dezentrieren. Diese Erweiterung seiner Auffassungsmöglichkeiten ermöglicht eine dritte Position einzunehmen, welche beide Perspektiven vergleicht und vom Standpunkt eines neutralen Dritten aus bewertet. Damit verbunden ist eine Ablösung vom Zwang der Erwachsenen zugunsten einer eigenen, unabhängigen Sichtweise moralischer Probleme. Der Heranwachsende lernt die Erwachsenen verstehen, aber macht seine Auffassung nicht mehr von ihren Forderungen abhängig. Damit verliert auch das Bemessen von gut und böse an der Belohnung oder Bestrafung seine vorrangige Bedeutung. Statt der Orientierung am äußeren Erfolg tritt jetzt die Orientierung an der inneren Absicht in den Mittelpunkt. Was hat der Handelnde beabsichtigt, was waren dabei seine Motive? Dieser Gesichtspunkt wird vorrangig für die Gut-Böse-Qualifikation, kurzum man kann sagen, daß sich der Maßstab des Sich-verpflichtet-fühlens von der Verpflichtung gegenüber äußeren Forderungen zu einer Verpflichtung gegenüber sich selbst wandelt, daß die Bindung (obligatio) nicht mehr Fremd- sondern Selbstbindung bedeutet. Piaget erfaßt diesen Entwicklungsschritt mittels dreier an Kant angelehnten Kriterien: 1. dem Autonomwerden der Moral, 2. dem Kriterium der wechselseitigen Zusammenarbeit und 3. der gegenseitigen Achtung der Personen. Allerdings ist die Differenz zu Kant nicht zu übersehen. Piagets Kriterien sind wesentlich sozial oder interaktionell bestimmt und die Achtung ist daher bei ihm als wechselseitige Achtung der Personen voreinander, denn als Achtung vor dem Gesetz gefaßt. Allerdings nähern sich beide Positionen doch wieder einander an. Wenn wir nämlich die Untergliederung der beiden Moralformen in je zwei, also insgesamt vier Stufen des moralischen Bewußtseins heranziehen, 1. Regel ohne das Bewußtsein moralischer Verpflichtung, 2. Regel mit Verpflichtung gegenüber der Autorität, 3. Regel auf Verpflichtung zur wechselseitigen Zusammenarbeit, 4. Regel auf Grund der Verpflichtung zur Regelhaftigkeit der Zusammenarbeit, dann ist die vierte und letzte vom 10.–12. Lebensjahr an dadurch charakterisiert, daß das Bewußtsein moralischer Regeln selbst vom Jugendlichen hinterfragt wird und er an Regeln zur Regelkritik und -begründung zentral interessiert ist. Oder anders ausgedrückt, das Regelbewußtsein wird reflex. Er sucht also, so könnte man Piaget interpretieren, nach einem verbindlichen Gesetz zur Regelbegründung.

Damit wird für uns Piagets Konzept der Entwicklung des moralischen Urteils überschaubar, da Anfangs- und Endpunkt der Entwicklung bestimmt werden können. Am Anfang steht eine Struktur vormoralischer Art, die einerseits rückgebunden ist an biologisch vorgeformte Verhaltensmuster, nämlich daß höhere Lebewesen in ihrem Verhalten zueinander Ritualisierungen ausformen, die ihnen z.B. kräftezehrende und sie beschädigende Kämpfe ersparen. Andererseits entspringt sie interaktionell einem motorisch-operativen Erproben der Umwelt, die noch nicht als soziale versus der dinglichen Umwelt ausdifferenziert ist. Diesen Regelmäßigkeiten könnte man eine Bedeutung zuerkennen, daß sie gut sind für den Umgang des Kindes mit seiner Umwelt i.S. der Geschicklichkeit. Sie präformieren also die moralischen Qualitäten der nächsten Stufe ohne sie vorwegzunehmen, da der Verpflichtungscharakter gegenüber den Mitmenschen fehlt. Insofern trägt Piagets Theorie durchaus dialektische Züge. Am Ende der Entwicklung steht ein Begriff des allgemeinen Willens, eine Konsensbildung durch Einsicht, politisch ausgedrückt das Demokratieprinzip. Diese Struktur bedeutet für Piaget deshalb Endziel und Maßstab der moralischen Entwicklung, weil sie die logischste und äquilibrierteste Form für ihn darstellt. In der wechselseitigen Anerkennung von Autonomie und Zusammenarbeit ist eine Gleichgewichtsform reversibler Art erreicht, die formal der mathematischen Gleichung entspricht. In die allgemeinste Einsicht in die Berechtigung einer Regel können alle kraft Einsicht einstimmen.

2.3 Kritische Würdigung

Piagets eindrucksvolle Theorie der moralischen Intelligenz ist natürlich kritisch zu prüfen, was sie zu einer philosophischen Ethik beiträgt. Sie ist eine Theorie der Entwicklung, die ganz wesentlich an der Richtigkeit und Begründbarkeit des Endziels oder Maßstabs hängt. Diesen bestimmt Piaget als Autonomie und Zusammenarbeit bei wechselseitiger Achtung. Er gibt aber auch eine Begründung dafür, nämlich daß die logisch einsichtigste Struktur der Beziehungen zueinander auch die moralisch beste sei. Moral hängt für ihn also am sozialen Faktum der Interaktion zwischen Menschen. Sie begründet sich durch logisch notwendige Einsicht und in ihr müssen die beiden Bedingungen der Freiheit und Anerkennung sich verbinden. Man sieht die Theorie der Entwicklung reicht mit einigen Argumentationsketten durchaus in die Theorie der Begründung hinein, aber bedarf hier sicher philosophischer Überprüfung und Ergänzung. Weitere kritische Überlegungen betreffen die Reichweite der Piagetschen Theorie. Wir haben auf die Ausklammerung der Persönlichkeitssysteme der Bedürfnisse inklusive Triebe und der Emotionen aufmerksam gemacht. Piaget spricht davon, daß er lediglich die Intelligenzschemata untersucht, aber die affektiven Schemata nicht behandelt habe. Hierin ist zweifellos eine Einschränkung der Theorie zu sehen. Zum anderen hat Piaget so angesetzt, daß er sich für die moralisch relevanten Handlungsschemata interessiere und die daraus gebildeten Strukturen analysieren will. Doch die Schemata werden schließlich nur als Ausgangspunkt zur Klärung der Strukturen verwendet. Hier verschiebt sich der Schwerpunkt der Theorie vom Konkreten ins Abstrakte. Man hat daher gegen Piaget eingewandt, daß er nicht an dem wirklichen Stand moralischer Einsicht interessiert sei, sondern nur an der prinzipiellen Befähigung i.S. der Struktur. Anders ausgedrückt es würde ihn nur die moralische Kompetenz allgemeiner Art interessieren, nicht die Performanzbedingungen konkreter Art.[10] Diese doppelte Reduktion einerseits auf Kompetenz und auf der anderen Seite auf Intelligenz wirft ein weiteres schwerwiegendes Problem auf, nämlich inwieweit die Erforschung der moralischen Einsicht eine Erforschung der moralischen Praxis darstellt. Piaget untersucht, was sich die Kinder als Spielverhalten vorstellen, nicht was sie tun. Er ist der Überzeugung, daß die Intelligenzentwicklung vorauseilt und Schrittmacherdienste leistet, aber ebenso vertritt er die Auffassung, daß die praktische Entwicklung nachzieht. Dieser Konkordanzthese läßt sich allerdings die Diskrepanzthese entgegensetzen,[11] derzufolge gedankliche Lösungen moralischer Probleme auch dann möglich erscheinen, wenn die praktische Bereitschaft dazu kaum oder nicht ausgebildet ist. Als Argument dafür läßt sich ins Feld führen, daß es pädagogisch möglich ist, kognitiv entwickelte Personen auszubilden, die moralische Situationen treffend beurteilen, ohne die eigenen praktischen Fähigkeiten und Motive hinreichend einbeziehen zu können. Piagets Aufklärungsoptimismus übergeht jedoch solche Fragen, weil er von der führenden Rolle des Intellekts überzeugt ist.

3. Weiterentwicklungen

Um den Beitrag dieser genetisch-kognitivistischen Theorie zur psychologischen Ethik im speziellen und zur Ethik allgemein einschätzen zu können, ist es wichtig, zwei Linien in der Weiterentwicklung der Piagetschen Theorie im Ansatz zu charakterisieren.

3.1 Lawrence Kohlberg

Der erste ist die Theorie der Strukturen moralischer Entwicklung nach L. Kohlberg, der zweite die Theorie des Perspektivewechsels und der sozialen Kognition. Kohlbergs Theorie, die in mehreren nicht harmonisierten Fassungen vorliegt,[12] verschiebt den Fokus der Theorie der Moralentwicklung noch stärker ins Formale und Abstrakte, da sie nicht mehr an der Struktur des moralischen Urteils als solcher, sondern ausschließlich an den Begründungen für diese interessiert ist. Man kann sie also mit Recht als eine Theorie der Entwicklung moralischer Begründungen bezeichnen. Ferner behauptet sie Begründungsstrukturen zu erfassen, die auf Kinder und Erwachsene und dies nicht nur in bestimmten (etwa westlich-demokratischen Kulturen), sondern invariant auf alle Kulturen zutreffen. Er hat Piagets Stufenschema um Stufe drei und vier erweitert und zu einem Sechserstufenschema fortgebildet. Die "präkonventionelle Orientierung" besteht aus Stufe 1 Strafe und Gehorsam und Stufe 2 instrumenteller Egoismus (wie du mir, so ich dir). Die konventionelle Orientierung gliedert sich in die Stufe 3 interpersoneller Beziehungen (als good boy morality bezeichnet) und Stufe 4 Autorität und Gehorsam. Die postkonventionelle Orientierung enthält Stufe 5 Sozialvertrag und Stufe 6 universelle ethische Prinzipien. Kohlberg gründet seine Theorie auf Befragungen, bei denen er in Geschichten dargestellte moralische Dilemmata zur Beurteilung vorlegte. Bekannt wurde das sogenannte Heinzdilemma, in der die Alternative zwischen einem Einbruchsdiebstahl wegen eines Medikamentes und dem Hinnehmen des Todes der eigenen Frau besteht. Kohlbergs Theorie hat eine heftige und kontroverse Diskussion ausgelöst, die einmal die Stufenfolge betroffen hat. (Es kam zu anderen Sequenzen und zu Zwischenstufen). Ferner ist die empirische Haltbarkeit in Zweifel gezogen worden, ob sie nicht zu sehr an westliche Kulturen orientiert und gar nicht invariant sei, ob sie das männliche Erleben bevorzuge und dessen Stufenfolge wiederspiegele etc. Vor allem aber sind Zweifel aufgetaucht, ob es sich bei Stufe fünf und sechs überhaupt um eine empirisch erfahrbare Entwicklungsstufe handelt, oder um Begründungsprinzipien, die aus der Philosophie entlehnt sind und sich kriteriologisch und nicht entwicklungspsychologisch verstehen lassen.[13]

3.2 George Herbert Mead

Die zweite Weiterentwicklung der Piagetschen Theorie wendet diese dagegen stärker von einer abstrakten Auffassung ins Konkrete, von der Frage der moralischen Kompetenz zu der der Performanzbedingungen. Dies wird dadurch erreicht, daß Grundgedanken des Meadschen Symbolischen Interaktionismus, aber auch Konzepte der Einfühlung und Emphathie aus Theorien der Lebenswelt mit in den Ansatz aufgenommen werden.[14] Die Entstehung von moralischen Verpflichtungen (obligationes) wird explizit aus dem Kontext sozialen Verstehens entwickelt, d.h. aus der Frage, wie kann ich meinen Mitmenschen verstehen und zu ihm in Beziehung treten. Deshalb ist es wichtig sich den Grundgedanken des Meadschen Symbolischen Interaktionismus, das "to take the role of the other" mit der darin enthaltenen Möglichkeit des Perspektivewechsels deutlich zu machen.[15] Meads Ansatzpunkt ist die Nachahmung des Gebrauchs von Symbolen, d.h. ein spielerischer Vorgang, indem ich mich aus meiner Perspektive hinausversetze und identifikatorisch in die Perspektive zwei des anderen in seinen Gebrauch von Symbolen hineinversetze. Dies bedeutet, daß ich partiell zum anderen werde und mich jetzt mit seinen Augen im Abstand sehen kann. Im dritten Schritt wird diese Sichtweise des Ich für den anderen (me) verinnerlicht und eine eigene dritte Perspektive neuer Art (I) entwickelt, welche die beiden anderen in sich aufgenommen hat. Diese Figur des role-taking muß auf zwei Ebenen gesehen werden, a) dem interpersonalen Austausch zwischen zwei Menschen, b) dem transpersonalen Sich-versetzen in die unpersönliche Perspektive eines verallgemeinerten anderen (generalized other) der Gruppe, der Gesellschaft, der Menschheit. Beide Sichtweisen implizieren sich wechselseitig. Die spezifisch moralphilosophische Komponente kommt in diese Theorie des Perspektivewechsels dadurch hinein, daß die Symbole Erwartungen normativer Art für eine Interaktion und noch spezifischer normativer Art im Hinblick auf gut und böse enthalten. Mit der Genese der Symbole entstehen also auch die moralischen Wertungen. In der Theorie des Perspektivewechsels und der sozialen Kognition wird also die Genese der moralischen Obligationen in der Dimension des Symbolischen angesetzt und hierin verbinden sich kognitive und affektive Austauschprozesse. Sie bringt für die Theorie moralischer Entwicklung insofern einen erheblichen Gewinn, als sie die abstrakte Frage nach den moralischen Fähigkeiten in die konkrete ihrer Realisierungsbedingungen überführt. Ferner konkretisiert sie abstrakte Sollensvorschriften zum Sollen einer konkreten Verantwortlichkeit für eine Beziehung. Als Kriterium für eine moralisch schlechte Verhaltensweise bringt sie die Möglichkeit des Beharrens in der eigenen Perspektive mit den Konsequenzen von Egoismus und gewaltsamer Durchsetzung ins Spiel. Dem steht als gute Einstellung der Perspektivewechsel, der symbolische Austauschs und die Entwicklung von Verantwortlichkeit gegenüber. Problematisch an diesem Ansatz bleibt, daß er das Verfügen über eine eigene Perspektive als selbstverständlich und unproblematisch, ebenso die Möglichkeit des Perspektivewechsels als eine im Grunde genommen lediglich vom guten Willen abhängige Veränderungsbereitschaft unterstellt. Dabei greift dieser Ansatz auf einen Perspektivebegriff und einen Begriff der Kommunikation als Austausch der Perspektiven zurück, der über den "common sense" der Alltagswelt als gesichert gilt. Gerade die Einwände der Psychoanalyse aber zeigen, daß die Ausbildung einer eigenen Perspektive (die sog. Individuierung) keine selbstverständliche Voraussetzung darstellt, ebenso wenig wie die Möglichkeit des Erlebens des anderen als anderen im Austausch. Setzt man die Möglichkeit des Perspektivewechsels als fraglos voraus, dann kann die Versuchung entstehen, ihn auf pädagogischem Wege so einzuüben, daß er scheinbar reibungslos funktioniert, ohne die tieferen Schichten der eigenen Motive und der Beziehung zu anderen einzuschließen. Außerdem kann die Unfähigkeit zum Perspektivewechsel leicht moralisiert, d.h. als böser Wille abqualifiziert werden. Damit überspringt auch diese Theorie in kognitivistischer Verkürzung die Schwierigkeiten einer affektiven Entwicklung zur Verantwortlichkeit.

4. Radikalisierung durch Byrrhus Frederic Skinner

Ein ganz anderer Ansatz radikaler Art wurde in der Psychologie versucht, um der Sackgasse einer introspektiven Erlebnispsychologie zu entgehen. Es ist das Experiment des Behaviorismus. In seiner extremsten Form hat er versucht das menschlich psychische Erleben als relevanten Bereich der Forschung zu streichen und alle Lebensäußerungen des Menschen auf Verhaltensdaten zurückzuführen, die in Korrelation zu Umweltdaten untersucht wurden. Für die Theorie der moralischen Entwicklung ist diese reduktionistische Variante des Behaviorismus deshalb unverzichtbar und lehrreich, weil sie sichtbar macht, was aus der Vorstellung von moralischer Verpflichtung (obligatio) wird, wenn man sie im Felde des Reiz-Reaktions-Denkens ansiedelt und thematisiert. Wir klammern hier die verschiedenen Watsonschen und Pawlowschen Formen des Behaviorismus aus und thematisieren lediglich den von B.F. Skinner, weil er selbst provozierende Konsequenzen seiner Theorie für die Ethik gezogen hat. Es ist auch bei diesem Ansatz notwendig auf den Theorierahmen mit seinen allgemeinen Annahmen zurückzugehen, um die Verortung des Phänomens des Moralischen erkennen zu können.[16] 1. Gegenstand der Psychologie ist nach Skinner die Beziehung zwischen Organismus und Umwelt, d.h. alles was an beobachtbaren Einwirkungen der Umwelt auf den Organismus (input) und an Rückwirkungen des Organismus auf sie (output) feststellbar ist. 2. Die inneren Bedingungen des Organismus psychischer und mentaler Art werden als "black box" behandelt, d.h. sie werden als relevantes Thema der Psychologie ausgeklammert. 3. Die Betrachtungsweise des Skinnerschen Behaviorismus geht von der Vorstellung eines Zufallsverhaltens des Organismus (operantes Verhalten) aus und untersucht, welche Konsequenzen nachfolgende Umweltereignisse auf die künftigen Reaktionen dieses Organismus haben, d.h. ob sie die Wahrscheinlichkeit des Auftretens des operanten Verhaltens erhöhen – dann spricht Skinner von Verstärkung – oder erniedrigend – dann spricht Skinner von Löschen. 4. Der Begriff der Verstärkung zeigt zwei Varianten, die positive und negative Verstärkung, die die intuitiven Begriffe der Belohnung und Bestrafung verhaltenspsychologisch präzisieren sollen. 5. Skinners Theorie beabsichtigt keine kausalen Wirkungen zwischen Organismus und Umwelt zu behaupten, sondern lediglich funktionale Bezüge herzustellen (die Verhaltenswahrscheinlichkeit als Funktion der Umweltkonsequenzen), die statistisch abgesichert werden.

Wie beantwortet die Theorie die Frage der Entstehung moralischer Verpflichtungen, wenn das Prinzip gilt, daß Umweltkonsequenzen Verhalten formen? Die Vorstellung, daß Moral auf freiwilligen Handlungen basieren würde, in denen eine Person zu anderen ebenso freiwillig Handelnden eine Beziehung aufnimmt, um in Auseinandersetzung mit ihnen verpflichtende Vorstellungen von Verantwortlichkeit zu entwickeln, muß unter diesen Voraussetzungen in sich zusammenfallen. Der Begriff des Ichs oder Selbst, der in den Theorien des Erlebens und Handelns Momente einer sich entwickelnden Freiwilligkeit, Selbstbestimmung und Selbstverpflichtung i.S. der Verantwortlichkeit in sich aufnimmt, wird von Skinner gemäß dem behavioristischen Vorrang der Umweltabhängigkeit zum Begriff der Selbststeuerung (personal control) oder Selbstmanipulation umgedeutet. Dies besagt, daß das Subjekt lediglich in der Form Einfluß auf sich nehmen kann, daß es verstärkende Umweltkonsequenzen zur Formung des eigenen Verhaltens einsetzt, also intuitiv gesprochen sich selbst belohnt oder bestraft. Damit werden für Skinner die Begriffe von Freiheit und Würde illusorisch und der Determinismus zieht in die Subjektivität selbst ein.[17] Eine Inkonsequenz muß dabei allerdings in Kauf genommen werden, daß das Selbst sogar in der Selbststeuerung die verstärkenden Umweltkonsequenzen auswählen, sich ihnen zuwenden, sie einsetzen muß. Doch Skinner versucht auch diesen Rest der Freiwilligkeit als Selbstdeterminierung noch auszutreiben, indem er bestreitet, daß das Subjekt in seiner Wahl originell und frei sei. Zu sehr ist es von der Gruppe abhängig. Die Steuerung durch die Gruppe (group control) hat den Vorrang gegenüber der Selbststeuerung. Der Primat der Umweltabhängigkeit setzt sich durch. Dieser Punkt der Steuerung durch die Gruppe wird zum Entscheidenden für Skinners Auffassung von Moral und Ethik.[18] Die Gruppe legt nämlich nach ihm fest, welches Verhalten der Individuen erwünscht und richtig und daher erzeugt werden soll. Das Sollen ist für Skinner ein Gruppenimperativ willkürlich-konventioneller Art, der die Distinktionen richtig/falsch, gut/böse festlegt und sie durch Sanktionen wie physische Prämien und Strafen, Lob und Tadel etc. verstärkt bzw. löscht. Obligatio i.S. moralischer Verpflichtung ist dann nichts anderes als durch Belohnung und Bestrafung erzeugte Verhaltensreaktionen, also Abhängigkeiten von den Konsequenzen, die die Gruppe zieht. Dabei tritt die Gruppe weniger als sinnhaft aufgebaute sozio-kulturelle Wirklichkeit, denn als Summe von Stimuli in Erscheinung, die durch menschliche Organismen gesetzt werden. Alle weiteren Fragen wie die Gruppe zu ihren Wertungen kommt etc., verschieben die Fragestellung für Skinner nur auf höhere Ebenen der Steuerung durch Gesetz, Gesellschaft, Staat und Kultur. Skinners radikal reduktionistischer Ansatz schraubt die Fragen der Moral also auf Reiz-Reaktionsniveau zurück und löst sie damit letztendlich auf. Wenn wir seinen Ansatz auf das Piagetsche Modell zurückbeziehen, dann gibt es eine gewisse Entsprechung zwischen der Skinnerschen Sichtweise und jener ersten Phase der Entwicklung im Piagetschen Modell, die er die sensumotorische nennt und als vormoralisch kennzeichnet. Solange sich die Handlungsschemata als Reflexverhalten aus ersten primitiven Assoziationen aufbauen, sind beide Sichtweisen vergleichbar, mit dem Unterschied, daß für Piaget schon in den ersten Verhaltensweisen Spuren von Handlungen und Intelligenz enthalten sind. Skinner kann also mit seinem Ansatz keinen Begriff der Obligatio im moralischen Sinne einlösen, sondern allenfalls Lernerfahrungen allerfrühester vormoralischer Art, die für ihn zum Modell der moralischen Erfahrungen werden.

Dieses nicht zu leugnende Ungenügen des radikal behavioristischen Ansatzes hat in der Folgezeit zu tiefgreifenden Korrekturen der Verhaltenspsychologie geführt. Um differenziertere Verhaltensprozesse beschreiben und erklären zu können, wurden die Begriffe von Kognition und Handlung als intervenierende Variablen zwischen Umwelteinwirkung und Verhaltensreaktion eingeführt und die Richtung der kognitiven Verhaltenspsychologie begründet. Damit veränderte sich auch der Umweltbegriff, der jetzt soziale Qualitäten i.S. denkender und handelnder Menschen erhielt. Wir können diese Entwicklung hier nicht weiterverfolgen und begnügen uns lediglich mit dem Hinweis, daß der Begriff des Lernens sich in der Theorie A. Banduras zum Lernen am mitmenschlichen Modell veränderte und daß damit das gute oder schlechte Vorbild des anderen zum wesentlichen auch moralphilosophisch relevanten Gesichtspunkt wurde.[19] Hier ergeben sich Übergänge zwischen der kognitiven Verhaltenspsychologie und der zuvor dargestellten Theorie der sozialen Kognition oder des Perspektivewechsels.

5. Der Beitrag der Psychoanalyse

Wir wenden uns nun einer dritten Richtung der Psychologischen Ethik zu, deren Entwicklung sich nur wenig zeitlich früher als die des älteren Behaviorismus vollzog, dagegen deutlich früher als die der genetischen Psychologie der Genfer Schule, nämlich die Theorie der moralischen Entwicklung, die in der Psychoanalyse impliziert ist. Einige allgemeine Annahmen seien wieder vorausgeschickt, um den Ansatz richtig einordnen zu können. In erster Hinsicht ist die Psychoanalyse eine klinische Psychologie, d.h. ihr primäres Erfahrungsfeld sind die psychischen Krankheiten mit ihren Symptomen, den zugrundeliegenden Traumata und den Motivverstrickungen. Von der klinischen Psychologie zieht sie den Schluß auf die von den Krankheitsbedingungen verschonte Entwicklung, betreibt also Entwicklungspsychologie. Die zweite Annahme betrifft die Tatsache, daß ihr Gegenstand das psychische Feld ist, also das Erleben und Handeln von Personen, kurz was man als Sinn für ein bestimmtes Subjekt definieren kann. Hierin richtet sich das Augenmerk der Psychoanalyse auf das, was an Diskrepanzen, Widersprüchen, Lücken, sinnlosen Symptomen, Wahn etc. mit diesem Sinn kontrastiert und nicht in ihn integrierbar ist. Kurz das scheinbar Sinn-lose, Un-sinnige, Ver-rückte ist der Gegenstand und sie untersucht ihn mit einer grundlegenden Hypothese, nämlich daß der sogenannte Un-sinn ein gegenüber der alltäglichen Erfahrung verschobener oder verdichteter, alternativer Sinn sei.[20] Die dritte Annahme betrifft die Frage, wie es zu dieser Alterierung des Sinnes gekommen ist. Die Psychoanalyse arbeitet hier mit der Annahme einer psychischen Abwehr angstmachender, verletzender, streßbereitender Ereignisse unterhalb der Bewußtseinsgrenze, wobei die gelingende Abwehr schützt, die mißlingende dagegen krank macht. Mit der Annahme der Abwehr ist das Konzept des Gegensatzes von Motiven, des Motivkonfliktes oder der Motivverstrickung verbunden, wobei beide Seiten des Gegensatzes, weil unter der Bewußtseinsschwelle sich vollziehend, als unbewußt gelten. Die vierte Annahme betrifft die Art der Kommunikation, die sich unter den Bedingungen einer unbewußten Abwehr konstelliert. Die Psychoanalyse geht davon aus, daß sowohl die Abwehraktivität, wie der abgewehrte Inhalt in die Kommunikation mit den Mitmenschen einfließen, in der Form, daß sie dessen Bild verzerren. Diesen Anteil der Kommunikation nennt sie Übertragung. Ferner unterstellt sie, daß dieses unbewußt hineingelegte Bild vom anderen registriert und darauf reagiert wird. Diesen Aspekt nennt sie Gegenübertragung. Insgesamt gesehen kann man sagen, daß ihr Begriff des Unbewußten ein kommunikativer ist.

Der Beitrag der Psychoanalyse zur Psychologischen Ethik ist demgemäß ein zweifacher. Unter dem Gesichtspunkt der klinischen Psychologie beschreibt sie und erklärt Krankheiten, in der die Moral zum unbewußten Motiv in einem Motivkonflikt, oder einer Motivverstrickung wird. Hier kann sowohl ein Zuviel an Moral, also eine schwere moralische Hemmung zum krankmachenden Faktor werden, wie ein Zuwenig an Moral, die sogenannte moralische Hemmungslosigkeit. Unter dem Aspekt der Entwicklungspsychologie dagegen entwickelt sie eine Theorie, wie es zur Ausformung moralischer Verpflichtungen (obligationes) kommt, die im Verhältnis zum Mitmenschen Beziehung ermöglichen. Hier ist die Übernahme einer Verantwortlichkeit notwendig, welche die moralische Identität einer Person begründet.

5.1 Sigmund Freud

Für S. Freud stellt sich das Problem der Entstehung von moralischen Verpflichtungen im Zusammenhang der Klinik der Neurosen, genauer der Zwangsneurose und der Hysterie. Eigentlich sind es vier Krankheitsbilder, in der sie zum unbewußten Motiv in einem Motivkonflikt wird.[21] In der Hysterie hemmt sie den sexuell-erotischen Liebeswunsch in übermäßiger Weise, so daß er der Verdrängung verfällt. In der Zwangsneurose hemmt sie die Antriebe zur aggressiven Auflehnung und Rebellion und ersetzt die Wut durch Zwänge. Im moralischen Masochismus steigert sie die Unterdrückung und Leidensbereitschaft bis zur Selbstaufopferung der betreffenden Person und in der Melancholie erstickt sie die Lebenswünsche in Selbstvorwürfen und führt zu depressiver Verstimmung. Warum so fragt Freud ist der heranwachsende Mensch bereit, dieses Übermaß an moralischer Verpflichtung und Last auf sich zu nehmen, das ihn schwer schädigt? Das umgekehrte Problem der Hemmungslosigkeit zeigt sich für Freud im "outlaw", im Deliquenten, der seinen Triebäußerungen freien Lauf läßt. Heute würden wir von dissozialen oder antisozialen Persönlichkeiten sprechen. Im Kontext der Klinik der Neurosen ortet Freud das Thema Moral in der für ihre Entwicklung wesentlichen triangulären Struktur der Familie, wobei idealtypisch für das Kind ein Familienmitglied zum Gegenstand des Wunsches, das andere zum Repräsentanten des Verbotes wird. Dem korrespondiert innerpsychisch eine Konfliktstruktur, deren eine Motivgruppe von Freud als Triebwünsche bezeichnet (wobei die Zuordnung der Aggressivität zum Triebhaften durchaus fragwürdig ist), die andere dagegen als moralische Ideale und Verbote charakterisiert wird. Wieso aber kommt es zu dieser Übernahme der Moral und zum Gefühl von Verpflichtung? Für Freud entsteht sie in einem Entwicklungsstrang der Eingewöhnung des Kindes ins kulturell-gesellschaftliche Leben der Familie, beginnend mit der Sauberkeitserziehung (die sog. Analphase zwischen dem 1. und 3. Lebensjahr) und endend mit der Erziehung zur Geschlechtsrolle der Stellung des Kindes in der Familie (phallische Phase zwischen dem 3. und 5. Lebensjahr). Bekanntlich ist für Freud der Ödipuskomplex die Grundfigur dieses Geschehens und sein erfolgreicher Abschluß die entscheidende Wurzel der Moral, mit deren Konsolidierung im 5.–6. Lebensjahr gerechnet werden kann.

Die Entstehungsgeschichte der Moral in der Freudschen Perspektive ist kompliziert. Ihre ersten Spuren zeigen sich in den die ödipale Entwicklung einleitenden Identifizierungsprozessen: für den Jungen in der Linie: "ich möchte sein wie der Vater", für das Mädchen "ich möchte sein wie die Mutter".[22] Der Einfachheithalber beschreiben wir die Entwicklung vom Jungen her. Dies ist auch die sicherlich einseitige Sichtweise Freuds gewesen. Dieses Sein-wie-der-Vater setzt bereits voraus, daß das kindliche Erleben zwei Seiten in sich unterscheidet, so wie es sich tatsächlich sieht (Real-Ich) und wie es sein möchte (Ideal-Ich). Sein Idealbild nimmt nun die gleichgeschlechtliche Elternperson zum Vorbild. Das Motiv ist für Freud natürlich der Triebwunsch zu lieben und geliebt zu werden, jetzt allerdings vermittelt durch das Vorbild des Vaters. Die Bewunderung für ihn ist für das Kind ein starkes Motiv herauszufinden, wie es seiner Vorstellung nach sein soll (Ich-ideal) und was durch den Vater verboten ist (Über-Ich). Dem steht der Triebwunsch entgegen, die Mutter uneingeschränkt zu lieben, die Rivalität, Eifersucht und aggressive Selbstbehauptung gegenüber dem Vater impliziert. Damit aber entsteht die Befürchtung, von ihm bestraft zu werden, wenn man nicht so ist wie er es verlangt. Die Angst vor ihm wird zum weiteren wesentlichen Motiv, die Angst vor direkter Gewalt, aber auch die Angst subtilerer Art vor Liebesverlust. Die Motive der Neurose, sich eine Hypermoral aufzuladen, werden jetzt erkennbar: eine grenzenlose idealisierende Bewunderung, eine schwere Angst und ein tiefer Haß im Hinblick auf den Vater.

Damit ist eine Konfliktstruktur entstanden zwischen dem Wunsch nach der Liebe der Mutter und der Bewunderung und Angst vor dem Vater als Repräsentant eines Sollens, einer Verpflichtung, eines Gesetzes.[23] Freud unterstellt, daß das Kind den Konflikt auflösen möchte, indem es einen realitätsbezogenen Weg sucht, einen Teil der Wünsche zu verwirklichen unter Berücksichtigung der notwendigen Einschränkungen durch Gebote und Verbote, d.h. es bildet eine dritte Motivgruppe aus, die Freud Ich nennt. Konkret bezogen auf den Ödipuskomplex bedeutet dieses Ich: Einsicht in die eigene Geschlechtsbedeutung als Junge oder Mädchen, Einsicht in die Kindrolle und Verzicht auf den Inzest. Die Anerkennung des Inzestverbotes enthält für Freud den Kern der Moral und ermöglicht menschlich-kulturelle Beziehungen.

Wesentlich für die Freudsche Position ist nun, daß er diesen Entstehungsprozeß der Moral mit Mitteln der neuzeitlichen Naturrechtstheorie zu deuten und zu begründen versucht. Das Individuum ist für ihn durch einen grenzenlosen Freiheitsanspruch charakterisiert, dem sein grenzenloser Triebanspruch sexueller und aggressiver Natur zugrundeliegt. Die kulturelle Moral lautet: Einschränkung der Triebansprüche i.S. des Prinzips der gleichen Rechte, gleiche Pflichten.[24] Vernunft bedeutet einen Ausgleich zu finden zwischen dem legitimen Triebwunsch und der legitimen moralischen Beschränkung. Sie enthält damit ein formales Gerechtigkeitsprinzip auf sexuelle und aggressive Gewalt zu verzichten zugunsten des Grundsatzes des gleichen Rechts für alle.

Für Freud entstehen moralische Verpflichtungen auf affektiver Grundlage. Sie enthalten entweder die Struktur Ichideal/Überich, d.h. sie entspringen der Anerkennung der Autorität oder sie tragen die Kennzeichen der Struktur Ich, d.h. sie entspringen der Anerkennung der Vernunft. Dieses ist auch die Grundunterscheidung, an die E. Fromm seine Konzeption einer humanistischen im Unterschied von der autoritären Ethik festmacht.[25] In der Sprache Piagets hat Freud vorwiegend die affektiven Schematas der Moral untersucht und den Schwerpunkt auf die Frage der Strukturen gelegt. Er kennt nur eine Wurzel der Moral, nämlich die ödipale Einsicht in das Inzestverbot. Andere Richtungen der Psychoanalyse wie die von M. Klein begründete bestreiten diese Einengung und behaupten eine weitere frühe Wurzel der Moral im 1./2. Lebensjahr.[26] Sie untersuchen die Entstehung der Obligatio im konkreten Feld der Gut-Böse-Erfahrungen, aus denen sich das Seelenleben des Kleinkindes aufbaut. Klein verschärft das Grundproblem der moralischen Entwicklung, insofern sie im biologischen Unterbau angelegte Tendenzen nicht nur sexuell-erotischer, sondern auch aggressiver Art unterstellt und daher den Menschen eher als ein von Destruktion bedrohtes, denn als im Kern auf Integration angelegtes Wesen betrachtet. Moral muß somit der Bereitschaft zur Gewalt abgerungen werden. Außerdem radikalisiert sie das Problem in der Form, daß sie beim Kleinkind einen undifferenzierten Phantasieraum unterstellt, in dem noch nicht nach Innen-Außen und Ich-anderer in verläßlicher Weise unterschieden werden kann. In ihrer Phasenlehre unterscheidet sie eine erste paranoid-schizoide Position des Kleinkindes, die eher als prämoralisch angesehen werden muß. In psychischen Prozessen der Einverleibung (Introjektion) und Ausstoßung (Projektion) versucht das Kleinkind gute und schlechte Erlebnisse zu verarbeiten und entweder bestimmten Teilobjekten seiner Umgebung oder bestimmten Selbstanteilen zuzuordnen. Von Moral kann deshalb noch keine Rede sein, weil die sichere Zurechnung guter und böser Erfahrungen zu einem konsolidierten Selbst im Unterschied zu einem konstanten Objekt noch nicht gegeben ist. Negative Erfahrungen von Seiten der Umwelt können also noch nicht als Sanktionen auf vorhergehende Reaktionen dieses bestimmten Kindes erlebt, daher auch kein Gefühl des Bedauerns, der Reue, keine Tendenzen der Wiedergutmachung entwickelt werden. Vielmehr bleiben gute und böse Teilobjekte und gute und böse Impulse relativ unverbunden. Wir haben eine Erfahrungsdimension ohne Schuldgefühle, die in pathologischen Erscheinungen eines "Täters ohne Schuldgefühl" im Erwachsenenalter zum Durchbruch kommen können oder zu primitiven Entgegensetzungen eines Reiches des Guten zu dem des Bösen führen.

Dagegen sieht Klein in der zweiten Phase der depressiven Position die Entwicklung einer Erfahrungswelt, in der Verbote und Sanktionen demselben äußeren mitmenschlichen Objekt zugerechnet und zu einem frühen primitiv-strafenden Überich verinnerlicht werden können. Das Kind kann jetzt Verstöße gegen diese Verbote erfassen, sich selbst zurechnen, Reue und Bedauern darüber empfinden und Wiedergutmachung leisten wollen. Die Konstitution von Schuldgefühlen ist also das Kriterium der ersten moralischen Phase Ende des 1. Lebensjahres. Moralische Verpflichtungen werden notwendig, weil die Ich-anderer Differenzierung eingesetzt hat und eine Abstimmung der wechselseitigen Erwartungen notwendig wird, wobei die elterlichen Gebote und Verbote den Sollenshorizont vorgeben.

5.2 Erik H. Erikson

Einen weiteren wichtigen Schritt der psychoanalytischen Theoriebildung vollzieht E.H. Erikson.[27] Gegenüber der am Leitfaden der Entwicklung von Bedürfnissen und Trieben entfalteten Theorie der Moralentwicklung bei Freud und Klein setzt Erikson mit einer Auffassung an, die auf einem eigenständigen Zweig der Ichentwicklung aufbaut. Dabei gilt der Grundsatz: je früher und primitiver die Moral, desto schärfer ist der Gegensatz des ersten strafenden Überichs gegenüber dem Ich, je entwickelter desto integrierter sind beide. Die zweite wichtige Erweiterung besteht darin, daß er sich nicht darauf beschränkt, die Rolle des Ichs bei der Auseinandersetzung mit der mitmenschlichen Realität zu beschreiben, sondern auch umgekehrt die Rolle der mitmenschlich gesellschaftlichen Realität in Auseinandersetzung mit dem Ich. Die Ichentwicklung ist für ihn nicht allein davon abhängig, in welcher Weise das Ich die Mitmenschen anerkennt, sondern auch umgekehrt wie Mitmensch und Gesellschaft das Ich anerkennen. Kurzum er erweitert die Ichpsychologie zu einer Sozialpsychologie. Schließlich baut er das Konzept der Ichentwicklung oder der moralischen Identität zu einem Achtphasenmodell von Lebenszyklen aus, das jetzt die gesamte Entwicklung von den Anfängen des psychischen Lebens über die Adoleszenz bis hin zum Alter umspannt. Insbesondere gewinnt durch die Ausweitung der Untersuchung über Freuds ödipale Wurzel der Moral hinaus das spezifische Konzept der Adoleszenz eine entscheidende Bedeutung für die Bestimmung der moralischen Identität. Ihr Kriterium ist jetzt eine auf das Rollenangebot der Mitmenschen und der Gesellschaft relativ frei und unabhängig reagierende Persönlichkeit. Unter der Drohung der Identitätsdiffusion muß eine neue Verantwortlichkeit für sich und die anderen im Schnittfeld vielfältiger Verhaltenserwartungen aufgebaut werden.

An diesem Eriksonschen Konzept von Verantwortung hat sich die Kritik von C. Gilligan festgemacht, daß es durch die männliche Sichtweise mit ihrem Primat der Abgrenzung des Individuums bestimmt sei und eine Korrektur durch die weibliche Sichtweise gefordert, welche einen Primat der Bezogenheit beinhaltet.[28]

6. Zur Leistungsfähigkeit der Psychologischen Ethik

Am Ende unseres Weges durch die Psychologische Ethik läßt sich ihre Leistungsfähigkeit bestimmen. Sie klärt erstens inhaltlich die Frage der Entstehungsbedingungen von Sollenserwartungen und Verpflichtungsgefühlen (obligationes) aus dem Kontext mitmenschlicher Interaktion. Selbst dort, wo sie logische Einsichten zur Begründung der Art des Sollens und der Verpflichtung heranzieht, geschieht dies um der Möglichkeit eines Sollens, das zwischenmenschlichen Austausch möglich machen soll. Das psychosoziale Feld ist ihr Gegenstand und das logische nur um seiner Begründung willen wesentlich, nicht umgekehrt. Darüberhinaus antwortet die Psychologische Ethik auf die strukturelle Frage der Entstehung einer Persönlichkeit, die solche Sollensansprüche richtig erfassen und auf sie handelnd reagieren kann. Ihr zweites Thema ist die Entwicklung einer moralischen Identität. Hier hat sie die bedeutende Aufgabe zu klären, ob in unserer Gesellschaft und unter welchen Bedingungen sich überhaupt noch eine moralische Identität entwickeln kann, ob also und in welchem Maße Moral noch eine Chance hat. Wenn diese moralische Identität zudem inhaltliche Voraussetzung für eine wahre moralische Erkenntnis ist und die Grundlage für die Realisierbarkeit formaler Rechtfertigungsverfahren der Philosophie bildet, dann ist die Philosophische Ethik, der es um die Gültigkeit moralischer Regeln geht, in dieser Hinsicht von der Psychologischen Ethik abhängig. Auf der anderen Seite ist das Begründungsverfahren der Psychologischen Ethik, nämlich die moralischen Bedingungen der psychosozialen Welt, der Welt der Interaktionen und gesellschaftlichen Prozesse zu rekonstruieren, davon abhängig, was als Maßstab der Obligationen und ihrer strukturellen Integration in einer moralischen Persönlichkeit zugrundegelegt wird, welchem man Geltung in einem logischen Sinne zusprechen kann. Hier sind Rechtfertigungsverfahren einer Philosophischen Ethik vorausgesetzt, die darüber entscheiden müssen, was mit Recht zum Maßstab gemacht werden kann.[29] In dieser Hinsicht ist die Psychologische Ethik von der Philosophischen abhängig und eben keine in sich geschlossene, autarke Disziplin.

Anmerkungen

1 F. Nietzsche: Jenseits von Gut und Böse. I. Hauptstück, Werke Band VI/2. Hrsg. von G. Colli u. M. Montinari. Berlin 1968, S. 33.
2 Zur Kritik des Psychologismus, vgl. E. Husserl: Philosophie als strenge Wissenschaft. Hrsg. von W. Szilasi. Frankfurt a.M. 1965.
3 E. Durkheim: Über die Teilung der sozialen Arbeit. Hrsg. von N. Luhmann. Frankfurt a.M., S. 437f.
4 K. Lorenz: Das sogenannte Böse. Wien 1963.
5 I. Kant: Grundlegung zur Metaphysik der Sitten. 2. Abh. Hrsg. von K. Vorländer. Hamburg 1965, S. 46f.
6 J. Rawls: Eine Theorie der Gerechtigkeit. Kap. I, 3–4. Frankfurt a.M., S. 27f.
7 Aristoteles Ethica Nicomachea 1095 a 3.
8 J. Piaget: Das moralische Urteil beim Kinde. Zürich 1954.
9 C. Gilligan: Die andere Stimme. 3. A. München/Zürich 1988.
10 T. Lickona: Research on Piaget's theory of moral development. In: Lickona T. (Ed.) Moral development and behavior. New York 1976, S. 219–240.

11 P. Prechtl / A. Schöpf: Das Verhältnis von Moralentwicklung und Geltung. In: Philos. Rundschau 39. Tübingen 1992, S. 14f.
12 L. Kohlberg: Zur kognitiven Entwicklung des Kindes. Frankfurt a.M. 1974. C. Levine / L. Kohlberg / A. Hewer: The current formulation of Kohlberg's theory and a response to critics. Human Development 28. 1985, S. 94–100.
13 R. Schmitt. In: Pädagogik. Hrsg. von L. Roth. München 1991, S. 172f. P. Prechtl / A. Schöpf: a.a.O., S. 5.
14 M. Keller: Kognitive Entwicklung und soziale Kompetenz. Stuttart 1976. D. Geulen: Perspektivenübernahme und soziales Handeln. Frankfurt a.M. 1982; W. Edelstein / M. Keller: Perspektivität und Interpretation. Frankfurt a.M. 1982; L.H. Eckensberger / R. K. Silbereisen: Entwicklung sozialer Kognition. Stuttgart 1980.
15 G.H. Mead: Geist, Identität und Gesellschaft. Insbes. Teil III u. IV. Frankfurt a.M. 1973.
16 B.F. Skinner: Wissenschaft und menschliches Verhalten. Teil I. München 1973, S. 13f.
17 B.F. Skinner: Jenseits von Freiheit und Würde. Hamburg 1973.
18 B.F. Skinner: a.a.O., S. 298–303.
19 A. Bandura: Lernen am Modell. Stuttgart 1976.
20 S. Freud: Vorlesungen zur Einführung in die Psychoanalyse. Werke Bd. XI, S. 264–281.
21 S. Freud: Studien zur Hysterie. Bd. I, S. 81–98 und beispielhaft S. 196–251; ders.: Die Disposition zur Zwangsneurose. Bd. VIII, S. 442–452; ders.: Trauer und Melancholie. Bd. X, S. 428–446; ders.. Das ökonomische Problem des Masochismus. Bd. XIII, S. 371–383.
22 S. Freud: Das Ich und das Es. Bd. XIII, S. 256f.
23 Vgl. J. Lacan: Schriften I, hrsg. von N. Haas, Olten 1973, S. 119, der den Gesetzescharakter des Vaters herausstellt.
24 S. Freud: Das Unbehagen in der Kultur. Werke Bd. XIV, S. 454–456.
25 E. Fromm: Psychoanalyse und Ethik. 2 A. Stuttgart o.J., insbes. S. 155–187.
26 M. Klein: Das Seelenleben des Kleinkindes. Reinbek b. Hamburg 1972, S. 146.
27 E.H. Erikson: Identität und Lebenszyklus. Frankfurt a.M. 1966. Vgl. R. Döbert / J. Habermas / G. Nunner-Winkler: Entwicklung des Ichs. Hanstein 1980, Zur Einführung, S. 9f.
28 C. Gilligan, a.a.O.
29 Dieser Gesichtspunkt wird in der Psychologie vor allem vertreten von L. Montada: Entwicklung der Moral. In R. Oerter: L. Montada Entwicklungspsychologie. München 1987, S. 738–765. Einen Überblick gibt G. Portele: Sozialisation und Moral. Neuere Aufsätze zur moralischen Entwicklung und Erziehung. Weinsheim 1978.

Kommunikative Ethik

Peter Müller

Die kommunikative Ethik verfolgt in ihren verschiedenen konkurrierenden Modellen die Absicht, das Erbe der klassischen deutschen Philosophie – v.a. Kants und des deutschen Idealismus – zu bewahren und mit den neueren Erkenntnissen hermeneutischer und wissenschaftstheoretischer Untersuchungen in Verbindung und Einklang zu bringen. Sie folgt dabei mehr oder weniger dem "linguistic turn" innerhalb der angloamerikanischen Analytischen Philosophie, d.h. der Hinwendung der Erkenntnis-, Wissenschaftstheorie und Handlungstheorie zur Sprache als dem logischen Ort für Geltungsansprüche (Grundsätze, Gesetze, Normen, Maßnahmen) in Theorie und Praxis. Dabei wird der analytische Reduktionismus, die Zurückführung des Gesetzes- und Regelwissens auf sprachliche Erfahrungen und Strukturen z.T. methodologisch verwendet, ohne daß aber auf die begründungsphilosophischen Errungenschaften der Philosophie der Aufklärung i.S. einer transzendentalen Beweisführung verzichtet werden soll. Das Ziel dieser ethischen Konzeptionen ist aus ihrer Herkunft begründet ein aufklärerisches, emanzipatorisches: die Tiefenstrukturen des Sprechens, Denkens, und Handelns aufzudecken und über das Verständnis dieser Möglichkeitsbedingungen das Selbst- und Fremdverstehen der Menschen, eine Niveauanhebung menschlicher Kultur, den vernünftigen und gewaltfreien Umgang der Menschen untereinander wie mit der sie umgebenden Natur, zu befördern.

1. Oswald Schwemmer: Ethik der konstruktiven Kulturbildung

Schwemmers Ansatz wendet sich vor allem an die Kulturwissenschaften und strebt eine umfassende Kulturphilosophie an. Für ihn liegt die vorrangige Aufgabe der Kulturwissenschaften darin, menschliche Handlungen, deren Motive und Ziele, Chancen und Schwierigkeiten, zu rationalisieren; ihre logischen Strukturen zu rekonstruieren, um sie erklären und damit verstehbar zu machen, und auf diese Weise die sozialen und individuellen, die ethisch-praktischen und praktisch-pragmatischen Probleme unserer Zeit zu lösen. Schwemmers konstruktiv-rekonstruktiver Lösungsvorschlag, moralisch relevantes praktisches Handeln zu begreifen, liegt in der Sinndeutungsleistung der Kulturwissenschaften, "die zur Überwindung der praktischen Schwierigkeiten (konfliktrelevante) Normen feststellen, kritisch beurteilen und (als zu befolgende) begründen sollen".[1]

1.1 Der konstruktive Aufbau praktischer Wissensbildung

Um Handlungen rational erklären und die Aussagen darüber zudem methodisch wissenschaftlich überprüfen zu können, ist es notwendig, eine eigene kulturwissenschaftliche Methodik zu erarbeiten, die bisher konkurrierende Ansätze auf der Grundlage des "konstruktiven Aufbaus der praktischen Wissensbildung"[2] vereinigt: beschreibende, verstehend beurteilende, begreifende und auf Veränderung bedachte Theorien sind als wissenschaftstheoretische und -kritische, hermeneutische und dialektische Methodologien lediglich Teillösungen eines zentralen Problemkomplexes. Der Weg der kommunikativen Handlungstheorie muß daher von der analytischen Beschreibung objektiver Sachverhalte über deren Beurteilung zu deren allgemeiner kultureller Bedeutsamkeit hin gehen, d.h. zur Beurteilung von Handlungen auf ihre Förderlichkeit bzw. Hinderlichkeit im Hinblick auf die Verwirklichung der kulturell herrschenden Wertvorstellungen. Darüber hinaus muß nach der Möglichkeit gefragt werden, menschliche Vernunft im Spannungsfeld des faktischen Seins zum allgemein anerkannten Sein-sollen verwirklichen zu können, um gegebenenfalls die bestehende Welt daraufhin zu verändern.

Schwemmer stellt gegenüber analytischen Moralphilosophien, deren Erklärungen menschliches Handeln so behandeln, als ob "ein Gott würfle",[3] die kulturbildende Leistung des über Sprache Wahrheit erzeugenden Menschen in den Mittelpunkt. In die Verstandesbegriffe wird der Mensch empragmatisch eingeübt, womit er die instrumentellen Funktionen der Sprache exemplarisch verinnerlicht, so daß seine praktische Wissensbildung als strukturiertes und diszipliniertes Sprachhandeln und Planen rekonstruierbar wird, ohne auf metaphysische oder transzendentale Prinzipien zurückgreifen zu müssen.

In einer Art Parallelaktion soll demzufolge die von Schwemmer angestrebte Kulturphilosophie kongruent zu einer Theorie der rationalen Erklärung des Handelns die ontologische, anthropologische und sprachlich elementar vermittelte Genese des Handelns selbst begreiflich machen. Die Frage lautet daher: Wie ist praktisches Handeln rational zu begründen, um wahre Regeln, die in der jeweiligen historischen Gesamtsituation der Welt subjektiv wie objektiv als zweckmäßig gelten können, auch für zukünftiges Handeln als gültig behaupten zu können.

Sowohl die konstruktive Erklärung wie die rekonstruktive Anthropologie des Handelns geht pragmatisch davon aus, daß Handlungen Mittel sind zur Realisierung praktischer Zwecke. Eine Handlung verweist auf Zwecke und Ziele, die sich der Handelnde vorsetzt; diese sind nicht im Sinne natürlicher Wirkursachen zu verstehen, sondern als argumentative, rational ausweisbare Gründe. Sinnkriterium von Handlungen ist deren Argumentationszugänglichkeit. Die Gemeinsamkeit des Redens und Handelns beruht auf der normativen zwischenmenschlichen Lebenspraxis selbst. Sie schließt die universelle Aufforderung zum Handeln in sich. Um praktisch relevante Sachverhalte lösen zu können, müssen wir argumentieren. Eine methodische Rekonstruktion muß daher Handlungen als Ergebnis von Beratung begründen können. Je mehr Handlungen in diesem Sinne rationalisierbar sind, um so mehr Probleme können wir lösen.

1.2 Zweckrationalität und Sinnrationalität

In forschungslogischer wie pragmatischer Absicht muß eine konstruktive Logik der Kulturwissenschaften wie eine rekonstruktive Handlungstheorie zwei grundlegende methodische Unterstellungen machen: (1) Zweckrationalität und (2) Sinnrationalität. Beide begründen die Möglichkeit, zufälliges und willkürliches empirisches Wirken und Verhalten als verantwortbares Handeln auszuweisen und damit der Argumentation und der Kritik zugänglich, mithin allgemeinheitsfähig, zu machen. Aufgrund des Prinzips der Zweckrationalität behandeln und sehen wir unsere Mitmenschen, "deren Handlungen wir beschreiben, deuten und erklären, so, als ob sie den normativen Einführungsvorschlag für den Terminus 'Zweck' befolgen und zudem ihre Handlungen rational relativ zu ihren Zwecken vorbereiten würden".[4] Da die Frage nach der Angemessenheit einer Handlung als Mittel zu bestimmten Zwecken von der jeweiligen soziokulturellen und geschichtlichen Entwicklung abhängt und generell offen ist, sind mehrere, oft widerstreitende Erklärungen möglich. So daß der Zweckbegriff lediglich dazu auffordert, dem Handelnden und der Handlung eine Überlegung und einen praktischen Entschluß zugrundezulegen, die auf einen vernünftigen Sprachgebrauch und damit auf argumentative Beratungsfähigkeit verweisen.

Handlungen sind nach diesem Prinzip der Zweckrationalität praktische Problemlösungsvorschläge, die – über die subjektive Selbstdarstellung und -deutung hinaus – zugleich objektive normative Ansprüche darstellen; und zwar Ansprüche, die unter dem Gesichtspunkt der individuellen wie gesellschaftlichen Bedürfnisbefriedigung gegenwärtige oder zukünftige Schwierigkeiten beseitigen bzw. verhindern zu können. Um den praktischen Sinn einer zweckorientierten Handlung, ihre Bedürfnisrelevanz, prüfen zu können, bedarf es des Prinzips der Sinnrationalität, dessen Deutungskriterien als Vernunftprinzip und als Moralprinzip näher bestimmt werden können. Nach dem *Vernunftprinzip* sind Handlungen auf die Legitimation ihrer Ziele – generelle Formulierbarkeit und universale Zweckhaftigkeit – hin befragbar; nach dem *Moralprinzip* können sie auf die Vereinbarkeit konkurrierender oder inkompatibler Zwecke hin untersucht werden. Entscheidungskriterium einer daraus begründbaren Zweckehierarchie ist der Primat des Sollens im Sinne der menschlichen Bedürfnisrelevanz. Nach dem Vernunftprinzip werden die normierbaren Zwecke rekonstruiert, nach dem Moralprinzip werden sie als Normen ausgewiesen und legimiert. Vom Faktum der empirischen Handlung ausgehend, können wir mit Hilfe der rationalen Erklärung zu den Gründen des Handelns, den Zwecken und Maximen der Handelnden vorstoßen. Eine Handlung kann nur erklärt werden und normative Bedeutung – im Sinne einer allgemeinen Aufforderung in einer bestimmten Handlungssituation – erlangen, wenn sie so gedeutet werden kann, "als ob" sie einer rationalen Maxime des intentionalen Handlungssubjekts folge. Dieses Handlungssubjekt wird als Person allein in der Maximenstruktur bzw. einem Maximensystem sich durchhaltender Handlungsziele angesichts unterschiedlicher Handlungssituationen transparent und für eine normative Beratung insitutionalisierbar.

Die Kulturwissenschaften haben nach Schwemmer in ihren jeweiligen Erklärungen, die sich auf je verschiedene kulturbildende Leistungen und Funktionen argumentativen Handelns beziehen, Argumentationsstrukturen für die Wahrheit von Handlungs- und Deutungsaussagen aufzubauen, über die wir "in unsere Welt eingreifen" und "ihren Lauf nicht als einen unabänderlichen Naturverlauf" hinzunehmen brauchen.[5] Nur indem unsere Handlungen in erster Linie als Ergebnis argumentativer Zweck- und Sinnüberlegungen und erst in zweiter Linie als natürliche Phänomene der Erscheinungswelt – wie unausweichliches Verhalten von Tieren – betrachtet und der vernünftigen Beratung zugänglich gemacht werden, können wir eine Kultur und Welt aufbauen, in der Sinn oder Unsinn als selbstproduziert an die Verantwortung des Menschen zurückgebunden ist. Nur Reden kann Probleme lösen, das bessere Argument muß entscheiden.

1.3 Normen der Problemlösung

Die Probleme, die zur Lösung anstehen und praktisches Handeln im Gattungs- oder Weltmaßstab erforderlich machen, sind nach dem Kriterium der Bedürfnisrelevanz entweder *technischer* Art und entstehen aufgrund des Fehlens geeigneter oder ausreichender Mittel für angestrebte Ziele. Oder sie sind *praktischer* Natur, insofern konfligierende oder unvereinbare Zwecksetzungen einen Ausweg fordern. Beider Lösung liegt im argumentierenden Handeln, d.h. darin, Normen der Problemlösung zu entwickeln, jederzeit bedingte situationsgebundene Zielsetzungen Zweckprioritäten zu unterwerfen, die als argumentationszugänglich und allgemeinheitsfähig als generelle Imperative expliziert werden können.

Zur Problemlösung müssen neben den subjektiv anerkannten Zwecken und Maximen auch institutionell vermittelte objektive, d.h. nicht individuell verantwortbare, Normierungen berücksichtigt werden. Wirkliche Zwecke sind daher nur konstruktiv in der "Nach- und Weiterzeichnung des Bildungsprozesses in der Selbstdarstellung"[6] des Menschen als Gattungswesen herauszufinden. Jemand handelt demnach subjektiv-rational, wenn er den pragmatischen Schluß zwischen seiner Handlung und seinem Wollen zieht; er handelt objektiv-rational, wenn dieser Entschluß intersubjektiv begründbar ist und damit der Norm einer sozialen Handlungsgemeinschaft entspricht. Die Abwägung beider Momente des entschiedenen Handelns ist eine ständige Aufgabe. Daher sind keine normativen Voraussagen, sondern nur Antizipationen guter Gründe möglich, die in der prinzipiell offenen Diskussion konkurrierender Zweckvorstellungen eine Revision von Überzeugungen über eine gemeinsame Zukunft erlauben.

Entscheidungskriterium für konfligierende Normen, die als Oberzwecke widerstreitende Zwecke unter sich vereinbaren lassen, ist der "materiale Begründungsanfang" zweck- und sinnorientierter Rede, die

Orientierung an ersten Zwecken als primärer Bedürfnisse, “die (in der jeweiligen Umwelt) die Bedingungen des eigenen Lebens sind”.[7] Sätze, in denen diese zum Ausdruck kommen, sind primäre Normen, “Aufforderungen an alle, immer in bestimmten Situationen bestimmte Zwecke zu verfolgen, bzw. universelle, generelle, bedingte Aufforderungen”.[8] Auch sie sind also relativ zur Bedürfnissituation veränderbar, sichern in jedem Fall aber in toto das physische wie kulturelle Überleben der Menschengattung. Demnach ist menschliches Handeln als Mittel der Bedürfnisbefriedigung im Überlebenskampf der Menschheit zu sehen. Regelmäßige Schwierigkeiten und die Notwendigkeit, sie zu überwinden, führen zu neuen Zwecksetzungen, -konflikten und -beratungen. Über die Artikulation von Erfahrungen und Meinungen werden einzelne kulturkovariante Zwecke so distanziert, daß eine generelle und planmäßige Problematisierung möglich ist, die die faktischen Normen und konkurrierenden Zwecksetzungen an das Bedürfnisapriori hält und der Kritik unterwirft.

Schwemmers Handlungstheorie liegt die Annahme zugrunde, daß ein Handelnder an seinen Zwecken und Zielen auch dann festhält, wenn ihm die Gesellschaft oder die Natur vielfältige Hindernisse in den Weg stellt, da sein Handeln das “Ergebnis eines klaren (nämlich bestimmte Zwecke mit dem Handeln verbindenden), folgerichtigen (die notwendigen Bedingungen für die Erreichung dieser Zwecke erfüllenden) und vor allem sinnvollen (die entstehenden Schwierigkeiten durch zusätzliches Handeln überwindenden) Überlegens – und Beschließens”[9] ist.

Nur in Grenzfällen menschlicher (Selbst-)Verständigung sind rationale Erklärungen, wie sie in ihrer logischen Struktur von Schwemmer als Theorie der Kulturwissenschaften zu wissenschaftlicher Beratung – auch in Gesellschaft und Politik – entwickelt worden sind, nötig, nämlich dann, wenn vorherrschendes Wissen und Einvernehmen zur Verwirklichung bestimmter Zweckvorstellungen in bestimmten Erwartungshorizonten problematisch geworden sind und eine grundsätzliche Neuorientierung fordern. D.h. vorwissenschaftliche Lebensformen, die sich in bestimmten Sprachformen und Kulturgegenständen als “redender Wirklichkeit”[10] niederschlagen, führen zu Handlungen, deren gesetzmäßiger Grund und Zusammenhang zunächst uneröffnet bleibt, da auf ein natürliches und gesellschaftliches Selbstverständnis zurückgegriffen werden kann. Treten aber Ereignisse ein, die diesen Erfahrungen widersprechen, so werden Erklärungen notwendig, die auch für künftiges Handeln ein Vorausplanen und eine gewisse Berechenbarkeit gewährleisten.

Gegenüber den Handlungstheorien, die den Menschen als quasiobjektivierbare Natur, sein Handeln als Folge technischer Vernunft und damit als Teil natürlichen kausal-mechanischen Geschehens beschreiben, zeigt Schwemmer, daß der Mensch auf der Grundlage der natürlichen Sprache und ihrer immanenten Logik als freies und kulturbildendes Sprach- und Handlungssubjekt anzusehen ist, dessen Handlungen begründbare Folgen individueller oder gemeinschaftlicher Argumentation und Beratung sind und denen eine zwecksetzende planende Persönlichkeit zugrundegelegt werden kann. Quasi-natürliches Geschehen wird auf der Grundlage vernünftiger Rede als argumentationszugängliches Handeln ausgewiesen, dessen Sinnhaftigkeit in der Verantwortung des Menschen liegt. Ob menschliches Handeln als freies Tun überhaupt deutbar ist, kann – wie Schwemmer sagt[11] – nicht beantwortet werden; doch bevor man sich jeglicher Deutungsversuche und des Anspruchs auf wissenschaftliche Aufschließung enthält, ein Stück Rationalität unnötig preisgibt, macht es Sinn, beobachtbares Verhalten in zweckgerichtetes Handeln zu überführen, damit vom Menschen erschaffene Sachverhalte in ihrer vermeintlichen Faktizität aufzubrechen und je neu der argumentativen Prüfung zu unterwerfen. Verhalten wird damit artikulations- und argumentationsfähig. Der Rekurs auf Maximen, Zwecke und deren Strukturen, innere Logik, sowie deren mögliche Antizipation macht den weltgeschichtlichen Verlauf der Menschen-Natur durchsichtig und veränderbar.

2. Karl-Otto Apel: Transzendentalpragmatische Ethik

Die Transzendentalpragmatik Karl-Otto Apels stellt den umfassenden Versuch dar, die kritisch-idealistische Philosophie seit Kant ebenso wie die neopositivistischen und hermeneutischen Ansätze im Gefolge einer Philosophie des "linguistic turn" zu vereinbaren und so weiterzuentwickeln – zu "transformieren" –, daß ihre auf Konsens abzielenden sprachlichen Tiefenstrukturen nicht ohne Selbstwiderspruch jedes kommunikativen Wesens geleugnet werden können. Zu diesem Zweck muß die philosophische Theorie die weltgeschichtliche Dichotomie zwischen technokratischem Verfügungswissen und menschlicher Praxis gesellschaftlichen Selbstverständnisses aufdecken, d.h. die Folgen einer technisch-materialistischen Praxis instrumentellen Denkens und Handelns im Interesse am Herrschafts- und Verfügungswissen über Natur und Mensch begreiflich machen und über das tiefere Verständnis der diesem zugrundeliegenden Strukturen aufbrechen, dieser Art des einseitigen Denkens eine soziale, moralische und menschlich verantwortbare Dimension menschlicher Sinnverständigung entgegensetzen.

2.1 Kommunikative Sinnverständigung

Zwischen dem instrumentellen Erkenntnisinteresse und dem Interesse an sinnorientierter Kommunikation muß vermittelnd ein apriorisches Vernunftinteresse an Selbsttransparenz, an Aufklärung und Emanzipation, des vergesellschafteten einzelnen Menschen, als dem Subjekt des Denkens und Handelns, zur Geltung gebracht werden können; ein Interesse an "praktisch engagierter und zugleich erkenntiskritischer Philosophie mit dem Anliegen einer ideologiekritischen Sozialwissenschaft".[12] Apels Grundanliegen kommt daher in der Frage zum Ausdruck: Auf welche transzendentalen – d.h. notwendig und allgemein geltenden, nicht weiter hintergehbaren – Bedingungen der Möglichkeit kommunikativer Sinnverständigung im sprachvermittelten menschlichen Handeln überhaupt können die Kulturwissenschaften, Wissenschaftstheorie, Philosophie und Ethik zurückgeführt werden, um die szientifische – wissensorientierte – und hermeneutisch-historische Selbstaufklärung der menschlichen Vernunft so zu befördern, daß die planetare Explosion der Folgen gesellschaftlichen Handelns auf allen Ebenen menschlicher Praxis und im Weltmaßstab zum Besseren verändert werden kann, abgewendet wird und einer humanen Lebensmöglichkeit Platz macht. Vor allem die Resultate und Auswirkungen wissenschaftlicher Arbeit stellen eine Herausforderung für die individuelle wie kollektive Vernunft des Menschen für die Zukunft der Welt dar, fordern normative Verbindlichkeit und ethisch legitimierbare Solidarität im Verhältnis der Menschen zu ihrem Handeln.

Das Ziel der Philosophie liegt daher für Apel in einer Ethik der Verantwortung und einer dieser komplementären Erkenntnis- und Wissenschaftstheorie, die auf den Fundamenten einer kritischen Begründungsphilosophie im Sinne einer sprachpragmatisch transformierten Transzendentalphilosophie Kants aufbauen. Dazu ist des weiteren notwendig, die seit Kant geleisteten Einsichten der hermeneutischen (Dilthey, Heidegger, Gadamer), anthropologischen (Plessner, Gehlen), sprachphilosophischen (Wittgenstein, Peirce) und sozialtheoretisch dialektischen (Hegel, Marx) Philosophie einzubeziehen.

In der Auseinandersetzung mit dem empirisch-analytischen und systemtheoretisch-szientifischen Erklärungswissen, das sich an der Macht und am Erfolg naturwissenschaftlichen Gesetzeswissens orientiert, wird deutlich, daß das Verhalten und Handeln des geschichtsbildenden, aus guten Gründen und nach rationalen Maximen handelnden Menschen nicht auf Gesetzeshypothesen reduziert werden kann, sondern mit den apriorischen Strukturen menschlicher (Selbst-)Verständigung auch ein entsprechendes philosophisches Reflexionsniveau und wert- und sinnorientiertes Engagement vorausgesetzt werden muß. Analytische Wissenschaftstheorie und Hermeneutik müßten – über die als intersubjektiv einheitliche Weltinterpretation pragmatisch-semiotisch umgedeutete Einheit des Bewußtseins Kants – so miteinander vereinbart werden, daß die in der "Logic of science" übermächtig zu Tage tretende Selbstentfremdung und Selbstentmachtung des Menschen aufgeklärt und zu einem Selbstverständnis als kommunikativem Gattungswesen zurückgeführt werden kann. Jede Wissenschaft setzt implizit Kants Idee der universalen Verständigung als regulatives Prinzip voraus. Jede Verständigung – mit sich selbst oder untereinander – setzt als Bedingung ihrer praktisch-pragmatischen Gültigkeit – zumindest als geäußerter Anspruch – das transzendentale Sprachspiel, d.h. die Struktur gelungener Verständigung, voraus, das sich immer zugleich in den konkreten, oft widersprüchlichen Sprachspielen und Lebensformen der Menschen realisieren muß. Anders gesagt: Der Mensch muß notwendig für die Möglichkeit seiner Urteils- und Willensbildung sowie für deren Anspruch auf Gültigkeit die Idee einer Kommunikationsgemeinschaft voraussetzen, in der alle Bedingungen für die Wahrheit und Richtigkeit der Äußerungen und d.h. alle Bedingungen einer verständlichen und wahrhaften Übereinstimmung der Gesprächspartner erfüllt sind. Die einsame Verständigungsmöglichkeit des "Ich denke" Kants setzt immer schon das Apriori der Sprache und der mit ihr gleichursprünglich verbundenen Kommunikationsgemeinschaft voraus. Anders: Das menschliche Verständnis der Welt im Sinne eines bestimmten Welt- und Verstehenshorizontes, eines gewissen "Selbstverständnisses" und voraussetzungsvollen Verhaltens, setzt bereits ein allen Menschen gemeinsames transzendentales Sprachspiel (Wittgenstein) voraus, in dem zugleich eine bestimmte Lebensform aufscheint. Sinn- und Geltungsfragen im zwischenmenschlichen Umgang sind folglich auf gesellschaftliche Verständigung und transzendental-pragmatische Regeln angewiesen. Den gegebenen faktischen Sprachspielen liegt ein transzendental begründetes ideales zugrunde, das realiter nur auf lange Sicht als verwirklichbar gedacht werden kann. Reale Basis dieser transzendental zu unterstellenden Sprach- und Lebensform ist die linguistische und kommunikative Kompetenz der menschlichen Gattung.

2.2 Transzendentale Pragmatik

Transzendentale Pragmatik radikalisiert demnach die Begründungsphilosophie in der Nachfolge der Aufklärungsbemühungen Kants auf die nichthintergehbaren Bedingungen der Möglichkeit der Argumentation in Diskursen. Sprache muß daher als transzendentale Größe anerkannt werden, als "Bedingung der Möglichkeit und Gültigkeit der Verständigung und Selbstverständigung und damit zugleich des begrifflichen Denkens, der gegenständlichen Erkenntnis und des sinnvollen Handelns".[13] Vernunft artikuliert sich in Sprache. "An die Stelle des von Kant metaphysisch unterstellten 'Bewußtseins überhaupt', das immer schon die intersubjektive Geltung der Erkenntnis garantiert, tritt damit das regulative Prinzip der kritischen Konsensbildung in einer, in der realen Kommunikationsgemeinschaft allererst herzustellenden, idealen Kommunikationsgemeinschaft".[14] Mit Ch.S. Peirce versteht Apel den Vorgriff auf eine mögliche Konsensbildung im Diskurs einer unbegrenzten Interpretations- und Forschergemeinschaft als Regulativ des an sich Erkennbaren in aller bedingten Erkenntnis, d.h. als ein notwendiges Postulat einer immer noch "in the long run" zu realisierenden und dennoch im Diskurs, in jeder Argumentation, immer schon vorauszusetzenden und im voraus anerkannten idealen Kommunikationsgemeinschaft. Mit dieser sprachlichen Vermittlung und historischen Bindung aller Erkenntnis- und Entscheidungsmöglichkeit sieht Apel Kants kopernikanische Wendung – daß die Sachverhalte der Welt nicht uns ihre Gesetzmäßigkeiten diktieren, sondern wir sie der Welt unterlegen – allererst vollendet: "Materialismus ohne Idealismus ist blind, Idealismus ohne Materialismus ist leer."[15]

Zur sprachlichen Transformation des transzendentalen Selbstbewußtseins zur unbegrenzten Argumentationsgemeinschaft eines universalen Diskurses gehört auch die prinzipielle Erweiterung reflexiver Begründungsphilosophie um das "apriorische Perfekt" (Heidegger).

Diese auf Heidegger und Gadamer aufbauende Einsicht in die existentiale Vorstrukturiertheit des Menschseins trägt dem Rechnung, daß wir immer schon miteinander in der Welt da sind, daß sich die Phänomene für uns immer schon konstituiert haben. Dieses Wissen um das eigene "Sich-vorweg-Sein" öffnet den Blick auf die mögliche Befreiung quasi selbstverständlicher Denk- und Lebensgewohnheiten vom szientifischen Herrschaftswissen und verweist auf das nichthintergehbare Verstehensapriori, wie es in der unmittelbaren Wirklichkeit des denkenden Menschen zum sprachlichen Ausdruck kommt. Denn die tatsächlichen Menschen sind die empirischen Träger der kantischen Einheit des Gegenstands- und Selbstbewußtseins. Sie sind Repräsentanten des transzendentalen Subjekts, des Bewußtseins überhaupt, das "kontrafaktisch antizipiert und immer noch allererst – in the long run – realisiert werden"[16] soll. In dieser Weise konkretisiert, ist es zur anthropologischen Grundannahme der Existenz der Menschengattung als sprachliche Gemeinschaft umzudeuten und neu einzufordern. Eine pragmatisch materialisierte Transzendentalphilosophie muß die "quasi-transzendentalen" paradigmatischen Evidenzen der menschlichen Existenz, d.h. Bewußtsein, Leibgebundenheit der Praxis und sprachliche Kompetenz der realen Kommunikationsgemeinschaft mit berücksichtigen. Sie hat daher auch die Daten und Fakten der empirischen Wissenschaften sowie deren rückwirkenden Einfluß auf das individuelle und gesellschaftliche Leben einzubinden. Erkenntnis durch Reflexion (Bewußtseinsapriori) und durch leibhaftes Weltengagement (Leibapriori) sind zwar erkenntnislogisch zu unterscheidende, aber erkenntisanthropologisch komplementäre Gesichtspunkte des als Ganzes zu begreifenden und reflexiv einzuholenden Menschen. Allerdings bedarf es zur Rechtfertigung der Verbindlichkeit präreflexiven Sinnverstehens der reflexiven Distanzierung und methodischen Abstraktion dieser lebenspraktischen Einheit.

"Das Verstehen menschlicher Handlungen muß, im Gegensatz zum Erklären von Naturvorgängen, einen normativen Rechtfertigungsanspruch implizieren", denn das "Geschäft der normativ-relevanten 'Kritik' kann gewiß nicht zugunsten der bloßen Beschreibung dessen, was ist, geschenkt werden."[17]

Soll innerhalb der realen Gesellschaft eine vernünftige Verständigung als möglich angesehen werden, so muß notwendig auf deren Bedingungen reflektiert werden. Als letzter Grund möglicher Verständigung im Sinne eines auf Verständlichkeit, Richtigkeit, Wahrheit und Wahrhaftigkeit abzielenden Einvernehmens mit sich und innerhalb der

Menschengattung kann allein das Apriori der unbegrenzten Kommunikationsgemeinschaft gedacht werden. "In gewisser Weise muß jeder 'mündige' Mensch, jeder, der im Sozialisierungsprozeß mit der Spracherlernung zugleich 'kommunikative Kompetenz' erworben hat, schon in der Wahrheit sein und sich dieses Umstands auch durch 'transzendentale Reflexion' versichern können."[18] Der philosophische Diskurs hat gleichsam Stellvertreterfunktion für die jedermann mögliche Selbstvergewisserung und auch für die zugrundeliegende Sinngeltungsinstanz der idealen Kommunikationsgemeinschaft. Die menschliche Gattung ist damit das quasitranszendentale Subjekt der Wahrheit von Erkenntnissen und Handlungen, deren Ziel in der Selbstverständigung der Menschheit liegt und deren praktische Freiheit als "Selbstand solidarischer Verantwortung" real einlösbare Gestalt gewinnt.

Der pragmatische Ausgang transzendentaler Reflexion von den institutionalisierten Sprachspielen der realen Diskursgemeinschaft muß, um – mit Kant zu sprechen – weniger "Wahrheiten" auszusprechen, als vielmehr Irrtümer vermeiden zu helfen, den universal-virtuellen Zweifel an und einen ideologiekritischen Vorbehalt gegenüber der realen Kommunikationsgemeinschaft in ihrer Theoriebildung einbeziehen. Dies ist ein Postulat der praktischen Vernunft, um vom faktischen Ausgang eines Diskurses wissenschaftlich distanziert zu nichtdogmatischen Geltungsbegründungen der problematisierten Argumente emporzusteigen. Mit der Sprache als transzendentaler Größe ist bereits zugestanden, "daß die Dialektik als substanzielle Artikulation des Denkens immer schon durch leibhafte Praxis vermittelt ist".[19] In diese "wahrhaft dialektische Konzeption diesseits von Idealismus und Materialismus"[20] geht eine "objektive Dialektik der Verhältnisse, die doch vom Menschen in die Zukunft hinein fortzusetzen sind", ebenso ein wie eine "subjektive Dialektik der menschlichen Möglichkeiten, die doch in den objektiven Verhältnissen ihre Bedingungen haben". Sie hält die "Wechselbezogenheit von Reflexion und praktisch-materiellem Weltengagement"[21] aufrecht, um vorurteilhaften – subjektivistischen oder objektivistischen – Weltanschauungen entgegenzuwirken. Die unumstößliche Einsicht in die notwendig zu antizipierende und immer noch zu realisierende unbegrenzte ideale Kommunikationsgemeinschaft als letzten Grund humaner Verständigungsmöglichkeit stellt einen Appell an den Willen zur Vernunft dar, setzt auf den Willen zur Realisierung und Emanzipation einer offenen freien Gesellschaft.

2.3 Ethik solidarischer Verantwortung

Die Transformation der kantischen Transzendentalphilosophie, ihre hermeneutische, dialektische und sprachpragmatische Fundierung, führt zwei Konsequenzen für die Ethik mit sich: Normative Ansprüche des Wollens und Handelns können an letzten Gründen des Denkens im Medium der Sprache gemessen und kritisch entschieden werden; Ethik ist als Ethik solidarischer Verantwortung verbindlich legitimierbar. Mit ihr kann zugleich eine kritische Sozialwissenschaft mit therapeutischer Zielsetzung als erstrebenswert und wohlbegründet entwickelt werden. An die Stelle einer universalisierten Gesinnungsmaxime des einzelnen als Repräsentanten der Idee der Menschheit tritt als ethische Grundnorm die kommunikativ einzulösende Verpflichtung zur solidarischen Verantwortung gegenüber allem menschlichen Handeln. Das Apriori der idealen Kommunikationsgemeinschaft orientiert alles diskursive Handeln an der ihm immer schon zugrundeliegenden Möglichkeit eines universalen Konsenses. Diese ethische Grundnorm der Argumentation verpflichtet alle Argumentierenden – zumindest kontrafaktisch –, alle virtuellen Ansprüche, Bedürfnisse und Interessen aller möglichen gattungsgeschichtlichen Kommunikationspartner als berechtigt und normativ relevant anzuerkennen und vor dem "Gerichtshof der Vernunft" (Kant), der idealen Kommunikationsgemeinschaft, vorbehaltloser Kritik zu unterwerfen. Die transzendentale Struktur jeglicher Argumentation, das Prinzip idealer Kommunikation, ist in der realen Kommunikationsgemeinschaft dialektisch so durchzuhalten, daß etwas als normativ verbindlich nur gedacht werden kann, wenn es dem möglichen Konsens einer unbegrenzten Kommunikationsgemeinschaft genügen würde, d.h. zumindest der Annahme genügt, "als ob" alle Menschen zustimmen können müßten. "Der substantielle Inhalt des Vernunftprinzips (...) liegt in der nicht hintergehbaren Verpflichtung aller, die argumentieren, auf die Idee der 'diskursiven Einlösbarkeit' aller normativen Geltungsansprüche nach Maßgabe der intersubjektiven Universalisierbarkeit der durch sie vertretenen Interessen."[22]

Die intersubjektive Geltung ethischer Normen ist für Apel (und Habermas) darin notwendig begründet, daß jeder, der ein argumentatives Prinzip der idealen Sprechsituation in Frage stellt, sich selbst widerspricht, da schon seine Infragestellung dieses Prinzip voraussetzt. Alle ethisch relevanten Ansprüche müssen letztlich im praktischen Diskurs der Menschen untereinander vermittelbar und philosophisch in einer reflexiven Letztbegründung als sinnvoll ausweisbar sein. Mit der Lebensform der je-realen historischen Argumentationsgemeinschaft ist immer zugleich die ethische Grundnorm der wechselseitigen Anerkennung als gleichberechtigter Gesprächspartner, als bedürftiger, zur Vernunft fähiger Wesen und moralischer Personen, vorausgesetzt. Kommunikative Ansprüche gründen in ethischen Regeln, deren Leugnung jegliche (Selbst-) Verständigung aufheben würde. Die Ethik des Diskurses steht daher als Verantwortungsethik allen vermeintlich liberalen Moraltheorien des methodischen Individualismus entgegen, die in der Überbewertung der einzelnen einsamen Gewissenentscheidung einer solidarisch verantwortbaren Praxis im Wege stehen. Unter der Maxime der Entlastung des moralisch überforderten Einzelnen und der damit einhergehenden Forderung nach gesellschaftlichen Institutionen zur Durchsetzung von konventionellen Normen technokratischer Verfügungsgewalt angesichts der komplexen Welt fällt die Sphäre der individuellen Innerlichkeit realgeschichtlich der Manipulation und Außensteuerung politisch-pragmatischer und sozial-technokratischer Macht anheim. Mit Heidegger wie der Kritischen Theorie ist daher nach Apel vor der Gefahr der instrumentellen, halben Vernunft (Adorno), die neben der Technokratie des Wissens auch eine des Sozialen nahelegt, zu warnen; zu warnen ist vor der "funktionierenden Philosophie des öffentlichen Lebens der westlichen Industriegesellschaft",[23] dem Pragmatismus; zu fordern ist eine Radikalisierung kritischer Reflexion und Selbstverständigung. Eine Verwissenschaftlichung der Menschheit kommt im planetarischen Ausmaß ihrer Durchsetzung einer Entdemokratisierung der Gesellschaft gleich, da hinter den vermeintlichen Sachzwängen – zweckrationalen Klugheitsregeln des gebrauchend-verbrauchenden Verstandes (Heidegger) – das Nutzenkalkül und -system des Marktes steht, die in Kauf genommene Entfremdung der Menschen durch ihre Vermarktung im – als natürlich und unausweichlich behaupteten – Prozeß des Kapitals (Marx). Eine an der Diskursethik orientierte Kritik überschreitet damit die "romantisch-existentialistische Kritik an der Moderne, die das Übel nicht in der gesellschaftlichen Praxis der Menschen, sondern in der szientifischen Technik als solcher bzw. einem in ihrer Heraufkunft sich äußerenden 'Seinsgeschick' erblickt".[24] Denn die Grenze technologischer und wissenschaftlicher Rationalität liegt in der vernünftigen Zielsetzung inter- und intrapersonaler Regelhaftigkeit und normativer Verbindlichkeit, die sich an der möglichen Zustimmung aller bedürftigen und interessengeleiteten Gesprächspartner muß messen können. Die Diskursethik kann aufzeigen, daß die Menschen auf dem Weg zu einer weltweiten humanen Gemeinschaft ihre partikularen und Gruppeninteressen überwinden müssen, in denen die geschichtstragenden und -bildenden Kräfte als Pseudo-Natur verdinglicht werden, die "die Transparenz und die effektive Selbstkontrolle der menschlichen Tätigkeit verhindern und es unmöglich machen, daß die Menschen in solidarischer Aktion die Verantwortung für die Geschichte übernehmen".[25] Um der Gefahr einer sozialtechnokratischen Entdemokratisierung begegnen zu können, müsse das "social engineering" (Popper) kompensiert werden durch eine "komplementäre Ausbildung des Verständigungswissens im Sinne einer Mobilisierung der öffentlichen Meinung auf der Höhe des vorhandenen Verfügungswissens".[26] Dem dient auch die Arbeit an "praktisch engagierter und zugleich erkenntiskritischer Philosophie mit dem Anliegen einer ideologiekritischen Sozialwissenschaft".[27]

Die realgeschichtliche Erfahrung der Dialektik von realer und idealer Kommunikationsgemeinschaft konstituiert für Apel – neben dem Interesse an naturgesetzlichem Verfügungswissen und an intersubjektiver Sinnverständigung – ein drittes vitales Interesse an Emanzipation. Es ist dies das Interesse an dialektischer Selbstvermittlung und -verständigung über die "Quasi-Natur" des Menschen in seiner historischen Wirklichkeit. Sein Sinn liegt in der "Aufhebung aller kausalen Zwänge der inneren Quasi-Natur der Menschen bzw. der Gesellschaft, und er liegt andererseits in der Vertiefung des menschlichen Selbstverständnisses, das immer schon vorausgesetzt ist, um der Entfremdung innewerden zu können".[28] Dieser der Emanzipationsbewegung grundlegende Widerspruch muß ausgehalten werden; eine Auflösung wäre nur in der Geschichte denkbar, und zwar als approximative Annäherung an die ideale Kommunikationsgemeinschaft.

2.4 Reale und ideale Kommunikationsgemeinschaft

Das Postulat der Auflösung des historischen Widerspruches zwischen realer und idealer Kommunikationsgemeinschaft verweist auf zwei regulative Moralkriterien: (1) In allen solidarisch zu verantwortenden Handlungen – des Mikro-, Meso- und Makrobereichs menschlichen Verhaltens – soll das Überleben der bestehenden Gemeinschaft und damit zugleich der menschlichen Gattung gesichert sein. (2) Tendenziell soll und muß angestrebt werden, die ideale in der realen Kommunikationsgemeinschaft zu verwirklichen. – Das Überleben der Menschheit sicherzustellen, erfordert eine gewisse instrumentalisierbare Strategie, die notwendig auf wissenschaftlichem Gesetzeswissen aufbauen muß, da es letztlich um die Korrektur oder Beseitigung der Folgen und Gefahren geht, die menschliches Handeln in Wissenschaft und Technologie, Wirtschaft und Politik herbeigeführt hat. Ihren Sinn aber gewinnt diese Überlebensstrategie in ihren unterschiedlichen wissenschaftlichen Bemühungen aus dem Postulat und moralischen Kriterium der zu verwirklichenden idealen Kommunikationsgemeinschaft, d.h. aus einer langfristigen Emanzipationsstrategie der Verwirklichung des Humanum, der Selbstverwirklichungsmöglichkeit freier und autonomer Menschen in der weltbürgerlichen Gemeinschaft. Hier hat auch ein humanitär-emanzipatorischer, hypothetisch-experimenteller Marxismus – wie Hermann Cohen sagt: die soziale Physik von Marx, die in der sozialen Ethik Kants begründet ist – eine sozialethische Funktion. "Denn es ist klar, daß die Aufgabe der Realisierung der idealen Kommunikationsgemeinschaft auch die Aufhebung der Klassengesellschaft, kommunikationstheoretisch formuliert: die Beseitigung aller sozial bedingten Asymmetrien des interpersonalen Dialogs, impliziert."[29]

"Wir können uns als Menschen nicht in der gleichen Weise jenseits (oder neben) der Moral aufstellen, wie wir uns der Akzeptierung bestimmter 'Theorien' enthalten können ...."[30] Trotz oder gerade wegen dieser "Parteilichkeit der Vernunft", der der Philosoph in besonderem Maße verpflichtet sein sollte, darf Philosophie nicht in Engagement (sozialer und politischer Art) aufgehen, darf Geltungsrechtfertigung von Behauptungen dessen, was wahr und richtig ist, nicht zugunsten fester Standpunkte geschenkt werden, sondern muß als theoretischer Diskurs "ohnmächtig"[31] bleiben. Philosophisch-ethische Einsichten und Gründe können sich nur im distanzierten Begreifen der realen Verhältnisse verwirklichen und auf diese Weise in das soziale Handeln der weltpolitischen Gemeinschaft eingehen; sie dürfen nicht in politischem Selbstverständnis aufgehen. Das Vernunftengagement darf das "Interesse an Entdogmatisierung und Kritik jeder Überzeugung, am virtuell universalen Zweifel, an der Möglichkeit der Revision jedes Engagements als eines Experiments unter Anleitung einer Hypothese nicht verhindern".[32] Der theoretische Diskurs "stellt, seinem kritischen Anspruch nach, den permanenten Versuch dar, den Standpunkt der idealen unbegrenzten Kommunikationsgemeinschaft in der

Gemeinschaft der Argumentierenden vorwegzunehmen und gegen die Idiosynkrasien der Gegenwart zu (sic!) Geltung zu bringen".[33] Aufbauend auf dem "Willen zur Vernunft" (Fichte) bleibt es dennoch das Ziel der Philosophie, die Welt auf menschenwürdige Verhältnisse hin zu verändern, die "Emanzipation zur Mündigkeit" (Habermas) zu befördern und das Selbstverständnis und Selbstverhältnis der Menschen zu radikalisieren.

Die kritischen Sozialwissenschaften können einer Verantwortungsethik in der Weise zuarbeiten, daß sie die Gattungsgeschichte des Menschen als Teilrealisierung universaler Regeln und Normen wie Gesetzmäßigkeiten naturgeschichtlicher Art rekonstruieren. Dazu müssen sie den Menschen als Ko-Subjekt der Forschungsgemeinschaft prinzipiell anerkennen und zugleich vorläufig und partiell selbst zum Forschungsgegenstand für eine quasi-funktionalistische, quasi-naturalistische Erklärungsmöglichkeit objektivieren. Diese Erklärungen der "natürlichen geschichtlichen" Entwicklung des Menschen kann die normative Regelhaftigkeit der Menschen-Welt-Geschichte ebenso aufdecken wie deren quasi-pathologische selbstgemachte Hinderungsgründe, um so mittelbar die Gründe der Vergesellschaftung, Zwänge und Verzerrungen kommunikativer Verständigung so transparent zu machen, daß die betroffenen Ko-Subjekte der Wissenschaften an deren "Beratungs-Resultaten" im Sinn weiterer politischer und sozialer Planung teilhaben können. Denn die Gesellschaft ist aufgrund des ethischen Aprioris der Kommunikationsgemeinschaft "normativ ideales Subjekt" der Wissenschaft, dessen sozialwissenschaftliche Objektivation der reflexiven Vertiefung seines eigenen Selbstverständnisses und damit seiner Selbstbefreiung dient. Die dazu einzubindende Ideologiekritik soll interne Erkenntnisinteressen aufdecken, die in der lebenspraktischen Form des Verstehens der Menschen immer schon anerkannt sind. Kritische Sozialwissenschaft leistet damit die Rekognition der Individual- und Sozialgeschichte, deckt die Hindernisse intra- und interpersonaler Verständigung auf und kann zu einer erstrebenswerten "Niveauanhebung" im Sinne des gesellschaftlichen "Fortschritts im Bewußtsein der Freiheit" (Hegel) führen.

2.5 Ethik und Sozialtherapie

Zum tieferen Selbstverständnis muß mittelfristig das ethische Symmetrieverhältnis zwischen dem therapeutischen Teil der Gesellschaft und dem aufzuklärenden Teil aufgehoben werden, um zu vermeiden, daß die sozialwissenschaftlichen Erkenntnisse entweder gewaltsam oder durch stillschweigende Manipulation der Öffentlichkeit durchgesetzt werden. Die Sozialtherapie ist ein "Reflexionsanstoß"[34] – im Sinne des Lehrer-Zöglings- oder Arzt-Patient-Verhältnisses –, erkauft über eine vorübergehende "Kommunikationsverweigerung",[35] und unterliegt wie alle normativ-relevante Entscheidung dem Kriterium moralischer Selbsttransparenz und -kontrolle, "im eigenen reflexiven Selbstverständnis die mögliche Kritik der idealen Kommunikationsgemeinschaft zur Geltung zu bringen".[36]

Philosophisch-ethische Letztbegründung wie quasi-erklärende therapeutische Sozialwissenschaft sollen die Geschichte der Menschheit als Geschichte der Befreiung zu inter- und intrapersonaler Verständigung begründen und rekonstruieren. Ihr Ziel ist gewaltfreie zwanglose Kommunikation. Um nun die transzendentalen Einsichten in die diskursiven Bedingungen ethischer Normen mit einer Theorie des sozialen Handelns verbinden zu können, bedarf es nach Apel emanzipatorischer Zielstrategien ("Teil B" der Diskursethik). Die Regeln des Diskurses gelten für "alles Handeln, das sich überhaupt durch ethische Normen regeln und diskursiv rechtfertigen läßt";[37] sie sind Kriterien des Guten. Eine Maxime des Handelns muß sich am letztbegründenden Kriterium der Tauglichkeit zu einer konstitutiven Grundnorm "im praktischen Diskurs aller Betroffenen"[38] bewähren. Das Gute ist als kommunikative Grundnorm immer schon anerkannt, muß aber immer neu aktualisiert und willentlich bekräftigt, seine Geltung bestätigt werden. Die Emanzipationsstrategie ist für die Verwirklichung der sozial-politischen Bedingungen der Möglichkeit des universalen praktischen Diskurses das regulative ethische Prinzip, an dem sich das geschichtlich notwendige und endlich existentielle "strategische Handeln" zur Beförderung des moralische Guten muß messen können. Wäre das "Reich der Freiheit" (Marx) bereits Wirklichkeit, so bräuchte es keine Ethik. Solange aber dieses Ziel noch nicht erreicht ist, muß die Ethik Regeln zur Orientierung des Wollens und Handelns, flankiert von strategischen – ideologiekritischen und sozialtherapeutischen – Maßnahmen zu deren Durchsetzung, vorstellen. Wobei die in diesen Regeln antizipierte ideale Kommunikationsgemeinschaft nicht bedeuten kann, über das "Vorhandensein der realen Kommunikationsgemeinschft, in die man durch Sozialisation hineingekommen ist",[39] hinwegzusehen. Wird diese Dialektik zwischen realer und idealer

Kommunikationsgemeinschaft als substanziell anerkannt in allem verantwortlichen Handeln auf eine repressionsfreie Gesellschaft hin, so gewinnt Demokratie ihren ethisch legitimen Sinn als "approximative Realisierung einer Idee".[40]

Eine "zeitgemäße", und das heißt für Apel, eine dem Paradigmawechsel von Bewußtseinsphilosophie zur Sprachphilosophie nachgehende, Transzendentalphilosophie versucht, dem Anspruch gerecht zu werden, über eine Urteilslehre Kants hinaus eine an Sinnverständigung orientierte Handlungstheorie, Wissenschaftstheorie und soziale Anthropologie zu begründen. In ihrer transzendentalen und pragmatischen Methodik soll sie Erkenntnistheorie und empirische Wissenschaften gleichermaßen dazu führen, sich ihrer Verantwortung als Institutionen zur Verwirklichung praktischer Vernunft in der Welt – in dem "Gespräche, das wir Menschen sind" (Hölderlin) – bewußt zu werden. Die kommunikative ethische Grundnorm ist Regel und Maßstab wissenschaftlichen wie sozialen Handelns. Die reale Kommunikationsgemeinschaft repräsentiert in ihrem dialektischen Spannungsverhältnis zur idealen deren faktische Möglichkeit und Gewißheit für die ganze Menschheit. Diese Dialektik der immer schon zugrundeliegenden und immer noch zu verwirklichenden Übereinstimmungsmöglichkeit aller Vernunftwesen macht das Postulat eines unendlichen Fortschreitens menschlicher Verständigung einsichtig. Diese transzendentale Einsicht in die ethische Grundnorm der Menschen bleibt infolge der notwendig damit verbundenen Antizipation einer idealen Sprachgemeinschaft im Selbstand solidarischer Verantwortung nicht allein zu denkender philosophischer Grund, sondern wird zum moralischen und politisch-praktischen Gebot der realen Solidargemeinschaft. Geboten ist die gemeinsame Anstrengung zur Befreiung des Menschen aus der "selbstverschuldeten Unmündigkeit" (Kant), die ewige Aufgabe praktischer Freiheit. Die Diskursidee ist das Kriterium dafür, Strategien der Emanzipation und des gesellschaftlichen Handelns zu entwerfen und die Wirklichkeit auf die faktischen Zwänge und Behinderungen der Möglichkeit der sittlichen Vernunftwirklichkeit und Freiheit hin zu kritisieren, um eine menschenwürdige Lebensform als erreichbares Ziel vor Augen zu führen.

3. Jürgen Habermas: Ethik des praktischen Diskurses

Parallel zu Apels Transzendentalpragmatik entwickelt Habermas seine universalpragmatische Theorie des kommunikativen Handelns und umfassende Sozialphilosophie. Indem er auf eine transzendentale Letztbegründung im Kant/Apelschen Sinn verzichtet und sich mit der sprachphilosophischen Aufklärung der pragmatischen Bedingungen der Sprachäußerungen bescheidet, wehrt er nicht die Bedeutung der Reflexion und Geltungsbegründung für Philosophie und Ethik ab, sondern bindet die wahrheitstheoretischen Bedingungen strategischen wie verständigungsorientierten Handelns zurück an die wirklichen Handlungssubjekte.

3.1 Strategisches und kommunikatives Handeln

Eine Theorie des kommunikativen Handelns ist als radikale Erkenntniskritik notwendig Gesellschaftstheorie, in der die Abhängigkeit der Erkenntnisleistungen von den sie leitenden normativen Interessen aufgedeckt werden kann. Dazu ist es nötig, die Aprioris des Erkennens und des Handelns auf das Faktum des empirischen Bewußtseins, das Sprachbewußtsein, zurückzuführen, das Subjekt nicht als bloß gegeben, sondern als generiert anzuerkennen – sowohl als Sichwissen des Wissens (Hegel) wie als Produkt der gesellschaftlichen Reproduktion der menschlichen Gattung (Marx). Zur Aufklärung dieser Diskurswirklichkeit ist ein therapeutischer Diskurs der Radikalisierung des Selbst- und Fremdverstehens und die Destruktion von externen und internen Zwängen im universalen Verständigungsprozeß notwendig; und zwar in der Weise, daß strategisches (instrumentalisierbares erfolgsorientiertes) Handeln von kommunikativem (verständigungsorientiertem) Handeln aufgrund der Geltungsbasis sinnvoller Rede unterschieden wird. Die Geltungsbasis der Rede besteht darin, “daß jeder kommunikativ Handelnde im Vollzug einer beliebigen Sprechhandlung universale Geltungsansprüche erheben und ihre Einlösbarkeit unterstellen muß”.[41] Diese Geltungsansprüche werden in jedem Gespräch wechselseitig erhoben und dem Gesprächspartner angesonnen. Sie stecken den Rahmen ab für das Ideal einer ausgezeichneten Sprechsituation, der als reziprok erhobener gemeinsamer Hintergrundkonsens kommunikatives Handeln so offen hält, daß nicht zu strategischem (repressivem) Handeln übergegangen, oder das Gespräch abgebrochen werden muß. Ziel des Gesprächs ist es, ein Einverständnis herbeizuführen, einen Konsens, der einseitige Verzerrungen, Verletzungen normativ festgeschriebener sozialer Erwartungen oder Konventionen (Dissens) überwindet. Auf dem Boden dieses – nicht transzendentalen, sondern universalen "quasi-empirischen" – Hintergrundkonsenses jedes Sprechaktes kann die intersubjektive Gemeinsamkeit wechselseitigen Verstehens, geteilten Wissens, gegenseitigen Vertrauens und Übereinstimmung miteinander herbeigeführt werden, die zusammen eine gewaltfreie, auf Freiheit, Gleichheit und Solidarität bauende Lebenspraxis wirklich möglich machen. Da Sprache auch das Medium der Abgrenzung ist, der Abgrenzung gegen die äußere Natur, die Gesellschaft, die innere Natur und gegen die Sprache selbst, können Sprecher auch nur über ein eminentes Engagement diese Grenzen überwinden. Sie sind angehalten, den spezifischen Sinn der interpersonalen Beziehung herzustellen und einen thematisch hervorgehobenen universalen Geltungsanspruch einzulösen. Dieses sprachpragmatische Engagement schließt also ein, sich im kognitiven Sprachgebrauch auf Begründung der Gewißheit, im interaktiven Sprachgebrauch auf Rechtfertigung der normativen Überzeugung und im expressiven Sprachgebrauch auf die Bewährung der eigenen Wahrhaftigkeit zu verpflichten. "Ein Kommunikationsteilnehmer handelt nur unter der Bedingung verständigungsorientiert, daß er unter Verwendung verständlicher Sätze mit seinen Sprechakten drei Geltungsansprüche auf eine akzeptable Weise erhebt: er beansprucht Wahrheit für einen ausgesagten bzw. für die Existenzsupposition eines erwähnten propositionalen Gehalts; sodann Richtigkeit (bzw. Angemessenheit) für Normen (bzw. Werte), die eine performativ herzustellende interpersonale Beziehung im gegebenen Kontext rechtfertigen; schließlich Wahrhaftigkeit für die geäußerten Intentionen. (...) In jeder Äußerung kommt aber das System aller vier Geltungsansprüche ins Spiel – diese sind universal, d.h. sie müssen gleichzeitig erhoben und als berechtigt anerkannt werden, obwohl sie nicht alle zugleich thematisch sein können."[42]

3.2 Herrschaftsfreier Diskurs

Die sozialphilosophischen Konsequenzen kommunikationstheoretischer Einsicht liegen darin, zu begreifen, daß im Medium der Sprache unterstellte Sachverhalte als wahre Tatsachen, normative Gewohnheiten als richtige Überzeugungen behauptet werden, bis ihr Geltungsanspruch problematisch wird: in der Spannung zwischen Diskurswirklichkeit (z.B. der Wissenschaftler) und Lebenspraxis, die auf der Umgangssprache als letzter Metasprache basiert. Dann steht erfolgskontrolliertes Handeln erfolgreicher Argumentation gegenüber und erfordert einen handlungsentlasteten und erfahrungsfreien, unter Existenzvorbehalt seiner Behauptungen stehenden Diskurs. Solche theoretischen Diskurse sind auf vorwissenschaftliche Lebenspraxis bezogen und müssen virtuell in diese eingehen, aus der sie interessegeleitet gekommen sind. Zweckrationales und praktisches Handeln kann so begründet verändert werden. Im herrschaftsfreien Diskurs wird die Einheit von Theorie und Praxis gewahrt und wiederhergestellt. Alle Interessen resultieren aus der gesellschaftlichen Praxis, das emanzipatorische Interesse aus der selbstreflexiven diskursiven Einsicht – nachdem in Diskursen theoretische Behauptungen und praktische Deutungen problematisiert und zwangfrei auf ihre Gründe befragt worden sind – in die systematisch verzerrte Gesprächssituation, wie sie durch unangemessene Verdinglichung oder soziale Repression, d.h. durch die Abhängigkeit der Gesprächspartner von Zwängen einer institutionalisierten Quasi-Natur gesellschaftlicher Verhältnisse oder die Nötigung durch eine undurchschaute Unmündigkeit – unbewußter Motivation, unterdrückter Interessen und Bedürfnisse –, erzeugt worden ist. Der emanzipatorische Selbsterzeugungsprozeß der Menschengattung verläuft aus diesem Grund über den Bildungsprozeß sozialer Klassen und stellt sich als Dialektik zwischen Unterdrückung und Selbstbefreiung dar. Die strafende Kausalität des Schicksals kann in der Dialektik der Sittlichkeit, in der Selbsterzeugung in produktiver Tätigkeit und kritisch-revolutionärer Selbstreflexion auf ideologische und abstrakte Lebensformen, überwunden werden. Mit zunehmender technischer Verfügungsgewalt über den Menschen wird der Realitätsdruck größer, der den einzelnen in die Neurose, die Gesellschaft in die Abhängigkeit von Institutionen treibt. Das Mehr an Entsagung und Ohnmacht, das beide mit sich führen, treibt letztlich lebenspraktisch zur Rückbesinnung auf die wechselseitigen gleichen Strukturen sprachlichen Handelns und zur engagierten Aufhebung struktureller Ungleichheit. Die kontrafaktische Antizipation der idealen Sprechsituation ist als Handlungsnorm und -kriterium die Gewähr für die mögliche Vernünftigkeit des faktischen (gesellschaftlichen) Konsenses, Maßstab für dessen jeweiliges Ergebnis. Als Grundstruktur der Rede ist sie regulatives Prinzip, Vorgriff auf eine Gesellschaft mündiger Bürger in einem guten Staat, “konstruktiver Schein", der zugleich "Vorschein einer Lebensform" sozialer Symmetrie ist.

Anmerkungen

1 O. Schwemmer: Theorie der rationalen Erklärung. München 1976, S. 35.
2 A.a.O., S. 12.
3 A.a.O., S. 68.
4 A.a.O., S. 148.
5 A.a.O., S. 153.
6 A.a.O., S. 29.
7 A.a.O., S. 198f., 33.
8 A.a.O., S. 28.
9 A.a.O., S. 25.
10 A.a.O., S. 144.
11 O. Schwemmer: Praktische Begründung, rationale Rekonstruktion und methodische Überprüfung. Über die handlungstheoretischen Grundlagen der Sozialwissenschaften. In: H. Lenk (Hrsg.): Handlungstheorien – interdisziplinär. Bd. 2/II. München 1978f., S. 558.
12 K.-O. Apel: Wissenschaft als Emanzipation? Eine kritische Würdigung der Wissenschaftskonzeption der 'Kritischen Theorie'. In: W. Dallmayr (Hrsg.): Materialien zu Habermas 'Erkenntnis und Interesse'. Frankfurt a.M. 1974, S. 325.
13 Ders.: Sprache. In: Handbuch philosophischer Grundbegriffe. Hrsg. von H. Krings u.a. München 1973ff., S. 1368.
14 A.a.O., S. 1402.
15 Peirce nach Apel. In: W. Oelmüller (Hrsg.): Transzendentalphilosophische Normenbegründung. Materialien zur Normendiskussion Bd. 1. Paderborn 1978, S. 167.
16 K.-O. Apel: Sprechakttheorie und transzendentale Sprachpragmatik zur Frage ethischer Normen. In: Ders. (Hrsg.): Sprachpragmatik und Philosophie. Frankfurt a.M. 1976, S. 127.
17 Ders.: Transformation der Philosophie Bd. 2. Frankfurt a.M. 1973, S. 32f. und 35f.
18 Ders.: Transformation der Philosophie Bd. 1. Frankfurt a.M. 1973, S. 60.
19 Ders.: Transformation der Philosophie Bd. 2. Frankfurt a.M. 1973, S. 24.
20 A.a.O., S. 224.
21 A.a.O., S. 22ff.
22 Ders.: Sprechakttheorie und transzendentale Sprachpragmatik. A.a.O., S. 126.
23 Ders.: Transformation der Philosophie Bd. 2. Frankfurt a.M. 1973, S. 371.
24 Ders.: Wissenschaft als Emanzipation? A.a.O., S. 323.
25 Ders.: Transformation der Philosophie Bd. 2. Frankfurt a.M. 1973, S. 364.
26 Ders.: Sprechakttheorie und transzendentale Sprachpragmatik. Frankfurt a.M. 1976, S. 142.

27 Ders.: Wissenschaft als Emanzipation? A.a.O., S. 326.
28 Ders.: Transformation der Philosophie Bd. 1. A.a.O., S. 70.
29 Ders.: Transformation der Philosophie Bd. 2. A.a.O., S. 432.
30 Ebd.: S. 389 Anm. 53.
31 Ders.: Transformation der Philosophie Bd. 1. A.a.O., S. 11.
32 Ders.: Wissenschaft als Emanzipation? A.a.O., S. 342.
33 Ders.: Transformation der Philosophie Bd. 2. A.a.O., S. 233.
34 Ders.: Wissenschaft als Emanzipation? A.a.O., S. 330.
35 Ders. in: W. Oelmüller. A.a.O., S. 185.
36 Ders.: Transformation der Philosophie Bd. 2. A.a.O., S. 435.
37 Ders.: Warum transzendentale Sprachpragmatik? In: H.M. Baumgartner (Hrsg.): Prinzip Freiheit. Freiburg/München 1979, S. 35.
38 Ebd., S. 39.
39 Ders. in: W. Oelmüller. A.a.O., S. 172.
40 Ebd., S. 187.
41 J. Habermas: Was heißt Universalpragmatik? In: K.-O. Apel (Hrsg.): Sprachpragmatik und Philosophie. Frankfurt a.M. 1976, S. 176.
42 Ebd., S. 255.

Bibliographie

a) Primärliteratur

Schwemmer, O.: Philosophie der Praxis. Frankfurt a.M. [2]1980.
– Theorie der rationalen Erklärung. München 1976.
– Handlung und Struktur. Zur Wissenschaftstheorie der Kulturwissenschaften. Frankfurt a.M. 1987.
Apel, K.-O.: Transformation der Philosophie 2 Bde. Frankfurt a.M. 1973.
– Sprachpragmatik und Philosophie. Frankfurt a.M. 1976.
– Die Erklären: Verstehen-Kontroverse in transzendentalpragmatischer Sicht. Frankfurt a.M. 1979.
– Diskurs und Verantwortung. Das Problem des Übergangs zur postkonventionellen Moral. Frankfurt a.M. 1988.
Habermas, J.: Strukturwandel der Öffentlichkeit. Untersuchungen zu einer Kategorie der bürgerlichen Gesellschaft. Neuwied und Berlin [6]1974.
– Erkenntnis und Interesse. Frankfurt a.M. [2]1973.
– Legitimationsprobleme im Spätkapitalismus. Frankfurt a.M. [2]1973.
– Theorie des kommunikativen Handelns 2 Bde. Frankfurt a.m. 1981.
– Moralbewußtsein und kommunikatives Handeln. Frankfurt a.M. 1983.
– Der philosophische Diskurs der Moderne. Zwölf Vorlesungen. Frankfurt a.M. 1985.
vgl. dazu ausführlich:
Müller, P.: Transzendentale Kritik und moralische Teleologie. Eine Auseinandersetzung mit den zeitgenössischen Transformationen der Transzendentalphilosophie im Hinblick auf Kant. Würzburg 1983.

b) Sekundärliteratur

Albert, H.: Transzendentale Träumereien. K.-O. Apels Sprachspiele und sein hermeneutischer Gott. Hamburg 1975.

Kuhlmann, W. / Böhler, D. (Hrsg.): Kommunikation und Reflexion. Zur Diskussion der Transzendentalpragmatik. Antworten auf K.-O. Apel. Frankfurt a.M. 1982.

Frank, M.: Die Grenzen der Verständigung. Ein Geistergespräch zwischen Lyotard und Habermas. Frankfurt a.M. 1988.

Honneth, A. / McCarthy, T. / Offe, C. / Wellmer, A. (Hrsg.): Zwischenbetrachtungen. Im Prozeß der Aufklärung. J. Habermas zum 60. Geburtstag. Frankfurt a.M. 1989.

Evolutionäre Ethik

Werner Loh

1. Leitende Frage

Mit seinem 1859 veröffentlichten Werk "On the Origin of Species" förderte Charles Darwin im Bereich der »Wissenschaften« auch die Diskussion über den natürlichen Ursprung der Menschen. Er selbst nahm 1871 in seinem Buch "The Descent of Man" zu dieser Problemlage Stellung. Die Auffassung über den tierischen Ursprung des Menschen warf besonders seit dieser Zeit immer wieder die Frage auf, wie menschliche Moral von diesem Entwicklungsprozeß her zu beurteilen sei. In der zweiten Hälfte des 19. Jahrhunderts bis in den Anfang des 20. Jahrhunderts sind zahlreiche Entwürfe für eine Evolutionäre Ethik vorgelegt worden (vgl. Robert J. Richards 1987). Neuere Diskussionen der Evolutionären Ethik weisen auch angesichts der Erfahrungen mit dem Nationalsozialismus im 20. Jahrhundert mahnend auf solche Varianten wie Sozialdarwinismus und Eugenik hin (vgl. Franz M. Wuketits 1990a, S. 109ff.). Im Verlauf des 20. Jahrhunderts trat bis in die 70er Jahre die Evolutionäre Ethik in den Hintergrund ethischer Diskussionen. Doch in den 70er Jahren des 20. Jahrhunderts erwuchsen einerseits aus der Ethologie und anderseits aus der Soziobiologie neue Voraussetzungen für die Entwicklung von evolutionär orientierten Ethikkonzepten. Besonders den Arbeiten von Konrad Lorenz und Edward O. Wilson verdanken diese neueren Diskussionen wesentliche Anregungen. In diesen Diskussionen spielt der sogenannte *naturalistische Fehlschluß* in dem Sinne eine wesentliche Rolle, als viele Vertreter der Evolutionären Ethik meinen, daß man nicht aus Aussagen, die feststellen, was ist, Äußerungen logisch korrekt deduzieren könne, die angeben, was sein soll. Autoren wie Gerhard Vollmer (o.J., Abschn. 7) und Wuketits (1990a, S. 89) haben sich ähnlich geäußert wie Hans Mohr:[1]

> Wie jede wissenschaftliche Theorie, versteht sich die Evolutionäre Ethik als eine erklärende (explanatorische) Theorie, die keine imperativen oder normativen Absichten verfolgt. Es handelt sich vielmehr darum, die historische Genese des tatsächlichen sittlichen Verhaltens wissenschaftlich zu *erklären*. (Hans Mohr 1987, S. 76/77)

Nun werden traditionell unter "Ethik" weitgehend Unternehmungen verstanden, die imperative oder normative Absichten verfolgen. Reinhard Löw (1991) fragte: "Warum verwendet Mohr aber [...] den Begriff Ethik" für die Evolutionäre Ethik, "wenn sie doch genau das nicht leisten soll (oder kann), was Ethik leisten soll?" (S. 256). Demnach wäre der Terminus "Evolutionäre Ethik" – pointiert formuliert – mit dem Ausdruck "Etikettenschwindel" zu belegen (Edgar Morscher 1986, S. 75; vgl. auch Wilhelm Lütterfelds 1991). Dann aber würde es keine präskriptive Evolutionäre Ethik geben, sondern nur eine Disziplin, die die möglichen evolutionären Wurzeln von Moral deskriptiv erfaßte. Sie wäre eine deskriptiv-empirische Hilfsdisziplin wie andere Disziplinen, die von der Ethik genutzt werden, ohne daß diese hierdurch zu ethischen werden. Kurt Bayertz schrieb:

> Niemand würde ja auch bestreiten wollen, daß der Mensch – als ein physikalischer Gegenstand – den Gesetzen der Physik unterliegt, und daß er sich auch bei der Formierung seiner Moral nicht von der Gravitation befreien kann. Die Bedeutung der Biologie für die Philosophie der Moral wird daher ähnlich groß sein wie die der Gravitationstheorie. (Kurt Bayertz 1988, S. 296)

Mit einer solchen Einschätzung der Evolutionären Ethik würde die Darlegung dieser geistigen Strömung unter dem Titel "Ethik" eine Themenverfehlung sein und man könnte sich mit dieser Feststellung begnügen, insbesondere auch deswegen, weil Autoren wie Mohr (1987) von einer solchen Einschätzung nicht weit entfernt sind, denn die "Evolutionäre Ethik" sei "eine Satellitentheorie der allgemeinen Evolutionstheorie" (S. 76).

Allerdings gibt es nicht »die« Ethik. Mohr (1988) konstatierte, daß hinsichtlich der "Mannigfaltigkeit moralischen Verhaltens" entsprechend "vielfältig (beliebig?) [...] die ethischen Entwürfe unserer philosophischen Tradition" (S. 107) seien:

> von Relativismus, Hedonismus und Utilitarismus bis hin zur theologischen Ethik, die sich auf göttliche Offenbarung beruft; von der idealistischen Ethik, die Platon begründete, bis hin zur politischen Ethik, die ihre Tradition auf Aristoteles zurückführt. (Hans Mohr 1988, S. 107)

Nun wurde von Evolutionstheoretikern behauptet, daß mit Darwins Evolutionskonzept ein neues Menschenbild verbunden sei (vgl. auch Julian Huxley 1964, S. 19):

> »Was ist der Mensch?« ist wohl die inhaltsschwerste Frage, die vom Menschen überhaupt gestellt werden kann. Sie war für jedes philoso-

> phische oder theologische System schon immer das zentrale Problem. Wir wissen, daß die gelehrtesten Menschen sich diese Frage schon vor zweitausend Jahren ständig vorlegten, und es ist durchaus möglich, daß auch die klügsten Australopithecinen sie sich vor 2 Millionen Jahren bereits stellten. Ich möchte hier ausdrücklich bemerken, daß alle vor 1859 unternommenen Versuche, die Frage zu beantworten, ohne jeglichen Wert sind und daß wir besser daran tun, sie vollkommen zu ignorieren, weil keine dieser Antworten sich auf eine solide, objektive Grundlage stützen konnte, solange man nicht erkannt hatte, daß der Mensch das Produkt der Evolution aus den frühesten Menschenaffen und davor, über Milliarden von Jahren hinweg, das Produkt eines stufenweisen, aber proteischen Wandels aus einer sich selbst heraus, d.h. natürlich, entstandenen Urmonade ist. (Georg G. Simpson 1972, S. 103)[2]

Wenn es aber zutreffen sollte, daß mit der neueren Evolutionsauffassung bisherige Menschenbilder hinfällig werden, dann ist zu fragen, inwiefern man an bisherige Ethikkonzepte anknüpfen und von ihnen her die Ansätze zu einer Evolutionären Ethik einschätzen darf. Könnte es z.B. nicht sein, daß die neuere Evolutionsauffassung auch zur Konsequenz hat, daß eine Sollensethik in imperativer oder normativer Absicht hinfällig wird? Aus solchen Erwägungen heraus werden die folgenden Darlegungen unter der leitenden Frage stehen, *welche Relevanz die Evolutionäre Ethik für eine allgemeine Ethikdiskussion haben und welche Herausforderung sie für dominierende traditionelle Ethikkonzepte bedeuten könnte*. Die Frage ist im Rahmen dieser Arbeit über bloße Andeutungen hinaus nicht zu beantworten. Sie soll aber helfen, aus der Fülle des Materials auswählen zu können.

2. Evolution

Der Ausdruck "Evolution" wird in der Literatur sehr umfassend gebraucht. Vollmer (1990a, S. 221) hat folgende acht Stufen hervorgehoben: Kosmische, galaktische und stellare, chemische, molekulare, biologische, psycho-soziale, kulturelle sowie wissenschaftliche Evolution.[3] Wenn diese Bereiche empirisch erfaßt und für sie keine transzendenten oder auch göttlichen Einflüsse angenommen werden, dann kann man von einem "*naturalistischen Ansatz*" sprechen. In diesem Sinne sind die hier zu erörternden Auffassungen der Evolutionären Ethik naturalistisch.[4] Auf dieser abstrakten Ebene der Überlegungen fallen also Entscheidungen, die andere Ethikkonzepte ausschließen, z.B. Immanuel Kants (VII, S. 11ff.) Ethik, die eine nicht-empirisch-apriorische Quelle der Moral annimmt, oder Nicolai Hartmanns (1964, 15. u. 16. Kap.) Ethik, nach der es eine absolute, ideale Sphäre der Werte gibt, die vom Menschen unabhängig sei. Wuketits formulierte hinsichtlich der Ethik Kants:

> Nimmt man indes Darwin ernst, nimmt man die Evolution ernst und akzeptiert man, daß auch der Mensch bloß ein Glied in der langen Kette des organischen Werdens darstellt, dann erscheinen alle 'sittlichen Begriffe' eben als Resultate der Evolution und nicht als 'völlig a priori in der Vernunft' gegebene Kategorien. (Franz M. Wuketits 1990b, S. 161)

Zwar werden durch den naturalistischen Ansatz schon zahlreiche traditionelle Ethikkonzepte ausgeschlossen, doch dieser charakterisiert wegen seiner Allgemeinheit noch nicht die Evolutionäre Ethik, wie sie seit den 70er Jahren des 20. Jahrhunderts diskutiert wird.[5] Denn hier werden explizit Ergebnisse der modernen Biologie verwendet. *Die organische Evolution ist wesentlicher Diskussionsbezug*. Will man den möglichen Herausforderungen nachspüren, die eine Evolutionäre Ethik für dominierende traditionelle Ethikkonzepte haben könnte, dann ist dieser Diskussionsbezug näher zu bedenken.

"Evolution" bedeutet äußerst abstrakt gedacht zunächst einen Prozeß, in dem Konstellationen in andere übergehen. Kommt hierbei Neues hinzu, dann ergibt sich die Frage, ob dieses Neue schon im Ausgang so angelegt war, daß der Prozeß direkt auf dieses Neue hin sich entwickelt hat. Eine solche Entwicklungsauffassung wird auch "*Orthogenese*" genannt. Sie läßt sich gut mit teleologischen Evolutionsvorstellungen vereinbaren (vgl. Ernst Mayr 1984, S. 425f.). Darwin hat eine andere Konzeption vertreten: Die Entwicklung des Organischen variiert ungerichtet. Unter den Varianten kommt aber nur ein Teil zur Fortpflanzung. Die Bedingungen, die diesen Trennungsvorgang unter den Varianten hervorrufen, werden unter dem Titel "*(natürliche) Selektion*" gefaßt, wobei für die folgenden Erörterungen der Streit keine Rolle spielt, inwiefern und in welchem Ausmaß über die externe Selektion hinaus auch eine interne angenommen werden sollte und ob es auch gegenüber Selektionen neutrale Mutationen gibt. Seitdem man nun den Vererbungsvorgang als genetische Reproduktion begreift, wird in dieser Hinsicht die Variation als "*Mutation*" bestimmt. Auf welche Weise die an Darwin anknüpfenden Evolutionstheorien auch immer weiter differenziert und ausgebaut werden mögen, gegenständlicher Kern solcher Theorien ist der Zusammenhang aus Mutation und Selektion im Fortpflanzungsprozeß. Wie aber ist dieser Kern mit der Evolutionären Ethik zu vermitteln?

So vielfältig "Moral" und "Ethik" bestimmt werden können, auch in der Evolutionären Ethik wird der Zusammenhang aus Mutation und Selektion nicht als »moralisch« oder »ethisch« verstanden. Vielmehr mag folgende Umschreibung von Mohr als eine vorläufige Orientierung dienen:

> Unter Ethos oder Moral versteht man das tatsächlich praktizierte Wertsystem des einzelnen oder einer Gruppe, den konkreten Kodex sittlichen Verhaltens: Sitten, Normen, Gesetze, Handlungsmaßstäbe. Ethik fragt nach der Begründung von Moral. Ethik ist die Theorie des guten Lebens, aber ganz offensichtlich keine Voraussetzung dafür. Es gibt viele wunderbare Menschen, die von Ethik nichts wissen oder wenig davon halten. (Hans Mohr 1989, S. 127)

Nun könnte man den Bereich aus Mutation und Selektion selbst zum Gegenstand moralischer Orientierungen und ethischer Reflexionen nehmen, etwa hinsichtlich der Gentechnologie. Solche Bereiche sind Gegenstände auch anderer Ethiken, z.B. theologischer. *Evolutionäre Ethik wird nicht als Bereichsethik konzipiert*. Wenn aber hinsichtlich der organischen Evolution weder die Begründung, noch die moralische Orientierung und noch ihr Gegenstandsbereich eine "Evolutionäre Ethik" bestimmen läßt, dann wird es in der Tat fraglich, wie oben schon problematisiert worden ist, *ob es eine originäre »Evolutionäre Ethik« geben kann*.

3. Entscheidung als sich selbst bewußt gewordener Evolutionsprozeß?

Sucht man nun in der einschlägigen Literatur nach Möglichkeiten, wie der Sackgasse, keine *originäre* Evolutionäre Ethik entwickeln zu können, zu entkommen ist, dann fällt auf, wenn man den Zusammenhang von Mutation und Selektion als Orientierung nutzt, daß immer wieder die Fähigkeit zum Entscheiden thematisiert wird. Z.B. schrieben Uta Seibt und Wolfgang Wickler:

> Wir wissen außerdem, daß der Mensch zu Entscheidungen sowohl zwischen verschiedenen Handlungszielen als auch zwischen verschiedenen Wegen zum gleichen Ziel genötigt ist, und zwar durch Güter-

> abwägungen und Prioritätssetzungen. [...] Für Biologen ist es verlokkend, die Evolution der Ideen, Sprachen und Kulturformen in Parallele zu setzen zur Evolution der Lebewesen und ihrer Organe, sowie nach Selektionsgesetzen zu suchen, die für beides gelten. Hier stehen vor allem die Verhaltensforscher vor einem hochinteressanten und noch kaum berührten Arbeitsgebiet. Wir wagen vorauszusagen, daß die vom Menschen bewußt gesetzten Normen und Weisungen denselben in der Evolution bewährten Gesetzmäßigkeiten unterliegen (Wolfgang Wickler / Uta Seibt 1981, S. 354)

Simpson, nachdem er die Ansätze von Julian Huxley und C.H. Waddington zu einer Evolutionären Ethik zurückgewiesen hat, weil sie dem naturalistischen Fehlschluß unterlägen, kam zu dem Ergebnis:

> daß der Begriff Ethik jegliche Bedeutung verlöre, wenn nicht die folgenden Voraussetzungen gegeben sind: a) Es bestehen alternative Handlungsweisen; b) der Mensch ist in der Lage, die Alternativen in ethischen Kategorien zu beurteilen; c) es steht ihm frei zu wählen, was er für ethisch gut hält. Darüber hinaus muß wiederholt werden, daß das evolutionäre Funktionieren von Ethiken auf der zumindest im Ausmaß einzigartigen Fähigkeit des Menschen beruht, die Folgen seiner Handlungen vorauszusehen. Ein System naturalistischer Ethiken macht es daher erforderlich, daß die Verantwortung des einzelnen für jene Folgen akzeptiert wird, und eben dies ist in der Tat die Basis für das Entstehen und die Funktion des moralischen Empfindens. (George G. Simpson 1972, S. 193/194)

Solchen Auffassungen ist also zu entnehmen, daß Menschen sich von Tieren durch ihre besonders ausgeprägte Entscheidungsfähigkeit auszeichnen. *Diese Entscheidungsfähigkeit ist auch zugleich Basis für Moralität bzw. Ethik.*[6]

Wie ist aber menschliche Entscheidung z.B. mit den Merkmalen 'Mutation' und 'Selektion' der Theorie organischer Evolution in dem Sinne zu vermitteln, daß hier nicht nur wesentliche Teile des Evolutionsgedankens erhalten bleiben, sondern auch eine originäre Ethik möglich wird? Mir ist keine Untersuchung bekannt, die diese in der Evolutionären Ethik angelegte Möglichkeit verfolgt und ausgebaut hätte. Es bleibt bei Andeutungen. Als Forschungsmotto könnte man Huxleys (1964, S. 11) These nutzen, daß "im Menschen des zwanzigsten Jahrhunderts [...] sich der Evolutionsprozeß endlich seiner selbst bewußt" werde:

> Physical trial and error can be more and more transposed to the sphere of thought. And in so far as the mechanism of evolution ceases to be blind and automatic and becomes conscious, ethics can be injected

> into the evolutionary process. Before man that process was merely amoral. (Julian Huxley 1947, S. 135; vgl. auch Burrhus F. Skinner 1981)

Es ist nicht unüblich unter "*Entscheidung*" eine Konstellation zu verstehen, in der erwogen und Erwogenes mit der Konsequenz beurteilt wird, daß bei einem hinsichtlich der Kriterien positiven Ergebnis (mindestens) eine erwogene Möglichkeit als Lösung gesetzt wird. Lösungen mögen zu jeweiligen Zeiten mehr oder weniger gelingend realisiert werden. Sie gehen nicht nur in die Praxis ein, sondern durchsetzen auch Erkennen. *Insofern kann Entscheidung sowohl für Präskription als auch für Deskription relevant sein.* Wie weit man den Aufwand für das Erwägen oder Beurteilen treibt, ist für Menschen ebenfalls entscheidbar. Auch ist entscheidbar, in welchem Ausmaß man solche reflexive Entscheidungen selbst noch gestalten will. Insofern kann man Sequenzen von reflexiven Entscheidungen unterscheiden, in denen der ersten Stufe jene Entscheidungen zuzurechnen sind, die selbst nicht mehr über Bestandteile von Entscheidungen entscheiden.

Vergleicht man nun Entscheidungen mit organischer Evolution, dann fällt zunächst auf, daß es auch im genetischen Bereich Gene gibt, die Gene koordinieren. Gene der ersten Stufe beeinflussen den Phänotyp. Gene können ebenso wie Lösungen in einer aktiven oder inaktiven Phase sein. Beide koordinieren in ihren aktiven Phasen andere Konstellationen. Bedenkt man die Vielfalt der durch Mutationen entstandenen Gene, dann könnte es zunächst näher liegen, dieser Vielfalt nicht Lösungen zuzuordnen, sondern Erwägungen, die eine Vielfalt an möglichen Lösungen umfassen. Nun *repräsentieren* erwogene Möglichkeiten bloß Lösungen und sind sie nicht. Nach dem bisherigen Stand der Genetik gibt es solche Repräsentationen im genetischen Bereich der sich vermehrenden Zellen nicht.[7] Demnach ist die durch Mutationen entstandene Genvielfalt (Menge der Allelen) eher mit einer Lösungsvielfalt zu vergleichen, die von verschiedenen Individuen realisiert werden mögen. Da nun Selektion die Gene betrifft, die im Fortpflanzungsprozeß sich reproduzieren, kann somit Selektion nicht der Auswahl unter Erwogenem analogisiert werden. Vielmehr entsprechen nur solche Prozesse der Selektion, die gewisse Lösungen – etwa im Tradierungsprozeß – erhalten und andere ausscheiden lassen, wie z.B. durch gewisse Konkursarten im Marktgeschehen. Die auswählende Beurteilung erwogener Möglichkeiten soll ja oft gerade solche möglichen negativen Folgen der Selektion vermeiden helfen.

So, wie die erwogenen Alternativen (mögliche) Lösungen repräsentieren, so können in der beurteilenden Auswahl (mögliche) eliminierende Konstellationen repräsentiert werden. Folgt man diesem Vergleich, dann wird in einer Entscheidung Vielfalt als Erwägung und der Trennungsprozeß unter Vielfalt als Auswahl repräsentiert, während in der Genvielfalt und der Selektion Vielfalt und Trennung »direkt« existieren. Der Vergleich setzt also übergreifende Begriffe für "Vielfalt" ("*Diversität*") und "Trennung" ("*Separation*") voraus. Diese sind nun mit den Merkmalen 'direkt' ("d") und 'repräsentiert' ("r") kombinierbar, wodurch den jeweiligen kombinatorischen Fällen Entscheidung und organische Evolution zuordenbar sind:

Diversität	Separation	
d	d	Organische Evolution
d	r	
r	d	
r	r	Entscheidung

Die Konzeption, daß organische Entwicklung über Mutation und Selektion verlaufe, ist eine Alternative zu der Auffassung, sie sei von vornherein gerichtet (Orthogenese). Eine ähnliche Alternative ist auch für kulturelle Geschichten (der Menschen) zu bedenken. Auch hier kann man für die kulturellen Entwicklungen Bedingungen annehmen, die diese Entwicklungen ausrichten (vgl. Karl Löwith 1967). Der organischen entspräche somit eine kulturelle Orthogenese. Wenn Entscheidungen als Aufhebungen der Mutations- und Selektionszusammenhänge durch Repräsentationen zu begreifen sind, dann wäre hierin *eine Alternative zur Auffassung, daß auch kulturelle Entwicklung »orthogenetisch« sei, zu suchen.*[8]

4. Evolutionäre Ethik als Fortsetzung traditioneller Ethikkonzepte

Ob man eine Ethik, die mit dem Konzept der Entscheidung ansetzt, eine "Evolutionäre Ethik" nennen möchte, hängt davon ab, wie umfassend man den Ausdruck "Evolution" gebrauchen möchte. Nun sind nach einem verbreiteten Verständnis von "Ethik" "moralisch" oder "sittlich" genannte Normen (Regeln, Werte usw.) nicht wählbar. In einer Kritik an der Evolutionären Ethik meinte Wilhelm Vossenkuhl (1983): "Sittliche Normen sind nicht wählbar" (S. 152). Sie seien vorgegeben. Moralität selbst konstituiere sich originär nicht aus dem Zusammenhang von Vielfalt und Auswahl. Wenn aber organische Evolution und kulturelle Geschichte sich durch den Zusammenhang aus Diversität und Separation bilden, dann muß eine Evolutionäre Ethik diesen berücksichtigen oder sie ist keine. In dieser Problemlage ist vermutlich die tiefgreifendste Differenz zwischen traditioneller Vorgabeethik und einer möglichen Evolutionären Ethik zu suchen.[9]

Hinsichtlich der Aufgabe, moralischen Orientierungen zu folgen, wären demnach zwei grundsätzlich verschiedene Lösungsweisen anzunehmen, wenn eine Entscheidungsethik möglich sein sollte: In der einen Weise sind die moralischen Lösungen vorgegeben und in der anderen konstituieren sie durch Entscheidung. Eine Ethik der Vorgabe könnte man als "Orthoethik" bezeichnen.

Folgt man aber der Auffassung, daß von den Elementarteilchen bis zu menschlichen moralischen Orientierungen sich alle Bestandteile entwickelt haben, dann gibt es keine entwicklungsunabhängige moralische Vorgabe. Wenn weiterhin organische Evolution und kulturelle Geschichte sich durch Diversität und Separation konstituieren, dann ist zu fragen, ob hiervon Moral ausgenommen sein kann. *Eine Evolutionäre Ethik hätte somit nicht nur zu zeigen, wie Normen zu begründen sind, sondern auch zu erklären, warum bisherige Ethik weitgehend Ethik der verschiedenen Vorgaben ist.* Doch eine solche Problemstellung ist in der neuen Diskussion um eine Evolutionäre Ethik kaum ausgearbeitet worden. Vielmehr findet man in verschiedenen Formen Anknüpfungen an traditionelle Ethikkonzepte.

Diese Anknüpfung kann in der zunächst harmlos erscheinenden Form einer Frage bestehen, wie Vollmer (1986, S. 54) sie für die Ethik unter Berufung auf Kant formulierte: "Was soll ich tun?" Aber, so ist zu problematisieren, impliziert diese Frage als Sollensfrage nicht schon eine Ethik der Vorgabe?[10] Vollmer (o.J.) folgt nun keineswegs Kants Konzeption eines kategorischen Imperativs, sondern für ihn haben Normen "hypothetischen und teilweise konventionellen Charakter" (Abschnitt 9). Aber dennoch konstituierte sich für ihn eine Evolutionäre Ethik nicht durch den Zusammenhang von Diversität und Separation, etwa von Erwägung und Auswahl als *verbesserbare Gel-*

tungsbedingung für die Setzung einer Lösung im Entscheidungszusammenhang, sondern in der Ethik gehe es im Ansatz um "das Sollen, um Normen, um Geltung, um Vorschreiben und Rechtfertigen" (1986, S. 54). Das sind aber Komponenten, die in diesem Kontext eher allein der Lösungsebene als Vorgabeverhältnis zuzurechnen sind. Evolutionstheoretisch *originäre* Geltungsbedingungen, die dem hypothetischen Charakter entsprechen würden, gab Vollmer nicht an.

Wenn aber Erwägungen von möglichen moralischen Orientierungen nicht nur keine Lösungen sind, sondern auch keine normative Qualität haben, vielmehr diese Orientierungen durch Auswahl und Setzung sich erst konstituieren müßten, dann könnte durch Entscheidung und nicht durch Deduktion *aus einer vormoralischen Konstellation Moralisches gewonnen werden. Diese Konstellation aus Erwägung und beurteilender Auswahl wäre bei einer solchen Ethikkonzeption zugleich Geltungsbedingung*. Bleibt man aber allein der Lösungsebene verhaftet, dann gewinnt man nicht nur keinen originären evolutionären Ansatz für die Ethik, der Diversität und Separation berücksichtigt, sondern man ist auch auf traditionelle Ethikansätze angewiesen, will man nicht gänzlich den Anspruch auf Ethik aufgeben.[11]

Diese Problemkonstellation ist auch bei Mohr wiederzufinden. Wie oben dargelegt worden ist, war für Mohr die Evolutionäre Ethik keine normative, sondern eine deskriptive Disziplin und eine Sattelitentheorie der Evolutionstheorie. Seine moralische Orientierung erlangte somit durch keine Evolutionäre Ethik Geltung. Vielmehr neigte er bisher einer neo-aristotelischen Auffassung zu:

> In der Ethik zählt die Vision. Von den großen ethischen Entwürfen unserer philosophischen Tradition will ich nur zwei in Erinnerung bringen: Die Auffassung Kants, wonach allein die autonome Vernunft den Maßstab richtigen Handelns abzugeben vermag, und die Auffassung der Aristoteliker, wonach moralische Fragen sich nur im Rahmen intakter Traditionen beantworten lassen. Maßstäbe des guten Handelns, so sagen die Neo-Aristoteliker, lassen sich nicht unabhängig von Traditionen und Institutionen begründen und rechtfertigen. Moral sei keine Angelegenheit des rein subjektiven Urteils; die Lebensform der Gemeinschaft, der wir angehören, bestimme den unverzichtbaren sittlichen Konsens. Ich will nicht verhehlen, daß ich als Biologe dieser Auffassung eher zuneige als dem rigiden kategorischen Imperativ Kants. (Hans Mohr 1989, S. 127/128)

5. Zum Problem der begrifflichen Einheit von 'Moral' und 'Ethik'

Michael Ruse hat in seiner Arbeit "Evolutionary Ethics: A Phoenix Arisen" den in der Literatur immer wieder benutzten abstrakten Gedanken verwendet, daß man in ethischen Fragen mehrere Ebenen unterscheiden solle:

> A full moral system needs two parts. On the one hand, you must have the "substantival" or "normative" ethical component. Here, you offer actual guidance as in, "Thou shalt not kill." On the other hand, you must have (what is known formally as) the "metaethical" dimension. Here, you are offering foundations or justification as in, "That which you should do is that which God wills." Without these two parts, your system is incomplete (Michael Ruse 1986a, S. 96)

Auch Ruse (1986a) akzeptierte, daß man aus Seinsausagen keine Sollensforderungen deduzieren könne (S. 102). Somit stand Ruse ebenso wie andere Vertreter der Evolutionären Ethik der 80er Jahre des 20. Jahrhunderts vor dem Problem, ob Evolutionäre Ethik überhaupt eigenständig und originär moralische Orientierungen begründen könne. Ruse verneinte nun nicht wie Mohr, Vollmer oder Wuketits diese Möglichkeit, sondern setzte den deskriptiven Ansatz, die Erklärungsorientierung, radikal fort: Die organische Evolution "has filled us full of thoughts about right and wrong, the need to help our fellows, and so forth" (S. 99). Somit sind auch unsere Rechtfertigungsbedingungen angeboren. Also hat Moralität "no philosophically objective foundation. It is just an illusion" (S. 102):

> the evolutionist's case is that ethics is a collective illusion of the human race, fashioned and maintained by natural selection in order to promote individual reproduction. (Michael Ruse 1986a, S. 102)
> Rather, human beings function better if they are deceived by their genes into thinking that there is a disinterested objective morality binding upon them, which all should obey. (Michael Ruse / Edward O. Wilson 1986, S. 179)[12]

Auf diese Erklärung paßt gut die doppeldeutige Wendung von Robert Spaemann und Reinhard Löw (1985, S. 258), daß das "*Gelten selbst* genetisiert" werde. Unterscheidet man wie Ruse zwischen den normativen Komponenten (*Geltungsinhalt*) und den Komponenten der Rechtfertigung (*Geltungsbedingung*), dann verdanken sich beide Komponenten wesentlich genetisch angeborenen Bedingungen. Für einen Autor wie Simpson (1972, S. 193f.) sind beide Komponenten Konsequenz menschlicher Entscheidungen und damit nicht genetisch angeboren, sondern kulturell. Kombiniert man die Merkmale 'Geltungsinhalt' und 'Geltungsbedingung' mit den Merkmalen 'angeboren' ("a") und 'kulturell' ("k"), dann erhält man vier mögliche ethische Positionen:

Geltungsinhalt	Geltungsbedingung
k	k
k	a
a	k
a	a

Diese kombinatorische Zustammenstellung unterstellt, daß hinsichtlich derselben Komponenten diese entweder angeboren oder kulturell sind. Nun läßt sich aber auch annehmen, daß die jeweiligen Komponenten sich sowohl aus angeborenen als auch aus kulturellen Anteilen konstituieren:

> Unser Verhalten ist nicht im genauen Einzelfall genetisch festgelegt, wir sind nicht Marionetten eines genetischen Verhaltensprogramms. Wohl aber tragen wir moralische Universalien in uns, eine genetisch bedingte Neigungsstruktur, die unser Verhalten disponiert, den Spielraum und die Grenzen möglichen Verhaltens einengt – und uns damit auf das Leben in einer menschlichen Gemeinschaft vorbereitet. (Hans Mohr 1988, S. 124)

Wie immer die Anteile bei einer solchen Mischkonzeption bestimmt werden mögen, es sind Grenzfragen stellbar: Ist Moralisches gänzlich ohne Angeborenes möglich? Wilson hat dies verneint:

> Kann die kulturelle Evolution höherer ethischer Werte sich eigenständig fortsetzen und die genetische Evolution völlig verdrängen? Ich glaube nicht. Die Gene halten die Kultur im Zaum. (Edward O. Wilson 1980, S. 159)

Andererseits ist zu fragen, ob die Ausdrücke "Ethik" und "Moral" systematisch auch für solche Konstellationen ohne kulturelle Komponenten gebraucht werden sollten, mögen diese auch bei Menschen nicht vorkommen. Die oben skizzierte Position von Ruse und Wilson legt diese Gebrauchsmöglichkeit nahe. Dagegen meinte Christian

Vogel (1988), “Ethik bedarf weder einer evolutionsbiologischen Legitimation, noch ist eine solche überhaupt möglich” (S. 215/116), aber die Inhalte menschlicher Handlungsnormen könnten dagegen natürlichen Neigungen entsprechen, müßten dies aber nicht:

> Es ist [...] verfehlt, Tieren (gleich welcher Entwicklungshöhe oder Beliebtheit) moralisches bzw. unmoralisches Verhalten zuzuschreiben: sie agieren vielmehr ganz und gar außer-moralisch! Moralisch bzw. unmoralisch handeln kann nur der Mensch. [...] Dabei sind exklusiv menschlich nicht unbedingt die Inhalte sittlicher Normen, sondern vielmehr prinzipiell deren moralische Qualität als solche. Und selbstverständlich unterliegen nun auch alle jene Handlungen einer moralischen Bewertung, die wir im Verfolg unserer natürlichen Neigung ausführen, die also z.B. »prämoralischen« Tendenzen entsprechen. (Christian Vogel 1988, S. 215)

Wenn der Ausdruck “Moral” allein für nur Angeborenes verwendet werden kann, dann ergibt sich das Problem, welches die durchlaufenden Merkmale sind, die auch noch für den kulturellen Bereich von “Moral” sprechen lassen. Umgekehrt gilt das gleiche Problem: Wenn “Moral” wesentlich vom Kulturellen her bestimmt wird, inwiefern darf man dann Angeborenes “moralisch” nennen?

Konrad Lorenz (1974) hat hervorgehoben, daß das Verhalten der Tiere “dem moralischen nur in funktioneller Hinsicht analog” sei, “in allen anderen aber so weit von ihm entfernt ist, wie eben das Tier unter dem Menschen steht!” (S. 111). Wolfgang Wickler (1989) meinte aber, daß der “Begriff vom moral-analogen Verhalten [...] Mißbrauch Vorschub leisten kann”, indem “ungültige Argumente aus den Naturwissenschaften benutzt werden” (S. 653). Doch dieses Bedenken setzt voraus, daß eine Ethik vorliegt, die nicht nur das Evolutionskonzept akzeptiert, sondern die bestimmen läßt, was unter “Moral” zu verstehen sei.[13] Es ist auch nicht klar, inwiefern, wenn man Lorenz folgt, bei Tieren nicht doch schon moralische Qualitäten zu finden sind:

> Jeder Mensch, der höhere Tiere kennt, weiß, daß ihr Erleben, ihre »Emotionen« den unseren brüderlich verwandt sind. Ein Hund hat eine Seele, die der meinen im allgemeinen gleicht, sie an bedingungsloser Liebesfähigkeit wahrscheinlich sogar übertrifft (Konrad Lorenz 1989, S. 145)

Der Hund soll an “Liebesfähigkeit und Treue, Mut, Tapferkeit und Gehorsam” den Menschen “in all diesen Eigenschaften übertreffen”

(Lorenz 1989, S. 54). Solche Äußerungen sind im Zusammenhang der grundlegenden evolutionstheoretischen These zu bedenken:

> Von den einfachsten molekularen Anpassungen frühester Vor-Lebewesen zum wissenschaftlichen Weltbild des denkenden Menschen führt eine lückenlose Reihe von Übergängen. (Konrad Lorenz 1989, S. 60)

Wenn Lorenz (1989) "genetisch fixierte[r] Verhaltensnormen" (S. 73) angenommen hat und "Kultur selbst Normen" schaffen kann, "die in gewissem Sinne als Ersatz für angeborene Verhaltensprogramme eintreten können" (S. 147), dann liegt in dem »Normativen« das sich durchhaltende Moment in der »lückenlosen Reihe«. Doch, welche Momente man hervorhebt, die in einer lückenlosen Reihe sich durchhalten oder abbrechen bzw. beginnen, hängt von den Merkmalen ab, die man konzeptuell betont. *Welche Merkmale müßten von einer Evolutionären Ethik hervorgehoben werden*? Sollte sie z.B. die verschiedenen "Lernmechanismen" unter einem "kybernetischen Geschichtspunkt" systematisieren, wie Lorenz (1982, S. 362) dies in seinem Buch "Vergleichende Verhaltensforschung" angegeben hat? Oder ist der Zusammenhang aus Mutation und Selektion abstrakter als Diversifikation und Separation zu fassen und unter diesem Gesichtspunkt bis zur (menschlichen) Entscheidung zu verfolgen, wie dies Donald T. Campbell (z.B. 1960; 1987) in verschiedenen Arbeiten ansatzweise ausgeführt hat?[14]

Hebt man den kybernetischen Aspekt hervor, kann schon die entscheidungslos normativ orientierte Verhaltensweise systematisch als "moralisch" deklariert werden. Nimmt man dagegen den Diversifikations- und Separationszusammenhang als Bezug, dann entsteht das Problem, daß auf der organischen Ebene dieser Zusammenhang über mehrere Individuen im Fortpflanzungsprozeß verteilt ist, während üblicherweise man moralische Handlungen gerade jeweiligen Individuen zuspricht. Obgleich es also für eine Evolutionäre Ethik nahe läge, den Diversifikations- und Separationszusammenhang zu betonen, würde dieses Merkmal nicht auf organische Evolution und angeborenes Verhalten zutreffen, – besonders auch dann, wenn man das Merkmal 'Repräsentation' noch hinzuzieht. Erst Entscheidung vereinigt innerhalb eines Individuums Diversifikation und Separation. Eine in diesem Sinne konzipierte Evolutionäre Ethik würde also die Wurzeln für moralisches Verhalten dort suchen, wo Normen für Handlungen sich durch Entscheidungen konstituiert haben, mögen sie sodann auch in Gewohnheiten übergegangen sein. *Das würde bedeuten, daß Entscheidungen mit spezifischen Erwägungs- und Auswahlformen Geltungsbedingungen dafür abgeben, was als Moralisch anzuerkennen ist. "Moral" würde von den Geltungsbedingungen und nicht von den Geltungsinhalten her definiert werden.*

Angenommen, Huxley (1964) hätte Recht, daß im Menschen des zwanzigsten Jahrhunderts "sich der Evolutionsprozeß endlich seiner selbst bewußt" (S. 11) werde, dann wäre unter diesem Gesichtspunkt nicht nur von einem Tier/Mensch-Übergangsfeld auszugehen, das als abgeschlossen gilt, sondern auch ein *Übergangsfeld zwischen organischer Evolution und kultureller Geschichte* anzunehmen, das vielleicht nicht nur nicht abgeschlossen ist, sondern an dessen Anfang kulturelle Geschichte erst steht. Wenn man eine ausgebaute Konzeption hätte, die Entscheidung und kulturelle Geschichte integrierte, ließe sich möglicherweise abschätzen, in welchem Ausmaß Moralität geschichtlich wirklich geworden ist. Es könnte sich erweisen, daß bisher hochgeschätzte ethische Konzepte Ausdruck eines frühen Übergangsstadiums sind. Hiermit wären dann auch die in der Literatur zur Evolutionären Ethik verbreiteten Auffassungen über angeborenes Verhalten – vom »Inzesttabu« bis zum »Altruismus« – nicht nur angemessener beurteilbar, sondern auch jene Tendenzen besser bewertbar, die in der "Unfähigkeit, vernünftig auf die Herausforderungen der Zeit zu reagieren" (Mohr 1989, S. 128), eher ein biologisches Erbe und weniger einen Ausdruck spezifischer Stadien geschichtlich-kultureller Entwicklungen sehen.[15]

Anmerkungen

1 Der naturalistische Fehlschluß hat vor der Diskussion seit den 70er Jahren ausführliche Erörterungen erhalten (vgl. Anthony Flew 1970, Kap. IV). Richards hat den naturalistischen Fehlschluß problematisiert. Sein Ergebnis lautet: "Consequently, either the naturalistic fallacy is no fallacy, or no ethical system can be justified. [...] we must reject the idea that the 'naturalistic fallacy' is a fallacy." (Richards 1985, S. 286; der Text von Richards ist auch in Richards 1987 abgedruckt). Wenn eine Evolutionäre Ethik Entscheidung als originäre Basis ihres Selbstverständnisses nutzen würde, könnte sie die Relevanz, die der naturalistische Fehlschluß in der Ethikdiskussion erhalten hat, als Konsequenz einer *lösungsfixierten* Einstellung einschätzen, die das Erwägen und Auswählen unter Alternativen

nicht als Geltungsbedingung zuläßt. Der naturalistische Fehlschluß ist demnach nur so lange als relevant einzuschätzen, wie es Positionen gibt, die annehmen, man könne nur von Lösungen ausgehen, etwa weil sie vorgegeben seien. Lorenz (1989) hat in folgender Textpassage einer solchen Position Ausdruck gegeben: "Es sind einfache, dem gesunden Menschenverstand zugängliche Erkenntnisse, die so vielen Menschen durch einen Zwiespalt des Denkens versperrt sind, an dem, wie ich glaube, vor allem der idealistische oder, besser gesagt, ideeistische Glaube Schuld trägt, daß die reale Welt keine Werte enthalten könne. Was es hier klarzumachen gilt, ist die schlichte Tatsache, daß die Wirklichkeit der Schöpfung ehrfurchtgebietende Werte enthält und potentiell dauernd noch höhere Werte zu erzeugen imstande ist. Wir brauchen auf unserer Suche nach dem Sinn der Welt nicht ins Über- und Außernatürliche abzuschweifen." (S. 270/271)

2 Richard Dawkins (1987, S. 1) zitiert einen Teil des Textes. Auf dieses Zitat verweisen dann Robert Spaemann und Reinhard Löw 1995, S. 230.

3 Vgl. Huxley 1964, S. 16; Wuketits 1990a, S. 130f.

4 Der Naturalismus schließt eine offenbarungs-theologische Begründung aus; den Naturalismus bejahend vgl. Huxley 1964, S. 57 und ihn ablehnend vgl. Löw 1991. Dennoch ist er theologisch nutzbar, vgl. besonders den Abschnitt "Perspektiven einer evolutionären Ethik". In: Stefan Niklaus Bosshard 1987, S. 212–223. – Vgl. auch Annemarie Pieper 1990, S. 192, Abschnitt (9).

5 Genausowenig wie es »die« Ethik gibt, gibt es »die« Evolutionäre Ethik, nicht nur, weil verschiedene Positionen vertreten werden, sondern auch, weil Autoren im Rahmen der Diskussionen ihre Meinungen geändert haben. Drei Beispiele mögen genügen: Michael Ruse (1984) hat selbst seine "conversion" thematisiert (S. 196, Anm. 9; vgl. auch 1986b, S. 251 u. 257). Ebenso hat Wilson von seiner Wandlung berichtet (in: Lumsden, Charles J. / Wilson, Edward O. 1984, S. 75f.). Wolfgang Wickler (1989) hat sich nicht nur gegen den Begriff des 'moral-analogen Verhaltens' gewandt, den er selbst früher im Anschluß an Lorenz verwendet hat (etwa 1971, S. 58ff. oder noch 1983, S. 136), sondern hat deutlich den naturalistischen Fehlschluß abgelehnt, nämlich "daß es biologisch unsinnig und logisch unzulässig ist, vom Sein auf das Sollen zu schließen" (1990, S. 174), wovon in früheren Veröffentlichungen wenig zu spüren ist: "Deswegen geht es mir in diesem Buch nicht in erster Linie um die biologischen Grundlagen menschlichen Verhaltens, sondern um die daraus abzuleitenden Grundlagen der Beurteilung menschlichen Verhaltens. Ethische Forderungen, die nicht von konkret biologischen Gegebenheiten ausgehen, sind unsinnig" (1971, S. 7/8).

6 Siehe etwa Francisco J. Ayala 1987, S. 237ff.; Bernulf Kanitscheider 1986, S. 102; Lorenz Krüger 1987, S. 41f.; Hubert Markl 1983, S. 84; Christian Vogel 1988, S. 213ff.; Wolfgang Wickler 1989, S. 644.

7 Siehe statt anderer Elisabeth Günther 1991.

8 Menschliche Geschichte konstituiert sich bisher durch den willensunabhängigen Tod ihrer Träger und setzt daher Tradition voraus. Hieran orien-

tieren sich Evlotionstheoretiker, die den Entscheidungsbezug gänzlich ausblenden oder vernachlässigen, indem sie die kulturelle Entwicklung analog der Genentwicklung als Variation (z.B. als »Kopierfehler«) und Selektion im Vermehrungsprozeß auffassen. Dawkins »meme«-Konzept (1978, S. 223ff.) oder das »culturgen«-Konzept von Lumsden und Wilson (1981, S. 7ff.) ist nach diesem Muster gebaut. In dem Maße, wie man Entscheidungen für kulturelle Geschichten als konstitutiv ansieht, entsteht das Problem: ist »Moralität« originär eher einer entscheidungslosen Tradition oder vielmehr dem Entscheidungsvermögen zuzurechnen? Friedrich von Hayek (1984, S. 183/184) wollte "Moral" weder Angeborenem noch rationalem Denken zuordnen, sondern Tradition als rechtmäßige Quelle unserer Werte beachtet wissen: "Insbesondere können wir nie ein neues System von Moralregeln synthetisch konstruieren oder die Befolgung der bekannten Regeln davon abhängig machen, ob wir sie verstehen, was in einem gegebenen Fall von dieser Befolgung abhängt" (Friedrich von Hayek 1971, S. 80). Auch "wissenschaftlich" genanntes Wissen wird nicht insgesamt neu geschaffen und von jedem Nicht-Spezialisten verstanden. Dennoch hat sie der neuzeitlichen Idee nach in begründeter Entscheidung ihre Basis. Eine Evolutionäre Ethik hätte demnach besonders das Verhältnis zwischen Kultur, Geschichte, Tradition, Entscheidung und Moral unter einem hinsichtlich des Generalisierungsniveaus wohlbestimmten Evolutionsbegriffes zu klären. Dies gilt besonders auch für Mohrs (1987, S. 85ff.) Konzeption einer Evolutionären Ethik, da er einerseits sich auf v. Hayek beruft und andererseits sein vernunfts- und zukunftsorientiertes Moralverständnis bei v. Hayek keine Stütze findet.

9 (Vgl. Anm. 18) Um diese Differenz noch deutlicher werden zu lassen, sei kurz auf Äußerungen von Kant verwiesen: Das moralische Gesetz dränge sich als "Faktum der reinen Vernunft" (V, S. 142 = KpV A 56) uns "unwiderstehlich auf' (VIII, S. 684). "Denn wo das sittliche Gesetz spricht, da gibt es, objektiv, weiter keine freie Wahl in Ansehung dessen, was zu tun sei" (X, S. 287 = KU B 16): "das moralische Gesetz aber ist an sich selbst in uns hinreichend und ursprünglich bestimmend, so daß es nicht einmal erlaubt, uns nach einem Bestimmungsgrunde außer demselben umzusehen." (X, S. 366 = KU B 125) Um Mißverständnisse zu vermeiden, sei hinzugefügt, daß nicht aus der Nicht-Wählbarkeit von moralischen Normen folgt, daß sie nicht Entscheidungen bestimmen könnten. Vielmehr sollen sie gerade – etwa als Kriterien – in Entscheidungen eingehen.

10 Wenn Vollmer auch hinsichtlich der Soziobiologie die Relevanz der entscheidungstheoretischen Überlegungen aus der mathematischen Spieltheorie hervorhebt, dann nutzt er einen spezifischen entscheidungstheoretischen Rahmen, aber läßt sich nicht auf grundlegendere Fragen ein: *Welche Formen des Erwägens und Auswählens sind zu unterscheiden und damit selbst zu erwägen und auszuwählen?*

11 Aus Mangel an einer originären ethischen Orientierung können "several logically different systems [...] under the name "evolutionary Ethics" (Richards 1985, S. 268) firmieren. Autoren wie z.B. Campbell (1979, S. 38ff.) oder Wuketits (1987, S. 201ff.) nutzen das je ihnen plausibel Er-

scheinende, ohne daß angestrebt würde, eine originäre Evolutionäre Ethik zu entwickeln. Ernst Mayr (1991) gab auf die Frage: "Gibt es irgendeine besondere Ethik, die ein Evolutionist übernehmen sollte?" zur Antwort: "Ethik ist eine sehr private Angelegenhheit, eine ganz persönliche Entscheidung" (S. 117). Man kann die moralische Orientierung privatisieren und irrationalisieren und sie dennoch wie Lorenz wieder in den Evolutionsprozeß einbetten, denn die "nichtrationalen Wertempfindungen", denen wir "als kategorischem Imperativ Gehorsam leisten" (S. 85), sollen durch die von ihnen geförderten Leistungen "durch die Selektion dieser Leistungen auf typischem Wege evolviert" (S. 128) sein. Die Wertempfindungen, die im "Laufe unserer Stammesgeschichte angezüchtet" (S. 116) sein mögen, sollen durch die "Verschiedenheit der Geschwindigkeiten kultureller und genetischer Evolution" (S. 155) vom Abbau ihrer spezifisch menschlichen Qualitäten bedroht sein. Die ethischen Auffassungen von Lorenz gehen vom "Studium subjektiven Erlebens" (S. 98) aus und erhalten danach einen evolutionstheoretischen Zusatz.

12 (Vgl. Anm. 14) Hier kann nicht die unbeabsichtigte Ironie und tiefere Bedeutung ausgelotet werden, die darin liegt, daß Ruse (1986b) einen direkten Bezug zu Kant herstellte: "Just as we have no choice about having four limbs, so we have no choice about the nature of our moral awareness. [...] Kant is surely right in arguing that the supreme principle of morality is categorical – it is laid upon us, without any 'ifs' and 'buts'. We are not free to choose what right and wrong are to be" (S. 259).

13 Wickler (1989) konstatierte eine gewisse Erfolgslosigkeit bisheriger Ethik: "So sehr Ethiker und Philosophen es vielleicht begrüßen, hier eine Sonderstellung des Menschen bestätigt zu finden, so viel Mühe werden sie dann aber haben, die so offenkundig unnatürlichen ethischen Forderungen an den Menschen ohne Rückgriff auf allgemein natürliche Gesetze zu begründen. Diese große Mühe müssen sie nun aber wirklich auf sich nehmen! Und das bald und überzeugend. Bislang haben sie damit keinen durchgehenden Erfolg gehabt" (S. 652).

14 Lorenz (1973, S. 39/40) hat sich in seinem Buch "Die Rückseite des Spiegels", in dem die Systematik des Buches "Vergleichende Verhaltensforschung" schon zu finden ist, auf Campbell berufen. Doch der kybernetische Gesichtspunkt ist als Rückkopplungsgedanke grundsätzlich verschieden von dem Gedanken der Variation und Selektion, mögen sie auch miteinander vermittelbar sein.

15 Es ist bemerkenswert, mit welcher Sicherheit Lumsden und Wilson (1984) einerseits meinten, genetisch bedingte Anlagen identifizieren zu können und andererseits zugleich zugestanden, daß es sich bei den Problemgebieten "des menschlichen Geistes, des Bewußtseins, des freien Willens und der Vielfalt der Kulturen" um "schwer faßbare[n]" (S. 77) Bereiche handele. Hinzu kommt noch das Problem, daß gleiches Verhalten Ausdruck ungleicher Bedingungsgefüge sein kann (vgl. Lorenz 1989, S. 124). Um dies überprüfbar feststellen zu können, bräuchte man als *eine* Voraussetzung hinreichend ausgearbeitete Konzepte für jedes dieser Bedingungsgefüge.

Bibliographie

Alexander, R.D.: The Biology of Moral Systems. New York 1987.

Ayala, F.J.: The Biological Roots of Morality. Biology and Philosophy 2 (1987), S. 235–252.

Bayertz, K.: Evolutionäre Ethik. Philosophische Rundschau 35 (1988), S. 277–296.

Bischof, N.: Das Rätsel Ödipus. München/Zürich 1989.

– Gescheiter als alle Laffen. Ein Psychogramm von Konrad Lorenz. Hamburg/Zürich 1991.

Bosshard, S.N.: Erschafft die Welt sich selbst. Freiburg/Basel/Wien 1987.

Campbell, D.T.: Blind Variation and Selective Survival as a General Strategy in Knowledge-Processes. In: Marshall C.Yovits / Scott Cameron (eds.): Self-Organizing Systems. Oxford/London/New York/Paris 1960.

– Comments on the Sociobiology of Ethics and Moralizing. Behavioral Science 24 (1979), S. 37–45.

– Zum Konflikt zwischen biologischer und sozialer Evolution. In: Klaus R. Scherer / Adelheit Stahnke / Paul Winkler (Hrsg.): Psychobiologie. München 1987.

Darwin, C.: Die Abstammung des Menschen. Stuttgart 1966.

– Die Entstehung der Arten. Stuttgart 1967.

Dawkins, R.: Das egoistische Gen. Berlin/Heidelberg/New York 1978.

Günther, E.: Lehrbuch der Genetik. Jena 1991.

Hartmann, N.: Ethik. Berlin 1962.

Hayek, F.A. von: Die Verfassung der Freiheit. Tübingen 1971.

– Die überschätzte Vernunft. In: Rupert J. Riedl / Franz Kreuzer (Hrsg.): Evolution und Menschenbild. Hamburg 1983.

Huxley, J.: Evolutionary Ethics. In: Thomas H. Huxley / Julian Huxley: Touchstone for Ethics, 1893–1943. New York 1947 (Reprint New York 1971).

– (Hrsg.): Der evolutionäre Humanismus. München 1964.

Kanitscheider, B.: Soziobiologie und Ethik. In: Edmund Braun (Hrsg.): Wissenschaft und Ethik. Bern/Frankfurt a.M./New York 1986.

Kant, I.: Kant, Werke in zwölf Bänden. Hrsg.: Wilhelm Weischedel, Frankfurt a.M. 1968. (Zuordnung zu den einzelnen Bänden mittels römischer Ziffern).

Kitcher, P.: Vaulting Ambition. Sociobiology and the Quest for Human Nature. Cambridge (Mass.)/London 1985.

Knapp, A.: Soziobiologie und Moraltheologie. Weinheim 1989.

Krüger, L.: Ethics According to Nature in the Age of Evolutionary Thinking. In: Keith Lehrer (ed.): Science and Ethics. Amsterdam 1987 (Grazer Philosophische Studien 30 (1987), S. 25–42).

Löw, R.: Ethik und Naturwissenschaften. In: Peter Koslowski (Hrsg.): Orientierung durch Philosophie. Tübingen 1991.

Löwith, K.: Weltgeschichte und Heilsgeschehen. Stuttgart/Berlin/Köln/Mainz 1967.

Lorenz, K.: Die Rückseite des Spiegels. München/Zürich 1973.
– Das sogenannte Böse. München 1974.
– Die acht Todsünden der zivilisierten Menschheit. München 1978.
– Vergleichende Verhaltensforschung. München 1982.
– Der Abbau des Menschlichen. München/Zürich 1989.
Lütterfelds, W.: Sind die Ansprüche der Evolutionären Ethik zu korrigieren? Wissenschaftliche Nachrichten 1991, Nr. 85 (Januar): S. 2–6.
Lumsden, C.J. / Wilson, E.O.: Précis of Genes, Mind, and Culture. The Behavioral and Brain Sciences 5 (1982), S. 1–37 (mit anschließender Diskussion).
– Genes, Mind, and Culture. Cambridge/London 1981.
– Das Feuer des Prometheus. München/Zürich 1984.
Markl, H.: Biologie und menschliches Verhalten. In: Margaret Gruter / Manfred Rehbinder (Hrsg.): Der Beitrag der Biologie zu Fragen von Recht und Ethik. Berlin 1983.
Mayr, E.: Die Entwicklung der biologischen Gedankenwelt. Berlin/Heidelberg/New York/Tokyo 1984.
– Eine neue Philosophie der Biologie. München/Zürich 1991.
Mohr, H.: Natur und Moral. Darmstadt 1987.
– Ethik und Moral. In: Bernard Willms (Hrsg.): Handbuch zur Deutschen Nation, Bd. 3: Moderne Wissenschaft und Zukunftsperspektive. Tübingen/Zürich/Paris 1988.
– Biologische und kulturelle Evolution der Moral. Naturwissenschaftliche Rundschau 42 (1989), S. 127–132.
Morscher, E.: Was ist und was soll Evolutionäre Ethik? Conceptus 20 (1986), Nr. 49, S. 73–77.
Patzig, G.: Verhaltensforschung und Ethik. Neue Deutsche Hefte 31 (1984), S. 675–686.
Pieper, A.: Evolutionäre Ethik und Philosophische Ethik: Unvereinbare Gegensätze? Ethik und Sozialwissenschaften 1 (1990), S. 190–192.
Richards, R.J.: A Defense of Evolutionary Ethics. Biology and Philosophy 1 (1986), S. 265–293 (mit anschließender Diskussion).
– Darwin and the Emergence of Evolutionary Theories of Mind and Behavior. Chicago/London 1987.
Ruse, M.: The Morality of the Gene. The Monist 67 (1984), S. 167–199.
– Evolutionary Ethics: A Phoenix Arisen. Zygon 21 (1986), S. 95–112 (a).
– Taking Darwin Seriously. Oxford 1986(b).
Ruse, M. / Wilson, E.O.: Moral Philosophy as Applied Science. Philosophy 61 (1986), S. 173–192.
Simpson, G.G.: Biologie und Mensch. Frankfurt a.M. 1972.
Skinner, B.F.: Selection by Consequences. Science 213 (1981), S. 501–504.
Spaemann, R. / Löw, R.: Die Frage Wozu? München/Zürich 1985.
Stent, G.S. (ed.): Morality as a Biological Phenomenon. Berlin 1978.
Stöckler, M.: Über die Schwierigkeiten und Aussichten einer Evolutionären Ethik. Conceptus 20 (1986), Nr. 49, S. 69–72.

Vogel, C.: Gibt es eine natürliche Moral? Oder: wie widernatürlich ist unsere Ethik? In: Heinrich Meier (Hrsg.): Die Herausforderung der Evolutionsbiologie. München/Zürich 1988.
– Vom Töten zum Mord. München/Wien 1989.
Vollmer, G.: Über die Möglichkeit einer Evolutionären Ethik. Conceptus 20 (1986), Nr. 49, S. 51–68.
– Über die Chancen einer Evolutionären Ethik. Conceptus 21 (1987), Nr. 52, S. 87–94.
– Der Evolutionsbegriff als Mittel zur Synthese – Leistungen und Grenzen. In: Jörg Albertz (Hrsg.): Evolution und Evolutionsstrategien in Biologie, Technik und Gesellschaft. Schriftenreihe der Freien Akademie. Bd. 9. Wiesbaden 1990(a).
– Philip Kitchers Soziobiologie-Kritik. Conceptus 42 (1990), Nr. 63, S. 93–102(b).
– Möglichkeiten und Grenzen einer Evolutionären Ethik. (Manuskript) o.J.
Vossenkuhl, W.: Die Unableitbarkeit der Moral aus der Evolution. In: Peter Koslowski / Philipp Kreuzer / Reinhard Löw (Hrsg.): Die Verführung durch das Machbare. Stuttgart 1983.
Waddington, C.H.: The Ethical Animal. Chicago/London 1975 (Midway Reprint).
Wickler, W.: Die Biologie der Zehn Gebote. München 1971.
– Hat die Ethik einen evolutionären Ursprung? In: Peter Koslowski / Philipp Kreuzer / Reinhard Löw (Hrsg.): Die Verführung durch das Machbare. Stuttgart 1983.
– Die Irrlehre vom moral-analogen Verhalten der Tiere. Universitas 44 (1989), S. 644–653.
– Von der Ethik zur Soziobiologie. In: Jost Herbig / Rainer Hohlfeld (Hrsg.): Die zweite Schöpfung. München/Wien 1990.
Wickler, W. / Seibt, U.: Das Prinzip Eigennutz. München 1981.
Wilson, E.O.: Sociobiology. Cambridge/London 1976.
– Biologie als Schicksal. Frankfurt a.M./Berlin/Wien 1980.
Wuketits, F.M.: Schlüssel zur Philosophie. Düsseldorf/Wien/New York 1987.
– Evolutionstheorien. Darmstadt 1988.
– Gene, Kultur und Moral. Darmstadt 1990(a).
– Moral – eine biologische oder biologistische Kategorie? Ethik und Sozialwissenschaften 1 (1990), S. 161–168(b) (mit anschließender Diskussion).
– Moral als eine biologische Kategorie. Ethik und Sozialwissenschaften 1 (1990), S. 195–200(c).
– Konrad Lorenz. München/Zürich 1990(d).

Gerechtigkeitsethik

Dieter Sturma

1. Der sozialphilosophische Ausgangspunkt: John Rawls

Das systematische Kernstück der Gerechtigkeitsethik ist die argumentative Entfaltung der Gegenseitigkeitsverhältnisse, die zwischen Personen im sozialen Raum bestehen oder bestehen sollten. Exemplarische Analysen moralischer und sozialer Gegenseitigkeitsverhältnisse sind in John Rawls' Gerechtigkeitstheorie durchgeführt worden, die zurecht mit dem gerechtigkeitsethischen Standpunkt generell identifiziert wird. Rawls' philosophische Bemühungen gelten der Entwicklung einer Theorie sozialer und politischer Gerechtigkeit, und die gerechtigkeitstheoretischen Analysen gehen entsprechend bereits vom Ansatz her über den Bereich der Moralphilosophie hinaus. Ethische Probleme im engeren Sinne stehen deshalb zunächst nicht im Vordergrund und werden erst im Rahmen von erweiterten sozialphilosophischen Fragestellungen behandelt. Die allgemeinen theoretischen Intentionen Rawls' richten sich auf die Konzeption eines philosophischen und politischen Liberalismus, die einen konstruktiven Begriff der moralischen Person mit der Entfaltung der Gerechtigkeitsgrundsätze einer wohlgeordneten Gesellschaft verbindet. Und seine innovative Leistung kann dahingehend zusammengefaßt werden, daß es ihm auf wirkungsmächtige Art und Weise gelungen ist – in inhaltlicher Entgegensetzung zum Utilitarismus und in methodischer Entgegensetzung zur Metaethik – mit Hilfe von systematischen Begriffen der Gleichheit und Gerechtigkeit Reflexionsfiguren der traditionellen normativen Moral- und Sozialphilosophie rehabilitiert und ins Zentrum der gegenwärtigen Diskussionslandschaft gestellt zu haben.

Der methodische und konstruktive Ausgangspunkt der Gerechtigkeitstheorie ist der Kontraktualismus. Rawls orientiert sich in seiner Version des kontraktualistischen Arguments an einem stark akzentuierten Autonomiegedanken: Vom Standpunkt eines autonomen Subjekts soll mit wohlüberlegten Urteilen einem Gesellschaftsvertrag zugestimmt werden, der auf gerechte und faire Weise die Sozialverhältnisse einer institutionalisierten Gesellschaft reguliert. Der Versuch, vernünftige und gerechte Sozialverhältnisse aus der Perspektive selbstbestimmter und selbstbestimmender Personen zu konstruieren, weist Rawls' kontraktualistisches Argument als ein typisches Bestimmungsstück des Projekts der Moderne aus, in dem Autonomie allerdings nicht als reine Selbstbeziehung gedacht wird, sondern als ein Gegenseitigkeitsverhältnis, das an dem moralischen Eigenstatus anderer Personen seine Grenze und seinen Bezugspunkt hat.

Die Thematisierung der moralphilosophischen Position Rawls' ist von Anbeginn mit der Schwierigkeit belastet, daß sich seine Gerechtigkeitstheorie in der argumentativen Ausführung eindeutig an Fragestellungen der Sozialphilosophie im allgemeinen und der politischen Philosophie im besonderen orientiert, und gerade darin liegt ihre Bedeutung für die praktische Philosophie der Gegenwart, denn Rawls hält bei allen sozialphilosophischen Intentionen an der Eigenständigkeit der Moralphilosophie fest.[1] Der Vorrang der Sozialphilosophie muß daher als eine Erweiterung der Theorieperspektive, nicht als Reduktionismus verstanden werden. Die sozialphilosophische Vermittlung zieht in moralphilosophischer Perspektive gleichwohl eine Reihe von Interpretationsschwierigkeiten nach sich. Aufgrund von Rawls' besonderem methodischen Ansatz müßten nämlich moralphilosophische Rekonstruktionen immer schon das Ganze des disziplinären Spektrums der Gerechtigkeitstheorie umfassen, – eine Aufgabenstellung, die in einer eingeschränkteren moralphilosophischen Interpretationsperspektive zumindest der Darstellung nach nicht eingelöst werden kann. Im folgenden soll deshalb den ursprünglichen Gewichtungen der Gerechtigkeitstheorie entgegen aus interpretations- und rekonstruktionstechnischen Gründen moralphilosophischen Fragen weitgehend der Vorrang eingeräumt werden. Intendiert ist keine Interpretation von Rawls' Gerechtigkeitstheorie insgesamt, sondern die Sichtung und Rekonstruktion ihrer grundlegenden moralphilosophischen Motive und Gedankenfiguren. Besonderes Gewicht wird dabei auf die Begriffe 'Gleichheit', 'Unparteilichkeit', 'Gegenseitigkeit' und 'Personalität' gelegt, die sowohl in der gegenwärtigen Moralphilosophie als auch in Rawls' Gerechtigkeitstheorie eine entscheidende systematische Rolle spielen.

2. Gerechtigkeit als Fairneß

Rawls' Gerechtigkeitstheorie ist eine Theorie der Gerechtigkeit als Fairneß, die sich formal aus zwei Grundelementen zusammensetzt: aus den Begriffen der wohlgeordneten Gesellschaft und der moralischen Person.[2] Diese Elemente werden durch ein kontraktualistisches Argumentationsmodell miteinander in Beziehung gesetzt. Argumentatives Telos dieser idealtypischen Konstruktion ist die Exposition der wesentlichen strukturellen Bestimmungen der Verhältnisse freier und gleicher Personen in einem durch öffentlich geteilte Gerechtigkeitsvorstellungen bestimmten sozialen Raum. Nach Rawls nehmen Personen für sich Gerechtigkeitsvorstellungen an, von denen sie wissen, daß sie sich in den entsprechenden Institutionen niederschlagen und in der Regel auch von anderen Personen anerkannt werden. Eine Gesellschaft ist demnach wohlgeordnet, wenn sie sich nach einer öffentlich geteilten Vorstellung von objektiver Gerechtigkeit über die Zeit hinweg organisiert. Objektive Gerechtigkeitsvorstellungen kommen Rawls zufolge dann zustande, wenn sich die Mitglieder der wohlgeordneten Gesellschaft als moralisch gleiche und freie Personen betrachten und gegenseitig anerkennen. Die theoretische Entfaltung der Gerechtigkeitstheorie kann entsprechend nur durch die systematische Einbindung der moralphilosophischen Grundbestimmungen des Projekts der Moderne – der Begriffe 'Freiheit', 'Gleichheit', 'Selbstbestimmung' und 'moralische Person' – erfolgen.

Der Darstellung nach nehmen die Analysen ihren Ausgang von einem Gesellschaftsbegriff, der wesentlich durch den Gedanken der Kooperation zum wechselseitigen Vorteil aller Beteiligten beherrscht wird. Eine wechselseitige Kooperation, die keinen Beteiligten vom Ansatz her benachteiligt, setzt nach Rawls voraus, daß die Grundsätze gesellschaftlicher Kooperation als in einer fairen Ausgangssituation, dem hypothetischen Urzustand, festgelegt gedacht werden. In ihm sollen modellhaft die Prinzipien und Regeln konstruiert werden, auf die sich ausschließlich rational bestimmte und unter den Bedingungen von Freiheit und Gleichheit stehende Entscheidungssubjekte einigen würden. Die entscheidende moralphilosophische Ausgangsbedingung der Konstruktion, die von Personen im sozialen Raum geteilten Gerechtigkeits- und Fairneßvorstellungen, sind kein Bestandteil des Urzustands, sondern werden von Rawls konstruktiv vorausgesetzt und im weiteren systematisch ausgedeutet.

Der Urzustand ist das Szenario der prinzipiellen Entscheidungssituation freier, gleicher und wohlüberlegt handelnder Personen. Diese Entscheidungssituation erfährt durch das konstruktive Mittel des Schleiers des Nichtwissens, der die spezifischen Eigenschaften der Personen und die näheren Umstände ihres Lebens verdeckt, ihre Exemplifizierung und philosophische Interpretation. Wie in allen kontraktualistischen Theoriemodellen hat auch bei Rawls die Ausgangssituation des Urzustands keine unmittelbare deskriptive Bedeutung, sie erfüllt vielmehr allein eine explikative Funktion in einem hypothetischen Zustimmungsverfahren.

Im Urzustand soll verfahrensgerecht[3] zwischen den Subjekten der Entscheidungssituation und den formalen Bestimmungen einer wohlgeordneten Gesellschaft in der Weise vermittelt werden, daß die Maßstäbe und Kriterien der Entscheidungssituation nicht als vorgeordnete externe Bestimmungen, sondern als immanente Bestandteile des Verfahrens selbst erscheinen. Die im Urzustand angenommene Wahlsituation ist dadurch ausgezeichnet, daß sich Entscheidungs- und Handlungssubjekte in der Perspektive wohlüberlegter Gerechtigkeitsvorstellungen fair gegeneinander verhalten. Dieses Prinzip fairer Gegenseitigkeit und kooperativer Wechselseitigkeit ist das Kernstück der Gerechtigkeitstheorie. Rawls ist der Überzeugung, daß unabhängig von der idealtypischen Konstruktion des Urzustands Sozialverhältnisse generell nur in dem Maße als gerecht gelten können, in dem sie das Prinzip fairer Gegenseitigkeit zum Ausdruck bringen: "Faire Bedingungen der Kooperation artikulieren einen Begriff der Wechselseitigkeit oder Gegenseitigkeit".[4]

In der ursprünglichen Entscheidungssituation wird die "Grundstruktur der Gesellschaft"[5] bestimmt. Sie ist der erste Gegenstand der Gerechtigkeit und formiert für Rawls die Verteilung der Grundrechte des Einzelnen und die Strukturierung der gesellschaftlichen Kooperationsprozesse. Die Grundstruktur der Gesellschaft legt den institutionellen Rahmen der Rechte und Pflichten der Personen fest, der im sozialen Raum über die Möglichkeiten des Lebens der einzelnen Person entscheidet. Rawls zufolge werden in der ursprünglichen Wahlsituation des Urzustands zwei Grundsätze der Gerechtigkeit aus Vernunftgründen ausgewählt, die zum einen gleiche Freiheit für alle Beteiligten der Wahlsituation sichern und zum anderen die Rechtfertigungsfähigkeit von Ungleichheiten an den Vorteil der am wenigsten Begünstigten binden. Diese Grundsätze sind das Prinzip der unveräußerlichen Freiheit und Gleichheit der einzelnen Personen und das Differenzprinzip: "1. Jedermann soll gleiches Recht auf das umfangreichste System gleicher Grundfreiheiten haben, das mit dem gleichen System für alle anderen verträglich ist. 2. Soziale und wirtschaftliche Ungleichheiten sind so zu gestalten, daß (a) vernünftigerweise zu erwarten ist, daß sie zu jedermanns Vorteil dienen, und (b) sie mit Positionen und Ämtern verbunden sind, die jedem offen stehen."[6] Die aus der ursprünglichen Wahlsituation hervorgehenden Grundsätze bestimmen Gerechtigkeit als einen komplexen Zusammenhang von Freiheit, Gleichheit und Differenz, durch den für Rawls das Kriterium gerechter und fairer Sozialverhältnisse erfüllt wird. Faire Sozialverhältnisse können demnach nur unter der Voraussetzung vorliegen, daß ein Höchstmaß an Kooperation zum Wohle aller garantiert wird und die durch den kooperativen Zusammenschluß erforderlichen Freiheitsbeschränkungen nach dem Prinzip der Gegenseitigkeit vollzogen werden. In dem Prinzip der Gegenseitigkeit drückt sich Gerechtigkeit als Fairneß aus, sie verlangt von den Personen, daß niemand von anderen Beschränkungen erwarten darf, ohne bereit zu sein, sich diesen in gleicher Weise zu unterwerfen. Gerechtigkeit als Fairneß erweist sich insofern als grundlegende individuelle und soziale Tugend. Ihre Abwesenheit kann durch keine anderen individuellen oder sozialen Bestimmungen ausgeglichen werden.

Hinter den Grundsätzen der Gerechtigkeit als Fairneß steht eine umfassende Gerechtigkeitskonzeption, die diejenigen gesellschaftlichen Güter miteinbezieht, auf die unangesehen ihrer jeweiligen Vorstellungen vom richtigen und guten Leben keine Person verzichten würde. Wegen ihrer primären Bedeutung für die Etablierung fairer Sozialverhältnisse werden sie von Rawls als gesellschaftliche Grundgüter ["primary social goods"] ausgewiesen; zu ihnen zählen Freiheit, Lebenschancen, Einkommen, Vermögen und die sozialen Grundlagen der Selbstachtung. Die gesellschaftlichen Grundgüter werden in einer schwachen Theorie des Guten[7] erklärt. Weil im Urzustand der methodischen Konstruktion nach keine spezifischen Vorstellungen vom Guten vorausgesetzt werden dürfen, muß sich Rawls auf die formalen Strukturen des Guten beschränken, die für die unparteiische Wahl der Gerechtigkeitsprinzipien erforderlich sind. Aufgrund dieser konstruktiven Vorgaben ist in der Theorie der Gerechtigkeit als Fairneß der Begriff des Guten dem Begriff des Rechten nachgeordnet; jener wird erst im Rahmen der vollständigen Theorie des Guten, und näher, bei der Entfaltung des Begriffs des vernünftigen Lebensplans in den Vordergrund rücken.

3. Gleichheit und Unparteilichkeit

In der Moralphilosophie sind immer wieder idealtypische Modelle von Unparteilichkeit entwickelt worden, um ethische Positionen gegen partikularistische Ansätze und Einstellungen zu stützen. Das entscheidende systematische Problem derartiger Modelle liegt darin, darlegen zu müssen, wie ein unparteiischer Standpunkt von einer *Person* eingenommen werden kann, denn der Begriff der Unparteilichkeit hat aufgrund seiner semantischen Struktur, einen von partikularen Eigenschaften freigehaltenen Standpunkt zu bezeichnen, eine immanente Tendenz, als nicht-personale Bestimmung zu erscheinen.

In Rawls' Gerechtigkeitstheorie spielt der Begriff der Unparteilichkeit die systematisch entscheidende Rolle bei der argumentativen Umsetzung des Gleichheits- und Gegenseitigkeitsgedankens. Seine spezifische Struktur gewinnt er im Argumentationskontext des Urzustands, der am Schleier des Nichtwissens seine konstruktive Voraussetzung hat. Hinter dem Begriff des Schleiers des Nichtwissens verbirgt sich ein spezifisches Entindividualisierungsverfahren, durch das partikulare Interessen ausgeblendet werden, um so in der ursprünglichen Entscheidungssituation für die Gerechtigkeitsprinzipien zugleich grundsätzliche Strukturen der Freiheit, Gleichheit und gesellschaftlichen Selbstbestimmung von Personen deutlich werden zu lassen.

Die durch den Schleier des Nichtwissens konstruierte Ausgangssituation ist die eines entindividualisierten Blicks in den sozialen Raum. Der Schleier des Nichtwissens ermöglicht diesen Blick, indem er die Stellung der Einzelnen in der Gesellschaft, die jeweilige Klassenzugehörigkeit, den ökonomischen Status, natürliche und intellektuelle Eigenschaften, psychische Dispositionen und schließlich sogar konkrete Vorstellungen von einer guten Lebensführung verdeckt. In der Wahlsituation sind dem Einzelnen nur die allgemeinen Prinzipien gesellschaftlicher Verhältnisse und die Umrisse einer sinnvollen personalen Lebensführung bekannt, alle weiteren personalen, dispositionalen, örtlichen, zeitlichen und historischen Daten bleiben ausgeklammert. Weil die mit der individuierten Position zusammenhängenden natürlichen und sozialen Ungleichheiten aus der Entscheidungssituation ausgeschieden werden, erscheinen die Beteiligten der ursprünglichen Wahlsituation als ausschließlich rational bestimmte Subjekte. Ausgangspunkt der Wahlsituation ist insofern kein gesellschaftlicher Nullzustand, sondern der unter den Bedingungen von Rationalität stehende Standpunkt einer Person, dem in einem konstruktiven Verfahren partikulare Eigenschaften von Anbeginn vorenthalten werden.

Weil die Beteiligten der Wahlsituation ihre individuelle Position und Ausstattung im sozialen Raum nicht kennen, müssen sie Rawls zufolge an der Etablierung einer gesellschaftlichen Grundstruktur interessiert sein, die den Einzelnen ein Höchstmaß an Freiheit, Gleichheit und Gerechtigkeit garantiert, – was für ihn bekanntlich nur durch die im Urzustand gewählten Gerechtigkeitsprinzipien gewährleistet werden kann. Aufgrund der formalen Struktur der Interessenlage der Entscheidungssubjekte im Urzustand scheint es naheliegend zu sein, die ursprüngliche Wahl als wohlüberlegte Wahl aus Selbstinteresse zu deuten, der allein das Motiv der Vermeidung eines größeren Übels zugrunde liegt. Die Gerechtigkeitsprinzipien würden dann aus der Perspektive eines rationalen Egoismus gewählt werden. Für diese Annahme spricht auch das Fehlen der expliziten Aufnahme von Moralitätsbestimmungen in die Grundausstattung des Urzustands.[8] Eine derartige Sichtweise würde jedoch die Pointe von Rawls' Konstruktion verkennen. Interesse und Selbstinteresse können nur unter den Bedingungen eines partikularen bzw. individuellen Standpunkts vorliegen. Weil diese Bedingungen im Urzustand aber gerade ausgeschlossen werden, vollzieht sich die ursprüngliche Wahlsituation in Abwesenheit der Bedingungen der Möglichkeit von Selbstinteresse wie von Interesse überhaupt. Im systematischen Zentrum von Rawls' methodischem Entindividualisierungsverfahren steht keine Konzeption des rationalen Egoismus, sondern eine spezifische Version des moralischen Standpunkts, die jenseits der Differenz von besonderer und allgemeiner Perspektive angesiedelt ist: Die Bestimmungen, die durch das Entindividualisierungsverfahren des Schleiers des Nichtwissens nicht verdeckt werden – rationale Selbstverhältnisse und die gleiche Berücksichtigung aller Beteiligten der Wahlsituation – sind zugleich die Bestimmungen, die den unparteiischen moralischen Standpunkt konstituieren.[9]

Die Konstruktion des Schleiers des Nichtwissens ist ein Entindividualisierungsverfahren in entschieden egalitärer Absicht. Was mögliche Quelle von Ungleichheiten sein kann, wird nicht als Bestimmungsstück der gerechtigkeitstheoretischen Prinzipienwahl zugelassen. Das durch den Schleier des Nichtwissens erzeugte Szenario bietet keinen Angriffspunkt für ungleiche Ausgangsbedingungen im Sinne einer besseren Wahlposition. Hinter dem Schleier verbirgt sich das egalitäre Ideal[10] der moralischen Gleichheit bzw. "der Gleichheit bezüglich der Achtung, die den Menschen unabhängig von ihrer gesellschaftlichen Stellung zukommt."[11] Die Radikalität dieses Ideals besteht darin, daß die metaphysische Dignität der Personen als moralische Subjekte im ethischen und politischen Diskurs prinzipiell nicht überbietbar ist. Die Idee des moralischen Subjekts kann bestritten, ihr kann aber kein alternativer Begriff entgegengestellt werden.[12]

Die moralische Gleichheit von Personen muß sich in den Entscheidungssituationen des sozialen Raums abbilden, und das ist nur vermittels eines Standpunkts möglich, der vom Ansatz her Ungleichheiten und Kontingenz der sozialen Position bei moralischen Bewertungen ausschließt. Für die systematischen Ansprüche der Gerechtigkeitstheorie ist es nicht ausreichend, nur die Komponenten für eine vorteilhaftere Entscheidungssituation Einzelner auszuklammern; ihr geht es nicht um egoismuskritische, altruistische oder sympathetische Standpunkte, sondern um prinzipielle Fragen von Gleichheits- und Gerechtigkeitsvorstellungen. In gerechtigkeitstheoretischer Hinsicht ist es ein entscheidender Unterschied, ob soziale Kooperationsformen zum Wohle aller nur auf der Grundlage altruistischer Einstellungen oder auf der öffentlich geteilter Gerechtigkeitsprinzipien realisiert werden.

Um die gerechtigkeitstheoretischen Konturen der Unparteilichkeit kenntlich zu machen, setzt sich Rawls ausdrücklich von moralphilosophischen Modellen ab, in denen sich die Rechtfertigungsfähigkeit einer Gesellschaftsstruktur der hypothetischen Zustimmung eines idealen und mitfühlenden Beobachters verdankt, der über das Wissen aller wesentlichen gesellschaftlichen und personalen Umstände verfügt.[13] Wohlwollen, Empathie, Mitgefühl u.ä. Bestimmungen sind offenkundig in dem Sinne unparteiisch, daß sie die Interessen anderer den eigenen gleichstellen. In der Idealisierung dieser Einstellungen stellt sich aber für Rawls unvermutet wieder ein Nutzenprinzip ein: Wenn alle Menschen in gleicher Weise Adressaten des wohlwollenden Mitgefühls eines idealen Beobachters sind, dann kann eine Prinzipienentscheidung über die Grundstruktur der Gesellschaft nur so zustandekommen, daß sie im Licht der Gesamtsumme der Interessen aller Menschen erfolgt. Rawls will demgegenüber seinen Unparteilichkeitsgedanken aus der Zustimmungsperspektive der Beteiligten entfalten, nicht etwa aus der eines idealen Beobachters. Rawls' Bestimmung von Unparteilichkeit setzt Diversität voraus, nicht Einmütigkeit. Nur dort, wo divergierende Interessen bestehen, können Gerechtigkeitsprobleme vorliegen, die sich einer Prinzipienentscheidung öffnen.

In Rawls' Argumentation verschränken sich die verschiedenen Bedeutungskontexte von Gleichheit, Unparteilichkeit und Gerechtigkeit als Fairneß. Und die Komplexität des Argumentationsverfahrens ermöglicht schließlich, den internen Zusammenhang von egalitärem Ideal und Prinzipien der Gerechtigkeit als Fairneß unmittelbar mit den Entscheidungs- und Handlungssubjekten des Urzustands in Beziehung zu setzen. Denn Rawls muß aufgrund der Einbeziehung der an der Entscheidungssituation Beteiligten keine Anleihen bei einem externen Standpunkt bzw. einem idealen Beobachter machen und kann darüber hinaus Bestimmungen abstrakter Impersonalität vermeiden, die er einem externen Standpunkt bzw. Nützlichkeitserwägungen folgenden Universalisierungen als schwerwiegenden Beweisfehler unterstellt.[14] Für Rawls ist Unparteilichkeit kein Neutralitätsprinzip, sondern immanenter Bestandteil des moralischen Standpunkts.

Die systematische Struktur des gerechtigkeitstheoretischen Unparteilichkeitsbegriffs wird von Rawls durch die Unterscheidung zwischen dünnem und dichtem Schleier des Nichtwissens[15] präzisiert, um dadurch nicht zuletzt auch Mißverständnisse hinsichtlich des methodischen Verfahrens auszuräumen. Ein unparteiischer Standpunkt ist bereits mit einem dünnen Schleier konstruierbar; durch ihn können solange sukzessiv Informationen über die soziale Stellung, natürliche Eigenschaften, persönliche Ziele usw. ausgeblendet werden, bis schließlich keine Möglichkeit mehr besteht, daß partikulare Bestimmungen zu Ungleichheiten in der Behandlung und Stellung von Personen führen. Der dünne Schleier des Nichtwissens wäre insofern ausreichend für einen Standpunkt, der Unparteilichkeit durch den Ausschluß von Möglichkeiten der Vorteilsnahme gewährleisten will. Die von Rawls vertretene Position des dichten Schleiers des Nichtwissens ist konstruktiver angelegt und geht methodisch den umgekehrten Weg. Während der dünne Schleier nicht zwangsläufig Einzelinformationen ausschließt, läßt der dichte Schleier solche vom Ansatz her erst gar nicht zu. Unter den Bedingungen des dichten Schleiers werden zunächst alle Informationen abgedeckt, um dann gerade so viel Wissen auf Seiten der Entscheidungssubjekte im Urzustand zuzulassen, daß eine wohlüberlegte und faire Übereinkunft zustande kommen kann, – was im übrigen nur dadurch möglich ist, daß die allgemeinen Umrisse öffentlicher Fairneß- und Gerechtigkeitsvorstellungen implizit immer schon vorausgesetzt werden.

Rawls' Unparteilichkeitsgedanke und die Prinzipien der Gerechtigkeit sind in systematischer Hinsicht intern aufeinander bezogen. Unparteilichkeit wird einerseits als immanenter Bestandteil moralischer Verhaltensweisen ausgewiesen. Der unparteiische Blick in den sozialen Raum ermöglicht, unbezüglich von Selbstinteresse den Gerechtigkeitsprinzipien gemäß zu urteilen und zu handeln. Weil der Unparteilichkeitsgedanke andererseits aber nur im Einklang mit öffentlich geteilten Gerechtigkeitsvorstellungen gedacht werden kann, verbirgt sich hinter Rawls' Konstruktion nichts anderes als der gesellschaftlich vermittelte moralische Standpunkt. In dieser Begriffskonstellation findet Rawls' methodischer Ansatz, moralphilosophische Probleme in erweiterter sozialphilosophischer Perspektive zu lösen, letztlich seine konkrete Ausformung.

4. Personalität und Gegenseitigkeit

Es kennzeichnet Rawls' moralphilosophische Position, daß sie dem Begriff der Person neben dem der wohlgeordneten Gesellschaft und der Konstruktionsbestimmung des Urzustands die zentrale Rolle zuweist. Der Personenbegriff erfährt bei Rawls allerdings unterschiedliche Akzentuierungen, die mit Modifikationen der Gerechtigkeitstheorie nach dem Erscheinen von *A Theory of Justice* zusammenhängen. Diese Modifikationen sind vor allem für Fragestellungen und Standortbestimmungen der gegenwärtigen normativen politischen Philosophie von Bedeutung, die moralphilosophische Ausgangssituation der Gerechtigkeitstheorie betreffen sie zunächst nur mittelbar. Ein systematisch überaus anspruchsvoller Ausdruck der Neubestimmungen Rawls' ist die 'Dewey lecture' *Kantian Constructivism in Moral Theory*. Über das Ausmaß der Modifikationen der Gerechtigkeitstheorie wird in der Forschung noch gestritten. Wenn man wohl auch nicht von Revisionen sprechen kann, so hat Rawls doch seine begründungs- und geltungstheoretischen Ziele erkennbar zurückgenommen.[16] Die in der Gerechtigkeitstheorie herausgearbeiteten Grundsätze sollen nicht länger den Status prinzipieller Geltung haben, vielmehr werden sie in eine eingeschränktere konstruktivistische Perspektive gestellt, die der Intention nach auf Kant zurückgeht und sich vor allem an einer spezifischen Interpretation des kantischen Ideals der Person orientiert.[17]

Auch wenn sich die argumentativen Modifikationen und Neubestimmungen moralphilosophisch nur mittelbar auswirken, wird die Ausgangslage der Rekonstruktion der moralphilosophischen Implikationen von Rawls' Gerechtigkeitstheorie zusätzlich kompliziert. Denn anders als in den moralphilosophisch akzentuierten Analysen von *A Theory of Justice* wird der Personenbegriff nunmehr stärker in begründungstheoretische Argumentationskontexte einbezogen. Das führt zu einer zusätzlichen Verschränkung von genuin moralphilosophischen und begründungstheoretischen Perspektiven, der in der rekonstruierenden Darstellung nur durch sparsame Schwerpunktsetzungen, die Rawls' Argumentationsmodifikationen sehr distanziert folgen, begegnet werden kann. Im Fall des Personenbegriffs kommt erschwerend hinzu, daß dieser seit den Anfängen seiner systematischen Geschichte in der Philosophie der Neuzeit semantisch notorisch unübersichtlich ist. Diese Unübersichtlichkeit erstreckt sich bis heute gleichermaßen auf die Bereiche der theoretischen und praktischen Philosophie. Es kann jedoch als unkontrovers gelten, daß die Fähigkeit von Personen, im sozialen Raum praktische Selbstverhältnisse initiieren zu können, zu den wesentlichen Aspekten personaler Existenz gehört bzw. gehören soll. Und es ist dieser allgemeine Sinn von Personalität, an dem sich Rawls in seinen moralphilosophischen und moralpsychologischen Analysen vorrangig orientiert, zumal die methodischen Vorgaben der Gerechtigkeitstheorie zwangsläufig praktische Selbstverhältnisse in den Vordergrund rücken lassen. Obwohl Rawls in diesem Zusammenhang bedeutungstheoretische Probleme keineswegs verkennt, wendet er sich weitergehenden Fragen nach der Semantik des Begriffs der Person, wie sie insbesondere in der Analytischen Philosophie vorherrschend sind, nicht zu.

In Rawls' Gerechtigkeitstheorie werden unterschiedliche Reflexionsstandpunkte argumentativ eingesetzt: der Standpunkt der Unparteilichkeit im Urzustand, der rationale Standpunkt in einer wohlgeordneten Gesellschaft sowie der Standpunkt freier und gleicher Personen im sozialen Raum.[18] Diese Differenzierungen komplizieren Rawls' personalitätstheoretischen Ansatz beträchtlich und sind immer wieder Anlaß für Mißverständnisse und Fehldeutungen gewesen. Es wird übersehen, daß der Großteil der von Rawls eingesetzten personalitätstheoretischen und moralphilosophischen Terminologie sich nicht unmittelbar auf die faktische Existenz von Personen beziehen läßt. Personalitätstheoretisch verfolgt Rawls eine indirekte Argumentationsstrategie, und es muß beachtet werden, daß die gerechtigkeitstheoretischen Bestimmungen von strikt rationaler Autonomie,[19] die der Konstruktion nach etwa im Urzustand vorliegen, keine faktischen Selbstbestimmungsprozesse bezeichnen. Prozesse personalen Lebens können mit derartigen gerechtigkeitstheoretischen Konstruktionen nicht beschrieben werden.

Aufgrund der formalen Ausrichtung des konstruktivistischen und kontraktualistischen Ansatzes der gerechtigkeitstheoretischen Argumentationen Rawls' scheinen sich Perspektiven für die Beantwortung von Fragen nach dem personalen Leben nicht zu eröffnen, zumal er trotz einer Vielzahl von moralpsychologischen Erklärungsversuchen erkennbar keinen deskriptiven Intentionen nachhängt. Rawls orientiert sich vielmehr formal an dem kantischen Modell praktischer Selbstverhältnisse, und es ist dieses Modell, das den Weg für eine gerechtigkeitstheoretische Beantwortung von Fragen nach dem personalen Leben freigibt.

Der personalitätstheoretische Kantianismus ist durch die These gekennzeichnet, daß der Sinn der Existenz von Personen darin besteht, als moralisches Subjekt nach Grundsätzen der Vernunft handeln zu können und handeln zu sollen. Diese Gedankenfigur findet sich in modifizierter Form auch bei Rawls. Personalität ist ihm zufolge durch zwei Eigenschaften ausgezeichnet: durch den Gerechtigkeitssinn und die vernünftige Vorstellung vom Guten. Der Gerechtigkeitssinn zeigt sich in der Intention, nach Gerechtigkeitsgrundsätzen handeln zu wollen, und die Vorstellung vom Guten manifestiert sich in einem vernünftigen Lebensplan. Während der Versuch, Personalität generell durch Rationalität zu definieren, erkennbar an Kant ausgerichtet ist, enthalten die Begriffe des vernünftigen Lebensplans und des Gerechtigkeitssinns wichtige argumentative Weiterentwicklungen des kantischen Grundmodells; sie betreffen zum einen die Struktur der moralischen Einheit der Person über die Zeit hinweg, zum anderen die personale Bedeutung von Anerkennungs- und Gegenseitigkeitsverhältnissen.

In Rawls' argumentativer Orientierung an einem vernünftigen Lebensplan und den unter Bedingungen der Gerechtigkeitsprinzipien stehenden Handlungen zeigt sich eine personalitätstheoretische Reduzierung auf den Aspekt der *moralischen* Person.[20] Hierin mag man zunächst eine Begrenzung der theoretischen Reichweite sehen. Die

Pointe der Argumentationen Rawls' besteht jedoch darin, daß durch diese Eingrenzung die konstruktive Reichweite der Analysen erhöht werden soll. Rawls fragt nicht nach den Grenzen der moralischen Person, sondern danach, wie weit der *Begriff* der Person unter formalen Bedingungen reichen kann.

Die planvolle Gestaltung des personalen Lebens muß vor dem Hintergrund von Werten und Zielsetzungen durchgeführt werden, die in hohem Maße kontextabhängig sind. Die Kontextabhängigkeit der Einstellungen und Handlungen geht auf vielerlei Weise in die jeweiligen Handlungssituationen ein. Sie betreffen im wesentlichen die Eigenschaften und Einstellungen, die vom Schleier des Nichtwissens verdeckt worden sind. Das Leben von Personen kann denn auch nicht in einem buchstäblichen Sinne nach einem Plan gelebt werden. Der Lebensplan ist kein feststehender Aufriß, an dem die Abläufe des Lebens unmittelbar ausgerichtet werden können. Selbst die letzten Zielsetzungen eines Lebensplans sind veränderbar und müssen verändert werden, wenn sie mit egalitären Freiheits- und Gleichheitsprinzipien in Konflikt stehen.[21] Der Lebensplan kann daher weder als einheitliches bzw. vereinheitlichendes Ziel, unter das alle partikularen Zielsetzungen und Handlungsepisoden subsumierbar sind, noch als abstrakter sozialer Nullpunkt, von dem aus das jeweilige Leben seinen Ausgang nehmen könnte, begriffen werden. Eine Person findet im sozialen Raum vielmehr immer schon spezifische Formationen verschiedener normativer Grundmodelle vor, an denen sie sich in ihrem Entwicklungsgang jeweils orientieren wird; und in diese Orientierungen gehen wiederum die kontingenten Bedingungen ein, unter denen eine Person ihr Leben zu führen hat.

Der Lebensplan ist eine normative Perspektive, die nur der Tendenz nach realisiert werden kann. Aber von dieser Tendenz hängt für Rawls die moralische Qualität des jeweiligen personalen Lebens ab. Ein Lebensplan ist ihm zufolge dann vernünftig, wenn er "mit abwägender Vernunft ["deliberative rationality"] im Sinne der vollständigen Theorie des Guten gewählt werden würde."[22] Aufgrund des Vorrangs, den Rawls dem Rechten vor dem Guten einräumt, ist die Wahl der Vorstellung vom Guten gerechtigkeitstheoretisch von vornherein eingegrenzt: die vernünftige Wahl des Guten kann nur in der Perspektive der Vorstellung des Rechten erfolgen.[23] Und die Vorstellung vom Rechten soll schließlich imstande sein, die praktische Einheit der Person über die Zeit hinweg zu konstituieren, die sich nach Rawls in der Einheitlichkeit ihres Plans zeigt. Die Zielsetzungen des vernünftigen Lebensplans können zwar nur schrittweise umgesetzt werden, "doch man kann im Rahmen der Gerechtigkeit einen Lebensplan aufstellen und befolgen und dadurch die Einheit der Persönlichkeit herstellen".[24]

Der interne Zusammenhang zwischen vernünftigem Lebensplan und Begriff des Guten als dem Vernünftigen wird bei dem Phänomen der Selbstachtung, die Rawls zum wichtigsten Grundgut zählt, konkret greifbar. Von dem Maß an Selbstachtung hängt ab, inwieweit eine Person ihr Leben für sinnvoll hält. Sie muß für sich das Bewußtsein haben, daß es von Bedeutung ist, die eigene Vorstellung vom Guten und den daraus hervorgehenden Lebensplan zu verwirklichen. Dieses Bewußtsein muß zudem durch Anerkennungsverhältnisse seitens anderer Personen gestützt werden, das heißt, die sich mit dem jeweiligen Lebensplan verbindende Selbstachtung muß eine direkte Entsprechung in der Achtung des moralischen Werts durch andere Personen haben. Allerdings sind den Anerkennungsverhältnissen anderer Personen enge Grenzen gesetzt, denn die durch derartige Verhältnisse gestützte Selbstachtung muß sich faktisch in einem bestimmten sozialen Kontext vollziehen, der durch Mittel formiert wird, die eben nicht ausschließlich moralisch bestimmt sind, und in letzter Konsequenz werden sich Personen unter den Bedingungen einer Konkurrenzgesellschaft in ihrem Streben nach externen Anerkennungsverhältnissen als Gegner gegenüberstehen.

Der vernünftige Lebensplan setzt eine spezifische Konzeption der praktischen Einheit der Person über die Zeit hinweg voraus.[25] Handlungsgeschichten sind dieser Konzeption nach so anzulegen, daß in der Zukunft kein grundsätzliches Revisionsbedürfnis auftritt: "Die Person zu einer Zeit darf sich gewissermaßen nicht über die Handlungen der Person zu einer anderen Zeit beklagen können."[26] Weil jede Handlungsgeschichte auch in zeitlicher Hinsicht kontingenten Bedingungen unterworfen ist, wird es über die Zeit hinweg nicht möglich sein, einem völlig durchrationalisierten Lebensplan nachzugehen. Eine Person sollte aber dennoch für sich die Maxime erheben, nach den besten Gründen zu handeln, die zum jeweiligen Zeitpunkt ersichtlich sind. Wesentliches Element des Ausschlusses des Revisionsbedürfnisses im vernünftigen Lebensplan ist der Sachverhalt, daß es keine vernünftigen Gründe für die Bevorzugung eines kontingenten Zeitabschnitts geben kann.[27] Die Bevorzugung betrifft in aller Regel die unmittelbare Gegenwart; die Vermeidung des Revisionsbedürfnisses kann sich aber genausogut gegen eine einseitige Ausrichtung des Lebens auf ferne zukünftige Möglichkeiten richten, mit der in der Gegenwart Lebenschancen ausgelassen werden, die in der Zukunft nicht mehr kompensiert werden können.

Insgesamt läßt sich Rawls' moralphilosophische und personalitätstheoretische Grundsatzthese dahingehend zusammenfassen, daß ein notwendiger Zusammenhang zwischen einem vernünftigen Lebensplan und der Einheit der Person über die Zeit hinweg herrscht. Wer sich nicht als in der Zeit ausgedehnte Person begreift, die ihr Leben in der Perspektive von Vernunftgründen führen kann und führen sollte, muß zukünftige eigene Bedürfnisse und die anderer Personen zwangsläufig mißachten und wird deshalb moralisch unverantwortlich handeln.

Rawls' Argumentationen zum Personenbegriff werden entscheidend von Gegenseitigkeitsmodellen bestimmt. Gegenseitigkeits- bzw. Wechselseitigkeitsverhältnisse konstituieren die praktische Einheit der Person bereits in der subjektiven Perspektive. Im personalen Leben kann die zukünftige Person um ihrer Einheit willen Rücksicht von der gegenwärtigen Person erwarten, und entsprechende Verhältnisse bestehen auch zwischen der vergangenen und der gegenwärtigen Person. Das für Rawls zentrale Gegenseitigkeitsmodell ist jedoch dasjenige, das zwischen verschiedenen Personen herrscht. Der Schritt vom 'Selbst zum Anderen' erfolgt bei Rawls im Rahmen der Beantwortung der Frage, gegenüber wem man zur Gerechtigkeit verpflichtet sei. Dabei findet das gerechtigkeitsethische Gleichheitsprinzip in dem Begriff des Gerechtigkeitssinns seine moralpsychologische Entsprechung, denn Rawls zufolge ist man denen gegenüber zur Gerechtigkeit verpflichtet, "die die Fähigkeit zum Gerechtigkeitssinn ["sense of justice"] besitzen."[28] Unter dem Gerechtigkeitssinn versteht Rawls das Vermögen, aus Gründen zwischen gerecht und ungerecht differenzieren zu können, und die sich in diesem Vermögen manifestierende Gerechtigkeitsvorstellung ist für ihn die erste moralische Bestimmung, die sich entwickelt, wenn die engen Grenzen des Eigeninteresses überschritten werden.

In dem Begriff des Gerechtigkeitssinns konvergieren die zentralen Argumentationsperspektiven der Philosophie der Person und der Theorie der Gerechtigkeit als Fairneß. Für Rawls liegt in der Bedeutung des Begriffs der Person, daß Personen sich gegenseitig als zumindest potentiell vernünftige Individuen mit gleichen oder ähnlichen Interessen, Eigenschaften und Möglichkeiten wahrnehmen. Und die wechselseitige Anerkennung von Prinzipien sozialer Einstellungen und Verhaltensweisen durch freie und gleiche Personen, die keine moralische Autorität übereinander haben, weist den Begriff der Gegenseitigkeit als die wesentliche Voraussetzung der Gerechtigkeit als Fairneß aus. Die Verhaltensweisen von Personen in dem durch Institutionen und Kooperationsformen bestimmten sozialen Raum sind demnach dann ungerecht, wenn sie nicht mit Prinzipien in Einklang stehen, die auch andere Personen in freier Entscheidung anerkennen würden. Aufgrund dieser generellen gerechtigkeitsethischen Vorgabe wird der Personalitätsstatus von moralischen Verhaltensweisen abhängig gemacht, die durch gegenseitige Anerkennungsverhältnisse formiert sind. Personen qua *moralischer* Personen sind darauf festgelegt, im voraus Prinzipien anzuerkennen, die auf den eigenen Fall genauso wie auf Fälle anderer Personen angewandt werden müssen. Demnach kann Moralität nicht ohne Vorstellungen von Gegenseitigkeit bzw. Gerechtigkeit zustande kommen: "Wer keinen Gerechtigkeitssinn hat, dem fehlen bestimmte grundlegende Einstellungen und Fähigkeiten, die unter den Begriff der Menschlichkeit fallen."[29] Der Gerechtigkeitssinn und die in ihm enthaltenen Gegenseitigkeitsverhältnisse sind daher als die fundamentalen Aspekte personalen Lebens anzusehen.

5. 'Moral Sense' und Gerechtigkeitsprinzipien

Die methodischen Strukturen der Gerechtigkeitstheorie sind überaus komplex und insgesamt nur schwer zu übersehen. Deutlich sind aber Abgrenzungen zu herkömmlichen moralphilosophischen Projekten. Vor allem im Unterschied zu apriorischen Ansätzen – und damit auch den generellen kantianischen Tendenzen der Gerechtigkeitstheorie entgegen – folgt Rawls in ausdrücklicher Bezugnahme auf traditionelle 'moral sentiment'-Theorien vorderhand moralpsychologischen Intentionen, die allerdings keine Entsprechung in konkreten und vollständigen moralpsychologischen Bestandsaufnahmen finden. Wenn Rawls davon spricht, eine Beschreibung des moralischen Bewußtseins bzw. Gefühls liefern zu wollen, dann ist das in einem strukturellen und systematischen, nicht im vordergründig deskriptiven Sinne zu verstehen.[30]

Weil Rawls die allgemeinen Vorstellungen von Personalität und sozialer Kooperation nicht an der Oberfläche der Sozialverhältnisse herausarbeiten kann, muß er sie in methodischer Hinsicht als 'tiefe Tendenzen' auffassen und in konstruktiven Analysen identifizieren, – systematisch steht die Gerechtigkeitstheorie transzendentalphilosophischen Verfahrensweisen daher ersichtlich näher als moralpsychologischen Ansätzen. Aufgrund dieser konstruktiven Aufgabenstellung herrscht in Rawls' Position methodisch ein Spannungsverhältnis zwischen den Entscheidungsperspektiven der Alltagserfahrung und den normativen Bestimmungen, die in der Gerechtigkeitstheorie herausgearbeitet werden bzw. herausgearbeitet werden sollen. Von den normativen Bestimmungen der Gerechtigkeitstheorie erwartet Rawls über prinzipientheoretische Erklärungen hinaus auch revisionäre Wirkungen auf die Entscheidungssituationen der Alltagserfahrung. Damit stellt sich ein komplexes Explikationsverhältnis ein: Die normativen Bestimmungen sollen an den moralischen Urteilen der Alltagserfahrung ihre faktische Bestätigung finden, ihnen eine systematische Interpretation geben und sie schließlich in Richtung auf gerechte Einstellungen modifizieren und korrigieren. Für die Darstellung dieses Sachverhaltes führt Rawls den Begriff des Überlegungsgleichgewichts ["reflexive equilibrium"] ein, das der Intention nach einen Ausgleich zwischen intuitiven Einstellungen und Urteilen auf der einen und Moralitäts- und Gerechtigkeitsprinzipien auf der anderen Seite herstellt. Dieser Ausgleich wird nur als Annäherung erfolgen können; in den alltäglichen Entscheidungssituationen kann keine in sich ruhende Balance zwischen faktischen Einstellungen und moralphilosophischen Prinzipien erwartet werden, denn die Entscheidungssituationen des personalen Lebens vollziehen sich unter kontingenten Bedingungen, in deren Licht die Prinzipienangleichung immer wieder neu zu erfolgen hat, – was auch zu Modifikationen im Verständnis der Prinzipien führen kann.

Den Ausgleich zwischen 'moral sense' und moralphilosophischen Prinzipien stellt sich Rawls konkret so vor, daß die in der Alltagserfahrung offensichtlich vorhandenen Vorstellungen vom Guten und Gerechten, die in der Regel aber nur intuitiv und begrifflich unkonturiert vorliegen, auf die sichere Ebene prinzipieller Bewertungen erhoben und gegebenenfalls revisionären Korrekturen unterzogen werden. Der herzustellende Ausgleich muß als ein Gleichgewicht der Überlegung begriffen werden, das nur durch das Bewußtsein der Voraussetzungen und Implikationen moralischer Urteile zustande kommen kann. Rawls weist der Moralphilosophie insgesamt die Aufgabe zu, den 'moral sense' zu schärfen und seine Entscheidungswelt strukturell zu systematisieren und damit auch zu vereinfachen. Nach Rawls ist dieses Explikationsverhältnis auch an der Grundsatzthese der Gerechtigkeitstheorie ablesbar, der zufolge Freiheit, Gleichheit und Gerechtigkeit unveräußerliche Bestimmungen sind, die unter keinen Umständen funktionalisiert und relativiert werden dürfen: Die Auffassung, daß die Grundrechte einzelner Personen nicht gegen irgendwelche Vorstellungen vom Allgemeinwohl oder Gesamtnutzen aufrechenbar sind, gehört zum intuitiven Überzeugungsbestand des 'moral sense', sie muß in der Gerechtigkeitstheorie explikativ entfaltet werden und wird keineswegs durch sie erst eingeführt.

Die eigentümlichen methodischen Verfahrensweisen seiner Gerechtigkeitstheorie hat Rawls selbst so gedeutet, daß die zentrale These von der Gerechtigkeit als Fairneß eindeutig den argumentativen Fluchtlinien der Philosophie Kants folge. Das Verhältnis Rawls zu Kant ist jedoch überaus vielschichtig und kann nicht auf eine derartig einfache Formel gebracht werden.[31] Kantianische Tendenzen lassen sich in einer Vielzahl grundsätzlicher Positionen der Gerechtigkeitstheorie nachweisen, auffällig ist aber Rawls' bereitwillige Aufnahme utilitaristischer Methoden und Problemstellungen, so daß die Frage naheliegend ist, inwieweit er nicht schon unterderhand der Begriffs- und Argumentationswelt des Utilitarismus erlegen ist, – eine Frage, die sich insbesondere im Zusammenhang mit der vom kantischen Standpunkt nur schwer nachvollziehbaren extensiven Behandlung entscheidungstheoretischer Probleme aufdrängt.[32]

6. Utilitarismuskritik, Kantianismus und philosophischer Liberalismus

Das konturierte theoretische Profil in der Gegenwartsphilosophie hat Rawls' Position aus der radikalen Kritik am Utilitarismus gewonnen.[33] Die Gegenposition zum Utilitarismus ist vor allem im egalitären Ideal und im Gerechtigkeitsbegriff begründet. Denn anders als in utilitaristischer Theorieperspektive sind für Rawls die Gleichheit von Personen und die notwendige interpersonale Gegenseitigkeit von Gerechtigkeitsvorstellungen argumentativ irreduzible Bestimmungen. An den Grundlagen des Utilitarismus beklagt er vor allem die Indifferenz gegenüber den internen Strukturen des individuellen personalen Standpunkts. Weil der Utilitarismus im wesentlichen konsequentialistisch und teleologisch ausgerichtet ist, muß er die einzelne Person als in Zweck-Mittel-Relationen prinzipiell funktionalisierbar begreifen. Während der Blick des Utilitaristen auf das Allgemeinwohl oder den allgemeinen Nutzen gerichtet ist, konzentriert sich Rawls stärker auf die Gerechtigkeit gegenüber dem individuellen Standpunkt von Personen und den damit gesetzten Selbstbestimmungsansprüchen.

Rawls wirft dem Utilitarismus vor, daß seinen erkennbaren individualistischen Zielsetzungen die konsequente theoretische Ausführung fehle. Wenn die Strukturen individueller Entscheidungssituationen einfach auf das Ganze der Gesellschaft übertragen werden, bedeute das keine Erweiterung der Entscheidungsprinzipien einzelner Personen, sondern die Aufhebung der individuellen Entscheidungskompetenz. Es ist für Rawls in diesem Zusammenhang ein signifikanter Umstand, daß utilitaristische Ansätze in legitimatorischer Absicht Zuflucht zur Konstruktion eines idealen unparteiischen Beobachters suchen, der mit Vernunft und Mitgefühl die gesamtgesellschaftliche Entscheidungslast tragen soll. Der Freiheit und Gleichheit von Personen wird man aber nicht dadurch gerecht, daß man sie einer Gleichbehandlung unterzieht, vielmehr müsse man ihrer Ungleichheit Rechnung tragen. Die einzelnen Personen sind in nicht verallgemeinerbarer Weise verschieden und voneinander abgegrenzt, und ihnen kann man nur dadurch gerecht werden, daß man der Individualität und Verschiedenartigkeit ihrer Standpunkte gerecht wird: Der gerechtigkeitsethische Gleichheitsgedanke ist der Gedanke von der Gleichheit der Verschiedenen *als* Verschiedene.

Die Gleichheit der Verschiedenen als Verschiedene kann in konsequentialistischen oder teleologischen Theorien explikativ nicht erfaßt werden, weil diese vom Ansatz her die interne Struktur des individuellen Standpunkts ausklammern bzw. ausklammern müssen. Exemplarisch für solche Vorgehensweisen ist die Gesamtnutzenkalkulation des Utilitarismus, die sich nach einem Wert an sich richtet und bei der allenfalls von nachrangiger Bedeutung ist, worauf sich die Interessen und Bedürfnisse beziehen. Gegen derartige theoretische Positionen entwickelt Rawls seine Gerechtigkeitskonzeption als deontologische Theorie, die für ihn dadurch ausgezeichnet ist, entweder das Gute nicht unabhängig vom Rechten oder das Rechte nicht als Maximierung des Guten zu bestimmen.[34] Rawls' Kennzeichnung der deontologischen Theorie muß als eine 'weiche' Definition gelten. Bekanntlich beruhen deontologische Theorien auf einer rigiden Auslese moralischer

Bestimmungen *sui generis*, die über die semantische Ausdifferenzierung des Rechten und Guten weit hinausgeht. Der deontologische Grundzug der Gerechtigkeitstheorie zeigt sich aber deutlich in dem Vorrang, den sie dem Rechten gegenüber dem Guten einräumt, und hier weiß sich Rawls zurecht in unmittelbarer sachlicher Nähe zu Kant. Rawls deutet Kant in diesem Zusammenhang entschieden konstruktivistisch – ablesbar vor allem an der 'Dewey lecture' – und will damit nicht zuletzt die vielen umstrittenen Argumentationskomplexe umgehen, die mit der dualistischen Grundstruktur der kritischen Philosophie Kants zusammenhängen; die perspektivische Deutung nimmt Rawls bewußt in Kauf, geht es ihm doch weniger um Werktreue als um eine systematische Standortzuweisung. Auch wenn die Entsprechung zu Kants Position nur 'analogisch' verstanden werden kann, steht die Konzeption von der Gerechtigkeit als Fairneß keiner anderen Moralphilosophie in der philosophischen Tradition näher.

Der Kantianismus der gegenwärtigen Moralphilosophie läßt sich von dem zentralen kantischen Gedanken leiten, daß einer Person aufgrund ihrer Vernunftbestimmtheit metaphysische Dignität zukomme, die in keinerlei Hinsicht von ihr selbst oder von anderen Personen relativiert werden darf. Anders als etwa in utilitaristischen Unparteilichkeitsmodellen kann in kantischer und kantianischer Perspektive Unparteilichkeit den moralischen Status der einzelnen Person nicht überdecken. Und es ist dieser Gedanke, der bei Rawls seine exemplarische Interpretation in der systematischen Konstruktion des Zusammenhangs zwischen einer spezifischen Konzeption der moralischen Person und den Prinzipien der Gerechtigkeit findet. Auf diese Weise sollen gerechtigkeitsethisch die Spannungsverhältnisse gelöst werden, die sich zwischen einem personalen Standpunkt auf der einen und dem moralischen Erfordernis der Unparteilichkeit auf der anderen Seite aufbauen.

Die Irreduzibilität des Personenstatus' findet ihren sozialphilosophischen Ausdruck in der gemeinhin mit Rawls verbundenen und vom neueren philosophischen Liberalismus[35] generell geteilten These, daß soziale Institutionalisierungen und politische Machtverhältnisse an der moralischen Dignität der Einzelnen ihre Grenzen haben müssen. Der philosophische Liberalismus kann denn auch nicht unmittelbar mit dem politischen Liberalismus identifiziert werden, denn sein theoretisches Profil gewinnt er durch die Exposition der Bedingungen der Möglichkeit gesellschaftlicher Selbstbestimmung in der Perspektive der einzelnen Person, und aus dieser kriteriellen Exposition ergeben sich nicht zwangsläufig Optionen für bestimmte gesellschaftliche Organisationsformen im Sinne des politischen Liberalismus.[36] Auch wäre es verkürzt, den philosophischen Liberalismus ausschließlich individualistisch zu deuten. Er stellt zwar nachdrücklich heraus, daß die Irreduzibilität von Freiheit und Gleichheit der Einzelnen ein Höchstmaß an Selbstbestimmung im sozialen Raum zur Folge haben muß, die gesellschaftliche Perspektive personaler Existenz kann und will er gleichwohl nicht argumentativ ausgrenzen. In moralphilosophischer Hinsicht ist der Liberalismus eine Theorie, die den moralischen Status der Person in der Gesellschaft als unantastbar ausweist. Das sozialphilosophische Konzept des politischen Liberalismus, dem Rawls erkennbar nachgeht, versucht darüber hinaus diesen Status in entscheidungs- und legitimationstheoretischen Verfahrensweisen zu konkretisieren. Philosophischer und politischer Liberalismus sind jedoch gleichermaßen dem Vorbehalt ausgesetzt, daß sie Ungleichheiten zu formal behandeln und sich deren tieferen Ursachen nicht entschieden genug zuwenden. Trifft dieser Vorbehalt, der zurecht gegen den politischen Liberalismus erhoben wird, auch auf den philosophischen Liberalismus zu, dann ist ihm vorzuwerfen, daß sein Egalitarismus nicht egalitär genug ist.

Anmerkungen

1 Die nähere Bestimmung der Eigenständigkeit der Moralphilosophie bleibt bei Rawls allerdings unklar. Auffällig ist zudem seine Unterscheidung zwischen Moralphilosophie und Theorie der Moral im engeren Sinne, auf die sich seine systematischen moralphilosophischen Interessen konzentrieren; siehe Rawls 1975a, S. 65ff. und Rawls 1975d, S. 5: "I distinguish between moral philosophy and moral theory; moral philosophy includes the latter as one of its main parts. Moral theory is the study of substantive moral conceptions, that is, the study of how the basic notions of the right, the good, and moral worth may be arranged to form different moral structures."

2 Zum folgenden siehe Rawls 1971a, 1975a, 1980. Verschiebungen in Rawls' gerechtigkeitstheoretischer Position werden im Abschnitt 4 angesprochen.

3 Zur Kritik an Rawls' Begriff der Verfahrensgerechtigkeit siehe Tugendhat 1984, S. 27f.

4 Rawls 1992, S. 98.

5 Rawls 1975a, S. 23.

6 Rawls 1975a, S. 81; vgl. Rawls 1977a, S. 128f., Rawls 1992, S. 160.

7 Rawls unterscheidet zwischen einer schwachen und einer vollständigen Theorie des Guten. Während sich die schwache Theorie nach den methodi-

schen Erfordernissen der Urzustandskonstruktion richtet, sollen alle weitergehenden Bestimmungen des Guten, die mit der faktischen Stellung von Gerechtigkeitsprinzipien im sozialen Raum zusammenhängen, in der vollständigen Theorie dargelegt werden; siehe Rawls 1975a, S. 434ff.

8 Rawls will den Urzustand gleichwohl nicht als moralitätsfreien Raum verstanden wissen; siehe Rawls 1975a, S. 152ff., 628.

9 Eine kritische Bewertung von Rawls' Version des moralischen Standpunkts findet sich bei Tugendhat 1984, S. 24ff.

10 Hinter diesem egalitären Ideal treten begründungstheoretische Fragen zum kontraktualistischen Verfahren zurück. Für die egalitaristische Zielsetzung ist es letztlich unerheblich, daß der Vertrag im Urzustand kein wirklicher Vertrag sein kann; vgl. Dworkin 1984, S. 253, 293ff.

11 Rawls 1975a, S. 555.

12 Vgl. Dworkin 1984, S. 301.

13 Siehe Rawls 1975a, S. 211ff., Rawls 1992, S. 127f. Eine Kritik an Rawls' Unparteilichkeitsgedanken findet sich bei Tugendhat 1984, S. 28ff. und Höffe 1987, S. 44ff., 83f. Höffe hält die 'ältere Metapher' des unparteiischen und mitfühlenden Beobachters für sachlich angemessener.

14 Siehe Rawls 1971a, S. 190: "The fault of the utilitarian doctrine is that it mistakes impersonality for impartiality." Die deutsche Übersetzung ist an dieser Textstelle sachlich nicht eindeutig; siehe Rawls 1975a, S. 217.

15 Am Unterschied zwischen dünnem und dichtem Schleier des Nichtwissens macht Rawls auch die Differenz zwischen humeschen und kantischen Konstruktivismus in der Moralphilosophie fest; siehe Rawls 1992, S. 127f.

16 Siehe Rawls 1980, 1985, 1987, 1988, 1989; vgl. Ethics 99, Honneth 1991, Kersting 1991.

17 Siehe Rawls 1992, S. 81f.: "Die kantische Form des Konstruktivismus kennzeichnet im wesentlichen dies: sie nimmt einen bestimmten Begriff der Person als Element eines vernünftigen Konstruktionsverfahrens, dessen Ergebnis den Inhalt der obersten Gerechtigkeitsgrundsätze festlegt."

18 Siehe Rawls 1992, S. 105f., 151.

19 Zum Unterschied von 'rational' und 'full autonomy' siehe Rawls 1992, S. 80ff.

20 Der Begriff der Person wird von Rawls dementsprechend als Ideal bestimmt; siehe Rawls 1992, S. 106.

21 Siehe Rawls 1974, S. 641: "... free persons conceive of themselves as beings who can revise and alter their final ends and who give first priority to preserving their liberty in these matters. Hence, they not only have final ends that they are in principle free to pursue or to reject, but their original allegiance and continued devotion to these ends are to be formed and affirmed under conditions that are free."

22 Rawls 1975a, S. 608.

23 Rawls will den Vorrang des Rechten vor dem Guten allerdings nicht – wie oftmals unterstellt wird – in einem eliminativen Sinne verstanden wissen; siehe Rawls 1992, S. 365: "... die Gerechtigkeit zieht die Grenze, das Gute setzt das Ziel. Daher ergänzen sich das Rechte und das Gute, und der Vorrang des Rechten bestreitet das nicht."

24 Rawls 1975a, S. 608. In der deutschen Übersetzung werden 'self' und seine semantischen Äquivalente, soweit sie nicht unmittelbar mit dem Personenbegriff zusammenfallen, mit 'Persönlichkeit' übersetzt.
25 Vgl. Nagel 1970, S. 57ff.
26 Rawls 1975a, S. 461.
27 Siehe Rawls 1975a, S. 459: "Die bloße Stellung in der Zeit, die Entfernung von der Gegenwart ist kein Grund für die Bevorzugung eines Zeitpunktes gegenüber einem anderen. Zukünftige Ziele sollen kein geringeres Gewicht haben, bloß weil sie in der Zukunft liegen, aber natürlich dann, wenn ihre Beziehungen zu anderen Dingen Gründe für die Annahme liefern, daß ihre Erfüllung weniger wahrscheinlich sei." Während die willkürliche Zeitpräferenz in individueller Hinsicht eine unvernünftige Lebensführung zur Folge hat, ist sie gesellschaftlich die Ursache für ungerechte Sozialverhältnisse zwischen den Generationen. Denn unter den Bedingungen willkürlicher Zeitpräferenz ziehen die gegenwärtig Lebenden aus ihrer zeitlichen Stellung einen Vorteil gegenüber den nachfolgenden Generationen; siehe Rawls 1975a, S. 327ff.
28 Rawls 1977a, S. 126. Aus dieser These folgt keineswegs, daß man gegenüber Lebewesen, die über keinen Gerechtigkeitssinn verfügen, zu willkürlichen und unmoralischen Handlungsweisen berechtigt wäre; siehe Rawls 1975a, S. 556; 1977a, S. 160f.
29 Rawls 1977a, S. 155.
30 Siehe Anm. 1.
31 Der Grad der Entsprechung von Rawls und Kant gilt immer noch als umstritten; vgl. z.B. die unterschiedlichen Bewertungen in Darwall 1980 und Höffe 1990, S. 306–330.
32 Vgl. Tugendhat 1984, S. 10f.
33 Zum Zeitpunkt des Erscheinens von *A Theory of Justice* war der Utilitarismus im angloamerikanischen Bereich eindeutig die vorherrschende moralphilosophische Position. Mittlerweile hat sich die moralphilosophische Theorielandschaft stärker aufgefächert. Neben Utilitarismus, Kantianismus, Naturalismus und Metaethik sind insbesondere Diskursethik, neoaristotelistische und kommunitaristische Positionen in den Vordergrund gerückt.
34 Siehe Rawls 1975a, S. 48.
35 Vgl. u.a. Ackermann 1980, Dworkin 1978a, 1978b, Nagel 1987, Scanlon 1982, 1986.
36 Daß sich philosophischer und politischer Liberalismus gleichwohl konzeptionell verbinden lassen, ist nicht zuletzt an Rawls' politischer Philosophie erkennbar.

Bibliographie

a) John Rawls
– Justice as Fairness. In: Philosophical Review 67. [dt. in Rawls 1977] 1958.
– The Sense of Justice. In: Philosophical Review 72. [dt. in Rawls 1977] 1963.

– A Theory of Justice. Cambridge/Mass 1971a.
– Justice as Reciprocity. In: Gorovitz, S. (Hrsg.): Mill, Utilitarianism with Critical Essays. New York 1971b.
– Reply to Alexander and Musgrave. In: Quarterly Journal of Economics 88. 1974.
– Eine Theorie der Gerechtigkeit. [Übersetzt von Rawls 1971a]. Frankfurt a.M. 1975a.
– A Kantian Conception of Equality. In: Cambridge Review 96. 1975b.
– Fairness to Goodness. In: Philosophical Review 84. 1975c.
– The Independence of Moral Theory. In: Proceedings and Adresses of the American Philosophical Association 48. 1975d.
– Gerechtigkeit als Fairneß. Freiburg/München 1977a.
– The Basic Structure as Subject. In: American Philosophical Quarterly 14. [dt. in Rawls 1992] 1977b.
– Kantian Constructivism in Moral Philosophy. In: Journal of Philosophy 77. [dt. in Rawls 1992] 1980.
– Justice as Fairness: Political not Metaphysical. In: Philosophy & Public Affairs 14. [dt. in Rawls 1992] 1985.
– The Idea of an Overlapping Consensus. In: The Oxford Journal of Legal Studies 7. [dt. in Rawls 1992] 1987.
– The Priority of Right and the Ideas of Good. In: Philosophy & Public Affairs 17. [dt. in Rawls 1992] 1988.
– The Domain of the Political and Overlapping Consensus. In: New York University Law Review 64. [dt. in Rawls 1992] 1989.
– Die Idee des politischen Liberalismus. Aufsätze 1978–1989. Frankfurt a.M. 1992.

b) Weiterführende Literatur

Ackermann, B.: Social Justice in the Liberal State. New Haven 1980.
Barry, B.: A Treatise on Social Justice. Bd. 1: Theories of Justice. Berkeley 1989.
Daniels, N. (Hrsg.): Reading Rawls. Critical Studies of A Theory of Justice. Oxford 1975.
Darwall, S.L.: Is There a Kantian Foundation for Rawlsian Justice? In: Blokker, H.G. / Smith, E. (Hrsg.): John Rawls' Theory of Social Justice. Athens 1980.
– Impartial Reason. Ithaca 1983.
Dworkin, R.: Taking Rights Seriously. Cambridge, Mass. 1978a (dt.: Bürgerrechte ernstgenommen, Frankfurt a.M. 1984).
– Liberalism. In: Hampshire, S. (Hrsg.): Public and Private Morality. Cambridge 1978b.
Ethics 99: Symposium on Rawlsian Theory of Justice: Recent Developments. 1989, S. 695–944.
Höffe, O. (Hrsg.): Über John Rawls' Theorie der Gerechtigkeit. Frankfurt a.M. 1977.
– Politische Gerechtigkeit. Grundlegung einer kritischen Philosophie von Recht und Staat. Frankfurt a.M. 1987.

– Kategorische Rechtsprinzipien. Ein Kontrapunkt der Moderne. Frankfurt a.M. 1990.

Honneth, A.: Grenzen des Liberalismus. Zur politisch-ethischen Diskussion um den Kommunitarismus. In: Philosophische Rundschau 38. 1991.

Kersting, W.: Die Liberalismus-Kommunitarismus-Kontroverse in der amerikanischen politischen Philosophie. In: Jahrbuch für politisches Denken 1. 1991.

Nagel, T.: The Possibility of Altruism. Oxford 1970.

– Moral Conflict and Political Legitimacy. In: Philosophy & Public Affairs. 1987.

Scanlon, T.M.: Contractualism and Utilitarianism. In: Sen, A. / Williams, B. (Hrsg.): Utilitarianism and Beyond. Cambridge 1982.

– A Contractualist Alternative. In: DeMarco, J.P. / Fox, R.M. (Hrsg.): New Directions in Ethics. New York 1986.

Sen, A. / Williams, B. (Hrsg.): Utilitarianism and Beyond. Cambridge 1982.

Tugendhat, E.: Bemerkungen zu einigen methodischen Aspekten von Rawls' Theorie der Gerechtigkeit. In: ders., Probleme der Ethik. Stuttgart 1984.

Interessenaggregationsethik

Rainer W. Trapp

1. Der systematische und historische Ort des Theoriekerns von Interessenaggregationsethiken (IAE[1]) innerhalb des Spektrums von Ethiktypen

IAE umfaßt einige der theoretisch-formal am detailliertesten ausgearbeiteten Ethikvarianten. Wie sind diese innerhalb des Klassifikationsbaumes aller (bekannteren) Ethiktypen zu lokalisieren? Dies hängt ersichtlich von den jenen Baum gliedernden Kriterien ab. Die hier gewählten streben vor allem dreierlei an: 1) Sie sollen schrittweise zunächst den IAE-Theoriekern aus den *an alternativen Ethikkonzepten empfundenen Defiziten heraus zu entwickeln* erlauben; 2) sie sollen, sodann IAE selbst gliedernd, deren wichtigste Varianten aus jenem Kern heraus zu entfalten sowie 3) dessen *historische* Quellen wenigstens anzudeuten ermöglichen.

Als Gliederungskriterien dienen dabei die Antworten eines Ethiktyps auf allerlei meta- und normativ-ethische, methodische sowie meßtheoretische Fragen, welche sich konsekutiv auf fallenden Allgemeinheitsstufen stellen. Sie begründen jeweils neue Verzweigungen in immer merkmalsreichere Unterformen von Ethiktypen. Vor Erreichung der IAE-Varianten bleibt die Gliederung äußerst grob. Jene Antworten implizieren zugleich, welche *verschiedenen Arten von Information* der jeweilige Ethiktyp M für Einschränkungen des physischen Handlungsspielraumes $H_s = \{h_1,...,h_m\}$ im Situationstyp S auf den nach M in S *zulässigen* Spielraum $M(H_s)$, die *ethische Wahlmenge,* als *ethisch relevant* erachtet. (Neben $M(H_s) \subseteq H_s$ muß, da *Sollen Können* voraussetzt, gelten: $M(H_s) \neq \emptyset$.)

1.1 Die Entwicklung der IAE

Die Antworten auf die allgemeinste Frage: "*Was ist überhaupt ein Träger intrinsischer moralischer Qualität*?" gliedern alle Ethiktypen in zwei reine Hauptformen sowie eine Mischform: 1) Alle sog. reinen *Deontologismus* (= D)-Varianten (als einer von zwei Sonderfällen dessen, was Max Weber *Gesinnungsethik* nannte) antworten: "Allein *Handlungsweisen* selbst sind *ihrer inneren Natur nach* (mehr oder weniger) gut bzw. verboten, erlaubt oder überdies geboten." Alle Informationen darüber, welche speziellen *Folgen* sie in verschiedenen Situationen zeitigen, ist somit ethisch irrelevant. 2) Alle sog. reinen *Konsequentialismus* (= K)-Varianten dagegen sprechen Handlungen per se keinen *intrinsischen*, sondern nur *extrinsischen* (instrumentellen) Wert zu. Erst Handlungen zusammen mit ihren jeweiligen *Folgen* in S, also *handlungsbewirkte Weltverläufe*, entscheiden hier über die moralische Qualität und den deontischen Status einer Handlung. 3) Die genannten *Mischvarianten* von D und K schließlich erkennen einem Kern von Handlungsweisen *intrinsische* Qualität zu, bewerten alle übrigen aber (auch) anhand ihrer jeweiligen Folgen.

Bereits hieraus erhellt, daß ein moralischer Entscheider (= x) als *Konsequentialist* eine komplexere Aufgabe hat als als *Deontologe*. Letzterer muß lediglich seinen jeweiligen *D-Regelkanon* M_D auf für H_s einschlägige Ge- bzw. Verboten hin abfragen, um H_s auf $M_D(H_s)$ reduzieren zu können. Enthält $M_D(H_s)$ nach Anwendung der Verbotsregeln noch mehr als eine *erlaubte, nicht gebotene* Alternative, so kann x frei wählen. Verbleibt dagegen mehr als eine zugleich gebotene Alternative, sollte M_D aus Konsistenzgründen *Prioritätsregeln* enthalten, die $M_D(H_s)$ auf ein einziges Gebot zu verkleinern gestatten. D-Entscheiden setzt mithin nur die Information $SD = \langle H_s, M_D \rangle$ voraus. Zwar ist M_D zumeist ein durch allerlei Auslegungen, Begriffsdifferenzierungen usw., die auf neue Entwicklungen normativ reagieren und M_D nicht eklatant inakzeptabel werden lassen sollen, äußerst umfangreich gewordenes D-Regelsystem. Als Entscheidungsinstrument ist es so deutlich unhandlicher als jedes seiner K-Pendants M_K, die jeweils nur auf einen *einzigen kategorischen Optimierungsimperativ* hinauslaufen. Daß dennoch K-Entscheiden weitaus komplexer ist als D-Entscheiden, liegt daran, daß jene K-Imperative qua *formale* Prinzipien jeweils zahlreiche, je nach Art von M_K verschiedene, *freie Variablen* enthalten, die erst definieren, was M_K unter "Folgenoptimierung" versteht. Diese müssen bei jeder Anwendung in S natürlich durch S-spezifische *Konstanten* ersetzt werden. Letztere konkret zu ermitteln aber ist, falls überhaupt möglich, mitunter äußerst aufwendig. Dies wird ganz besonders für die plausibelsten IAE-Unterformen von K-Ethiken gelten.

Dem insofern begründeten Hinweis auf die Komplexität der M_K-Anwendung hält der Konsequentialist weit relevantere Defizite von D-Ethiken entgegen. Deren erstes liege in der Implausibilität der D-Auffassung, bestimmte Handlungsweisen seien, *ungeachtet ihrer wie auch immer schlimmen Folgen* im Einzelfall, strikt ver- bzw. geboten. Angemessener sei das K-Vorgehen, Handlungen erst anhand ihrer *Folgen* zu bewerten und in hinreichend extremen Umständen selbst Lügen, Stehlen, ja sogar das Töten Unschuldiger zuzulassen, um dadurch schlimmere Folgen, die speziell für IAE etwa in unrechtfertigbaren, gravierenden Schädigungen der Interssen anderer, gleichfalls Unschuldiger lägen, abzuwenden. (Man fingiere etwa, das versehentliche Auslösen eines Atomkrieges durch einen Piloten infolge eines Computerfehlers könne nur durch dessen Abschuß verhindert werden.) Dieses K-Argument begreift, insoweit es von IAE benutzt wird, die Interessen von Betroffenen an den $h\varepsilon H_s$ jeweils als *Interessen an deren Folgen*. Zwar ist diese *K-Fundierung* der IAE-Grundsätze nicht unabdingbar. Es wäre denkbar, i's Interesse an h als allein durch das Maß P(h) der *intrinsischen* Güte von h bestimmt anzusehen. Anzugeben wäre hierzu ein (mindestens *komparatives*) Meßverfahren für letztere. Eine solche Verknüpfung der D- mit der IAE–Grundidee kam jedoch aus gutem Grund nicht zustande. Denn alle bisherigen D-Antworten auf die sich nach der vorigen aufdrängende weitere Frage: "*Wer entscheidet über bzw. woran bemißt sich die intrinsische moralische Qualität einer Handlungsweise*?" erscheinen aus der Sicht von IAE unbefriedigend. Sie lassen sich zunächst in die Behauptungen von 1) *objektiven* und 2) *subjektiven* D-Wertsetzungsinstanzen sowie 3) den *Prüfprinzipien-Deontologismus* aufteilen und begründen die D-Varianten D.1.1–D.1.3. Erstere ist je nach Art der subjektexternen Wertquelle in D.1.1.1) *religiöse* (göttlicher Wille), D.1.1.2) *historizistische*, D.1.1.3) *naturalistische* (Entwicklungsgesetze von Geschichte bzw. Evolution), D.1.1.4) *metaphysische* (z.B. platonisch interpretierte D-"Wertideen") und sonstige D-Unterformen aufspaltbar. Diese lassen sich alsdann nach Religionen, Wertinhalten u.a. weiter gliedern.

Die Unnanehmbarkeit all jener Antworten für IAE liegt auf der Hand: Aller *religiöse* Wertobjektivismus ermangelt allgemeiner Akzeptabilität. Er fundiert von vorneherein nur *dogmenrelative* Gruppenethiken. Ethiken mit plausibel extern begründbaren *Allgemeinverbindlichkeitsansprüchen* sollten keine erkenntnistheoretisch unrechtfertigbaren Wertquellen aufweisen. Damit entfällt für IAE auch jede anderweitige *metaphysische* Axiologie. Das Vorliegen *historischer* Gesetze schließlich ist – anders als dasjenige *evolutionärer* – umstritten. Selbst das Zugeständnis beider Gesetzesarten impliziert jedoch noch keinerlei Bewertungen. Dies anders zu sehen, wie etwa *marxistische* oder sog. "*evolutionäre*" Ethikansätze, liefe ohne entsprechende Wertprämissen auf einen "naturalistischen Fehlschluß" vom Sein auf das Sollen hinaus. Fügt man solche Wertprämissen jedoch hinzu, so fehlt es diesen *ohne* Interessenaggregation (= IA) an Allgemeinverbindlichkeit. IA könnte ein mehrheitliches Interesse eher an der Abwendung, denn Förderung bestimmter historischer oder evolutionärer Trends erweisen. Überdies erlaubt IAE, Partikularinteressen von jedweden "objektiven" Werten leiten und diese so in die IA einfließen zu lassen. Umgekehrt erlaubt jedoch kein wertobjektivistisches Entscheiden das Einfließen anderer Werte. Diese *Benachteiligungsasymmetrie* spricht gerade in demokratisch verfaßten Gesellschaften für IAE.

Die skizzierte Kritik richtet sich nicht allein gegen den D-Wertobjektivismus. Sie trifft – dieser Hinweis erspare spätere Argumentationswiederholungen – auch all jene erst nachfolgend mit IAE zu konfrontierenden K- sowie K-D-Mischvarainten, welche Handlungs*folgen* statt anhand von IA anhand jener "objektiven" Kriterien zu bewerten vorschreiben. *Marxistischer* Wertobjektivismus etwa tritt zumeist in Gestalt eines K- und nicht D-Historizismus auf; derjenige der meisten *religions*basierten Ethiken eher in Form von *K-D-Misch-*, denn von *reinen D-Varianten*. So gruppieren sich in den Systemen mosaischer, christlicher, islamischer, buddhistischer oder hinduistischer Ethik jeweils um einen Kern *strikter D-Ge- bzw. Verbote* zugleich transzendente *Folgen*bewertungskriterien. Diese *Begründungs*kritik von IAE an jeglichem *Wertobjektivismus* impliziert dabei noch keine *material*ethische Ablehnung. Vielmehr gebieten alle IAE-Varianten prima facie einen Großteil z.B. christlicher Normen *dem Inhalt nach* ebenso. IAE hält diese jedoch *metaphysikfrei* für überzeugender *begründbar*.

Einen *Wertsubjektivismus* von der Art D1.2, der *intrinsischen* Handlungsqualitäten als per *Gewissen* oder *Intuition* für erkennbar behauptet, lehnt IAE ebenfalls ab. Denn dieser laufe auf einen ethischen Theorieverzicht und somit auf einen inhaltlich unspezifizierten, nicht allgemein lehrbaren Beliebigkeits-, ja Willkürmoralismus hinaus.

Unbefriedigend erscheint IAE letztlich auch die D1.3-Behauptung, der deontische Status von *Handlungsweisen per se* sei allein mittels "a priori wahrer" *Prüfprinzipien* (wie etwa Kants *kategorischem Impera-*

tiv (= KI)) metaphysikfrei objektiv feststellbar. Leider ergibt eine Analyse dieses prima facie plausiblen, keineswegs jedoch a priori wahren Verallgemeinerungstests dessen mangelnde Eignung für seinen Zweck: Weder Kants Katalog von "Tugendpflichten" noch sonstige strikte D-Gebote sind – wie a.a.O. darzulegen sein wird – mit KI *allein*, also ohne *weitere* Wertprämissen, gewinnbar. Ohne letztere geriete KI gar zur blanken Leerformel, mit der sich, je nach *Beschreibung einer Handlung* und ihrer *Umstände*, z.B. akzeptable Verbote oder kontraintuitive Erlaubnisse begründen lassen. Ferner setzt KI weitgehend *Folgen*erwägungen, also (entgegen Kants D-Selbstverständnis) K-Elemente voraus. Eben letztere Einsicht inspirierte (vor allem in England) eine K-Reinterpretation von Kants Test und sodann – in Gestalt sog. *Regel*varianten von IAE – dessen Verknüpfung mit der IAE-Grundidee. Ihrzufolge zählen nicht die Folgen von *Einzel*handlungen für die Betroffeneninteressen, wie in den sog. *Handlungs*varianten von IAE, sondern diejenigen der als *allgemein praktiziert* gedachten, zur *Regel* werdenden Handlung. Eine genauere Analyse dieser Verallgemeinerungsforderung deckte jedoch auch bei deren K-Interpretation noch eine Reihe vordem übersehener Schwächen derselben auf, wie vor allem die implizite Zugrundelegung *verschiedener* Umstands- oder Handlungsbeschreibungen bei den Folgenanalysen des *Einzel-* bzw. *Verallgemeinerungs*falls. Ihre Verknüpfung mit IAE gerät so zur überflüssigen Mesalliance. (NmL. (20), S. 212–85). Fazit: (Selbst nur partielle) D-Theorien hatten einen, jedoch rein *negativen*, Abgrenzungen anregenden Einfluß auf die IAE-Entwicklung. (*Verallgemeinerungsforderungen* können dabei, schon weil sie sinnvoller in K- denn in D-Interpretation sind, nicht als genuiner *D-Baustein* gelten.) Freilich brachte die K-Ausrichtung von IAE einen höheren Informationsbedarf mit sich. Dieser sei nun näher betrachtet. Denn je nach *Art* der jeweils für *ethisch relevant gehaltenen Folgeninformation* lassen sich K-Varianten bis hin zu IAE und alsdann letztere untergliedern.

1.2 Gliederung der IAE-Varianten

Die erste diesbezügliche Frage "Bestimmen *sämtliche* absehbaren, nutzenrelevanten Teilfolgen oder nur *ein Teil* derselben den moralischen Wert $u^m(h)$ einer Handlung h?" differenziert alle *K-Varianten* in K.2.1) *partielle* und K.2.2) *vollständige*. Erstere lassen nicht die Konjunktion *aller*, sondern nur *intentional angestrebte* Teilfolgen, also

Handlungsziele moralisch zählen. Absehbare *Nebenfolgen* von h bestimmen, weil nicht angestrebt, $u^m(h)$ nicht mit. Derartige rein *absichtsfixierte* K-Varianten K.2.1 seien daher auch *Absichtsethik (K-Intentionalismus)* genannt. Neben allen D-Varianten können sie als eine zweite Art von *Gesinnungsethik* gelten. Für K.2.2 dagegen sind *sämtliche* absehbaren Teilfolgen, ob angestrebt oder nicht, Kodeterminanten von $u^m(h)$. K.2.2 muß daher idealiter eine sog. *multiattributive Aggregierbarkeit* der Werte *aller Teil*folgen zu einem *Gesamtfolgen-* oder *Weltverlaufswert* annehmen. Jeder Teilfolgenwert wäre dabei, je nach Relevanzgrad der Teilfolgenart, mit einem Faktor zu *gewichten*. Es gibt mehrere ausgearbeitete Aggregationsmodelle für diesen Zweck (NmL.(9)). Da nun Betroffeneninteressen nicht nur von den *Zielen*, sondern auch von allen für sie relevanten *Nebenfolgen* einer Handlung tangiert werden, versteht sich IAE rationalerweise als Sonderfall von K.2.2. Jegliche *Absichtsethik* mutet IAE als ein sich auf einem Auge selbst blendender Konsequentialismus an. Da alle K.2.2-Varianten die absehbaren *Gesamtfolgen* eigenen Handelns zu verantworten gebieten, können sie als *Verantwortungsethiken* gelten.

Die nächste Frage “*Was bestimmt den an ihren Gesamtfolgen zu messenden moralischen Handlungswert*?” gliedert K.2.2 in K.2.2.1) *individualteleologische* und K.2.2.2) *sozialteleologische* Verantwortungsethiken und führt direkt auf das IAE-Konzept. Erstere sehen die erfragten Kriterien allein in den *individuellen* moralischen Zielen des die Gesamtfolgen der h ε H_s *selbst abschätzenden und nach dem Grade ihrer Beförderung jener Ziele bewertenden Entscheiders x*. Moralisches Entscheiden ist damit, je nachdem ob die Situation eine *nichtstrategische* oder *strategische* ist, durch *individuelle Entscheidungs-* oder *Spieltheorie* (vgl. Anm. 4) mit der Einschränkung modellierbar, daß x jene Gesamtfolgen rein *moralisch* (und nicht eigennützig) zu bewerten hat. IAE-Varianten dagegen verfolgen jeweils ein *soziales* moralisches Ziel, nämlich die maximale Beförderung des *Allgemeininteresses* an den h ε H_s. Entsprechend sind sie nur mit den komplexeren Mitteln der *Sozialwahltheorie* modellierbar. Betrachten wir jedoch zunächst K.2.2.1-Ethiken. Denn eben sie sind *historische* Vorstufen und mit ihrer Forderung nach *gesamtfolgenerwägender* Handlungswahl auch *theoretische* Teile-Zulieferer für IAE. Eben dieser Theoriebaustein jedoch bedingt den erwähnten, gegenüber K.2.1 – und erst recht D-Entscheiden höheren *Informationsbedarf*, der für IAE sodann nochmals steigen wird. Vergegenwärtigen wir uns anhand des einfachsten Falls von *nichtstrategischem* K.2.2.1-Entscheiden dessen Ausmaß: Um die moralisch richtige Handlung aus H_s rational-idealiter ermitteln zu können, muß x zunächst für jedes $h_j \varepsilon H_s$ dessen *Gesamtfolgen* abschätzen. Im Regelfall hängen diese jedoch nicht nur von h_j, sondern auch davon ab, welcher der *Umstandskomplexe* r_k aus dem sog. Raum $R_s = \{r_1, ..., r_m\}$ der von x für möglich gehaltenen, *handlungsunabhängigen*, aber kausal relevanten Umstandsalternativen in S vorliegt. Die Gesamtfolge von h_j unter r_k qua Konjunktion aller t relevanten Teilfolgen ist mithin zweifach indiziert durch $c_{jk} = c^1_{jk} \wedge ... \wedge c^t_{jk}$ zu symbolisieren. Da die Teilfolgen von bestimmten gerade sie verursachenden Teilumständen abhängen, hat x zunächst die $r_k \varepsilon R_s$ aus Unterräumen folgenrelevanter Teilumstände zu konstruieren. Die insgesamt n x m Kombinationen $<h_j, r_k>$ mit j = 1, ...,n und k = 1,...,m determinieren die gesuchte *Gesamtfolgenmatrix* $C_s = \{c_{11},...,c_{nm}\}$. Inhaltlich ist diese durch m x n, von x mitunter nur recht aufwendig bestimmbare Kausalkonditionale der Form "Wenn x h_j unter r_k täte, träte c_{jk} ein" zu interpretieren. Jedem $c_{jk} \varepsilon C_s$ hätte x dann per Bewertungsfunktion υ^m einen (addierbaren, also mindestens intervallskalierten) *moralischen Wert* $\upsilon^m(c_{jk})$ zuzuerteilen. Die υ^m begründenden *Folgenbewertungskriterien* müßte er dabei der jeweiligen von ihm befolgten K.2.2.1-Variante M_K entnehmen. Damit aber wüßte x bislang nur, welche *möglichen Folgenalternativen* $c_{jk}(k = 1,...,m)$ *mit welchem Wert* $\upsilon^m(c_{jk})$ jedes $h_j \varepsilon H_s$ zeitigen würde. Die gesuchten Handlungswerte $u^m(h_j)$ hängen indes auch noch von der *Wahrscheinlichkeitsverteilung* $P_s(R_s)$ über R_s ab, die jedem r_k und damit jedem c_{jk} für j = 1,...,n eine *Wahrscheinlichkeit* $p(r_k) = p(c_{jk})$ zuteilt. $P_s(R_s)$ ihrerseits wäre aus den von x angenommenen Verteilungen über die Unterräume zu berechnen. Erlangt x jene P_s-Information, so entscheidet er *unter Risiko*. Ergibt sich gar der Sonderfall $p(r_k) = 1$ für ein bestimmtes r_k (womit c_{jk} de facto nur von h_j abhinge), so entscheidet x *unter Sicherheit*. *Ohne jegliche* P_s-Information muß er *unter Unsicherheit*, bei *partieller* nur zu *Intervallen* $\Delta p(r_k)$ statt *Punktwerten* $p(r_k)$ führender P_s-Information *zwischen Risiko und Unsicherheit* entscheiden. Für jeden dieser vier Fälle werden eigene Entscheidungsprinzipien nötig. Um diese wenigstens bei Unsicherheit überflüssig zu machen, könnte x zwar eine rein *willkürliche*, subjektive Punktverteilung $P_s(R_s)$ annehmen. Auf diese Weise formal (mindestens) *Risiko*-Information zu erschleichen, wäre dem Optimierungsziel aber nicht dienlich.

Je nach Informationslage hätte x schließlich eines jener Entscheidungsprinzipien zur Ermittlung der *besten* Handlung anzuwenden: Erlangt er die Information $<H_{s,} R_{s,} C_{s,} P_{s,} \upsilon^m>$, entscheidet also unter *Risiko* oder gar *Sicherheit*, so ergibt sich schließlich der moralische Wert $u^m(h_j)$ für jedes $h_j \varepsilon H_s$ in Gestalt des sog. moralischen *Erwartungsnutzens*

$$u^m(h_j) = \sum_{k=1}^{m} \upsilon^m(c_{jk}) \cdot p(c_{jk}).$$

Für K.2.2.1-Ethiken M_K ist damit $u^m(h_j)$ bei i.o.S. "voller" Information durch die *Summe der mit den zugehörigen Folgenwahrscheinlichkeiten gewichteten moralischen Werte aller möglichen Gesamtfolgen von* h_j mit *maximalem* $u^m(h_j)$ in H_s definiert. Ist die P_s-Information dagegen schwächer, so muß x eines der konkurrierenden Prinzipien für Entscheiden unter *Unsicherheit* bzw. *zwischen Risiko und Unsicherheit* anwenden. (NmL.(2), S. 52ff.). In diese Wahl gehen auch Aspekte jenseits von Moral und Ratio mit ein, wie etwa x's Grad an *Optimismus* bezüglich des Eintreffens günstiger Folgen. *Unter Unsicherheit* wird z.B. ein *Pessimist* das *Maximin*-Prinzip wählen, das diejenige Handlung gebietet, deren *schlechtestmögliche* Folgen immer noch *besser* sind als diejenigen aller anderen Alternativen. (Die prinzipielle Ablehnung von Kernkraftwerken etwa wäre mit Mißtrauen in die von KKW-Befürwortern gegebene P_s-Information sowie *Maximin* begründbar.) *Optimisten* dagegen werden das analoge, sich jedoch an der *bestmöglichen* Folge orientierende *Maximax*-Prinzip anwenden. Mittlere Temperamente schließlich haben mehrere Alternativen. Eine davon wäre das *Laplace*-Prinzip, das für alle unsicheren Folgen *Gleichwahrscheinlichkeit* anzunehmen und dann ein h_j mit max. Erwartungsnutzen zu wählen gebietet. Da sich selbst bei *Unsicherheit* $P_s(R_s)$ *subjektiv* annehmen läßt, kann – auch wenn x sodann $u^m(h_j)$ aus den $\upsilon^m(c_{jk})$-Werten nicht per *Erwartungsnutzen*, sondern z.B. per *Maximin* gewinnt – x's Informationsbedarf für *individualteleologisches* K-Entscheiden allgemein durch das $P_s(R_s)$ einschließende 6-Tupel $SK^1_x = <H^x_s, R^x_s, C^x_s, P^x_s, \upsilon^m_x, u^m_x>$ repräsentiert werden. (Dieser ist ersichtlich größer als der D-Bedarf $SD_x = <H^x_s, M_D>$. Der sonst weggelassene Index x deute an, daß all jene Information auf x's Annahmen bzw. Wertungen basiert.) Bereits Alltags*mikro*entscheidungen gemäß SK^1_x können äußerst komplexe Erwägungen erfordern. Erst recht gilt dies für *Makro*entscheidungen in Politik, Volkswirtschaft, Großtechnik u.ä. (KKW-Sicherheitsanalysen etwa beziehen gegenwärtig mehr als 10000 Parameterwerte ein.) Ist die Situation gar eine *strategische, spieltheoretische* Optimierungsprinzipien erfordernde, so wird der Informationsbedarf bereits für K.2.2.1-Entscheiden nochmals größer. (Selbstredend wird den nachstehend zu betrachtenden (z.T. sehr alten) K.2.2.1-Ethiken M_K nicht unterstellt, ihre Forderung nach an *obersten M_K-Zielen orientierter Handlungswahl* bereits im Lichte jenes Optimierungsmodells verstanden zu haben. Beansprucht wird jedoch, daß jenes Verständnis die jeweilige normative M_K-Substanz unangetastet ließe und der M_K-Zielerreichung in concreto dienlich wäre.)

IAE übernimmt nun zwar das soeben skizzierte Theorieelement "individuelle K-Rationalität", erachtet aber K.2.2.1 für noch unzureichend. Der Grund hierfür liegt in den bisherigen K.2.2.1-Antworten auf die nächste Frage: "*Nach welchen Kriterien sind Gesamtfolgen zu bewerten, d.h. wie bestimmen sich die υ_x^m- und damit auch u_x^m-Werte*?" Abgelehnt werden zunächst alle *wertobjektivistischen* Antworten (= K.2.2.1.1). Warum sich göttlicher Wille, die Gesetze von Geschichte und Evolution, Platonische Ideen, "objektiv existente" materiale Werthierarchien usw. auch als *Folgen*bewertungskriterien für allgemein akzeptable Ethiken nicht eignen, begründet sich analog zu obiger IAE-Argumentation gegen D.1.1. Den Wertobjektivismus aller religiösen, historizistischen und evolutionistischen K.2.2.1.1-Unterfälle hält IAE damit für ebenso inakzeptabel wie denjenigen des *Cambridger Moralplatonismus (Cudworth, Clarke, More, u.a.)*, denjenigen der *materialen Wertethik (Meinong, Brentano, Scheler, Hartmann)* oder denjenigen neuerer, subtiler begründeter Varianten (etwa *v. Kutschera, Corradini*). Aus IAE-Sicht axiologisch fehlbasiert ist aber auch *H. Jonas' ökologische Ethik*, insofern diese auf transhumanen, naturimmanenten Werten gründet und *alle* Evolutionsprodukte der Natur (also selbst leblose Dinge) gleichermaßen zu "Zwecken an sich selbst" – *unabhängig von jedweden Präferenzen fühlender Wesen* – erklärt. (Dies heißt nicht, daß IAE strenge ökologische Gebote ablehnt; diese sind vielmehr auch, wenngleich eben ganz anders, mit IAE begründbar.)

Subjektive K.2.2.1-Varianten (= K.2.2.1.2) dagegen lehnen subjektexterne Werte, Endzwecke oder -ziele aller Art ab. Sie zerfallen ihrerseits in zwei Hauptgruppen: Deren erste K.2.2.1.2.1 – exemplifiziert von *anarchistischen* und teilweise *existenzialistischen* Autoren (wie Camus) – lehnt jegliche *allgemeine* Handlungsnormierung anhand von *Wertprinzipien* ab. Stattdessen verweist sie auf die situationale Wertintuition bzw. Gewissensreaktion als Folgenbewertungskriterien. IAE hält dies nicht nur inhaltlich für zu unspezifisch. Als auf bloße Situationskasuistik bzw. theorieverweigernden Spontaneismus hinauslaufend bestreitet sie dieser Variante überdies den Status eines Ethik*systems*.

Für die IAE-Entwicklung hochbedeutsamer historischer Ausgangspunkt weiterer Theorieelemente von IAE ist hingegen die Gruppe der *subjektiven Individualteleologien* (= K.2.2.1.2.2). Diese, zahlreich repräsentiert durch alle auf "das gute Leben" (eu zēn, makariōs zēn, beata vita u.a.) *des Entscheiders x selbst* ausgerichteten Ethikentwürfe der Antike, weisen folgende Grundmerkmale auf: Sie zeichnen zunächst einen bestimmten *subjektinternen*, zumeist sehr allgemein gehaltenen psychischen Zustand als *in sich gut* (agathon kath'auto) aus. Diesen in möglichst hohem Grade zu erreichen ist ihnen daher anzustrebendes *Endziel* (teleion) ethischen Handelns. Zu einem solchen *individuellen summum bonum* (ISB) wird dabei Verschiedenes erklärt: Aristoteles und andere verweisen auf *das Glück* (eudaimonia), Epikuräer und Kyrenaiker auf (speziell bei Epikur keineswegs hedonistisch-eng zu interpretierende) *Lust* (hedonē,) Kyniker auf *Bedürfnislosigkeit* (autarkeia), Skeptiker und Stoiker auf *Glück*, beruhend auf *Seelenruhe* (ataraxia), Demokrit auf einen Mischzustand aus u.a. letzterer sowie *Heiter- und Furchtlosigkeit* (euthymia, athambia). Die Gesamtfolgen c_{jk} jedes h_j unter r_k sind dann, so beantworten jene Ethiken Frage K.2.2.1 in heutiger Rekonstruktion, allein nach dem Grade $\upsilon^m(c_{jk})$ zu bewerten, *in dem sie jenes zu maximierende ISB befördern*. Je nachdem, ob man die *inhaltliche Ausfüllung* dieses ISB dem Individuum *selbst überläßt* (und so dem späteren *consumer's-sovereignty*-Prinzip der meisten IAE-Varianten zuarbeitet) oder ob man – wie zumeist – *zentral normiert*, worin dieses, also etwa "wahres" Glück, zu bestehen hat, läßt sich K.2.2.1.2.2 dabei nochmals in *unnormierte* und *normierte* Varianten unterteilen. Beide erachten *Handlungen*, nach dem Maße ihrer jeweiligen ISB-Beförderung, als allein *für x extrinsisch* wertvoll. Um ihre Adressaten möglichst hochgradig zu ISB-förderlichem Tun zu disponieren, legen *normierte* Varianten die Ausbildung bestimmer *Tugenden* (aretai, virtutes) qua Charakterdispositionen hierzu nahe. Alle Tugenderwerb gebietenden Normen solcher "Tugendethiken" sind damit ebenfalls rein instrumenteller Natur: preisen sie etwa Gerechtigkeit, Mildtätig- und Freundlichkeit gegen Untergebene, Schwächere und Sklaven, oder gar (wie besonders die Stoiker) eine kosmopolitische Solidarität, so tun sie dies nicht im Hinblick auf das hiermit zu steigernde *Glück jener Dritten*; es geschieht allein, weil man derartige Tugenden als der *recht*, nämlich *langfristig verstandenen* (z.T., etwa bei Orphikern, Pythagorärern, Sokrates und Platon bis in *jenseitige* Existenzformen hineinreichenden) Maximierung des ISB *von x selbst* zuträglich ansah. Als *eigenständiger, gleichberechtigter* Glücksrezipient, der, sofern dies das *Glücksaggregat steigert,* Ansprüche auf Nutzentransfers auch auf Kosten des Glücks von x hat, wird der Mitmensch hier durchweg noch nicht aufgefaßt.

An eben dieser Merkmalskombination setzt IAE als die *sozialteleologische*, zweite Art K.2.2.2 von Verantwortungsethik teils affirmativ, teils negativ-kritisch an: IAE übernimmt zwar von K.2.2.1.2.2 die Bestreitung *subjektexterner* Wertquellen und speziell die Bausteine 1) eines rein *subjektinternen ISB*,[2] 2) dessen *Maximierung* als individuelles Endziel, sowie 3) der *K-rationalen* Ermittlung der Güte der $h_j \varepsilon H_s$ danach, welchen ISB-Grad für x die Gesamtfolgen c_{jk} von h_j unter r_k mutmaßlich produzieren. Zugleich aber erklärt IAE a) nicht nur x, sondern *alle* von h_j Betroffenen i zu *gleichberechtigten ISB-Rezipienten*, reinterpretiert b) dieses ISB neutral als *Befriedigung von i's* (beliebigen, also nicht notwendigerweise nur an i's *Eigen*nutzen ausgerichteten) *effektiven Partikularinteressen* $u_i(h_j)$ an h_j, sowie definiert c) den *Moralitätsgrad* von h_j – statt wie K.2.2.1.2.2 in *individueller* Weise durch die allein auf *x's Folgenerwägung gegründeten* $u_x^m(h_j)$ – nunmehr in *sozialer* Weise durch das auch von *i's Folgenerwägung (i = 1,...,n) mitbestimmte* Maß $U(h_j)$ des *Allgemeininteresses* an h_j. Für jedes h_j ist letzteres dabei durch den Wert einer geeigneten Interessenaggregationsfunktion (= IAF) g gegeben, welche die aus den i-relativen Folgenerwägungen gewonnenen *Partikularnutzen* $u_i(h_j)$ an h_j "gerecht" zu einem Sozialnutzen $U(h_j)$ aggregiert. Über die ISB tritt so ein aus diesen konstituiertes *soziales summum bonum* (= SSB). Wie vordem ein h_j mit max $u_x^m(h_j)$, so ist nunmehr ein h_j mit max $U(h_j)$ zu tun geboten. Diese Ersetzung des ISB- durch das SSB-Maximierungsgebot, und damit die Wendung *wertsubjektivistischer* K-Ethik hin zu IAE, wird durch eine elementare Tatsache geradezu erzwungen: In allen Interessenkonflikten (IK), die gerecht zu lösen ja *die* Aufgabe von Ethik ist, ist *aus logischen Gründen nicht jedermanns Einzelglück zugleich maximierbar*. Der Maximierung eines *Glücksaggregats* dagegen steht mindestens *logisch* nichts entgegen.

Idealiter sollte jede $u_i(h_j)$–Bestimmung durch i dabei *rational*, d.h. analog zu obiger $u_x^m(h_j)$-Bestimmung auf der Basis eines entsprechenden 6-tupels SK^1_i erfolgen. Interpretiert man – wie im Regelfall – IAE *nichtpaternalistisch*, dann darf i neben den *Wert*funktionen υ_i und u_i auch alle *Tatsachen*komponenten aus SK^1_i nach *eigenen Annahmen* bestimmen. (*Paternalistische* IAE-Auslegungen geben i *Wertungs-*, aber keine *Tatsachen*souveränität. Sie lassen allein x bestimmen, *worin* die Folgen seines Handelns für i liegen und überlassen i nur deren *Bewertung*.) Damit ist die für *ideales*, nichtpaternalistisches IAE-Entscheiden durch x nötige, gegenüber SK^1_x beträchtlich erweiterte Information bei n Betroffenen und m Optionen insgesamt durch

$$SK^2_x = \{<SK^1_1,...,SK^1_n>, U(h_j) = g(u_1(h_j),...,u_n(h_j),...) \text{ für } j = 1,...,m\}$$

gegeben. Jedes SK^1_i seinerseits umfaßt dabei die (analog wie in SK^1_x zu interpretierende) i-relative Information $SK^1_i = <H^i_s, R^i_s, C^i_s, P^i_s, \upsilon_i, u_i>$. (Die Punktierung "..." hinter "$u_n(h_j)$) deute an, daß einige IAE-Varianten noch *weitere "Nicht-Nutzen*-Information" zur gerechten $U(h_j)$-Bestimmung für nötig erachten.) Kurz gesagt kombinieren damit ideale IAE-Varianten die in SK^1_i enthaltene Forderung an i nach *K-Rationalität* bei der Bestimmung seiner Interessen mit der SK^2_x-Forderung an x nach *Moralität* in Gestalt von deren "gerechter" Aggregation.

Man beachte hierbei: Laut SK^2_x sind "*nutzenfreie*" Verteilungsprinzipien, die Güter- oder Dienstleistungsanteile x_i nach bestimmten Schlüsseln (z.B. Gleichverteilung, kompensatorische Ungleichverteilung gemäß i's Vorbesitz, Güter-Maximin u.ä.) *ohne Berücksichtigung von i's Präferenzen bzw. der produzierten Nutzen* $u_i(x_i)$ an die $i\varepsilon X$ zu verteilen gebieten, *keine* IAE-Prinzipien. Denn i's *Interesse* an x_i ist ersichtlich durch $u_i(x_i)$ und nicht schon durch x_i bestimmt. Mithin ist auch das *Allgemeininteresse* an dem Güter-Verteilungsvektor $\bar{x} = <x_1,...,x_n>$ erst durch $\bar{u}(\bar{x}) = <u_1(x_1),...,u_n(x_n)>$ bestimmt. An demselben $\bar{x}$ kann in verschiedenen Situationen, je nach Geschmack und Bedürfnis der $i\varepsilon X$, ein ganz verschiedenes Allgemeininteresse bestehen.

1.3 Quellen der IAE

Historisch entwickelte sich der umrissene IAE-Theoriekern als Amalgam aus den folgenden Quellen, die jene antike Basis von ISB-orientierter K-Rationalität nacheinander anreicherten: 1) Im Ansatz überwand bereits die *frühchristliche Ethik der Evangelien* durch ihr Gebot, das Wohlergehen anderer dem eigenen gleichberechtigt nebenzuordnen, das bloße *ISB-Maximierungsideal.* 2) Explizit und massiv Eingang in die Ethiktheorie fand das SSB "Allgemeininteresse", bezüglich der es definierenden IAF allerdings noch unspezifisch bleibend, dann in der britischen, französischen und italienischen *Aufklärung*. (NmL. (23).) Schon *Spinoza, Locke, Hume, A. Smith* sowie die "Moralintuitionisten" *Cumberland, Shaftesbury, Hutcheson, Butler, Balguy, Price, Clarke, Cudworth* u.a. hatten – letztere freilich in *wertobjektivistischem* Rahmen – jenes Endziel vorformuliert. (Hutcheson gab ihm die später berühmte Formel "the greatest happiness for the greatest number.") Die SSB-Maximierung ebenfalls noch wertobjektivistisch als Gottes Willen auffassenden "theological utilitarians" (*Gay, Brown, Tucker, Priestley, Paley*) sowie, nunmehr metaphysikfrei, Godwin und Bentham machten "public interest" und "general happiness" sodann zum alleinigen Kern ihrer Ethik. Speziell *Bentham* als die zentrale eklektizistische Erfassungsstelle aller früheren IAE-Ideenquellen formte aus letzteren den "klassischen Utilitarismus" als die bis heute bekanntestes IAE-Variante. *J.St. Mill, Sidgwick* u.a. überlieferten diesen als noch unausgereiften Theorie-Torso unserem Jahrhundert. Unterschiedlich pointiert tauchten "interêt comun (public)", "bien public (général)", "utilité (bzw. "felicité") générale", "bonheur public" als oberste ethische Ziele z.T. lange vor *Bentham* schon bei *La Mettrie, Helvétius, Maupertuis, Rousseau, Duclos, Jaucourt, de la Rivière, de Chastellux* sowie als "utilità comune", "interesse (bzw. "ben") pubblico", "salute (bzw. "felicità") pubblica" auch bei *Conti, Muratori, Beccaria, A.* und *P. Verri* oder *Lambertenghi* auf. (Vielfach sah man – fälschlich – in *Beccarias* Formel "la massima felicità divisa nell' maggior numero" das utilitaristische SSB ebenso schon vorweggenommen wie in *Hutchesons* kaum präziserem obigen Diktum.) Selbst zentrale Probleme der Aggregation konnten auf dem damaligen Wissenstand jedoch noch nicht thematisiert werden. Man fragte weder, a) wie und auf welchem Meßniveau *Teilnutzenwerte meßbar* und alsdann b) zu *Gesamtfolgennutzen aggregierbar* sind, c) wie sich aus letzteren im Falle von *Risiko, Unsicherheit* usw. rational die *personalen Handlungsnutzen* berechnen, d) wie und auf welchem Meßniveau diese (falls überhaupt) *interpersonal* zu vergleichen und zu aggregieren sind, e) *welche IAF* hierbei als "gerechte" in Frage kommen, und f) ob in letztere neben Nutzenwerten auch noch *weitere* Information einzugehen hat. 3) Die die Probleme a)–c) behandelnde *Entscheidungs-* und *Spieltheorie*[3] lieferten wichtige methodische Beiträge zur seriösen Ausarbeitung von IAE. 4) IAF-Analysen bereiteten Ende des 18. Jahrhunderts *Bordas* und *Condorcets* formale Untersuchungen über politische Wahlverfahren vor. 5) Theoretisch (anfangs) noch unzureichend fortgeführt wurde sie in diesem Jahrhundert von der sog. "Wohlfahrtsökonomie" (*Wicksell, Marshall, Pigou, Bergson, Hicks, Scitovsky, Kaldor, Little, Henderson, Mishan, Lerner, Phelps, Ng* u.a.). Zunächst auf den Utilitarismus, später nur noch auf *ordinale* IAF (vgl. hierzu Nachfolgendes) gestützt, beanspruchte diese, wissenschaftliche Werturteile besonders über steuer- und wirtschaftspolitische Maßnahmen begründen zu können. Durch *Robbins'* Kritik an *interpersonalen Nutzenvergleichen* herausgefordert, initiierte sie zugleich die erste Diskussion jener für IAE zentralen Frage (NmL, (20), S. 486ff.). 6) Die Probleme d)–f), aber auch zahllose weitere IAE-Subprobleme wurden – in mittlerweile kaum noch überschaubarer Breite – in der verallgemeinerten Nachfolgetheorie der *Wohlfahrtsökonomie*, der von Arrow (1950) begründeten "*Sozialwahltheorie*" (= SWT) auf hohem Präzisionsniveau untersucht.[4] 7) Die Entwicklung "nichtkompensatorischer" IAF wurde schließlich in der ebenfalls hochformalisierten "*Verhandlungstheorie*" (= VT) vorangetrieben.[5] 8) Die Beiträge der *philosophischen Ethik* zur IAE-Entwicklung waren dennoch, vor allem im englischsprachigen Raum, zahlreich und bedeutsam. Hauptsächlich sie deckten die von SWT und VT weithin vernachlässigte *materialethische* Seite der IAE-Problematik ab (NmL. (20)). Prinzipielle IAE-Gegner wiesen auf Anwendungsschwierigkeiten sowie z.T. in der Tat ethisch unannehmbare Implikationen bestimmter IAE-Varianten hin, konfrontierten letztere mit alternativen Ethikkonzepten und veranlaßten so die Entwicklung neuer, gegen jene Einwände immuner Ansätze.

2. Die Klassifikation von IAE-Varianten

Bislang wurde die in SK_x^2 konzentrierte *allgemeine IAE-Grundidee* aus Alternativkonzepten heraus entwickelt. Nachfolgend wird diese in verschiedene IAE-Varianten zu gliedern sein. Deren Vielfalt erzwingt lexikonartig knappe Darlegungen ihrer Charakteristika. Unzureichend wird insbesondere die Diskussion ihrer ethischen Implikationen bleiben müssen. Als Gliederungskriterien dienen weiterhin die Antworten auf immer speziellere, nunmehr rein IAE-immanente Fragen. Deren erste lautet: "Darf der jeweilige IAE-Anwender x die Nutzenmatrixwerte $u_i(h_j)$ je nach seiner ethischen Bewertung von i's *Befriedigungs-*

art(en), Präferenzmotiven, Verdiensten, Ansprüchen in S vor der Aggregation *gewichten* oder hat x jene manifestierten Werte "ethisch ungefiltert" zu aggregieren?" Die Antwort hierauf spaltet IAE in *rein nutzenorientierte* (= r.n.) und *nicht r.n.* Varianten 1 und 2 auf. (Die Chiffren aller nachfolgenden IAE-Varianten sind der allgemeinen IAE-Chiffre K.2.2.2 hinzuzufügen.) Letzere gehen im Ansatz schon auf *Shaftesbury, Priestley, Godwin* und *Mill*, erstere auf *La Mettrie, Paley, Bentham* zurück. Die in der Ethik hierfür übliche Bezeichnung *quantitativer* bzw. *qualitativer Hedonismus* ist jedoch doppelt irreführend: Denn erstens werden durch *Gewichtungsfaktoren* auch die angedeuteten "Befriedigungsqualitäten" *quantitativ* erfaßbar und kommensurabel. Zweitens konnotiert seit Platon das Prädikat "hedonistisch" primär *sinnliche* Befriedigung. Schon Benthams "pleasure" jedoch umfaßte *sämtliche* Arten von Befriedigung, darunter auch ästhetische, intellektuelle und moralische. Statt *Lust* ist IAE daher das neutralere ISB *Interessenbefriedigung* zu unterlegen.

Die anfangs dominierende r.n. Auslegung von IAE findet neuerdings zunehmend Kritik. Denn a) selbst *sadistischer* Freude von i räumt sie mehr Einfluß auf die Bestimmung von $U(h_j)$ ein, als etwa j's *moralischer* Befriedigung über das Wohlergehen Dritter, sofern letztere nur *schwächer* ist. b) Sie vernachlässigt, daß die *Berechtigung* von i's Anspruch auf *volle* Einbringung seines Interesses $u_i(h_j)$ an h_j in die Aggregation wesentlich von seinen *Präferenzmotiven, Verdiensten* u.a. mitabhängt. Die starke Präferenz des Straftäters auch *gegen* seine *verdiente* Bestrafung oder diejenige des leistungsunwilligen Studenten (Arbeitnehmers, ...) auch *für unverdient* gute Noten (hohe Entlohnung, ...) wird man einer *gerechten* IA nicht ohne weiteres zugrundelegen wollen. c) Die r.n. Auslegung von IAE verzerrt das "wahre" Allgemeininteresse dann, wenn die $u_i(h_j)$-Werte von i's *externen* Präferenzen betreffs des Wohlergehens anderer (mit)bestimmt sind. Der Rassist etwa, der eine für ihn vorteilhafte Maßnahme dennoch niedrig bewertet, weil diese auch Farbigen nützen würde, wäre von *negativen*, derjenige, der seine Nutzenwerte zwecks Begünstigung anderer manipuliert, von *positiven externen* Präferenzen geleitet. d) Das wahre Allgemeininteresse verzerren können ferner auch "*strategische*" *Präferenzverhüllungen* der i zum Zwecke der *Manipulation* des Aggregationsresultats. Derart *manipulierbare* IAF sind dabei solche, die es zulassen, daß mindestens ein i durch Bekundung *strategischer* Nutzenwerte $u_i^*(h_j)$ für $j = 1,...,m$ statt seiner *wahren* Werte $u_i(h_j)$ ein für ihn günstigeres Aggregationsergebnis mindestens dann erreichen würde, wenn alle anderen ihre wahren Präferenzen enthüllen. In ihrem "*Manipulationstheorem*" bewiesen Gibbard / Satterthwaite (1973) jedoch, daß jede *nicht-diktatorische* (also U nicht durch eines "Diktators" (= j) Nutzenfunktion u_j über H_s bereits allein determinierende) IAF bei mindestens 3 Alternativen in H_s *manipulierbar* ist. Auch hier erscheinen korrigierende Eingriffe von x in die von i manifestierten Werte $u_i(h_j)$, berechtigt. e) Letztere erscheinen schließlich – hier gerade *in i's Interesse* – auch dann gerechtfertigt, wenn i situational *unzurechnungsfähig* ist oder $u_i(h_j)$ anhand eklatant *abwegiger* Folgenerwägungen bestimmt hat.

Ein *per IAF zirkelfrei* nicht entscheidbares *IAE-Protoproblem* ist die Festlegung, wer im Grenzbereich als *präferenzfähiges, fühlendes* Wesen zu gelten hat. Erst sie bestimmt, ob ein Embryo ohne Nervensystem oder ein irreversibel komatöser Patient überhaupt schon bzw. noch *Betroffener* einer Abtreibung bzw. Beatmungseinstellung wäre. Sind diese Grenzen im Vagheitsbereich gezogen, so gliedern sich die IAE-Varianten 1 und 2 danach, wen aus der Menge X = 1 $\{1,...,n\}$ *aller in S* Betroffenen sie in die *ethisch relevante* Betroffenenmenge $X^* \subseteq X$ aufzunehmen vorschreiben, in je fünf Gruppen 1.1–1.5 bzw. 2.1–2.5. Die Antworten 1) $X^* = \{x\}$ des *Egoismus* bzw. 2) $X^* = \{j\}$ (mit $j \neq x$) des *Diktatorialismus* ("Der Führer (= j) bestimmt, was im Allgemeininteresse liegt!") diskreditieren sich nicht nur, weil sie degenerierte Grenzfälle von IA darstellen, von selbst. Der *reine Altruismus* mit 3) $X^* = \{1,...,n\}$ (wobei $i \neq x$ für $i = 1,...,n$) diskriminiert ohne Grund den Entscheider x selbst. Der *Parochialismus* mit 4) $X^* = \{1,...,k\}$ (wobei $k < n$), der nur die dem Handelnden in bestimmter Weise *affektiv* verbundenen Betroffenen (Verwandte, Freunde, Landsleute u.ä.) ihrem "Nähegrad" gemäß einbezieht, stellt eine ethisch schwer rechtfertigbare normative Überhöhung unserer Neigungen dar. Am meisten überzeugt der *Universalismus* mit 5) $X^* = X$, der sämtliche in S kausal Betroffenen zu berücksichtigen vorschreibt. Als letztere gelten hierbei alle i, deren Nutzenniveau durch mindestens ein h_j *relevant* gehoben oder gesenkt würde. Die *Relevanz* der Veränderung soll verhindern, daß sich etwa Frau i, über den Minirock der Nachbarin x indigniert, als Betroffene bei deren Kleiderwahl fühlen darf. Die (als "*Liberalismusproblem*" diskutierte) Grenze zwischen x's *Privatangelegenheiten* und per IAF zu lösendem IK ist jedoch fließend. Wüßte x etwa, daß Miniröcke vielfach Herzinfarkte bei Passanten auslösen, so hätte sie sogar ihre Kleiderwahl als ethisches Problem anzusehen. Als *relevant* Betroffene dürften sich protestierende Dritte wohl auch fühlen, wenn die (freiwilligen) Mitglieder des "Clubs zur Pflege des Russischen Rouletts" ihre Treffen gut unterhalten, aber in jeweils halbierter Anzahl beendeten.

Hinter der nächsten Frage verbirgt sich ein Labyrinth von Problemen. Sie lautet: "Gibt es eine *einzige Allzweck-IAF* g, welche *beliebige* IK gerecht zu lösen vermag und wenn ja, welche mathematische Form hat diese? Oder aber sind, je nach Art k des IK und weiterer Faktoren in S, verschiedene IAF g_k zu verwenden?" Die diese Zentralfrage von IAE erst präzise angehbar machenden Präliminaruntersuchungen zerfallen in derart zahlreiche, in SWT detailliert behandelte Verästelungen, daß sie hier nicht einmal in Stichworten *vollständig* zu umreißen sind. Allein die für IAE allerwichtigsten Aspekte dieser Subprobleme können hier angeschnitten werden. Deren erstes betrifft das *Skalenniveau*, auf dem Interessenstärke *personal* und (eventuell) *interpersonal meßbar* ist. Dieses entscheidet nämlich allererst darüber, welche IAF – noch ganz ungeachtet ihrer *ethischen* Implikationen – *formal* überhaupt in Frage kommen. Insgesamt unterscheidet man neun IA-ermöglichende Skalenniveaus; drei hiervon gestatten nur *personale*, sechs weitere überdies veerschiedene Grade von *interpersonaler* Nutzenmessung (NmL. (17), S. 1112ff.). Definiert sind diese jeweils durch *Invarianzen* der n x m Meßwerte $u_i(h_j)$ in der Nutzenmatrix von SK_x^2 *gegenüber bestimmten Transformationen* t. Alle mittels t ineinander überführbaren Nutzenmatrizen ("*Nutzenprofile*") enthalten daher *dieselbe* Information.

Bloß *klassifikatorisches* Meßniveau ("h_j ist für i (nicht) gut") erlaubt noch keine IA. Das niedrigste jener neun Niveaus ist daher *ordinal*, bleibt aber noch rein *personal*. Für die $i\varepsilon X$ und je zwei h_j, h_k aus H_s erfordert es nur, daß i angeben kann, ob h_j *für i besser als* oder mindetens *gleich gut wie* h_k ist, bzw. formal, ob die *schwache Präferenz* $h_j R_i h_k$ vorliegt oder nicht. *Nutzenabstände* zwischen verschiedenen Paaren aus H_s muß i hierbei noch nicht vergleichen können. Üblicherweise verlangt man eine Mindestrationalität von i; ihrzufolge muß R_i *reflexiv, vollständig* und *transitiv* sein und somit eine sog. *schwache Präferenzordnung* R_i (H_s) *über* H_s *insgesamt* konstituieren. Selbst *ohne* die durch Transitivität garantierte *Konsistenz* der R_i wären jedoch schon gewisse grobe IAF $R = g(R_1,...,R_n)$ als *ordinale* Sonderfälle von $U = g(u_1,...,u_n,...)$ anwendbar, die aus $R_1,...,R_n$ über beliebige Paare $<h_j,h_k>$ eine *soziale* bzw. *ethische* Präferenz R über $<h_j,h_k>$ determinieren. Eine erste hiervon wäre die *Mehrheits-K.O.-Regel*[6] (= *MR-KO* = 1.5.1). Sie schreibt vor, die $h_j \varepsilon H_s$ beliebig, also etwa in Form von $<h_1,h_2,...,h_m>$, anzuordnen, dann zunächst zwischen h_1 und h_2 die *einfache Stimmenmehrheit* – gemäß den jeweiligen R_i über $<h_1,h_2>$ – entscheiden zu lassen, alsdann den "Sieger" gegen h_3 nach derselben Regel antreten zu lassen, den Sieger hierbei mit h_4 zu konfrontieren usw. bis hin zu h_m. Die nach m-1 Runden als Sieger verbleibende Handlung wäre dann die beste. Abgesehen von den späteren *ethischen* Einwänden gegen jegliche *ordinale* IAF würde sich MR-KO jedoch schon *formal* disqualifizieren. Denn wie bei allen *paarweisen "knock-out"*-Verfahren hinge sein Ergebnis von der *Reihenfolge* ab, in der die h_j angeordnet werden. Bei $<h_1,h_2,h_3>$ etwa und den *zyklischen* Präferenzen $h_1R_ih_2, h_2R_ih_3, h_3R_ih_1$ für eine Mehrheit von Individuen $i = 1,...,j(j > \frac{n}{2})$ gewänne h_1 zunächst gegen h_2, um alsdann gegen h_3, den endgültigen Sieger, zu verlieren. Bei $<h_2,h_3,h_1>$ hingegen wäre für *dieselben* Präferenzen h_1 dieser Sieger! Bei geeigneter Anordnung der Alternativen könnte deren jede zur ethisch *einzig richtigen* werden! Eben dieses untragbare Resultat kann sich jedoch selbst bei *transitiven* R_1, R_2 und R_3 ergeben, wie etwa denen, die dem sogleich zu skizzierenden *Condorcet-Paradox* zugrundeliegen. MR-KO ist also in der Tat formal ungeeignet. Nimmt man auch R als *reflexiv, vollständig* und *transitiv* an, dann kann die Relation zwischen *R* und den R_i nunmehr als (seit *Arrow* (1951) sog.) "*social welfare function*" (SWF) $R(H_s) = g(R_1(H_s),...,R_n(H_s))$, bzw. kurz: $R = g(R_1,...,R_n)$, aufgefaßt werden, die auf der Basis von $R_1,...,R_n$ eine *ethische Ordnung R über H_s insgesamt* errichtet. Geboten wäre die (bzw. eine der) an der *Spitze* von R stehende(n) Handlung(en), welche in diesem Fall die *ethische Wahlmenge* $M(H_s)$ bilden. Diese SWF-Annahmen ermöglichen nun eine Reihe weiterer IAF. Hierbei machte Arrow (1951) eine erstaunliche Entdeckung, die er in einem berühmten *Unmmöglichkeitstheorem* bewies: SWF, die *zugleich einige weithin für plausibel gehaltene Bedingung erfüllen,* existieren nicht.[7] Somit sind auch alle nachfolgend aufgezählten IAF keine SWF's oder erfüllen, wenn sie es sind, mindestens eine jener Bedingungen nicht. Ob letzteres akzeptabel ist oder jene IAF von vorneherein bereits *formal* diskreditiert, hängt von der Plausibilität der von ihr nicht erfüllten Bedingung(en) ab. Als schon *formal* inakzeptabel erweist sich etwa die *Mehrheitsregel* (= *MR* = 1.5.2). Sie erklärt h_jRh_k für gegeben gdw. die Zahl derer, die h_j vorziehen, mindestens so groß ist wie diejenige derer, die h_k vorziehen.

Bei bestimmten Präferenzprofilen, wie etwa bei $H_s = \{h_1,h_2,h_3\}$ und $X = \{1,2,3\}$ mit $h_1R_1h_2R_1h_3, h_2R_2h_3R_2h_1$ und $h_3R_3h_1R_3h_2$ (dem sog. *Condorcet-Paradox*), ergibt MR aber eine *zyklische* und damit *nicht-transitive* soziale Ordnung $h_1Rh_2Rh_3Rh_1$ über H_s. *Akzyklizität* von R ist aber eine Mindestbedingung für jedwede IAF, die als sog. *H_s-Wahlfunktion* fungieren, d.h. aus jeder Teilmenge H_s^* von H_s, also auch aus H_s selbst, eine nicht-leere *Wahlmenge* $M(H_s^*) \subseteq H_s^*$, bestehend aus allen (gemäß IAE-Variante M) *besten* Alternativen von H_s^*, aussondern soll. Mithin müßten bei Anwendung von MR alle zu *zyklischen* Ordnungen R über H_s führenden Präferenzprofile ausgeschlossen werden. (A fortiori müßten sie dies, wenn MR gar eine SWF über H_s, die als solche ja sogar *transitiv* sein muß, erstellen soll.) Derartige Ausschlüsse liefen aber auf ein Verbot bestimmter R_i und damit auf einen Verstoß gegen die in der Tat unverzichtbare, weil *freie Alternativenbewertung* erst garantierende Arrow-Bedingung U nach *unrestringierten Individualpräferenzen* hinaus. MR ist somit, wie behauptet, bereits *formal* diskreditiert. Der Gedanke, IAE auf *Mehrheitsvoten* aufzubauen, wäre daher allenfalls in anderer Form realisierbar: Wie bei politischen Wahlen könnte dies durch eine nur auf die R_i (H_s) *als ganze*, nicht aber einzeln sukzessiv auf alle *Paarpräferenzen* R_i über $<h_j,h_k>$ anzuwendende *restringierte Mehrheitsregel* (= RMR = 1.5.3) geschehen. RMR bestimmt $R(H_s)$ einfach danach, wie oft ein $h_e \varepsilon H_s$ an der Spitze von $R_i(H_s)$ $(i = 1,...,n)$ steht bzw. wie viele Stimmen als bestes h_j aus H_s es demgemäß erhält. (Bei mehreren gleich guten Alternativen an der Spitze von R_i muß i wählen, für welche er stimmt.) Besteht man auf *absoluten* Mehrheiten für ethisch zulässige Alternativen, empfiehlt es sich, M (H_s) mittels der *iterierten-RMR-Variante* (= IRMR = 1.5.4) zu ermitteln. Sie verlangt mehrere Wahlgänge nach RMR. Im jeweils nächsten ist die Alternative mit den *wenigsten* Stimmen im vorangehenden Wahlgang zu streichen und erneut abzustimmen, bis nur noch 2 Alternativen verbleiben. Bei ungerader Wählerzahl n ergibt dies immer eine absolute Mehrheit für eine hiervon. Ergibt sich bei geradem n eine Stimmengleichheit, sind beide erlaubt. RMR und IRMR verschwenden viel Nutzeninformation aus den R_i, insofern sie allen laut R_i *suboptimalen* Alternativen, auch wenn i zwischen diesen keineswegs *indifferent* ist, *dieselbe* Stimmenzahl 0 zuerteilen und sie so kontrafaktisch als für i *gleich gut* behandeln. Eine derartige Verschwendung vermeidet die *Rangsummen-* bzw. *Borda-Regel* (= BR = 1.5.5). Laut BR ist jedem $h_j \varepsilon H$ für i = 1,...,n jeweils eine dem h_j-*Rang* in $R_j(H_s)$ umgekehrt entsprechende *Bordapunkt*zahl zuzuerteilen. Die für i beste von m Alternativen erhält so m-1, die 2.-beste m-2,..., die schlechteste Null Punkte. $R(H_s)$ bestimmt sich alsdann nach der Größe der *Bordapunkt-Summen*, welche die $i\varepsilon X$ den $h_j\varepsilon H_s$ zuerteilen. Auch alle für i suboptimalen h_j werden so, ihrem Rang in R_i gemäß, durch abgestufte Nutzenwerte bei der Aggregation berücksichtigt. Freilich sind RMR, IRMR und BR, ebenso wie einige nachfolgende IAF, schon wegen ihrer *Addition von bloßen Ordinal*werten *meßtheoretisch* zu kritisieren. Erforderlich wäre hierfür *Intervall*meßniveau. Dies ist ihnen jedoch (anders als später einige *ethische* Schwächen) noch ebenso nachzusehen wie ihr Verstoß gegen Arrows Forderung I ("Unabhängigkeit von irrelevanten Alternativen") an SWF. Laut I darf, grob gesagt, R über je 2 Alternativen *nur von den* R_i *hierüber*, nicht aber u.a. davon abhängen, wie jene gegenüber *sonstigen* Alternativen rangieren. RMR, IRMR und BR lassen aber zu, daß sich z.B. nach einer Erweiterung von H_s die vorherige soziale Präferenz zwischen 2 Alternativen umkehrt. Da I (aus hier nicht darlegbaren Gründen) jedoch keineswegs plausibel ist, diskreditiert dieser Verstoß jene IAF nicht schon *formal*, wie man zuweilen meint.

Zwei weitere, auf bloße Ordnungen $R_1,...,R_n$ anwendbare IAF variieren die Idee des *Konsenses* aller. Deren erste bestimmt $M(H_s)$ als die Menge derjenigen h_j, die den *Konsens aller i aus X finden*. Um $M(H_s)$ bestimmbar zu machen, müssen die $i\varepsilon X$ keineswegs H_s *insgesamt* per R_i schwach ordnen; es genügt, wenn sie eine *optimale* Alternative aus H_s benennen können. Da diese IAF im "Moralzustand" auf *einzelne* IK und nicht nur im "vormoralischen Naturzustand" bei der Vereinbarung paretooptimaler ethischer *Normen* (z.B. einer IAF selbst!) anzuwenden wäre, heiße sie *Einzelfall-Konsensregel* (= EKR – 1.5.6). Es erhellt, warum sie, anders als ihr "vormoralisches" Normenvereinbarungs-Pendant, uneeignet ist: In allen IK läßt sie – *per def.* von IK in X als einem *Dissens* von mindestens 2 Betroffenen bezüglich der *besten* Alternative – $M(H_s)$ *leer*! Das hiermit gegebene Verbot *aller* $h_j\varepsilon H_s$ erzeugt jedoch, da H_s jeweils *logisch erschöpfend* ist, nicht nur *deontische* und *logische Widersprüche*. Da ein h_j unvermeidlich realisiert werden muß, dies jedoch ethisch nicht sein darf, verstößt EKR auch gegen das Prinzip, daß Sollen Können voraussetzt. Die zweite konsensorientierte IAF (= 1.5.7) hat zwei Unterfälle, die beide an das *Paretoprinzip* PP anknüpfen. PP erklärt h_j für *sozial besser als* h_k (formal h_jPh_k) – was h_jRh_k impliziert –, wenn h_j gegenüber h_k *pareto-*

superior ist, d.h. wenn für *alle i* $h_j R_i h_k$ und für *mindestens ein i* überdies $h_j P_i h_k$ gilt. In allen IK bliebe damit $R(H_s)$ jedoch *unvollständig*, da hier Alternativen h_j, h_k existieren, auf die die Relation P in keiner Richtung zutrifft. Um mindestens manche solcher einander *nicht pareto-dominierenden und damit paretooptimalen* Paare dennoch PP-vergleichbar zu machen, greift die *Pareto-Kompensations*variante (= PPK = 1.5.7.1) auf das *Kaldor/Hicks*-Kriterium in seiner von *Scitovsky* verbesserten Form zurück: Dieses erklärt $h_j P h_k$ für dann vorliegend, wenn die h_j-“Gewinner” die h_j-“Verlierer” derart *entschädigen könnten,* – auch wenn sie das *de facto* nicht tun(!?) – daß erstere immer noch und letztere nunmehr ebenfalls h_j vorzögen und so das “Pareto-Patt” aufhöben. (NmL. (16), S. 30ff.). Die andere PP-Ergänzung ist die 2-stufige *Pareto-Extensionsregel* (= PER = 1.5.7.2). PER erklärt alle auf Stufe 1 *PP-unvergleichbaren* h_j, h_k kurzerhand auf Stufe 2 als *sozial gleich gut* (formal: $h_j I h_k$, was per def. von R impliziert: $h_j R h_k$). Anders als bei EKR bliebe ($M(H_s)$ hiermit zwar nie *leer*. Im Gegenteil ergäbe sich des öfteren $M(H_s) = H_s$, weil *alle* $h_j \varepsilon H_s$ als *paretooptimale* sozial *gleich gute, beste* Alternativen wären! Eben dies aber ist ethisch eklatant kontraintuitiv. Denn jedes i könnte, sofern h_j ihm nur den geringsten Nachteil gegenüber h_k eintrüge, selbst wenn h_j jedem anderen stärkste Vorteile erbrächte, $h_j P h_k$ durch sein *Veto* in Form von $h_k P_i h_j$ verhindern und so $h_j I h_k$ erzwingen. Ungeachtet dieser Kritik an PER ist dessen PP-Teil nur als *hinreichendes*, keineswegs aber auch *notwendiges* Kriterium für ethische Vorzugswürdigkeit genommen, höchst plausibel. Jede akzeptable IAF sollte es daher erfüllen, d.h. *pareto-inklusiv* sein.

Eine denkbare, vor Suzumara (1983b) weithin unbeachtete Klasse von “nicht rein partikularen”, aber durchaus noch *personal-ordinalen* IAF erfordert, $R(H_s)$ – statt wie bislang aus dem R_i über H_s – aus sog. *erweiterten schwachen Ordnungen* $\tilde{R}_i$ über das Cartesische Produkt aus H und X (formal: aus $R(H \times X)$) zu ermitteln. Um $\tilde{R}_i$ zu erstellen, hätte i (i = 1,...,n) nicht nur, wie bei R_i, alle $h_j \varepsilon H$ nach ihrer Güte *für i* schwach zu ordnen; per neutraler, empathie-gesteuerter Bewertung hätte i überdies *für* alle $h_j, h_k \varepsilon H_s$ und $a, b \varepsilon X$ anzugeben, ob *seines Erachtens* h_j für a mindestens so gut wie h_k *für b* wäre (formal: ob $\langle h_j, a\rangle \tilde{R}_i \langle h_k, b\rangle$) oder nicht. (Ersichtlich erweist sich $h_j R_i h_k$ als der Sonderfall $\langle h_j, i\rangle \tilde{R}_i \langle h_k, i\rangle$ von $\tilde{R}_i$) Um gewisse unerwünschte Implikationen zu vermeiden, (NmL. (5), 5ff.) schränkt man allerdings i's Wertungsfreiheit in $\tilde{R}_i$ mittels Sens *Identitätsaxiom* derart ein, daß für alle j,k,i (i ≠ a) die Ordnungen $h_j R_a h_k$ und $<h_j,a> \tilde{R}_i <h_k,a>$ *übereinstimmen* müssen: a's Präferenzen über H_s dürfen andere also *nicht abweichend* von a selbst einschätzen. Statt nur m Ränge für die h_j – wie R_i – hätte $\tilde{R}_i$ m mal n Ränge für die Paare $<h_j,a>$ mit j = 1,...,m und a = 1,...,n. Diesen $\tilde{R}_i$-Rängen kann i, analog wie zuvor bei BR, ihrer Höhe umgekehrt entsprechend $m \cdot n - 1, m \cdot n - 2, \ldots, 0$ Bordapunkte zuordnen. Für jedes dieser m mal n, nacheinander von i = 1,...,n mittels $\tilde{R}_i$ bewerteten Paare $<h_j,a>$ ergäbe dies ein n-Tupel $\upsilon_{ja} = <\upsilon^1_{ja}, \upsilon^2_{ja}, \ldots, \upsilon^n_{ja}>$ von Bordapunkten mit $0 \leq \upsilon^i_{ja} \leq m \cdot n - 1$. Die m-mal-n Matrix aus all diesen n-Tupeln wäre dann ein sog. *erweitertes Präferenzprofil* (= *E-Profil*). Auf dieses könnte nun zwecks der Ermittlung von $R(H_s)$ in

$$R(H_s) = g(\tilde{R}_1(H_s \times X), \ldots, \tilde{R}_n(H_s \times X))$$

z.T. neue, z.T. modifiziert obige IAE g angewendet werden. ("Nicht rein partikular" nannte ich diese, weil die $\tilde{R}_i$ *nicht nur* (wenngleich *auch*) i's *Partikular*interesse an den $h_j \varepsilon H$ reflektieren.) Deren erste (= 1.5.8 und 1.5.9) wären zwei *erweiterte Mehrheitsregeln* E-MR für die $R(H_s)$-Ermittlung per *Einzel*abstimmung über alle *Paare* aus H_s sowie E-RMR für Abstimmungen über die *beste(n)* Alternative(n) aus H_s *insgesamt*. Sie sind E-Analogien zu obigen Regeln MR und RMR. Nur gibt es hier nicht nur (wie zuvor bei $R_1,\ldots,R_n$) n, sondern $n \cdot n = n^2$ Stimmen, da *jedes* $\tilde{R}_i$ (i = 1,...,n) für *jeden* Betroffenen a (a = 1,...,n) angibt, ob $<h_j,a> \tilde{R}_i <h_k,a>$ vorliegt oder nicht, also angibt, ob i aus a's Sicht für h_j oder h_k stimmt. Nach einem Vorschlag von Suzumara (1983b) kann man nun E-Mehrheitsregeln, vorzugsweise in der Mehrheits*zirkel* vermeidenden Form E-RMR, mit obigem *Paretosuperioritätsprinzip* PP zu zwei weiteren 2-Stufen-IAF verknüpfen. Deren erste (= 1.5.10) wendet in *Stufe 1* PP auf die (ja den $\tilde{R}_1, \ldots \tilde{R}_n$ entnehmbaren) $R_1,\ldots,R_n$ an, um zunächst die Teilmenge H^*_s aller *nicht paretodominierten* und damit *paretooptimalen* $h \varepsilon H_s$ zu bestimmen. In *Stufe 2* wendet sie E-RMR auf $\tilde{R}_1(H^*_s \times X), \ldots, \tilde{R}_n(H^*_s \times X)$ an, um $M(H^*_s)$ und hiermit zugleich $M(H_s)$ zu erhalten. Die zweite IAF (= 1.5.11) verfährt genau umgekehrt: Anhand von $\tilde{R}_1,\ldots,\tilde{R}_n$ bestimmt sie mittels PP zunächst die Menge H^*_s der *Paretooptima* in H_s, um sodann RMR auf $R_1(H^*_s),\ldots,R_n(H^*_s)$ zwecks Gewinnung von $H^*_s(M) = H_s(M)$ anzuwenden. Als weitere IAF (= 1.5.12) käme die *erweiterte Borda-Regel* (E-BR) in Frage. Ihrzufolge hätte x zunächst die Bordapunkte *in jedem der n-Tupel* zu addieren, dann diese n-Tupel-Summenwerte jeweils für h_j (j = 1,...,m) nochmals aufzusummieren, um R(H_s) schließlich nach den so ermittelten Doppelsummen-Größen zu bestimmen. E-BR, wie zuvor schon BR, sind sog. *lineare Bordaregeln,* da sie zwischen allen Rängen k,k+1 (k = 1,...,m–1) der $\tilde{R}_i$ bzw. R_i *gleiche Punktabstände* von jeweils 1 festsetzen. Um Betroffenen mit relativ niedrigen $\tilde{R}_i$-Rängen mehr Einfluß bei der Bestimmung von R(H_s) einzuräumen bzw. von je 2 Handlungen mit gleicher Bordasumme diejenige mit der *egalitäreren* Verteilung der Punkte zu bevorzugen, schlug nun Gaertner (1989) eine *nicht-lineare* Abwandlung von E-BR vor. Ihrzufolge wären die Bordapunkte in jedem $\tilde{R}_i$ eines E-Profils vor ihrer Addition für jedes h_j zunächst mittels einer *strikt-konkaven*, also *ordnungserhaltenden* Funktion $\phi_\alpha(\cdot)$ mit $\phi'_\alpha(\cdot) > 0$ derart in neue Werte zu transformieren, daß die Abstände nun nicht mehr – wie bei $m \cdot n - 1, m \cdot n - 2$, ...,1,0 in den $\tilde{R}_i$ – *gleich* sind, sondern *nach unten hin*, also *mit abnehmendem Punktwert, immer größer werden.* Die variable Stärke α dieser durch "$\tilde{R}_i$-Stauchung von oben" bereits *ordinal* eingebrachten *Egalitäts*komponenten sollten nach Gaertner dabei die *iεX* zuvor selbst bestimmen. Diese weitere IAF (= 1.5.13) sei dahher als *E-BR(α)* abgekürzt. Als IAF 1.5.14 wäre *E-Maximinimin*, eine noch *ohne* interpersonale Vergleiche arbeitende Abwandlung von Rawls' *Maximin* (s. später!) denkbar. Sie ließe x zunächst das Minimum in jedem der Borda-n-tupel $\mathfrak{v}_{ja}$, danach für jedes h_j, das Minimum letzterer Minima bestimmen. R(H_s) ergäbe sich dann nach der Größe dieser jeweiligen Doppelminima für h_j. Wie bei E-BR zuvor die *größte Doppelsumme*, so definiert hier *das größte jener Doppelminima* dann die Menge M(H_s) der *besten* $h_j \varepsilon H_s$. Orientiert man sich, statt am Maximum der Doppel*minima*, am Maximum der analog ermittelten Doppel*maxima*, so erhielte man die *Maximax*-Abwandlung *E-Maximaximax* (= 1.5.15). Beide IAF sind qua *rangdiktatorische* (s. *Maximin* später!) m.E. ethisch inakzeptabel. Sie illustrieren zugleich drastisch die erwähnten Manipulationsmöglichkeiten durch *Präferenzverhüllung*. Sähe i de facto etwa h_j als optimal *für sich,* h_k *für b* aber als noch besser an, so könnte i bei Anwendung von *E-Maximaximax* durch *kontrafaktisch-strategische* Angabe von $\tilde{R}_i$ derart, daß $\langle h_j, i \rangle$ die beste *aller* m-mal-n Alternativen in $\tilde{R}_i$ ist, bereits sicherstellen, daß h_j in M(H_s) gelangt. Etwas weniger drastisch ließe sich *E-Maximinimin* manipulieren.

Weitere *personal-ordinale* IAF seien hier nicht betrachtet. Als *ethische Allzweck-IAF* sind sie – ohne daß diese Pauschalbehauptung hier durch Anwendungsbeispiele illustriert werden kann – schon deswegen ungeeignet, weil sie R(H_s) *allein* anhand der $R_i(H_s)$ bzw. $\tilde{R}_i(H_s \times X)$ ermitteln und so diverse, ethisch höchst relevante Information außer Betracht lassen. Unberücksichtigt bleibt die folgende m.E. unverzichtbare, erst auf *interpersonalem, höherem* Meßniveau in IAF einbeziehbare Information: Wie groß sind die Nutzen*abstände* zwischen den Rängen in den R_i bzw. $\tilde{R}_i$? Wie groß sind diese speziell bei *interpersonalen* Vergleichen zwischen $R_1,...,R_n$; inwiefern würde jedes $h_j \varepsilon H_s$ also die, eventuell ganz *verschieden großen, Bedürfnisse der* $i \varepsilon X$ befriedigen? Wie groß ist – jeweils *interpersonal* gemessen – i's vor S vorliegendes *Ausgangsbefriedigungsniveau* c_i sowie der durch h_j jeweils erzeugbare *Gewinn* oder *Verlust* $f_i(h_j)$ und damit i's neues *Gesamtniveau* $u_i(h_j) = f_i(h_j) + c_i$? Welche *Befriedigungsarten* strebt i an, welche *Präferenzmotive, Verdienste* und *Ansprüche* hinsichtlich verschiedener Aspekte hat i in S? Wie *egalitär* sind verdiente Niveaus unter den i *verteilt*, d.h. wie stark *streuen* die Vektorwerte $<u_1(h_j),...,u_n(h_j)>$ für jedes $h_j \varepsilon H_s$? Diese Hinweise auf *personal-ordinal* nicht einbeziehbare Information träfe jene IAF jedoch nur, sofern man für sie Ansprüche auf *ethische Allzweckverwendbarkeit* erhöbe. Dies taten ihre Autoren jedoch zumeist nicht (explizit). Für partielle IA-Zwecke hingegen, bei denen jene Information nicht zählt (wie etwa politische Wahlen, Komitee-Entscheidungen u.a.), sind besonders "rein partikulare" IAF schon insofern gut geeignet, als sie das Allgemeininteresse in S *ohne subjektive Wertungen* durch x von *jedermann überprüfbar* rein aus Partikularinteressen aggregieren. Dennoch bemühte man schon *bloß ordinale* IAF für Zwecke der *Verteilungsgerechtigkeit*. Man verlangte hierfür jedoch die *interpersonale, ordinale Vergleichbarkeit* nicht nur der *Gewinne* bzw. *Verluste* $f_i(h_j)$, sondern diejenige der hiermit erreichbaren *Gesamtniveaus* $u_i(h_j)$. Letztere ergibt sich formal aus dem Spezialfall eines *E-Profils* $\tilde{R}_1(H_s \times X),...,\tilde{R}_n(H_s \times X)$, der vorliegt, wenn $\tilde{R}_1 = \tilde{R}_2 = ... = \tilde{R}_n = \tilde{R}$ gilt. In ihm nimmt man mithin an, daß *alle* i sich für beliebige $a,b \varepsilon X$ und $h_j,h_k \varepsilon H_s$ interpersonal darüber *einig* sind, ob $<h_j a> \tilde{R} <h_k,b>$ gilt, ob also a durch h_j mindestens genauso gut gestellt wäre wie b durch h_k, oder nicht. Mittels der Definition:

Für alle a,b,j,k gilt: $u_a(h_j) \geq u_b(h_j) = df <h_j, a> \tilde{R} <h_k,b>$

erhält man damit aus dem *interpersonalen* E-Profil (= *IE-Profil*) $\tilde{R}(H_s \times X)$ eine Matrix *interpersonal-ordinaler Niveauwerte* $u_i(h_j)$ (i =

1,...,n; j = 1,...,m). Diese läßt sich auch als *interpersonale Borda-Matrix* deuten, in der den <h_j,i> mit abnehmender Ranghöhe in $\tilde{R}$ $m \cdot n - 1, m \cdot n - 2, ..., 0$ *Borda*punkte zugeordnet werden. Die bekannteste hierauf anwendbare IAF (= 1.5.16) ist die *Leximin*-Erweiterung der von Rawls' angeregten *Maximin*-Regel. Sie wurde aus verschiedenen Mengen von Rationalitäts- und Gerechtigkeitsaxiomen abgeleitet und dekretiert, daß $h_j R h_k$ gdw. $\min_i u_i(h_j) \geq \min_i u_i(h_k)$; hiermit wäre(n) die in H_s beste(n) Alternative(n) diejenige(n), die den vom Niveau her *Schlechtestgestellten* mindestens so gut stellte(n) wie jede sonstige Alternative. *Leximin* erklärt ergänzend für den Fall, da die k.-Schlechtestgestellten (k = 1,..., m−1) bei 2 Alternativen *gleiches* Niveau erreichen, diejenige für besser, die dem (k+1).-Schlechtestgestellten das höhere Niveau verschafft. Derart *verallgemeinert* formuliert Rawls in (1971) *Maximin* jedoch nicht. Er hielt lediglich folgendes für nachweisbar: In einem Urvertrag würden *rationale,* aber insofern auch schon *moralische* Wesen, als sie fiktiv den *Schleier der Unwissenheit* über bestimmte ihrer naturgegebenen Merkmale zu legen und an einer *Rollenverteilungslotterie* teilzunehmen bereit sind, eine Gesellschaftsform wählen, deren Verteilungsprinzipien für gewisse *Grundgüter* ("rights and liberties, opportunities and powers, income and wealth") die *bezüglich dieser* Schlechtestgestellten immer noch besser stellt als jede alternative Gesellschaftsform. Dieses Argument aber setzt voraus, daß rationale Wesen unter *Unsicherheit* nach dem extrem pessimistischen *Maximin*-Prinzip (s. Teil II!) entscheiden sollten, was jedoch keineswegs unumstritten ist. Ebenso wie ihr sich am jeweils *Best*gestelten orientierendes, ethisch durchweg verworfenes Pendant *Maximax* (= 1.5.17), das $h_j R h_k$ gdw. $\max_i u_i(h_j) \geq \max_i u_i(h_k)$ mit analoger *Leximax*-Ergänzung dekretiert, ist Maximin-Leximin *rangdiktatorisch*: Es läßt R(H_s) *allein* von den jeweils *Schlechtestgestellten* bestimmen. Allen *supraminimales* Niveau erreichenden Betroffenen mutet dies den Verzicht auf beliebig hohe Nutzengewinne zu. Neben der Nichtberücksichtigung von *Verdiensten* usw. wurde vor allem dies, illustriert an zahllosen kontraintutitiven Anwendungsfolgen, an *Maximin* kritisiert. Derart einseitige Fokussierungen auf *einen einzigen* Rang vermeiden die, wie zuvor auf *E-Profile*, so hier auf *IE-Profile* angewendete *lineare Bordaregel* (= IE-BR) sowie ihre egalitärere, *nichtlineare* Abwandlung IE-BR(α) als die IAF 1.5.18 und 1.5.19. Sie bestimmen R(H_s) nach der *Größe* der jeweiligen *Punktsummen*, welche die aus dem IE-Profil gewinnbare Bordamatrix bzw. deren $\phi\alpha$-Stauchung für jedes h_j ergibt.

Hiermit sei die Liste der wichtigsten *ordinalen* IAF abgeschlossen. Sie durch Verfeinerungen sowie weitere vorgeschlagene IAF zu ergänzen, verbietet sich hier schon aus Platzmangel. Als allesamt die vorgenannte "Gerechtigkeitsinformation" nicht ausreichend berücksichtigend, geben – so ist zu resümieren – jedoch selbst *interpersonal*-ordinale IAF keine Basis für eine *Allzweck*-IAE ab. Dies gilt ungeachtet der Nachweise, daß diese IAF einen Großteil von (in der Tat zumeist wünschenswerten) "ethischen" Bedingungen erfüllen. Letzere umfassen die Prinzipien von *Pareto,* der *unrestringierten Indivualpräferenzen, Unabhängigkeit von irrelevanten Alternativen, Nichtdiktatorialität, Anonymität, Neutralität, Separabilität, Suppes'-Indifferenz* bzw. *Gradierung, Stabilität, strengen Monotonizität, Unabhängigkeit von extremen Konfigurationen,* Hammonds, Deschamps/Gevers' und Gaertners jeweils verschiedene *Gerechtigkeitsaxiome* usw., die z.T. aus Teilmengen jener Bedingungen ableitbar sind. (NmL. (17) S. 1116ff.; (5), S. 5ff.). *Auch die Konjunktion all jener Bedingungen unterbestimmt jedoch noch gravierend dasjenige, was Gerechtigkeit im Einzelfall erfordern kann,* wie sich an Anwendungsbeispielen zeigen ließe.

Alle IAF, die Nutzen nicht lediglich *ordinal* erfassen, erreichen sog. *personale Kardinalität* nur auf *Intervall*skalenniveau. (NmL. (20), S. 496ff.) Analog wie etwa bei der Temperaturmessung in C° ordnen hierbei die Meßwerte $u_i(h_j)$ die $h_j \varepsilon H_s$ nicht nur ihrer Güte für i nach, sondern geben zugleich über die *Rangabstände*, genauer über das *Verhältnis der Intervalle* $u_i(h_a) - u_i(h_b)$ und $u_i(h_c) - u_i(h_d)(1 \leq a,b,c,d \leq m)$ zwischen je 2 verschiedenen Rängen R_i, Auskunft. Einen *absoluten Nutzennullpunkt* kann i damit noch ebensowenig angeben, wie die *Einheiten* seiner u_i-Skala sowie die *Abstände* von deren Meßwerten von seinem beliebig gewählten Nullpunkt mit denjenigen der Skalen für u_j, u_k,...*interpersonal* vergleichen. Mindestens im bisherigen SWT-Rahmen erlauben nun die so gewinnbaren bloß *personal-kardinalen* Nutzenprofile noch nicht die Anwendung weiterer geeigneter IAF. Alle u.a. Nutzen*additionen* einschließenden IAF etwa bleiben ohne interpersonale Vergleichbarkeit ebenso sinnlos, wie wenn man Celsius- und Fahrenheit-Meßwerte mitteln wollte. (Überdies wurden für bloß *personale* Kardinalität den ordinalen ähnliche *Unmöglichkeitstheoreme* bewiesen.) Ganz anders ist die Lage jedoch, wenn man IAF, statt im SWT-Rahmen, auf der Basis von sog. "*Verhandlungsmodellen*" (= VM) definiert. (Vgl. zur VM-Lit. Anm. 5). Deren bekannteste nämlich gestatten, weitere IAF auf bloß *personal-kardinalem* Nutzenmeßniveau zu formulieren.

Worin nun besteht der Kerngedanke aller VM? Zunächst gehen sie, ähnlich wir SWT, von folgendem Fall aus: Zwischen n Individuen $i\varepsilon X$ ($n \geq 2$) besteht ein IK darüber, welche der Optionen $h_j\varepsilon H_s$ mit dem zugehörigen, (hier speziell *personal-kardinalen*) Nutzenvektor $\bar{u}(h_j) = <u_1(h_j),...,u_n(h_j)>$ realisiert werden sollte. Bei m ($m \geq 2$) Optionen hieße das für jedes i, daß die (gemäß der hiermit gegebenen *m* x n Nutzenmatrix) für i *beste* Option max $u_i(\cdot)$ für mindestens ein j ($j \neq i$) suboptimal wäre. (Anders als für IAE-Entscheiden bislang als Standardfall angenommen, müssen die *Optionen* hierbei nicht die Alternativen eines *einzelnen* Handelnden x sein, sondern können von den i selbst per *kollektiver Interaktion* herbeiführbare *Zustände* h_j sein. Nur einfachheitshalber sei die Notation $h_j\varepsilon H_s$ auch hierfür zunächst beibehalten). Während nun im SWT-Rahmen x das bzw. eines der h_j aus M(H_s) ausführt und damit – außer bei Anwendung einer *Konsensregel* – eventuell einigen $i\varepsilon X$ Nutzenverluste gegenüber ihrem *Status Quo* (= SQ) zufügt, erlauben alle – daher auch als *nichtkompensatorisch* bezeichenbaren – IAF im VM-Rahmen keinerlei *kompensatorisch* (d.h. mit hierdurch erreichbaren *größeren Vorteilen für andere*) begründete derartige Nutzentransfers. Vielmehr unterstellt man hier eine (fiktive) *Verhandlung* aller $i\varepsilon X$ über einen *für alle akzeptablen* Kompromiß $h^*\varepsilon H_s$. Bereits dies aber erfordert dessen *Profitabilität für alle i* relativ zu deren SQ $h_0\varepsilon H_s$. Könnte nämlich irgendein i sich relativ zu h_0 durch *h* verschlechtern, so hätte i ja keinerlei Anreiz zu verhandeln. Er führe besser, es stattdessen einfach bei der "Null-Veränderung" h_0 (daher der Index!) zu belassen. *Merkmal 1* aller VM lautet daher: a) Es muß mindestens ein relativ zu h_0 *schwach paretosuperiores* h_j in H_s geben, und b) für alle potentiellen h^* muß gelten: Für alle $i\varepsilon X$: $u_i(h^*) \geq u_i(h_0)$. Im Regelfall *gewinnen* dabei sogar *alle* durch den jeweiligen VM-Kompromiß h^*. Verlöre auch nur ein i durch h^* gegenüber h_0, brächte dies die Verhandlung zum Scheitern. Da dann h_0 und damit ein Verlust für andere im Vergleich zu h^* einträte, nennt man h_0 auch den *Drohpunkt*. Üblicherweise ordnet man ihm den Nutzenvektor $\bar{u}(h_0) = < u_1(h_0),...,u_n(h_0)> = < 0,...,0>$ zu, zeichnet letzteren also als *Nullpunkt* eines Koordinatensystems im n-dimensionalen Raum R^n aus. *Merkmal 2* aller VM (mit einer einzigen Ausnahme) liegt darin, von ihren Lösungen $h^*\varepsilon M(H_s)$ überdies *Paretooptimalität* zu fordern. Die *Merkmale 1 und 2* implizieren, daß als

Lösungsmenge $M(H^*_s)$ jeweils nur im *rein positiven* R^n*-Orthanten* liegende *Paretofront*-Punkte aus der Menge $U(H_s)$ aller in S erreichbaren Nutzenvektoren in Frage kommen. Zumeist fordert man in VM ferner *Konvexität* von $U(H_s)$: Alle auf der Geraden *zwischen* je 2 "reinen" Vektoren bzw. Punkten $\bar{u}(h_j)$ und $\bar{u}(h_k)$ aus $U(H_s)$ liegenden, als *Lotterien* zwischen jenen interpretierbaren sog. "gemischt verbundenen" Punkte wären hiermit ebenfalls Optionen in $U(H_s)$. Da die hiermit gegebene sog. "*konvexe Hülle*" um $U(H_s)$ zugleich die *Abgeschlossenheit* von $U(H_s)$ sicherstellt, würde *Konvexität* überdies die *Kompaktheit* von $U(H_s)$ als eine weitere übliche VM-Forderung garantieren. Es gäbe damit keine "Löcher im Käse", d.h. keine inneren Teilräume von $U(H_s)$, deren Punkte *keine* Optionen von $U(H_s)$ wären.) Die Menge möglicher Lösungen $\bar{u}(h^*)$ bestände dann aus den Optionen des *Paretofront-Teils* jener Hülle. Da dieser in IK jedoch stets mehr als eine Option enthält, besteht *Merkmal 3* jener VM_x darin, per *Lösungsfunktion g genau einen* Vektor $\bar{u}(h^*) = g(U(H_s),\bar{u}(h_0))$ als "*die gerechte* Lösung" auszuzeichnen. (Da verschiedene h^* denselben Nutzenvektor erzeugen können, kann $\bar{u}(h^*)$ natürlich auch durch *mehr als ein* $h^* \varepsilon H_s$ erfüllt werden.) Während *Merkmal 1* allen hier zu betrachtenden VM-Varianten VM_x (x = 1,...,5) und *Merkmal 2* allen außer VM_4 eignet, macht die "*gerechte*" IAF g, gewonnen aus normativen Wendungen[8] der VM_x, deren *ethische differentia specifica* aus. All diese VM_x begründen – dies macht bereits diese Skizze ihres gemeinsamen Kerns klar – weitere *konsens*orientierte IAF. Gegenüber z.B. EKR wandeln sie die Konsensidee jedoch in realistischer Weise ab. Während EKR einen kaum je erreichbaren Konsens über die Optima der $R_i(H_s)$ *insgesamt* verlangt, nehmen die VM_x lediglich an, daß alle i sich über h^* als Optimum von nur noch $R'_i(H'_s)$ mit $H'_s = \{h^*,h_0\} \subseteq H_s$ einigen würden. Wegen $u_i(h^*) \geq u_i(h_0)$ für alle i ist *diese* Annahme aber selbst dann realistisch, wenn über die Optima von $R_i(H_s)$ nach wie vor Dissens herrscht.

Welche IAF-Lösungen zeichnen diese VM_x nun aus? Deren erste (VM_1 = 1.5.20) schlug – formal noch außerhalb des VM-Rahmens – *Zeuthen* (1930), S. 104ff. ursprünglich für *2-Parteien*-Tarifkonflikte vor. Sie ist jedoch, wenngleich in weniger direkter Weise als alle nachfolgenden IAF, auch für *n-Personen*-IK ($n \geq 2$) verallgemeinerbar (vgl. (8), S. 200ff.) und definiert das Ende eines Kompromiß-Annäherungsprozesses. Zu dessen Darstellung wird die bisherige Notation vereinfacht: Gesetzt 1 bzw. 2 schlagen anfangs die jeweils sie selbst begünstigende Verhandlungslösung $<x_1,x_2>$ bzw. $<y_1,y_2>$ auf der Paretofront vor. (Die x_i bzw. y_i (i = 1,2) bezeichnen hier schon die Nutzen*gewinne* der i gegenüber $u_i(h_0) = 0$.) Dann geben $\Delta_1 = x_1-y_1>0$ bzw. $\Delta_2 = y_2-x_2 > 0$ die Nutzendifferenz an, auf die 1 bzw. 2 relativ zu ihrem eigenen Vorschlag x_1 bzw. y_2 verzichten müßten, wenn sie denjenigen y_1 bzw. x_2 des anderen annähmen. Die Quotienten $k_1 = (x_1-y_1)/x_1$ bzw. $k_2 = (y_2-x_2)/y_2$ aus i's "Verzichtstärke" und Ausgangsforderung sind dann zwanglos als die *Stärke der Konzession an den anderen* deutbar, die i bei Annahme von dessen Vorschlag machen würde. Hierbei können die Fälle a) $k_1 < k_2$, b) $k_1 > k_2$ c) $k_1 = k_2 \neq 0$ vorliegen. *Zeuthen* – ethisch interpretiert – fordert nun, daß bei a) Partei 1, bei b) Partei 2 und bei c) beide Parteien einen neuen, für den anderen *besseren* Vorschlag $<x'_1,x'_2>$ bzw. $<y'_1,y'_2>$ machen sollte(n). Dieser impliziert eine Verkleinerung des Konzessionswertes k'_1 bzw. k'_2. Derjenige mit der nunmehr relativ zum anderen kleineren Konzession sollte letzterem ein erneut verbessertes Angebot vorlegen usw. "Gerecht" gelöst wäre der IK, sobald 1 und 2 einen Kompromiß h^* mit derartigen (*identischen*) Nutzenwerten $<x^*_1,x^*_2>$ bzw. $<y^*_1,y^*_2>$ vorschlügen, daß $k^*_1 = (x^*_1-y^*_1)/x^*_1 = k^*_2 = (y^*_2-x^*_2)/y^*_2 = 0$ gälte, also *keiner* mehr eine Konzession *an den anderen* machen würde. (*Relativ zu ihren Ausgangsvorschlägen* hätten hier natürlich *beide* konzediert.) Elementare Umformungen erweisen nun, daß bei jenem Näherungsprozeß die jeweiligen Partikularnutzen*produkte* stufenweise wachsen, um schließlich bei jedem h^* mit $k^*_1 = k^*_2 = 0$ ihr *Maximum* $x^*_1 \cdot x^*_2 = y^*_1 \cdot y^*_2$ zu erreichen.

Damit jedoch erweist sich *Zeuthens* VM_1-Lösung als *äquivalent* mit derjenigen, die der Begründer der formalen Verhandlungstheorie, *Nash*, in (1950) aus ganz anderen Axiomen gewann. Denn *Nashs* VM_2 (= 1.5.21) erklärt, für $n \geq 2$ verallgemeinert, jedes $h^* \varepsilon H_s$ für optimal, dessen Gewinnvektor $\bar{u}(h^*) = < u_1(h^*),...,u_n(h^*) > = <x^*_1,...,x^*_n>$ ein *maximales* Produkt $\Pi^n_{i=1}x^*_i$ auf der Paretofront von $U(H_s)$ erzeugt. Dieses *Produktmaximum* erhalten, logarithmisch gefaßt und wiederum aus anderen Axiomen, auch *Kaneko/Nakamura* (1979) als Lösung für ihr VM_3 (= 1.5.22). Man beachte, daß all diese "Produkt-VM" sogar $u_i(h^*) > u_i(h_0)$ für alle i, d.h. *starke* Paretosuperiorität von h^* relativ zu h_0, verlangen; denn bereits mathematisch implizieren sie ein *Vetorecht* jedes i gegen jede für i *unprofitable* Option h_j: Gälte auch nur für *ein i* $u_i(h_j) = 0$, so fiele auch der *Produkt*wert und insofern der *ethische* Wert von h_j auf Null, gleichgültig welche Gewinne $u_k(h_j) > 0$

alle anderen k durch h_j erlangen würden! Für *kompensatorische* IAF, die sich u.a. am *Summen*wert der $u_i(h_j)$ orientieren, ergäbe sich ein analoges Vetorecht nicht.

VM_3 weist hierbei einen auch *ethisch* wichtigen Unterschied zu allen sonstigen VM betreffs der *Deutung von* h_0 auf: In *Nashs* VM_2 geht es, wie dessen Anwendungsbeispiel klarmacht, um sozial optimalen Gütertausch zwischen n Parteien. Dasjenige Güterbündel, das jedes i vor den Tauschverhandlungen schon besitzt und das bei deren Scheitern zubehalten *selbst eine der Optionen von* H_s wäre, bezeichnet hier h_0. Wie hier, so denotiert h_0 auch in den anderen VM_x ($x \neq 3$) einen bestimmten, *inhaltlich mit* H_s variierenden SQ (= "Es geschieht das, was *ohne* jede Verhandlung bzw. bei deren Scheitern geschähe"), der als solcher *selbst jeweils schon Option aus* H_s ist. In VM_3 hingegen ist h_0 keine der usprünglichen H_s-Optionen, sondern eine rein *fiktive, nachträglich* erst in H_s aufzunehmende und *für alle* H_s konstante Alternative des "schlimmstmöglichen Zustandes" für i – wie etwa i's Tod –, dergegenüber *alle sonstigen Optionen aller möglichen* H_s Verbesserungen für i erbrächten. Diese invariante h_0-Deutung nun entzieht VM_3 einem gravierenden ethischen Einwand (s. später).

Eine weitere, intuitiv einleuchtende Lösung gewinnen, auf der Basis modifizierter *Nash*-Axiome, *Kaila/Smorodinsky* (1975) in VM_4 (= 1.5.23): Es sei $\bar{x}_i$ i's theoretisch in S erreichbarer *Maximal*nutzen. (Für *alle* i zugleich ist $\bar{x}_i$ in einem IK natürlich nicht erreichbar. Mithin ist auch der *Idealvektor* $<\bar{x}_1,\ldots,\bar{x}_n>$ hier niemals ein Punkt in $U(H_s)$.) Dennoch ist $<\bar{x}_1,\ldots,\bar{x}_n>$ ein zentraler Baustein von VM_4. Denn die VM_4-Lösung erklärt für jedes $h^* \varepsilon H_s$ mit dem *maximalen all derjenigen* Nutzenvektoren $X = <x_1,\ldots,x_n>$, die allen i,j *denselben Bruchteil* $x_i/\bar{x}_i = x_j/\bar{x}_j$ *ihres Maximalnutzens* zugestehen, für optimal. Nur für $n = 2$, nicht aber für $n > 2$ liegt dieser Vektor immer auch auf der *Paretofront*. (Daher erfüllt VM_4 das VM-*Merkmal 2* nicht uneingeschränkt.)

Eine vieldiskutierte, von ihm explizit *verteilungsethisch* interpretierte Lösung legte *Gauthier* (1978, 1985, 1986) in VM_5 (= 1.5.24) vor. Er geht von der radikalen These aus, daß *nur* Verteilungsprinzipien akzeptabel sind, deren Einhaltung sich auch aus *egoistisch-rationaler* Sicht lohnt. *Nonkooperative* Klugheit allein, und damit auch *A. Smiths* "unsichtbare Hand" des Marktmechanismus, versage als Verteilungsprinzip jedoch, da sie vielfach – wie etwa bei IK von "Gefangenendilemma"-Struktur – zu *paretosuboptimalen* (= ineffizienten) Zuständen führe. Statt ihrer habe hier die "sichtbare Hand" einer auf der *Paretofront* ausgehandelten *kooperativen* Lösung "den Nutzen aller zu befördern." *Produkt*lösungen à la *Nash* seien hierzu jedoch qua *Aggregat*maximierungen, an denen rationale Individuen nicht interessiert sein könnten, ungeeignet. (*Kompensatorische* ethische Auswege aus den Klugheitsdilemmata verwirft G. als nicht für *jedermann immer* profitabel ohnehin.) Vorzuziehen sei daher seine VM_5-Lösung. Diese basiert auf *Zeuthens Konzessions*begriff, wählt jedoch andere Bezugsgrößen für i's Konzession k_i als jener. Z. bezog k_i (i = 1,2) jeweils *variabel* auf den *letzten Vorschlag des anderen.* G. hingegen bezieht k_i für i = 1,...,n *konstant* allein auf i's *Maximalnutzen* $\bar{x}_i$ in S. Er definiert k_i somit als den *Quotienten aus dem Nutzenverlust* $\bar{x}_i - x_i$, den i bei Vereinbarung von h_j mit $\bar{u}(h_j) = <...,x_i,...>$ relativ zu $\bar{x}_i$ erlitte, *und* $\bar{x}_i$ *selbst.* Alle derart redefinierten *Zeuthen*-Konzessionen $k_i = (\bar{x}_i - x_i)/\bar{x}_i$ variieren offenbar zwischen 0 (im für i *idealen* Fall $x_i = \bar{x}_i$) und 1 (im für i *schlimmsten* Fall $x_i = 0$). Für jedes $h_j \varepsilon H_s$ ergibt dies einen Vektor $<k^j_1,...,k^j_n>$ von Konzessionen der i bei h_j mit $0 \leq k^j_i \leq 1$. Deren jeweils *größte* sei $\max_i k^j_i$. Naheliegenderweise zöge nun derjenige i, der $\max_i k^j_i$ machen müßte, jede Alternative h_k mit $k^k_i > \max_i k^j_i$ der Alternative h_j vor. Also – so folgert G. aus dieser Präferenz – dränge sich jedes h^* als *ethisch optimal* geradezu auf, für das $\max_i k^*_i$ *minimal* in H_s ist, d.h. für das für alle $h_j \neq h^*$ gilt: $\max_i k^*_i \leq \max_i k^j_i$. Die VM_5-Lösung lautet daher: "Wähle ein h^* mit $\text{minimax}_i\ (\bar{x}_i - x_i)/\bar{x}_i$ im Vektor $\bar{u}(h^*)$!" G. selbst formuliert dies jedoch in anderer, hiermit äquivalenter Weise: Denn ersichtlich ist die *Konzession* $(\bar{x}_i - x^j_i)/\bar{x}_i$ genau für denjenigen i *maximal*, dessen *Gewinnquotient* $x^j_i/\bar{x}_i$ für h_j *minimal* ist. Jede Alternative mit in H_s *minimaler Maximalkonzession* ist nun, wie leicht zu zeigen ist, zugleich eine solche mit *maximalem Minimal*gewinnquotienten. Statt in obiger Form drückt G. daher seine VM_5-Lösung durch "Wähle ein h^* mit $\text{maxmin}_i x_i/\bar{x}_I$!" aus. Deren nähere Analyse ergibt nun, daß sie für $n > 2$ nur unter einer Zusatzbedingung *wohldefiniert* ist (also genau einen Lösungsvektor denotiert), sowie für n = 2 *immer*, und für $n > 2$ *dann mit der VM_4-Lösung äquivalent* ist, wenn diese *auf der Paretofront* liegt. (S. oben! NmL. (10a) und (10b).)

Hiermit sei die Vorstellung der für IAE wichtigsten VM beendet. Bezüglich ihrer Geeignetheit als IAF ließen sich einige Pro- und viele Contra-Gründe anführen. Hier sei nur dies angedeutet: Der VM-Vorteil eines realistischen Konsensualismus, der selbst für kluge Egoisten attraktive Kooperationslösungen von IK anbietet, wird durch zwei gravierende Defizite überwogen: I) Ihre vielkritisierte *Nichtkompensatorizität* macht alle VM-Lösungen *vom SQ*, demgegenüber sie ja niemandem einen Verlust bringen dürfen, *abhängig*. Klemisch-Ahlert hat in (1991) diese schon vorformal einleuchtende Tatsache auch formal bewiesen. Ist der SQ nun überdies, wie in allen VM_x ($x \neq 3$), ein mit H_s *variierender, kontingenter* Zustand (der etwas auch i's Güterallokation, Macht, Bewaffnung, Gewaltbereitschaft usw. einschließt), so hätte gerade das, was die VM_x als *deskriptive* Modelle so realistisch macht, bei ihrer *ethischen Allzweckverwendung* inakzeptable Folgen: Die *Ausgangsstärke* der i in S kodeterminiert – selbst wenn sie durch Betrug oder brutale Gewalt errungen wurde – ihre Nutzenfunktionen über H_s und damit auch den Lösungsvektor $\bar{u}(h^*) = \langle u_1(h^*),...,u_n(h^*)\rangle$. Bei entsprechendem SQ dürften so Sieger die im Kriege Besiegten, wie in der Antike, versklaven oder Gutsbesitzer ihre Landarbeiter wir Leibeigene halten; jeder Hungerlohn-Kontakt wäre gerecht, ja selbst eine von Vergewaltigung bedrohte oder entführte Frau müßte sich mit ihrem Peiniger auf eine *kooperative als gerechte* (und nicht nur *kluge*!) IK-Lösung $\bar{u}(h^*)$ einigen! Jede SQ-Änderung für auch nur ein i könnte $\bar{u}(h^*)$ damit sogleich ungerecht machen! II) Alle VM berücksichtigen nicht die vordem genannte "*Gerechtigkeitsinformation*" über Präferenzmotive, Befriedigungsarten, Verdienste, Ansprüche, Ausgangsniveaus usw. der *i*ε*X*. Daher führen sie vielfach zu intuitiv ungerechten Gewinnverteilungen. (Vgl. hierzu auch (11), S. 130.)

VM-Lösungen sind bereits deshalb als *IAE-Allzweckprinzipien* ungeeignet. Anwendbar sind sie allein *partiell*, und zwar 1) im fiktiven "vormoralischen" Zustand bei der *externen* Begründung von vertraglich zu vereinbarenden *Normenpaketen* (als ganzen) oder *einzelnen Normen* einer jedem Vertragspartner nützlichen *Minimalmoral*, sofern sich für diese jeweils *mehrere* Lösungen auf der Paretofront relativ zur Anarchie anbieten. Zu diesen Vereinbarungen könnte dann 2) durchaus gehören, irgendein VM_x a) auf das sog. "*reine Verteilungsproblem*" (NmL. (14), S. 163ff.) sowie b) als IK-Lösung dann anzuwenden, wenn a) jeweils ein (an *anderen* vereinbarten Kriterien bemessen) *ethisch akzeptabler* SQ vorliegt, b) jene Gerechtigkeitsinformation kaum relevant ist, oder c) sich (in etwa) *gleiche* "Gerechtigkeitswerte" für die *i*ε*X* ("ceteris paribus") ergeben.

Alle nachfolgend noch zu nennenden IAF sind, wie die meisten obigen SWF-Vorschläge, *kompensatorisch*. Sie kommen jedoch mit *ordinaler* oder nur *personal-kardinaler* Nutzenmessung nicht aus, sondern erfordern sog. *interpersonale Kardinalität*. Hiervon gibt es mehrere Varianten. Deren wichtigste sind die sog. *interpersonale Einheiten-* (= IEV) sowie *volle Vergleichbarkeit* (= IVV). Ihre Erläuterung erfordert eine schärfere Interpretation der u_i als bislang nötig: $u_i(h_j) = f_i(h_j) + c_i$ bezeichne fortan i's neues *personal-kardinales Befriedigungsniveau*, das sich aus i's *Ausgangsniveau* c_i sowie der durch h_j erreichbaren *Veränderung* $f_i(h_j)$ nach oben oder unten hin ergäbe. Lassen sich dann die f_i-Werte für i = 1,...,n durch *Umrechnungsfaktoren* ${}_1a_i$ in *interpersonale* f_i^+-Werte transformieren, so liegt IEV vor; sind überdies die *Nullpunktabstände* der u_i-Werte vergleichbar, d.h. durch *lineare Transformationen*

$$u_1^+(h_j) = {}_1a_i \cdot u_i(h_j) + {}_2a_i = {}_1a_i \cdot f_i(h_j) + {}_1a_i c_i + {}_2a_i = f_i^+(h_j) + c_i^+$$

nun auch alle u_i- in u_i^+-Werte einer *einzigen interpersonalen Intervallskala* transformierbar, so liegt IVV vor. (Man illustriere sich IVV anhand der Temperaturtransformation $F = 9/5 \cdot C° + 32$. Leider erweisen sich die Größen ${}_1a_i$ und ${}_2a_i$ jedoch nicht als ebenso *wertfrei empirisch* auffindbar wie jene Temperatur-Transformationsparameter. Sie in S per *unparteilicher* Wertung festzusetzen wäre Aufgabe des g-Anwenders x. Theoretisch könnten auch die Betroffenen selbst die "gerechten" Werte ${}_1a_i$ und ${}_2a_i$ vor der g-Anwendung vereinbaren. In jedem Fall *messen* alle *interpersonalen* IAF als hiermit "wertungsinfizierte" nicht einfach das Allgemeininteresse an h_j.

Qua *Kompensationen* nur *erlaubende*, aber nicht *erfordernde* wäre deren erste, der *klassische Utilitarismus* (= KU = 1.5.25.1) auch als weitere VM-Lösung (= VM_6) *nichtkompensatorisch einsetzbar.* (Mit *J.St. Mill* "*qualitativ*-hedonistisch" aufgefaßt (s.o., S. 319) ergäbe KU eine nicht r.n. IAE-Variante.) Von *Harsanyi* (1977), *Maskin* (1987), *Ng* (1975) u.a. auf bislang 6 Arten axiomatisiert, dekretiert KU in seiner *Handlungs*variante (= HKU = 1.5.25.1), hiermit nur IEV voraussetzend:

$$\text{Für alle } h_j, h_k \varepsilon H_s : h_j R h_k \text{ gdw.}$$

$$\sum_{i=1}^{n} f_i^+(h_j) \geq \sum_{i=1}^{n} f_i^+(h_k).$$

Allein die *maximale Nutzenzuwachssumme* definiert hier also das moralisch Beste. Auch bei IVV und Ersetzung von f_i^+ durch u_i^+ bliebe obige Äquivalenz immer erhalten, da alle c_i^+-Summen als auf beiden

Seiten *gleiche* sich jeweils aufhöben. HKU ist also nur *zuwachs*-, nicht auch *niveauempfindlich*. Bei gleicher Summe ist ferner die *Streuung* der $f_i(h_j)$ unerheblich. Diese Vernachlässigung der *Gleichheit* der *Zuwächse* $f_i(h_j)$ verteidigt HKU jedoch als implizit *niveau*-egalitär: Gerade eine *kompensatorisch ungleiche* $f_i(h_j)$-Verteilung befördere das – ceteris paribus in der Tat wünschenswerte – ethische Teilziel der *Niveauangleichung*. Dies gilt aber nur bei 1) *Einkommens*verteilungen unter den Annahmen 2) (fast) *gleicher* und 3) infolge fallenden Grenznutzens *konkaver* Einkommen-Nutzen-Funktionen aller i. Denn nur dann erzeugen Einkommenszuwächse x_i, an den "Ärmeren" mit geringerem c_i vergeben, ein höheres $f_i(x_i)$, als bei Verteilung an den "Reicheren", wären nach HKU also cet. par. geboten. Diese durch (oft unerfüllte) Bedingungen stark eingeschränkte, einzig *implizite* HKU-Berücksichtigung der *Egalitäts*komponente von Verteilungsgerechtigkeit wurde vielfach als unzureichend kritisiert. Zahlreich getadelt wurde zweitens, daß HKU in seiner *rein nutzenorientierten* Standarddeutung, ein "time-slice principle" (*Nozick*) sei, das speziell bei Verteilungen eines Distribuendums dessen "*Leistungsvorgeschichte*" und die *Ansporneffekte* für dessen zukünftige Erstellung, sowie allgemein *Verdienste, Ansprüche, Präferenzmotive, die Integrität* der Person u.a. außer acht lasse. Überdies rechtfertige die höhere Nutzensumme jede beliebige Verletzung von *Individualrechten* und *-freiheiten*. Zur Illustration letzter Behauptung ersann man monströse Beispiele: Chirurgen hätten nach HKU Patienten "auszuweiden", um mit deren Organen mehrere ansonsten Todgeweihte zu retten, Unschuldige seien zu bestrafen, ja zu lynchen, wenn allein dies eine größere Anzahl anderer Opfer vermeide usw. (NmL. (20), II 2.). Einem Teil dieser Kritik hielt KU schlicht andere Intutionen entgegen. (Vgl. etwa *Smart* in (18).) Ein anderer indes veranlaßte die Ersetzung von HKU durch eine von Kant inspirierte (s.o., S. 310) KU-*Regel*variante RKU (= 1.5.25.2). Diese übernimmt obige HKU-Funktion, ersetzt in ihr aber '$f_i^+(h_j)$' durch das *allquantifizierte* Funktionsargument '$f_i^+(\bigwedge x h_j x)$' (analog für 'h_k'); sie erklärt mithin nicht die f_i^+-Summe, die sich im *konkreten Einzelfall* der h_j-Ausführung in S ergäbe, sondern diejenige der *allgemeinen* Praktizierung von h_j durch jedermann in S bzw. diejenige der *Regel* "Tue in S h_j!" zum moralischen Maßstab. Bei *gleicher* S- und damit h_j-Beschreibung erweisen sich HKU und RKU jedoch als *äquivalent*. Zwar kann man diese sog. "*Lyons-Äquivalenz*" durch das Verbot bestimmter Beschreibungsinhalte als "unfair" verhindern

(NmL. (20), S. 271ff.). Aber auch derart gerettet, bliebe RKU einem Teil obiger Einwände ausgesetzt. Ihre Vermeidung – bei Beibehaltung der IAE-Grundidee – erfordert, den bisherigen IAE-Rahmen zu sprengen und komplexere IAF zu entwickeln, deren Parameter *alle relevanten Gerechtigkeitsaspekte einbeziehbar machen*. Diese sollten nicht *rangdiktatorisch* – wie etwa Maximin – sein, sondern *alle* Werte der Nutzenmatrix das g-Maximum mitbestimmen lassen; sie sollten dies aber nicht in reiner *Summen*form, ungeachtet der *Summandenegalität*, tun. Sie sollten ferner *Verdienste, Ansprüche, Präferenzmotive* u.a., kurz die multifaktorielle *Berücksichtigungswürdigkeit* aller von den i in S manifestierten $f_i^+(h_j)$, etwa in Form von Gewichtungsfaktoren $b_i^j (0 \leq b_i^j \leq 1)$, derart einzubringen erlauben, daß nicht die $f_i^+(h_j)$, sondern nur die *verdienten* Zuwächse $b_i^j \cdot f_i^+(h_j)$ die Güte von h_j mitbestimmen. Dies setzt freilich eine *Theorie der Berücksichtigungswürdigkeit von Interessen* als Bestandteil einer hiermit *doppelt* "*wertungsinfizierten*" IAE voraus. Noch weniger als bei KU wären deren Anwender einfach *Wahlleiter*, deren korrekte g-Anwendung – wie etwa bei *personal-ordinalen* IAF – *wertungsfrei* überprüfbar ist. Derartige "*gerechtigkeitsinklusive*" IAF sollten schließlich, um weiteren Einwänden zu entgehen, *verdiente Befriedigungsniveaus* $b_i^j \cdot f_i^+(h_j) + c_i^+ = u_i^{++}(h_j)$ und nicht nur *Zuwächse* aggregieren, sowie – bei Erfüllung des *Paretoprinzips* PP – zusätzlich zu obiger *impliziter* auch eine *explizite Egalitätskomponente* enthalten, die von 2 Alternativen mit *gleicher Summe verdienter Niveaus* diejenige mit der *geringeren Streuung der Summanden* als die bessere auszeichnet. Denkbar wären mehrere solcher, ersichtlich (mindestens) IVV verlangender IAF, die außer obigen noch gewisse *formale* Anforderungen (wie *Transformationsinvarianz* u.a.) zu erfüllen hätten. Deren eine schlug *Trapp* (1988, 1990) in Gestalt des (unpassenderweise so genannten, weil eine zu große Nähe zu KU suggerierenden) *Gerechtigkeitsutilitarismus* vor (= GU = 1.5.26), welcher *nicht rein nutzenorientiert* ist. Sie lautet:

$$U(h) = \frac{1}{n}\sum_{i=1}^{n} u_i^{++}(h) - \frac{d}{n^2}\sum_{i=1}^{n-1}\sum_{j=i+1}^{n} \mid u_i^{++}(h) - u_j^{++}(h) \mid \quad (0 < d \leq 1)$$

Hierbei gilt für alle h_j, h_k: $h_j R h_k$ gdw. $U(h_j) \geq U(h_k)$. Der Vorfaktor d reguliere hierbei den idealiter von den $i\varepsilon X$ zu vereinbarenden *Grad*, in dem die jeweilige Streuung der verdienten Niveaus den moralischen Wert U(h) von h verringert. Die (sicherlich nicht buchstabengetreue)

Anwendbarkeit von GU und dessen ethische Implikationen, besonders mit Blick auf die angedeuteten und sonstige Einwände, können hier nicht diskutiert werden (NmL. (14), (20), (21)). Es sei nur pauschal festgestellt, daß der aus jenen Einwänden zuweilen gezogene Schluß, das IAE-Konzept sei, weil Gerechtigkeitsaspekte außer acht lassend, *im Ansatz* verfehlt und daher in keiner Variante als ethisches Entscheidungsinstrument geeignet, voreilig ist und gegenüber *gerechtigkeitsinklusiven* IAE-Varianten neu zu begründen wäre.

Beendet sei dieser große Überblick über das weite Feld der IAE-Problematik mit einem durch ihn hinreichend begründeten Hinweis: Die oft zu hörende Formel von "*dem*" Allgemeininteresse an dieser oder jener Sache verkennt, *daß in IK nicht das eine, sondern so viele Arten von Allgemeininteresse existieren, wie es dieses erst exakt definierende IAF gibt.*

Anmerkungen

1 Extremer Platzmangel wird noch weitere Kürzel-Brutalität erzwingen! Der Leser verzeihe!

2 Dessen Vermittlung an IAE erfolgte vor allem durch den Empirismus und die Aufklärung. *Hobbes, Locke, Hume, Priestley, Paley, Godwin, La Mettrie, Helvétius, Maupertuis* u.a., aber auch *Spinoza*, reanimierten die im Mittelalter verpönte Ansicht, diesseitige "Freude", "Glück" u.ä. seien letztlich das Endziel allen Tuns. Sie lieferten dem Utilitarismus-Begründer *Bentham* so dessen ISB "pleasure" bzw. "happiness". Näheres mit Literatur (nachfolgend abgekürzt "NmL.") *Trapp* (1992a).

3 Aus der Unmenge an Literatur hierzu seien nur (9) zur Teilnutzenaggregation, (2), (8), (11) und (19) zur Entscheidungstheorie, sowie (4), (7), (8), (11), (12) zur Spieltheorie genannt. (20) informiert kurz über personale (S. 395ff. und 469ff.) und interpersonale (S. 486ff.) Nutzenmessung.

4 NmL. (3), (15) sowie einführend (16). (17) dokumentiert SWT-Resultate mit fast lückenloser 700-Titel-Bibliographie bis 1985. In dieser findet sich all diejenige nachfolgend erwähnte SWT-Literatur, die hier aufzuführen der Platz fehlt. Informativ bezüglich sonstiger IAE-Aspekte ist die Literaturliste von (20).

5 NmL. (6) einführend; (1), (10b), (13) weiterführend. Vgl. hierzu nachf. Teil II, S. 331ff.

6 Technisch zwanglos kann nur die rein nutzenorientierte Variante 1 von IAE mit bloß ordinalen Aggregationen kombiniert werden. Denn "ethisches Filtern" der $u_i(h_j)$ durch x ist durch deren Multiplikation mit Gewichtungsfaktoren am natürlichsten realisierbar, was jedoch auf bloß ordinalem Meßniveau der u_i noch undurchführbar ist. Daher wird vorerst

nur IAE-Variante 1, und hierbei auch nur deren universelle Unterform 1.5, weitergegliedert.

7 Vgl. *Arrow* (1951), S. 46ff. oder die konzisere Darlegung in (16), Kap. 3*.

8 Die Mehrzahl der Autoren von VM deutete dies noch nicht ethisch-normativ, sondern als deskriptive Modelle über das tatsächliche Verhalten von Verhandlungspartnern, welche die VM_x-Axiome erfüllen. Lit.angaben zu $VM_1,...,VM_5$ finden sich in (6), (10a) und (10b).

Literatur

(Eine dem Thema auch nur annähernd angemessene Literaturliste findet hier keinen Platz. Die in den nachstehenden Arbeiten aufgeführte Literatur deckt die zahlreichen IAE-Aspekte jedoch weitgehend ab. Vgl. hierzu bes. Anm. 3, 4 und 5 im Text!)

(1) Binmore, K. / Dasgupta, P.: The Economics of Bargaining. Oxford 1987.

(2) Ferschl, F.: Nutzen- und Entscheidungstheorie. Opladen 1975.

(3) Fishburn, P.: The Theory of Social Choice. Princeton 1973.

(4) Friedman, J.W.: Game Theory with Applications to Economics. Oxford 1986.

(5) Gaertner, W.: “Distributive Judgments”. Diskussionsarbeit Nr. 8903 aus: Beiträge des FB Wirtschaftswiss. der Univ. Osnabrück 1989.

(6) Gaertner, W. / Klemisch-Ahlert, M.: “Models of Bargaining and Distributive Justice”. In: P. Valentine (ed.): Contractarianism and Rational Choice. Cambridge 1991.

(7) Hamburger, H.: Games as Models of Social Phenomena. New York 1979.

(8) Harsanyi, J.C.: Rational Behavior and Bargaining Equilibrium in Games and Social Situations. Cambridge 1977.

(9) Huber, O.: Zur Logik multidimensionaler Präferenzen in der Entscheidungstheorie. Berlin 1977.

(10) Klemisch-Ahlert, M.: “Independence of the Status Quo? ...”. J. of Economics. 1991, S. 83–93.

(10a) Klemisch-Ahlert, M.: “Two Axiomatic Characterizations of n-Person Bargaining Solutions. Diskussionsarbeit 8810 aus: Beiträge des FB Wirtschaftswiss. der Univ. Osnabrück 1988.

(10b) Klemisch-Ahlert, M.: Verhandlungslösungen als soziale Entscheidungsmechanismen. Frankfurt a.M. 1991.

(11) Luce, R.D. / Raiffa, H.: Games and Decisions. New York etc. 1957.

(12) Ordeshook, P.: Game Theory and Political Theory. Cambridge 1986.

(13) Roth, A.E.: Axiomatic Models of Bargaining. Berlin/Heidelberg 1979.

(14) Schäfer, A. / Trapp, R.W.: "Distributional Equality in Non-Classical Utilitarianism – A Proof of Lerner's Theorem for Utilitarianism Incorporating Justice". In: Theory and Decision 1989, S. 157–73.
(15) Schwartz, T.: The Logic of Collective Choice. New York 1986.
(16) Sen, A.K.: Collective Choice and Social Welfare. San Francisco etc. 1970.
(17) Sen, A.K.: "Social Choice Theory". In: Arrow, K.J. / Intriligator, M.D.: Handbook of Math. Economics. Vol III. North-Holland 1986, S. 1073–1181.
(18) Smart, J.J.C. / Williams, B.: Utilitarianism For and Against. Cambridge 1973.
(19) Spohn, W.: Grundlagen der Entscheidungstheorie. Kronberg (Ts.) 1978.
(20) Trapp, R.W.: Nicht-klassischer Utilitarismus – eine Theorie der Gerechtigkeit. Frankfurt a.M. 1988.
(21) Trapp, R.W.: "Utilitarianism Incorporating Justice ...". In: Erkenntnis 1990, S. 341–81.
(22) Trapp, R.W.: "Ein grundsätzliches Argument gegen jeglichen Wertungskognitivismus. In: Holz, H. (Hrsg.): Die Goldene Regel der Kritik. Bern/New York 1990, S. 209–27.
(23) Trapp, R.W.: "Die ideengeschichtliche und theoretische Entwicklung der Wertbasis des klassischen Utilitarismus". In: Gähde, U. / Schrader, H. (Hrsg.): Der klassische Utilitarismus. Berlin 1992.

Die Autoren

Wolfhart Henckmann, Professor für Philosophie an der Universität München

Monika Hofmann-Riedinger, Dr. phil., Habilitandin am Philosophischen Seminar der Universität Basel

Helmut Holzhey, Professor für Philosophie an der Universität Zürich

Peter Kampits, Professor für Philosophie an der Universität Wien

Walter Lesch, Dr. phil., Wissenschaftlicher Assistent am Moraltheologischen Institut der Universität Fribourg

Werner Loh, Dr. phil., Wissenschaftlicher Angestellter an der Universität-Gesamthochschule Paderborn

Christian Müller, lic.phil., Wissenschaftlicher Assistent am Philosophischen Seminar der Universität Basel

Peter Müller, Dr. phil., Lehrbeauftragter für Philosophie an der Universität Freiburg i.Br.

Julian Nida-Rümelin, Professor am Zentrum für Ethik in den Wissenschaften an der Universität Tübingen

Alfred Schöpf, Professor für Philosophie an der Universität Würzburg

Hans-Peter Schreiber, Professor für Philosophie an der Universität Basel

Dieter Sturma, Dr. phil., Akademischer Rat an der Universität Lüneburg

Rainer Trapp, Professor für Philosophie an der Universität Osnabrück

Maja Wicki-Vogt, Dr. phil., freischaffende Philosophin und Publizistin

Helmut Seiffert

Einführung in die Hermeneutik

Die Lehre von der Interpretation in den Fachwissenschaften

UTB 1666, 1992, 274 Seiten, DM 29,80
UTB-ISBN 3-8252-1666-7

Im Gegensatz zu den zahlreichen theoretischen Abhandlungen zur Hermeneutik aus philosophischer Sicht, die auf Beispiele meist völlig verzichten, legt Helmut Seiffert in seiner Einführung den Schwerpunkt auf eine klare Darstellung der praktischen Fachhermeneutik. Beispiele aus den Fachgebieten Theologie, Rechtswissenschaft, Philologie, Gerichtsforschung, Sprachwissenschaft und Sprachpragmatik dienen nicht nur zur Illustration, sondern stellen die Sache selbst dar – Hermeneutik als Lehre von der Interpretation am konkreten Gegenstand. Daß die Konzentration auf die Fachhermeneutik das Reflexionsniveau nicht mindern muß, belegen Namen wie August Boeckh, Rudolf Bultmann oder Peter Szondi – in anderer Weise auch Karl Kraus. Begriffsbestimmung der Hermeneutik und ein historischer Abriß ihrer Entwicklung in Philosophie, Theologie und Jurisprudenz leiten die Darstellung ein, Anmerkungen und ein auswählendes Literaturverzeichnis bieten nützliche Hilfen für die selbständige Vertiefung des Themas.